KB182499

영의정 실록
(제6권)

조선왕조 영의정
173人의 삶과 권력

영의정 실록 제6권

초판 1쇄   2025년 2월 17일

지은이   박용부
발행인   김재홍
디자인   박효은
마케팅   이연실

발행처   도서출판 지식공감
등록번호   제2019-000164호
주소   서울특별시 영등포구 경인로82길 3-4 센터플러스 1117호 (문래동1가)
전화   02-3141-2700
팩스   02-322-3089
홈페이지   www.bookdaum.com
이메일   jisikwon@naver.com

가격   20,000원
ISBN   979-11-5622-914-8 04910
SET ISBN   979-11-5622-514-0

조선왕조 영의정 173人의 삶과 권력

영의정 실록 6

박용부 편저

지식공감 도서출판

목차

효종 시대2

92. 김육金堉 - 동맹휴학으로 10년간 과거응시를 정지당하다

93. 정태화鄭太和 - 17 여년간 6차례의 영의정을 지내다

현종 시대

숙종 시대

110. 김창집金昌集 - 영의정 김수항의 아들, 영조추대 1등공신

일러두기

1. 영의정 실록의 내용은 조선왕조실록 국역본에 실려있는 내용을 중심으로 작성하였다. 조선왕조실록 국역본에서 이해가 힘든 부분은 다시 현대적 의미의 글로 바꾸었고 한자어 사용은 자제하고 뜻을 이해하기 어려울 때만 한자를 한글과 병기하였다.

2. 본문에서 인용한 조선왕조실록의 내용은 세종대왕기념사업회와 한국고전번역원에서 발간한 조선왕조실록 한글번역본을 인용하였고, 국조인물고는 세종대왕기념사업회의 번역본을 인용하였다.

3. 인적사항과 주요 역사적 기록은 한국학중앙연구소에서 발간한 한국민족문화대백과사전과 한국향토문화대전, 세종대왕기념사업회에서 발간한 국조인물고의 내용을 기본으로 하고 미흡된 부분은 인터넷 검색을 통해 각 종친회 홈페이지나 블로그에 실려 있는 묘비명의 행장을 참고로 하였다.

4. 조선후기 영의정들의 승진과정은 조선왕조실록의 기록을 주본으로 하고 비변사등록과 승정원 일기도 함께 참고하여 미진한 부분을 보완하였다.

5. 극심한 당파싸움으로 왕조실록이 2개 본으로 작성된 선조실록, 광해군일기, 현종실록, 숙종실록, 경종실록의 경우 정본을 중심으로 작성하였고, 수정 보궐본은 정본에서 기록이 없을 경우에만 참고로 하였다.

6. 조선 초기에는 관제상 영의정이란 직제가 없어 최고위직으로 임명된 좌시중과 좌정승을 다루었고 조선말기에는 관제개편으로 최고위직으로 임명된 의정, 총리를 영의정에 포함시켜 작성하였다.

7. 조선 초기의 영의정 임명은 공신들 위주의 발령이어서 후임 영의정과 공백기간이 거의 없이 이루어 졌다. 중기이후 부터 각종 사화, 당파싸움에 의한 환국, 세력다툼으로 인하여 공백기간, 정승에 제수되면 한두번의 사양을 해야하는 예법 등으로 공백기간이 길어져 수개월간 자리가 비어 있거나 많게는 2년 이상씩 영의정없이 국정을 운영하는 경우도 있었다.
조선 초기 세종조에 1426년 5월 14일부터 1431년 9월 2일까지의 영의정은 왕조실록 어디에도 기록되지 않아 누구인지 밝힐 수가 없었다.

8. 영의정 개개인에 따라 야사가 있을 경우 역사적 이슈가 된 자료이거나, 인문학적 가치가 있다고 판단되는 자료일 경우 야사가 실린 원본을 구해 작성하였으나 원본을 구할 수 없을 경우 각 문중의 홈페이지, 카페, 블로그에 실린 내용을 참고로 하였다.

9. 이 책에서 다룬 173명의 영의정들은 모두가 영의정으로 발령된 것은 아니다. 초기에는 문하시중 자리를 비워두고 좌시중, 좌정승으로 발령이 났고, 후기에는 관제개편으로 의정, 내각총리, 총리대신 등으로 발령이 났다. 이들을 모두 영의정에 포함시켜 작성하였다.

현종시대부터 숙종시대까지
왕권의 역사와 영의정직의 변화

현종은 효종의 하나밖에 없는 아들로 18세에 즉위하여 15년간 재위를 하였는데 조선조 역사상 후궁을 들이지 않은 첫 번째 임금이다. 봉림대군이 청나라에 인질로 끌려갔을 때 중국에서 태어나 9세에 세손으로 책봉되었고, 11세에 세자로 봉해지면서 김우명의 딸을 세자비로 맞아들이니 후에 명성왕후가 되었다. 조선왕조 왕비 중 세자빈을 거쳐 왕비가 되고, 친아들이 즉위하여 대비까지 오른 왕후는 명성왕후 김씨가 유일하고 왕의 총애를 독차지한 왕비로도 유일하다.

1659년 효종이 죽고 현종이 즉위하니 인조의 계비 자의대비의 복제문제가 당파싸움으로 번졌다. 왕가의 상례는 성종 때 제정한 오례의에 따르고 있었는데 오례의에는 효종과 자의대비 간의 관계 같은 사례가 없었다. 효종이 맏아들일 경우 자의대비가 3년(만2년) 상복을 입는 것이 당연하지만 효종이 둘째 아들이라 상복을 입는 기간이 애매해진 것이다. 서인 측에서는 송시열과 송준길이 주도가 되어 효종이 둘째 아들이므로 기년복(1년)을 입어야 한다고 주장하였고, 그 반대 측 남인과 소북파에서는 허목과 윤휴가 주도하여 효종이 둘째 아들이라도 왕위계승자이기 때문에 당연 3년 상복을 입어야 한다고 주장하였다.

기년설의 주장은 원칙적으로 소현세자의 아들이 왕위를 계승해야 하고, 효종은 둘째 아들로서 왕위계승의 자격이 없었는데 변칙적으로 왕이 되었다는 것을 인정하는 것이기도 하였고, 또 후계자는 효종의 아들 현종이 아니라 적통인 소현세자의 아들에게 돌아가야 한다는 것으로 오해

되기에 충분하였다. 이러한 오해의 소지를 기회로 윤선도는 이종비주[1]를 내세워 기년상을 주장하는 송시열 등을 역모로 몰아 제거하려다가, 도리어 송시열에 대한 모함으로 다루어져 유배를 가게 되었다. 이후 예송문제는 표면적으로는 상복기간 문제로 논의되지만 내면적으로는 송시열과 서인 세력을 역모로 몰아 제거하고 남인 세력이 정권을 장악하려는 논쟁으로 비화되어 남인의 윤선도 구명운동과 더불어 지방유생의 대립으로 확산되었다.

논쟁이 장기화 되자 당시 영의정 정태화는 장자이든 차자이든 1년이라는 경국대전의 규정을 내세워 임금이 기년복을 입는 것으로 결정하였다. 결국 서인의 승리로 돌아간 이 논쟁을 1차예송 또는 기해예송이라 한다.

1674년 현종 15년 효종비가 죽자 다시 자의대비의 복제문제가 거론되면서 서인 측은 가례에 따라 차자[2]의 부인으로 다루어 대공설[3]을 주장하였고 남인 측은 장자의 부인으로 다루어 기년설을 주장하여 2차 예송인 갑인예송이 일어났다.

2차 예송에서는 서인이면서 현종비의 장인인 김우명과 조카 김석주가 송시열을 제거하여 서인의 주도권을 잡기 위해 남인의 기년설 편에 서서 찬성하였다. 결국 임금이 기년설을 채택함으로써 정권은 허적을 비롯한

---

1) 이종비주 : 종통을 종통과 적통으로 분리해 효종 임금을 비하시킴
2) 차자 : 둘째아들
3) 대공설 : 9개월, 기년설 : 3년

남인들이 집권하게 되었다.

　예론禮論은 본질적으로 변할 수 없다는 것이 서인의 주장이고 상황에 따라 변해야 한다는 것이 남인의 주장으로 서로 맞선 학문적 논쟁이 당파싸움으로 발전하면서 권력다툼이 된 것이다. 이 예론을 계기로 숙종조에는 치열한 권력 쟁탈전이 벌어져 환국정치가 일어난다.

　1661년 숙종이 태어나자 아들을 몹시 아낀 현종은 서인 송시열, 송준길, 김좌명, 김수항 등을 특별히 뽑아 원자의 교육을 맡겼다. 1667년 숙종이 7세의 나이로 왕세자에 책봉되었고, 1670년 10세에 관례가 예정되어 있었다. 송준길의 제의에 따라 이듬해 1월로 관례가 연기되었다가 세자의 사부 송시열과 송준길이 상경하지 않은 이유로 3월로 재차 연기되었다. 세자의 관례는 국가 대사였지만 남인들이 예식을 주도하자 서인들이 딴지를 걸었던 것이다. 이에 분개한 현종은 김석주를 배후 조종하여 송시열의 심복이었던 전라감사 김징을 황해도로 귀양 보내고 그를 비호하던 서인 관리들을 조정에서 쫓아냈다. 이어서 관례의 주재자로 남인 좌의정 허적을 임명하고 1671년 현종 12년 3월 인정전에서 관례를 치렀다. 그러나 송시열은 끝내 식장에 나타나지 않았다.

　거기에는 현종이 선왕의 상중에 아기를 가져 숙종을 낳았다는 점에서 상중에 예를 어긴 비판의식이 개재되어 있었다. 이로 인해 현종은 깊은 모멸감을 느꼈고, 명성왕후 김씨와 세자 역시 송시열에게 좋지 않은 감정을 갖게 되었다. 현종은 15년간 재위를 하고 슬하에 1왕자 3공주를 두고 학질과 과로로 33세의 나이로 세상을 하직하니, 후임으로 숙종이 왕위

에 올랐고, 명성왕후도 33세의 나이로 대비가 되었다. 현종 때의 영의정
직의 변화는 다음과 같다.

현종 재위 15년 동안 영의정은 4명이 임명되었는데 효종의 사돈이자 서인 출신 정
태화가 영의정을 네 번이나 하면서 장기 집권하였고, 이어 청백리 출신이자 서인인
홍명하가 영의정이 되어 재직 중 사망하였고, 2차 예송논쟁이 일어나 남인의 영수
허적이 영의정에 올라 두 번에 걸쳐 연임되었다. 이어 서인 김수흥이 영의정에 올라
현종조 말기까지 영의정을 지냈다. 현종 조는 서인과 남인의 예송논쟁으로 당파싸
움 속에 세월을 보내며 그 결과에 따라 최고 권력이 오고 갔다.

현종조의 주요 역사 연표를 살펴보면

*즉위 1659년 5월 9일 창덕궁 인정문에서 18세 즉위
*퇴위 1674년 8월 18일 창덕궁에서 33세 승하, 학질과 과로 (재위 15년)

*왕후 :
　　명성왕후 청풍김씨 / 1남 숙종 (1왕자 3공주) 3녀 명선공주, 명혜공주, 명안공주

*영의정 :
　　정태화 (서인, 효종과 사돈),
　　홍명하(서인, 청백리),
　　허적(남인의 영수),
　　김수흥 (노론, 유배지에서 객사)

*주요 역사기록
　　1660년 3월 제1차 예송논쟁(서인집권), 윤선도 유배

1662년 2월 창덕궁으로 이어, 8월 전라도 전역 대동법 실시
1664년 1월 균전청 폐지
1665년 12월 전라도 대동법 중지
1666년 2월 소결청 설치, 11월 전라도 대동법 재시행
1668년 이현보 농암집 간행
1669년 12월 동성 통혼 금지, 12월 관찰사 임기 2년 개정, 12월 29일 조선인구 516
만 4천 524명
1670년 1월 전염병 창궐, 2월 눈, 우박등의 한파, 6월 태풍으로 대기근
1671년 12월 회령 경원 개시開市
1672년 대기근이 1670년부터 3년간 이어져 인구 472만 5천 189명(43만9천 335
명감소)
1674년 1월 2차 예송논쟁(서인 퇴출 남인 집권) 권근 양촌집 간행

　숙종은 1674년 8월 13세에 조선의 제19대 왕으로 즉위하였다. 3년 전
김만기의 딸 김씨와 혼인했는데 김씨는 인경왕후가 되었다. 숙종의 재위
기간은 당파싸움이 절정에 올라 권력다툼의 폐단이 극심하였다. 즉위 초
는 숙종의 어머니 명성대비의 외척 청풍 김씨의 시대였다. 김육의 손자
김석주는 숙종 즉위 초에 남인을 지원하여 서인의 영수 송시열을 퇴진시
키고 남인과 손을 잡았다. 숙종 즉위 첫 해에 허적, 허목, 윤휴, 권대운
등의 남인이 대거 등용되어 요직을 차지했다.
　1679년 숙종 5년 권력을 잃은 서인들은 윤휴를 사문난적으로 몰아가
면서 남인 정권을 무너뜨리기 위해 전력을 기울였다. 1680년 4월 허적의
조부 허잠이 '충정忠貞'이란 시호를 받은 것을 기념하기 위해 잔치를 벌였
다. 폭우가 쏟아지자 숙종은 내관에게 궁중에서 사용하는 기름먹인 장
막(유악)을 가져다주라고 일렀다. 하지만 허적이 임금께 묻지도 않고 그

유악을 먼저 가져가 사용하고 있었고 이를 알게 된 숙종은 불쾌한 감정을 숨기지 않았다. 숙종은 당일로 2차 예송 때 철원으로 귀양보낸 서인 김수항을 불러들여 영의정으로 임명하고, 민정중을 우의정, 정지화를 좌의정, 남구만을 도승지로 임명하는 등 조정을 서인 일색으로 바꾸어 경신환국을 시켜버렸다.

요직에서 쫓겨난 남인들은 다시 권력을 잡기 위해 골몰했다. 천하절색 장옥정을 자의대비전의 나인으로 만들어 입궐시켰다. 장옥정을 통해 숙종을 미혹시키려는 남인의 의도와 신분 상승을 시켜 보려는 그녀의 욕심과 역관이었던 숙부 장현의 정치적 야심이 혼합된 미인계였다. 자의대비전은 대왕대비로 왕이 아침저녁으로 문안을 드리는 장소이다. 1680년 숙종비 인경왕후는 두 딸을 낳고 천연두를 앓다가 20세의 젊은 나이로 죽으니 아내의 죽음으로 방황을 하던 숙종은 장옥정을 불러들여 승은을 안겼다. 장옥정은 타고난 미모와 교태로 숙종의 심신을 사로잡았다. 명성대비 김씨는 장옥정이 아들의 총기를 흐려 남인의 재집권을 조장할 것을 알고 대궐 밖으로 내쫓아버렸다. 임금의 승은을 입은 여인은 민간에 내보낼 수 없다는 관례를 깬 초강경 조치였다.

1681년 숙종 7년 '왕비 자리는 놓치지 않는다.'라는 서인들의 국혼물실 國婚勿失정책에 따라 병조판서 민유중의 딸을 숙종의 후비로 맞아 들이니 15세의 인현왕후가 조선의 국모가 되었다. 우의정 김석주가 심복 김익훈, 김환을 이용하여 일으킨 임술고변을 통해 남인이었던 허새와 허영, 서종제 등을 축출하였다. 그런데 이 사건이 김익훈의 정치공작이라는 사실이 드러나자 서인들의 내부에 분란이 생겨 서인은 노론과 소론으로 분열되었고 당쟁은 더욱 심화되었다.

1683년 23세의 숙종이 천연두에 걸렸다. 첫 번째 왕비가 마마에 걸려 죽었기에 노심초사하던 명성대비 김씨는 천지신명께 아들의 완쾌를 빌다가 과로로 쓰러져 42세의 나이로 세상을 떠나고 말았다. 명성대비의 국상 기간이 끝나자 숙종은 장옥정을 궁궐로 불러들여 창경궁 북쪽에 취선당이란 별당을 지어주었다. 장옥정에 대한 숙종의 총애가 깊어지면서 장씨의 오빠 장희재도 특채되었다. 두 번째 정비 인현왕후는 후사를 낳지 못했고, 장옥정은 아들[4]을 낳았다. 이듬해 숙종은 왕자를 원자로 봉하고, 장옥정을 정1품 희빈에 봉하였다. 서인의 영수 송시열, 영의정 김수흥, 영돈녕 김수항 등이 정비인 인현왕후가 아직 21세로 젊은데 국본[5]을 서둘러 확정함은 부당하다고 아뢰니 숙종은 서인들을 모두 파직한 다음 남인 권대운, 목래선, 김덕원을 정승으로 임명했다. 이어 송시열을 제주도로 귀양 보낸 다음 전라도 정읍에서 사사시켜 버렸다. 김수흥과 김수항도 같은 처지가 되었다.

기사환국으로 서인을 축출한 숙종은 그해 5월 인현왕후 민씨를 폐출하여 사저로 내쫓고 장희빈을 왕비로 삼는다는 전교를 내렸다. 장희빈의 오빠 장희재는 포도대장에 임명되었고 1690년 6월 원자를 세자로 책봉하였다. 조선왕조 5백 년 동안 여종의 딸이자 궁녀가 왕비로 책봉된 예

---

4) 훗날의 경종
5) 국본 : 왕세자

는 장희빈이 유일했다. 화무십일홍이라 했든가 인현왕후를 폐출한 뒤 장희빈에 대한 숙종의 총애가 점차 식어갔다. 어느 날 숙종은 인현왕후의 시녀였던 나인 최씨가 인현왕후 생일을 맞아 몰래 촛불을 켜놓고 기도하는 장면을 보게 된다. 얼마 후 숙종은 착하고 마음씨 고운 나인 최씨를 후궁으로 맞아들여 최씨와 사이에서 영조가 탄생하게 된다. 이를 보고 질투심이 폭발한 중전 장씨는 최씨를 데려다 매질을 했다. 그러나 숙종의 마음은 최씨에게 돌아선 지 오래되었다.

1694년 숙종 20년, 서인들의 수상한 행동을 탐지한 우의정 남인 민암은 서인들을 완전히 제거할 생각으로 숙종에게 인현왕후 민씨 복위세력에 대한 척결을 종용했다. 숙종은 우의정 민암이 자신을 속이고 옥사를 획책하고 있다면서 대대적인 인사를 단행했다. 남인들이 조정에서 쫓겨나고 남구만, 박세채, 윤지완 등의 서인들이 대거 발탁되는 갑술환국이 일어난 것이다. 이 기간 동안 서인들은 송시열·윤증 간의 대립에서 야기된 회니시비, 왕세자 경종과 왕자 영조를 지지하는 소론·노론의 분쟁과 대결 등 역사적 정치 쟁점으로 인해 당파 간의 권력 다툼은 전대에 비할 수 없으리만큼 격심하였다.

권력을 두고 남인은 청남·탁남으로, 서인은 노론·소론으로, 그리고 노론은 다시 화당·낙당·파당으로 분파하는 등 당파내의 이합집산이 무성하였다. 이러는 과정에 윤휴·허적·이원정·송시열·김수항·박태보 등 당대의 명사들이 죽음을 당하는 화를 입었다.

조정에 서인이 집권하자 인현왕후에 대한 문제가 다시 거론되었다. 1694년 숙종은 인현왕후를 복위시켜 모든 작위를 회복시켜 주었다. 장씨는 다시 희빈으로 강등하여 취선당으로 쫓아냈다. 그해 4월 장희빈에게 오빠 장희재가 보낸 언문 편지가 파문을 일으켰다. 포도대장이었던 장희재가 폐비를 감시하고 있었던 것이다. 의금부에서 그를 대역죄로 처벌해야 한다고 주장했지만 소론 측 대신 남구만이 반대했다. 숙종은 장희재를 제주도에 귀양 보내는 것으로 마무리 지었다.

희빈으로 물러앉은 장씨는 숙종의 매정한 처사를 원망하면서 인현왕후를 향해 저주를 퍼부었다. 그해 9월 최숙의가 왕자를 낳자 장희빈은 불안과 공포감에 사로잡혔다. 자신을 밀어주던 남인이 몰락하고 서인이 집권하니 아들의 왕세자 자리마저 흔들리게 된 것이다. 궁지에 몰린 장희빈은 주술의 힘으로 이를 막아보려고 했다. 시녀를 시켜 장씨는 중궁전을 감시하게 했고, 무당을 불러들여 중전에 대한 저주 의식을 행했다. 중전이 거처하는 주변에 저주 용품을 묻었다. 그런 장씨의 저주 탓인지 인현왕후 민씨는 복위한 뒤부터 원인 모를 병에 시달렸다. 결국 1701년 숙종 27년 8월 창경궁에서 43세를 일기로 세상을 떠났다.

장희빈의 무지하고 악랄한 행위에 염증을 느꼈던 숙종은 내관들을 시켜 취선당 일대를 수색하게 하니 중전을 저주하는 신당이 발견되었고, 중궁전 주변에 묻어두었던 각종 저주용품들이 발견되었다. 숙종은 비망기를 내려 장희빈에게 자진을 명하니 사약을 마시고 세상을 떠났다. 이

때 장희빈의 나이 43세였다. 성종조에 폐비 윤씨에게 사약을 내려 연산군 때 멸문지화를 당했던 역사를 알고 있던 조정 신료들은 장희빈의 사형을 막아보기 위해 수많은 주청을 드렸으나 숙종의 입장은 단호하였다. 호가호위하던 장희빈의 오빠 장희재가 군기시 앞에서 목이 잘렸다. 이 사건은 무녀가 관련되었으므로 무고巫蠱의 옥이라고 부른다.

숙종은 군주의 고유 권한인 인사 등용 퇴출권을 행사하여, 환국을 통해 정권을 교체하고, 당파간의 대립을 촉발시키고 군주에 대한 충성을 유도하였다. 숙종이 통치하는 기간 당파 간의 권력다툼은 격화되었지만, 왕권은 강화되어 임진왜란, 정묘호란, 병자호란을 통해 무너졌던 사회 체제 전반의 복구 정비 작업이 거의 종료되면서 많은 업적을 남겼다.

장희빈의 아들 경종이 세살 때 세자가 되어 29년간 세자 생활을 하다가 32세에 왕위에 즉위하였다. 모후 장희빈이 인현왕후를 시기 질투하여 경종이 13세가 되던 해에 사사를 당하고 남인들마저 숙청되고 나니 지지기반이 없었다. 서인들은 남인들이 지지했던 장희빈과 경종을 애당초부터 못마땅하게 여겼고 아버지 숙종마저도 사사당한 장희빈의 아들에 대해 후손도 낳지 못한 아들이라 멀리하였다. 남인을 몰아낸 서인들은 권력을 독차지하였지만 이미 죽은 송시열과 윤증의 회니논쟁이 격심해 지면서 노론과 소론의 골이 더 깊이 갈라졌다. 이때 소론은 노론이 경종을 폐하려는 움직임을 간파하고 경종을 적극 보호하였다. 노론은 노론대로 경종이 왕위에 즉위하면 연산군 때의 전철을 밟을까 염려되어 전전긍긍

하였다. 숙종조의 영의정 직의 변화와 주요 역사 년표는 다음과 같다.

숙종 재위 46년 동안 영의정은 14명이었는데 현종조 마지막 영의정 김수흥은 현종이 죽자 2차 예송에 관련되어 춘천으로 유배되었고, 남인의 영수 허적이 다시 영의정에 복귀하였다. 1680년 경신 대출척으로 남인이 실각하고 서인이 집권하자 알성시 장원급제 출신이자 김수흥의 동생 김수항이 영의정에 올랐다. 김수항은 송시열과 박세채를 불러들여 서인 세력을 강화시켰으며, 8년 동안 영의정으로 지내다가 물러나자 대제학을 두 번이나 지낸 소론의 영수 남구만이 영의정이 되었다. 남구만은 노론 김수흥에게 자리를 물러주고 낙향하였다. 김수흥은 2차 예송 문제로 물러났다가 다시 영의정이 되었는데 장희빈의 아들 경종의 세자 책봉을 시기상조라고 주장했다가 남인들의 탄핵을 받아 장기에 유배되었다가 그곳에서 객사하였다. 이어 영의정이 된 여성제는 소론으로 기사환국 때 남인이 집권하자 물러났고 남인 권대운이 영의정에 올라 5년간 집권하여 송시열을 사사하도록 하였다. 권대운은 나이가 많아 물러나 났는데 갑술환국을 당하여 절도에 위리안치되었다가 고령으로 풀려나 귀향하였다. 권대운에 이어 소론 남구만이 다시 집권하여 2년 2개월을 더 집권하고 물러났다. 이어 소론인 유상운이 영의정이 되어 3년간 영의정으로 지냈는데 노론의 배척을 받았고 소론의 영수 최석정을 변호하다가 삭직되기도 했다. 유상운에 이어 소론 서문중이 영의정에 올랐다. 서문중은 역대 사적에 능통하였고, 지리지를 정리하여 해방지를 남기기도 했다. 서문중의 후임은 소론의 최석정이 영의정에 올랐다. 최석정은 최명길의 손자로 장희빈의 처형에 극력 반대하였고, 예기유편의 저서를 남긴 소신있는 영의정으로 7번이나 영의정에 올랐다. 최석정의 7번 영의정 발령 기간 중간에 노론의 신완이 1년 6개월 가량 영의정에 올랐다. 신완은 영의정 신경진의 증손으로 소론들과도 가까웠다. 최석정에 이어 영의정이 된 이여는 노론으로 송시열의 문인 출신이다. 당상관 시절부터 기사환국으로 송시열과 함께 면직되기도 하여 당파에서 벗어날 수가 없었다. 1701년 판의금부사 시절 장희빈과 장희재를 처형하였고, 이후 영의정이 되었으나 소론과 대립하다가 벼슬에서 물러나 여주에서 거주하였다. 이여의 후임으로 노론 서종태가 영의정이 되었다. 서종태는 노론의 핵심인물로 소론인 서문중이 숙부였다. 한 집안내에서도 당론이 갈려 노론과 소론으로 갈린 서종태는 대제학을 지내고 우의정에 올랐는데 당파간 알력으로 물러났다가 복직하였으며 60세의 나이로 영의정에 올랐다. 서종태의 뒤를 이어 이유가 영의정에 올랐는데 이유는 세종의 후손이자 노론출신이다. 송시열의 문인으로 김창집·이이명과 친했다. 숙종조 마지막 영의정 김창집은 노론의 영수로 김상헌의 증손이자 영의정 김수항의 아들이다. 경종 즉위후 연잉군의 세제 책봉을 주도하여 영조 추대의 1등 공신이 되었으며, 연잉군의 대리청정을 주장하다가 소론들에게 역모로 몰려 신임사화를 당했다. 본인은 사화를 당해 죽었으나 후대는 번창하여 4대손 김조순은 순조의 장인으로 안동 김씨 세가를 이루어 조선 후기사회를 이끌어 가게 된다.

숙종시대의 역사연표는

    *즉위 1674년 8월 23일 창덕궁 인정문 13세 즉위
    *퇴위 1720년 6월 8일 창덕궁 숭정전에서 59세 승하(재위 46년)

    *왕후:
        인경왕후 광산김씨 / 2녀
        인현왕후 여흥민씨 / 후손없음
        인원왕후 경주김씨 / 후손없음

    *후궁 3명 / 3군
        희빈장씨 / 1군 경종 (장희빈의 아들)
        숙빈최씨 / 1군 영조 (무수리 최씨의 아들)
        명빈박씨 / 1군 영조의 모후가 신분이 낮아 영조의 법적 모후가 됨

    *영의정:
        허적(남인의 영수), 김수항(노론, 장원급제)
        남구만(소론), 김수흥(노론, 삭탈관직),
        여성제(소론), 권대운(남인, 위리안치),

유상운(소론, 삭탈관직), 서문중(소론),

최석정(소론, 영의정 최명길의 손자),

신완(소론, 윤증의 제자), 이여(노론),

서종태(노론), 이유(노론, 세종의 후손),

김창집(노론, 영조추대 1등공신, 위리안치)

*주요 역사기록

1675년 1월 송시열 유배, 오가작통법 실시

1677년 9월 현종실록 간행,

12월 경상도 대동법 시행

1678년 1월 상평통보 주조, 4월 공명출신첩 폐지

1680년 4월 경신환국(남인퇴출 서인집권) 복선군과 허견의 역모,

1682년 10월 임술삼고변 (경신환국으로 정권을 잡은 서인 김석주·김익훈 일파가

조정에 불평을 품은 남인들을 소탕하기 위하여 함정 수사로 역모를

고발한 3건의 정치공작 사건)

11월 금위영 설치

1683년 3월 현종실록 수정판 편찬, 금위영 설치

1685년 6월 서북인 등용을 명함

1687년 8월 금위영 폐지

1689년 2월 기사환국(장희빈아들의 세자 책봉을 반대한 서인을 퇴출하고 찬성한

남인들의 집권)

6월 송시열 사사

1690년 10월 장희빈을 왕비로 책봉

1691년 12월 사육신 복관

1693년 북관지 간행

1694년 3월 갑술환국(폐비 민씨 복위운동을 둘러싸고 이를 반대한 남인이 퇴출되

고 찬성한 노론과 소론이 집권)

4월 장희빈 폐위, 민씨 복위

1696년 3월 전국 대기근

1697년 10월 전국 대기근

1698년 11월 노산군을 단종으로 복위

1699년 10월 역병 창궐

1700년 8월 선원보략璿源譜略(출간에 관련된 자료들을 수록한 책) 완성

1701년 8월 인현왕후 죽음 10월 빈嬪을 비妃로 책봉금지, 장희빈 사사

1703년 1월 금위영 폐지, 2월 복설復設

1704년 11월 노산군 일기를 단종실록으로 개칭,
        12월 대보단 완공

1706년 대동법 시행(전국적)

1711년 북한산성 수축, 일본에 통신사 파견

1712년 5월 백두산 정계비 건립

1716년 8월 병신처분(송시열·윤증 간의 회니시비에 대해 국왕이 윤증의 잘못으로
        판정한 정치적 처분)

1717년 12월 호구조사 실시

1719년 7월 선원계보기략증보 완성

*공신 보사공신 (허견의 역모 진압에 공을 세운 공신)
   1등공신 김석주, 김만기
   2등공신 이입신
   3등공신 남두북, 박빈

효종 시대 2

92. 김육金堉

동맹휴학으로 10년간 과거응시를 정지당하다

생몰년도 1580년(선조 13)~1658년(효종 9) [79세]
영의정 재직기간 1차 (1651.1.11~1651.12.7)
　　　　　　　　2차 (1654.6.14~1654.8.15)
　　　　　　　　3차 (1655.7.14~1655.7.24) (총 1년 1개월)

본관	청풍淸風	
자	백후伯厚	
호	잠곡潛谷, 회정당晦靜堂	
시호	문정文貞	
당파	서인	
묘소	경기도 남양주시 삼패동 소쿠리마을 청풍김씨 묘역	
신도비	이경석이 짓고 아들 김좌명이 썼다.	
기타	성혼成渾과 이이李珥에게 수학, 서인의 정통파	
고조부	김식金湜	– 기묘명현己卯名賢(을사사화 때 처형)
증조부	김덕수	– 산림학파
조부	김비金棐	– 군자감 판관
부	김흥우金興宇	– 참봉(31세때 요절)
모	풍양조씨	– 현감 조희맹의 딸
처	파평윤씨	– 윤급의 딸
장남	김좌명金佐明	– 병조판서, 청릉부원군
자부	평산 신씨	– 정숙옹주의 딸
손자	김석주金錫胄	– 우의정, 청성부원군
차남	김우명金佑明	– 영돈녕부사, 청풍부원군
손녀	현종비	
손자	김석연金錫衍	– 송시열의 아들 송기태와 동서간

성균관 학생회장으로 동맹휴학을 주동하다

김육의 자는 백후伯厚이며 호는 잠곡潛谷으로 본관은 청풍이다. 고조부 김식은 학행으로 이름이 난 기묘명현으로 현량과에 장원하여 벼슬이 대사성에 이르렀으며 조광조와 도의로 사귀다가 기묘사화로 화를 입었다. 증조부 김덕수는 산림에 묻혀 살았고 조부 김비는 군자감 판관을 지냈으며, 아버지 김흥우는 약관의 나이로 사마 양시에 합격하고 우계 성혼과 율곡의 문하에서 공부한 후 재랑에 임명되었으나 일찍 세상을 떠났다. 어머니 한양 조씨는 현감 조희맹의 딸인데, 1580년 선조 13년에 김육을 낳았다.

김육은 어려서부터 매우 총명하여 5세에 글을 배우면 곧바로 깨쳤다고 한다. 어릴 때 조부를 따라 강동으로 갔다가 당시 동인이던 조호익 선생의 문하에서 공부하였다. 부친인 김흥우가 31세의 젊은 나이로 요절하면서 살림이 궁핍해지기 시작하였다. 임종 당시 부친은 김육을 불러 가문을 일으킬 것을 말하고 평생 술을 입에 대지 말라고 유언하였다.
아버지를 여의고 왜란을 만나 충청과 경기를 떠돌면서 어머니를 봉양하던 중 또 모친상을 당하였다. 당시 21세였던 김육은 부친과 모친의 묘를 합장하였는데, 인부를 살 돈이 없어 직접 흙과 잔디를 구해다 묘역을 만들었다고 한다. 그 후 고모 댁에서 살았는데 삼년간 새벽에 묘소까지 걸어가 곡을 하고 돌아오는 생활을 반복했다.

왜란과 호란은 백성을 도탄에 빠지게 했고, 조정은 재정확보를 비롯한 전후 복구 문제가 시급한 실정이었다. 당시 조정 관료들은 파탄이 난 국가 재정만을 생각했지만, 김육은 백성들을 구제하는 것이 첫 번째 일이라 생각했다.

김육은 당색으로는 서인이었지만 학통으로는 이황의 학통을 일부 계승
하였다. 동인이었던 조호익에게 배우고, 서인인 성혼의 문인이 되어 성리
학을 수학하고, 윤근수와 윤두수의 문하에도 출입하며 공부하였다. 조
호익은 퇴계 이황의 문인이었고, 윤근수와 윤두수도 당색은 서인이었지
만 이황의 문하에서 수학을 하였다.

김육은 어린 시절부터 기묘명현이자 고조부인 김식의 혁신적 이상 정치
에 대한 동경을 가슴에 품고 있었다. 김육이 성균관 유생이었을 때의 일
화는 이런 성향을 잘 보여준다.

이언적, 이황 등 다섯 현인五賢을 성균관 문묘에 종사시키려 할 때, 북
인의 당수 정인홍이 자신의 스승 조식이 문묘종사 대상에서 빠졌다는 이
유로 이황과 이언적의 문묘종사를 반대하자, 김육은 유생 대표로서 정인
홍을 유생명부인 청금록에서 삭제시켜 버렸다. 이 사건으로 성균관에서
퇴교를 당하고 과거 응시 자격이 박탈되는 정거 처분을 받았다. 다른 성
균관 유생들은 모두 복귀했으나 김육은 사면되지 않아 경기도 가평 잠
곡리 고향으로 내려가 학업에 열중하였다.

이후 김육은 10여 년 동안 농촌에 파묻혀 농사를 지으며 농민들의 곤
궁한 생활상을 직접 목격하고, 백성들의 고통을 함께 해 본 경험은 뒷날
관료 생활에 소중한 밑거름이 되었다. 관료가 되었을 때 김육은 전 생애
를 국가 재정확보 문제, 농촌 문제의 개선, 그리고 농민 생활의 향상에
이바지했다.

1623년 인조반정으로 서인이 집권하자 산림에 숨어 사는 지방 현인으
로 천거되어 조정에 나가 의금부 도사가 되었고, 1624년 이괄의 난 이후

충북 음성 현감에 부임하였다. 현감 재직시 백성들의 재난과 피폐한 상황을 구체적으로 지적, 열거하여 보고서를 작성하여, 조정에서 세금을 재촉하지 말고 부역과 조세를 감면해 줄 것을 주장하는 음성진폐소를 올렸다.

김육은 토지의 많고 적음을 참작하지 않는 과중한 과세와 부과 과정의 부정을 세세히 나열하면서 혁파할 것을 주장하였다. 음성 현감을 마치고 한성부로 올라올 때는 백성들이 감사의 송덕비를 세우기도 하였다.

천거로 관리가 된 것이 마음에 꺼렸던 지 1624년 증광시 문과에 응시하여 갑과 장원으로 급제하였다. 이때 김육의 나이 45세였으니 성균관 동기생들 보다 많게는 20년 이상 뒤쳐진 셈이다.

1627년 청나라가 정묘호란을 일으키며 군사적으로 압박해오자 호패법을 중지하여 민심을 안정시킬 것을 주장하였다. 시대적으로 조선은 전쟁의 참화와 인명 피해, 흉년, 재물 손실, 각종 잡역의 부담 때문에 백성들은 전국적으로 고통을 받고 있었으며, 특히 피해가 심한 평안도와 황해도 지역 백성을 위해 세금 감면과 특별지원 등의 대안을 제시하였다. 전쟁 직후의 과제는 백성을 어루만지고 안정시키는 것이 급선무임을 강조하고, 전쟁에 지고 도망한 군졸을 용서해 주고, 부역에 동원하여 기력을 고갈시키지 말 것이며, 살기가 어려워 고향을 떠나는 백성을 억지로 붙잡지 말 것을 주장하였다.

1633년 안변 도호부사로 부임하여 후금의 침략에 대비해 병력을 양성하고 변방의 성곽을 세우고, 기존의 성곽을 개보수해야 된다는 상소를 올렸다.

1636년 명나라 성절사로서 연경에 갔는데 후금이 침략하여 병자호란이 일어났고 인조가 항복하고 백성이 약탈당한다는 말을 듣고 밤낮으로 통곡하니 명나라 사람들이 동정하면서 의롭게 여겼다. 김육은 조선에서 명나라로 파견된 마지막 사신이 되었다.

1638년 충청도 관찰사로 부임하여 도내를 순찰하며 임진왜란, 정묘호란, 병자호란 등으로 흉작과 질병, 기근이 일어나 곤궁에 빠진 국가 재정과 농민 생활을 안정시킬 수 있는 대동법 시행을 건의하였다. 김육의 이 주장은 조정에 파란을 몰고 왔다. 김육은 "가난한 농민은 다 도망가서 그 본업을 잃고 타향에 떨어져 남의 땅을 경작하는 작인이 되어 호구하는 자가 얼마입니까? 지금 향리마다 타향에서 온 객호가 태반을 차지하고 있는 데 온 나라가 다 그렇습니다." 라 말하며, 대동법을 실시해야 할 가장 큰 이유로 농촌 경제의 붕괴, 곧 농민 생활의 파탄을 들었다. 농민들이 자기 고향에서 쫓겨난 근본 원인이 과중한 세금 과세이기에, 과중한 세금 과세를 지양하고 과세 과정의 부정을 없앨 수 있는 근본 대책으로 대동법 시행을 주장한 것이다.

1639년 공납의 폐단을 지적하는 상소를 올렸다. 김육은 백성들의 공물을 대납해주고 이자를 고리로 받아가는 방납업자와, 관료들의 착복으로, 백성들의 생활이 피폐해짐을 지적하여, 진상품 방납을 없애고 일원화된 세금 조달 기준을 마련해야 한다고 보고하였다. 거듭된 전란으로 민생은 피폐해졌는데 방납업자들이 토호나 관료들과 짜고 무거운 세금을 요구하고, 착복한다며 이를 시정할 것을 상소하며 보고하였다.

또한 서양의 새로운 역법[6]을 보고 1653년부터 시헌력이라는 새 역법

---

6) 역법 : 달력법

을 시행하게 하였으며, 수레를 제작하고 관개에 수차[7]의 활용을 건의하였다. 1651년 상평통보의 주조를 건의하였고, 병자호란 때 소실된 활자를 제작, 많은 서적을 간행하도록 하였다. 그의 경제학은 실학의 선구자인 유형원 등에게 큰 영향을 주었다.

이러한 백성들의 어려움과 생활의 편리함, 세금 제도의 문제점을 개선하기 위해 노력하였던 김육에 대해 평가와 비판도 두 가지로 나누어지고 있다.

효종실록에 나타난 김육에 대한 인물평은 "사람됨이 강인하고 과단성이 있으며 품행이 단정 정확하고, 나라를 위한 정성을 천성으로 타고나 일을 당하면 할 말을 다하여 꺼리고 싫어함을 피하지 않았다. 병자년에 연경에 사신으로 갔다가 우리나라가 외국 군사의 침입을 받는다는 말을 듣고 밤낮으로 통곡하니 중국 사람들이 의롭게 여겼다."고 하고 있다.

후대의 사학자 이덕일은 그가 '공납의 폐단을 없애는데 자신의 정치적 운명을 건 한 인물'로 '진보적 정치가'라고 평하며 '김육은 정도전, 조광조 등과 함께 조선 시대 최고의 개혁 정치가라는 평가를 받기에 손색이 없는 인물이다.'라고 평가하였다.

효종실록의 비판에 의하면 평소에 백성을 잘 다스리는 것을 자신의 임무로 여겼는데 정승이 되자 새로 시행한 것이 많았다. 충청 호남의 대동법은 그가 건의한 것이다. 다만 자신감이 너무 지나쳐서 대동법을 의논할 때 김집과 의견이 맞지 않자 김육이 불평을 품고 여러 번 상소하여 김

7) 수차 : 물레방아

집을 공격하니 사람들이 단점으로 여겼다. 그가 죽자 주상이 탄식하기를 '어떻게 하면 국사를 담당하여 김육과 같이 확고하여 흔들리지 않는 사람을 얻을 수 있겠는가.' 하였다.

대동법 시행을 끝까지 밀어부친 소신파

조선 시대 공물제도는 각 지방에서 생산되는 특산물을 바치게 하였는데, 생산에 차질이 생기거나 자연재해로 인해 피해를 입은 경우에도 반드시 특산물로 공물을 바쳐야만 했다. 공물의 이런 폐단을 이용한 관리나 상인이 백성을 대신하여 공물[8]을 나라에 바치고 그 대가를 몇 배씩 가중하여 백성에게 받아내는 방납[9]이라는 제도가 있어 백성의 부담이 한층 가중되었다. 더구나 거주지에서 생산되지도 않는 공물을 배정하여 백성을 착취하는 관리가 많았다. 이런 관리들의 모리 행위는 농민의 부담은 가중되었지만 오히려 국가 수입은 감소되었다. 결국 중간 관리와 상인들만 이익을 보는 조세제도는 조선에서 가장 심각한 폐단이었다.

이에 대한 모순을 시정하기 위하여 이율곡은 1569년 선조 2년 저서 동호문답에서 대공수미법을 건의하였으나 실시하지 못하였다. 임진왜란이 일어나자 정부는 군량 부족에 봉착하였다. 그래서 조선 조정에서는 어쩔 수 없이 특산물을 공물로 바치는 대신에 미곡으로 납세하도록 장려하였다. 그러나 전쟁 중에 군량을 조달하려던 목적을 달성하기는 어려웠다. 전쟁이 소강 상태로 접어든 1594년 선조 27년 영의정 류성룡은 대공수

---

8) 공물 : 특산물
9) 방납 : 대납

미법을 제안했는데, 이 제안은 토지 1결에 쌀 2말 씩을 징수하도록 하여 그해 가을부터 전국에 시행되었다. 그러나 징수한 쌀의 양이 매우 적고 수시로 현물로 징수하는 일도 많아 1년이 되지 않아 폐지되었다.

1638년 인조 16년 9월 김육이 충청 관찰사가 되어 지방으로 나갔다. 전란 후로 흉년이 들어 백성들이 더욱더 곤궁해져 납세에 전혀 뜻이 없었으므로 도내의 전답을 계산하여 쌀과 옷감을 알맞게 거두어 모든 씀씀이로 삼았다. 조정에 세금을 바치고 비축된 것이 종전에 비해 여유가 있으면서 부역은 절반이나 줄었다. 이를 대동大同이란 이름을 붙여 전국 적으로 시행할 것을 상소장으로 요청하였으나 조정에서 반대가 심하였다.

충청 감사 김육이 문서로 아뢰기를, "선혜청의 대동법은 실로 백성을 구제하는 데 절실합니다. 경기와 강원도에 이미 시행하였으니 본도에 행하기 어려울 리가 있겠습니까. 신이 도내 토지세의 수를 모두 계산해 보건대, 매결마다 각각 면포 1필과 쌀 2말씩 내면 진상하는 공물의 값과 본도의 잡역인 전함(배), 관용말 및 관청에 바치는 물건이 모두 그 속에 포함되어도 오히려 남는 것이 수만입니다.

지난날 권반이 감사가 되었을 때에 도내의 수령들과 더불어 이 법을 시행하려고 하다가 하지 못했습니다. 지금 시행하면 백성 한 사람도 괴롭히지 않고 번거롭게 호령도 하지 않으며 면포 1필과 쌀 2말 이외에 다시 징수하는 명목도 없을 것이니, 지금 굶주린 백성을 구제하는 방법은 이보다 좋은 것이 없습니다." 하였다.

비국이 보고하기를, "이 세금 규정은 바로 권반이 일찍이 상세하게 만든 것인데 미처 시행하지 못하였으니, 식자들이 지금까지 한스럽게 여깁니다. 만약 지금 시행한다면 공과 사 양편 모두가 이로울 것이고 서울과 지방이 모두 편리할 것이니, 해당 조정으로 하여금 낱낱이 조사하여 결정하게 하소서." 하니, 아뢴 대로 윤허한다고 답하였다.

－인조실록 16년 9월 27일－

충청 감사 김육이 문서로 아뢰기를, "신이 옛사람이 만들어 놓은 법으로 망령되게 대동법을 시행하고자 하는 뜻을 진술하니, 비변사와 해당 관아가 심의하여 아뢰어 시행토록 청하였는데, 지금 수개월이 지났어도 아직까지 결정하지 않다가 지난번 경연관들의 아룀으로 인하여 특별히 다시 물어보라는 전교를 내리셨습니다. 다만 신이 말한 바는 백성을 먼저 구제하자는 뜻이고 근신들이 아뢴 바는 국가를 풍족하게 하자는 계책이니 참작하여 사용하면 잘못이 없을 것입니다." 라고 말하며

신이 정한 무명 한 필, 쌀 두 말은 쌀로 합산하면 일곱 말이고, 주상의 측근 신하가 말한 무명 두 필은 쌀로 계산하면 열 말이니 신이 정한 것보다 세 말이 많을 뿐입니다. 흉년에는 무명 한 필, 쌀 두 말로 무명 두 필을 받는 규정으로 삼아 쌀과 무명을 반반씩 받아들이는 것입니다. 흉년에는 무명으로 쌀 값을 따르고 풍년에는 쌀로 무명 값을 따르되 다섯 말로 기준을 삼고 그 숫자를 넘지 못하게 하면 풍년과 흉년에 따라 증감하는 편의가 있고 상하가 손해와 이익을 보는 잘못이 없을 것입니다. 대신과 해당 조정은 모두 공물을 납부하는 바가 약소하므로 용도에 부족할까 염려하고 성상의 생각도 또한 이에 이르렀으나, 부족한 걱정이 없을 것이고 서울과 지방 백성들도 또한 불편하게 여기는 자가 없을 것입니다.

신은 생각건대 부족한 바가 없을 것이고 균등하게 혜택을 받는 효과가 있을 것이니 금년에는 우선 신이 정한 대로 시험하여 시행하고 서서히 풍년을 기다려 경연관의 말을 사용하여 평상적인 규정을 만드는 것이 온당하다고 여깁니다. 의정부로 하여금 재량하여 처리하게 하소서." 하였다.

비변사가 보고하기를,

"본도에서 보낸 값으로 해당 조정의 용도에 비교하면 대동미의 값과 대략 비슷합니다. 다만 생각건대 1결에서 징수한 무명 1필과 쌀 2말로는 공물을 준하는 이외에 허다한 잡역은 손을 쓰지 못할 형편이며, 금년에는 그대로 이 법을 사용하고 내년에 또 경연관들의 말을 사용한다면 국가의 법을 이처럼 자주 고치는 것이 부당합니다. 금년의 공물은 전일대로 상납케 하고 서울과 지방의 공론을 널리 채집하여 후일 처

리해도 늦지 않을 듯합니다. 또 공물안을 개정하면 공물의 부역이 자연 균등해질 것이니 이와 같이 된 뒤에야 대동법을 의논할 수 있습니다."

하니, 답하기를, "대동법을 시행하려면 공물안을 굳이 개정할 필요가 없다. 금년의 공물은 우선 보고한 대로 시행하라." 하였다.

- 인조실록 16년 11월 20일 -

대동법 주장을 한 지 11년이 지난 1649년 효종즉위년 9월에 김육은 우의정이 되었다. 효종이 즉위하자 김육은 전후 복구가 이루어지지 않음을 지적하고, 전후 복구와 민심 수습을 위해 대동법 시행을 건의하였다. 반응이 없자 11월에 다시 상소를 올려 우의정으로 말할 수 있는 것은 대동법밖에 없다고 주장하였다.

"왕의 정사는 백성을 편안하게 하는 것보다 우선할 일이 없습니다. 백성이 편안한 연후에야 나라가 안정될 수 있습니다. 사람이 말하기를 '하늘의 변란이 오는 것은 백성들의 원망이 이를 부른 탓입니다.'라고 하였습니다. 백성들이 부역에 시달려 일할 마음이 없으니, 원망하는 기운이 쌓이고 맺혀 그 참상이 하늘에 보이는 것은 필연의 이치입니다. 임금이 재변을 만나면 두려워하며 몸을 기울여 반성하는 데에는 오직 백성을 보호하는 정사를 행하여 그들의 삶을 편안케 해주는 것밖에 별다른 방도가 없습니다. 대동법은 역을 고르게 하여 백성을 편안케 하기 위한 것이니 실로 나라를 구할 수 있는 좋은 계책입니다. 비록 여러 도에 두루 행하지는 못하였어도 경기와 강원에서 이미 시행하여 힘을 얻었습니다. 이를 충청 전라 지방에 확대 실시하면 백성을 편안케 하고 나라에 도움이 되는 방도로 이보다 더 큰 것이 없습니다." 라며 충청·전라지역의 대동법 시행을 출근의 조건으로 내걸었다. "신에게 나와서 의논하게 하더라도 말할 바는 대동법에 불과하니, 말이 혹 쓰이게 되면 백성들의 다행이요, 만일 채택할 것이 없다면 한 노망한 사람이 일을 잘못 헤아린 것이니, 그런 재상을 어디에 쓰겠습니까"

- 효종실록 즉위년 11월 5일 -

양반 지주들의 반대 속에서 효종 즉위년에 충청도에 대동법을 확대 실시하자고 주장한 것은 우의정 김육이었다. 김육은 효종에게 대동법의 내용을 설명하고 이 법의 시행 여부는 오직 왕의 결단에 달려 있으니 만일 시행하지 못하겠으면 자신을 처벌해달라는 강경한 상소를 올렸다. 김육의 상소에 조정 일각에서는 왕을 압박했다고 비난하기도 했다 한편 그가 명리를 취하는 사람이다, 일부 대동미 업자들에게 뇌물을 받았다 등의 각종 유언비어들이 돌면서 김육을 괴롭혔다. 김육의 반대 세력들은 이 글의 형식과 내용이 방자하다며 공격의 재료로 삼았지만 속마음은 대동법을 반대하는 데 있었다.

대동법을 충청·전라도에 확대 실시하자는 김육의 상소는 정국에 파란을 일으켰다. 조정 여론이 찬반 양론으로 나뉘었던 것이다. 조정 내에서 김육의 주장에 동조하는 사람은 소수였다. 좌의정 조익과 연양군 이시백 형제 정도가 찬성하였고, 이조판서 김집, 호조판서 이기조, 호군 정세규, 사헌부 집의 송시열 등 대부분의 관료들은 이에 격렬히 반대하였다.

이때 서인은 공신들의 파벌인 김자점을 중심으로 한 낙당과 김장생, 김집, 안방준 등 산림당과 김육의 대동법을 지지하는 한당이라는 새로운 파벌이 조성되었다. 김육을 공격하는 데 선두에 선 인물은 이조판서 김집이었다. 김집은 그의 아버지 김장생의 학통을 이어받은 율곡 이이의 직계 학맥으로서 송시열, 송준길, 유계 등 많은 문인들을 거느리고 있었다. 김집이 이조판서가 되자 송시열, 송준길 등 자신의 문하생들을 조정에 들여보냈는데 이들은 김육을 공격하는 돌격대 역할을 하였다.

김육은 대동법을 확대 실시할 것을 거듭 주청하였다. 여기에는 농촌 생활의 안정 뿐만 아니라 국가 재정을 튼튼히 하려는 목적도 있었다. "지금 대동법을 시행하게 되면 전라, 충청 양도의 전결 27만 결에 따른 목면 5천4백 동과 쌀 8만 5천석이 들어오게 되므로 호조 관료가 이를 잘 처리하면 쌀과 포의 여유가 많아질 것입니다."라며 대동법 시행이 국가 재정의 확충에도 도움이 됨을 역설했다.

1650년 효종 1년 1월 대동법 실시 문제로 김집과 논쟁하였다. 1월 이 마찰로 김집은 고향으로 돌아갔다. 이때 김집의 문하생이 김육이 축재와 사사로운 목적을 품고 있다고 공격하였다. 그 후로도 그 문하생들의 엄청난 비판에 직면하여 김육도 우의정을 사직했으며 영중추부사로 물러났다. 사직하려고 여덟 차례 사직의 상소를 올리니, 임금이 승지를 보내어 유시하기를, "내가 경을 주춧돌처럼 여기는 데 공은 급류처럼 물러가려고 한다."고 하니, 김육은, "일개 늙고 병든 신하를 놔주어 태평성대의 겸양하는 풍속을 이룩하면 어찌 아름다운 일이 아니겠습니까?"라고 하자, 벼슬의 교체만 허락하고 퇴직은 윤허하지 않았다.

1651년 효종 2년 1월 영의정에 임명되자 인조실록의 편찬 총재관을 겸하였는데 대동법을 반드시 시행해야 한다는 뜻을 거듭 개진하였다. 여러모로 헤아리고 연구하여 자세히 글로 써서 올리니, 충청도에 시행해 보라고 명하였는데, 충청의 백성들이 매우 기뻐하여 큰 비석을 세워 칭송하였다. 대동법을 논의할 적에 비난이 마구 쏟아졌으나 동요하지 않고 꿋꿋이 주장하여 결국 성공하였는 데 군자가 말하기를, "대동법은 물론 좋지만 김육 처럼 정성을 기울이기란 어렵다."고 하였다. 대동법 시행 이후 유랑민이 줄어들고 약탈과 도적질이 감소했는데, 김육은 스스로 대동법의 효과를 평하기를" 충청에서 대동법을 실시하자 마을 백성들은 밭에서 춤추고 삽살개도 아전을 향해 짓지 않았다"라고 하였다.

대동법을 전국적으로 확대 실시하려는 그의 주장은 지역 유지들의 반발과 산당의 반대에 직면하였다. 대동법의 실시를 둘러싸고 확연히 갈라지는 이해관계 때문에 반대하는 수령, 관료, 지역 유지들 등의 반발을 잠재워야 했고, 반발을 부추기는 장사꾼들의 계략에도 대응해야 했다.

대동법 실시에 반대한 김집 등과는 정치적 갈등이 생겼고, 산당·한당의 대립을 낳기도 하였다. 이들의 대립은 김집의 문하생인 송시열, 송준길과 김육의 아들인 김우명, 김좌명에게로 이어졌다. 대동법의 확대 실시에 힘을 기울여 충청도에서 시행하는 데 성공했고, 아울러 민간에 주전을 허용하는 일도 평안도, 함경도에서 전국으로 확대시키는 데 성공하였다. 이어 그는 대동법을 전라도로도 확대시키려 하였다. 안방준 등은 그의 정책이 나라를 망하게 하는 정책이라며 규탄하였다.

12월 원임 정태화를 다시 영의정에 임명하면서 김육은 영의정에서 물러났으나 좌의정으로 특별 발탁되었다. 좌의정으로 지내면서도 대동법 시행에 따른 문제점을 개선하는 한편, 인조실록의 감수와 교열을 완성하였다.

1652년 효종 3년 5월 16일 대동법 실시에 대한 폐단의 상소문

전 장령 안방준이 보성에서 상소하기를, "신이 위급한 화가 조석에 임박해 있음을 직접 보고 마음속에 품고 있는 생각을 부득이 성상께 아뢰지 않을 수가 없습니다. 삼가 생각건대, 임금께서는 주의 깊게 성찰하소서. 신이 이른바 위급한 상황이 조석간에 있다는 것은 서울에서 실시하는 대동법을 두고 말하는 것입니다. 모르겠습니다만 전하께서는 당초에 여러 대신들에게 널리 물어 의견을 수합해서 그 가부를 결정하셨을텐데, 여러 대신들이 모두 옳다고 한 것이었습니까. 전하의 마음에는 이 법이 일단 실시되면 백성들의 부역을 가볍게 하고 국가의 재정을 풍부하게 할 것이라고 여기셨을 것이니, 그렇게만 되면 이 법은 실로 좋은 법이며 아름다운 뜻인 것입니다.

그러나 부역을 가볍게 하려 했는데 부역이 더욱 무거워지고, 나라를 풍부하게 하려 했는데 국가가 더욱 가난해져 인심을 잃고 국가를 망하게 하는 근본이 되고 말았습니다. 누가 전하를 위하여 이런 계획을 세웠습니까. 듣건대 좌의정 김육이 이 법을 제창하였는데 피차의 여러 신하들이 한 사람도 힘써 다투는 자가 없었다 하니, 김육은 충성을 하여 일을 그르친 자이고 여러 신하들은 불충하여 일을 그르친 자입니다. 그렇다면 전하의 좌우에 불충한 자들이 아닌 자가 없으니 전하께서 누구와 더불어 나라를 다스리겠습니까. 아, 전하의 국사는 위태롭게 되었습니다.

신이 대략 아뢰겠습니다. 김육이란 사람은 젊어서부터 비록 경술을 일삼아 왔지만, 나랏일을 처리하는 데 있어서의 재주와 역량은 마치 선승(스님)에게 사냥매를 부리게 하는 것과 같습니다. 단지 임금을 아끼고 국가를 염려하는 정성으로 오늘날과 같은 거조에 이르게 된 것입니다. 신이 김육더러 충성하여 일을 그르쳤다고 한 것이 바로 이것입니다. 피차간의 여러 신하들의 경우는 소견이 없는 것이 아닌데도 제각기 같은 편은 당파로 삼고 자기와 다른 쪽을 공격하는 것을 혐의로 삼아 국사를 도외시한 채 감히 입을 열어 논의하지 않으며, 간혹 아뢴 자가 있기는 하나 그 역시 한두 번쯤으로 책임을 모면하려는데 불과할 뿐이니, 신이 여러 신하들이 충성하지 않아 일을 그르쳤다고 하는 것이 바로 이 때문인 것입니다. 그렇다면 충성하다 일을 그르친 자는 그 마음이 공정하고, 충성하지 않아 일을 그르친 자는 그 마음이 사사로운 것입니다. 충성과 불충이 비록 공과 사의 차이는 있지만 국가를 그르치게 하는 경우는 마찬가지입니다.

지금 현재 국가의 형편이 마치 수많은 백성이 물이 새는 배를 타고 가다 바다 한 가운데에서 풍랑을 만나 키와 닻을 잃고 사방을 둘러봐도 아득할 뿐 끝이 없는 것과 같으니, 만일 부사공과 뱃사공이 있다면 비록 그들이 북쪽의 호와 남쪽의 월과 같은 소원한 관계라 하더라도 서로 협력하여 거친 파도를 헤쳐 나가도록 하는 것이 진실로 마땅한 일입니다. 돛대가 기울어지고 노가 꺾였는데도 태연하게 있으면서 상하가 대책을 강구하지 아니하고 앉아서 빠져 죽기만을 기다린다면 이게 무슨 경우의 일이겠습니까.

오늘날 여염집에 사는 필부도 오막살이 집과 작은 밭을 자손에게 전해주고서 오히려 잘 지켜서 조상에 욕됨이 없게 하기를 바라는데 더구나 지금 전하께서는 수천 리나 되는 봉토와 2백 년 역사를 가진 종묘사직을 조종으로부터 받았으면서 화란이 장차 닥쳐올 것을 염려하지 않는 것은 무엇 때문입니까. 옛 사람이 말하기를 '명석한 지혜를 가진 자는 바야흐로 기세를 떨치고 있는 적국을 두려워하지 아니하고, 그 틈이 보이지 않는 민심을 매우 두려워한다.' 하였는데, 전하께서는 이 말을 들어보지 못하셨습니까.

옛날 태평 무사하던 날에 장영기·임꺽정과 같은 강적들이 연달아 일어났는데, 장영기는 이극균에게 패배하여 호남 지방으로 도망하여 죽었고, 임꺽정은 방어사 남치근을 파견하여 한 도의 병사를 출동시켜서 사방에서 포위하였으나, 서림이 투항하여 의로움에 향하지 않았더라면 1년 내에 적의 괴수를 쉽게 잡을 수 없었을 것입니다.

게다가 지금은 삼남 지방에 계속 흉년이 들어 좀도둑들이 곳곳에 가득합니다. 또 난리를 겪고 난 뒤부터 열읍의 유랑민들이 산속으로 들어가 총을 가지고 짐승을 잡아 생계를 이어가는 자가 수도 없이 많습니다. 만일 장영기·임꺽정과 같은 자들이 백성들이 원망과 배반심으로 가득차 있는 기회를 틈타 한번 선동하여 일어났더라면, 저들이 즉각 호응하여 마치 미치지 못할까 염려하듯 했을 것입니다. 이것은 국가의 커다란 걱정인데도 조정에 가득한 모든 신하들은 정신없이 지내면서 걱정할 줄 모르고 단지 인심을 잃고 있는 서울에서 실시하는 대동법만을 오늘날의 제일가는 계책으로 삼고 있으니, 신은 몹시 통분하고 있습니다.

예로부터 충성을 바치는 신하로서 일에 앞서 말을 하면 반드시 신용을 받지 못하고 일이 닥친 다음 말을 하게 되면 구제할 수가 없었습니다. 신이 드리는 이 말씀은 일에 앞서 드린 것이 아닙니다. 청컨대 선조때의 일로 입증을 하겠습니다. 선조 때 국가를 맡은 대신이 밀도 있는 계획과 원대한 생각이 없이 녹둔도의 둔전으로 백성들을 빚을 받아들여 민심을 크게 잃었는데, 그 당시 제신들은 역시 오늘날의 제신들과 마찬가지로 모두가 관망하여 억지로 끌어 붙이고 있었습니다. 오직 조헌만이 상소하여 그것이 불가함을 아뢰었으나 의정부에서는 듣지 않아 결국 기축년의 변란이 있었습니다. 그 후에 일본이 쳐들어올 기세가 있다는 것을 김천일이 상소하여 방어책을 극력 아뢰었고, 당시에 유성룡이 국사를 담당하여 논의를 주장하므로 김천일이 또 유성룡에게 서찰을 보내 역설하였으며, 왜구 사신이 화친을 요구하자 조헌이 재차 상소하여 윤허하지 말 것을 청하였고, 사절을 파견하게 되자 조헌이 적소에서 또 상소하여 파견해서는 안 된다고 하였으며, 사절과 왜구 사신이 함께 오자 조헌이 또 상소하여 왜구 사신의 목을 벨 것을 주문하였습니다. 당시 대신들로 하여금 조헌의 말을 받아들이게 할 수만 있었더라면 임진년의 큰 변란이 어디로 말미암아 일어났겠습니까.

신은 오늘날의 김육은 곧 옛날의 유성룡이요 오늘날이 제신은 곧 옛날의 제신이라고 여깁니다. 모르겠습니다만 오늘날에 있어서 옛날의 조헌과 같은 자가 그 누구입니까. 신이 지난해에 이 직에 제수되던 날 찾아와 보는 사람은 오직 한가로운 얘기뿐이었는데 지금은 모두가 탄식하고 한숨지으며 이르기를 '듣자니「서울에 실시하고 있는 대동법을 먼저 호서 지방에 시험하고 다음으로 영남과 호남에 실시한다.」하니, 원컨대 속히 대궐에 나아가 상소하여 우리 백성들의 목숨을 살려 주오' 하고, 혹자는 눈물을 흘리며 울먹이는 자도 있으니 인심이 원한과 배반심으로 차 있다는 것을 여기에서도 알 수 있습니다.

국가가 근년 이래로 기강이 더욱 문란해지고 보니 대체로 호령 한 마디만 하게 되면 비록 무식한 천민들이라도 반드시 서로 말하기를 '조선의 공사公事는 3일이면 흐지부지된다.' 하니, 어리석은 신은 이 법도 오래지 않아 역시 정파해야 할 것이라고 봅니다. 어리석은 백성에게 비웃음을 사느니보다는 차라리 그 일을 하지 않는 것이 나을 듯싶습니다." 하였는데, 답하지 않았다.

– 효종실록 3년 5월 16일–

1655년[76세] 효종 6년 7월 14일 김육은 세 번째 영의정이 되었다가 대동법의 시행에 반대하는 지역 유지들과 서인의 산당 파벌의 숱한 비판을 받았다. 10일만인 7월 24일 영의정 사직하였다.

1656년 효종 7년 다시 효종에게 금속화폐를 사용할 것을 적극 건의하였다.

1657년 효종 8년 7월에서 11월까지 영돈녕부사 김육은 상소를 올려 호남에서도 대동법 시행을 건의하였다.

1657년 효종 8년 12월 김육은 병이 들어 누워 있다가 완쾌되지도 않은 몸을 이끌고 조정에 나왔다. 대동법 시행을 다시금 주장하기 위해서였다. 효종은 김육이 출사하자 각 계급의 이해관계를 물었다. 김육은 대민과 소민을 비유하였다. "지금 마땅히 충청에 대동법을 시행해야 하는데, 삼남에는 부호가 없습니다. 이 법의 시행을 부호들은 좋아하지 않습니다. 국가에서 영을 시행함에는 마땅히 가난한 소민小民들의 바람을 따라야 합니다. 부호들의 반대를 꺼려서 백성들에게 편리한 법을 시행하지 않아서야 되겠습니까?" 이 말을 듣고 효종이 대신들에게 "대동법을 시행하면 부호가 원망하고, 시행하지 않으면 소민小民이 원망하니 그 원망은 대소가 어떠하오?"하고 물었다. 신하들이 "소민들의 원망이 더 큽니다."라고 대답했다. 이에 효종은 '그 대소를 참작하여 시행하라'라고 했다.

효종 8년 병조판서인 남인 허적이 "대동법을 시행하는 것은 백성들에게는 편리하지만 또한 어려움이 많습니다. 현임 대신 대부분은 이를 반대하고 있습니다. 이 법을 시행하려고 하는 사람은 김육과 이시백 형제 등 수명에 불과할 뿐입니다."라며 반대했다. 남인 역시 당론으로 반대했다. 그러나 효종은 대동법 시행령을 내렸다.

1658년 효종 9년 서필원을 전라감사로 추천, 그를 통해 전라도 연해읍에 대동법을 시행하게 한다. 김육은 죽기 직전 왕에게 올린 글에서조차 호남의 대동법 시행을 강조하였다. 김육의 생전에 충청도에서 대동법이 시행되었고, 호남의 해안 연안의 군읍으로도 확대되었다. 이후 김육의 유지를 이은 전라감사 서필원의 노력으로 대동법은 그의 사후 전라도 각지로 확산되었다.

호남에도 대동법을 시행할 것을 누누이 말하고 조정에서 물러났다. 김육이 병환이 나자 유언 상소를 올려 '학문에 힘쓰고 백성을 보호할 것'을 권면한 다음 다시 호남에 대동법을 시행해야 한다는 뜻을 말하였는데, 그 말이 매우 절실하였으니, 죽음에 임해서도 정성이 더욱더 독실하였다.

결국 대동법은 1658년 효종 9년에는 전라도 연해지역 27개 군현에 시행되었으며 이어 산군山郡에도 1662년 현종 3년에 실시되었다. 경상도는 1677년 숙종 3년부터 실시하여 1결에 13말을 징수하였다. 함경도는 전토가 척박하고 군현들 간의 사정이 달라 군현별로 징수량과 물종을 다르게 정하는 상정법이 나타나게 되었다. 상정법은 함경도와 비슷한 상황의 황해도와 강원도에 확대되었다. 황해도는 1624년 대동법을 시행하다가 1708년 숙종 34년부터 상정법으로 바꾸고, 강원도는 1710년 숙종 36년부터 상정법을 적용하다가 1747년에 이르러 대동법으로 전환하였다.

대동법이 전국적으로 실시된 뒤 세액도 12말로 통일하였다. 산간지방이나 불가피한 경우에는 쌀 대신 베·무명·돈(대동전)으로 대납할 수도 있었다. 그러나 대동법 실시 후에도 별도 공납과 진상품은 그대로 존속하였다. 따라서 백성에게 이중 부담을 지우는 경우가 생겼으며, 호당 징수가 결당 징수로 되었기 때문에 부호의 부담은 늘고 가난한 농민의 부담은 줄었으며, 국가는 토지세 수입의 부족을 메웠다.

대동법 실시 뒤 등장한 공인은 공납 청부업자인 어용상인으로서 산업자본가로 성장하여 수공업과 상업발달을 촉진시켰다. 또한 화폐의 유통을 촉진시키고, 운송활동의 증대를 가져와 교환경제체제로 전환되도록 하였다. 이러한 경제의 변화로 상공인층이 사회적으로 성장하고 농민분화를 촉진시켜 종래의 신분질서가 와해되는 데 영향을 주었다.

서원을 세운 뜻과 향교 경시 풍조에 대해 논하다

1657년 효종 8년 7월 서원에 대한 규정의 개정이 부당함을 아뢰니 대신들에게 의논케 하다.

홍문관이 응교 이정영, 부응교 민정중이 상소하기를, "신들이 요즈음 충청 감사 서필원의 장계를 보니, 지방에 있는 서원의 폐단에 대해 많은 말을 하면서 심지어는 서원에 대한 규정을 다시 바꾸자고 청하였는데 예조가 보고하자 갑자기 그의 청에 따라 결재하여 행하라고 하였습니다. 그러나 그 속에는 사실상 여론에 부합되지 않고 여러 사람을 놀라게 하는 것들이 있어 성스러운 조정에서 학문을 숭상하고 어진이를 떠받드는 도리를 크게 손상시키는 점이 있었는데 신들이 그 점에 대해 진술하겠습니다.

삼대三代 이후부터 가르치고 배우는 일들이 없어지거나 해이되어 비록 국학이나 향교를 세우기는 하였으나 그 이름만 있었을 뿐 그 실효는 보지 못하였습니다. 또 위로 조정에 예속되어 있으므로 여러 가지로 구애된 일이 많고 강습에 불편하였기 때문에 궁벽한 시골에서 뜻을 가진 선비들이 책을 품에 안거나 등에 지고 산속으로 피해 들어가게 되고야 말았습니다. 이 때문에 서원을 세우지 않을 수 없었던 것이며 사실상 주자(주희)가 처음으로 만들어 격려하고 권장했던 것입니다.

서원이 이미 마련되어 많은 선비들이 모여 거처하게 되면 옛 책을 강독하고 옛 분들을 회상하는 가운데 감동하여 흥기되는 마음이 어떻게 생기지 않을 수 있겠습니까. 이에 선성과 선현으로서 후세의 사표가 될 만한 분과, 그곳 고을의 이름난 선비나 군자로서 후세에서 우러러볼 만한 인물을 골라 신위를 배열 설치하여 섬기면서 봄과 가을로 제향을 드리는 것이 어느 것이나 사문을 진작시키고 인재를 권장하여 성취시키는 도리가 아니겠습니까. 그 귀추를 따져 본다면 바로 국가 풍화의 근원인 것입니다.

그러나 서원을 세운 본뜻은 인재를 기르는 데에 있고 어진이에게 제사를 지내는 예는 서원으로 말미암아 생겼기 때문에 제사를 지내지 않는 서원도 많이 있습니다. 우리나라의 서원 설립 규례는 선유 이황으로부터 시작되었는데 후학들이 본받아 그 제도가 점점 확장되었으나 감히 함부로 세우지 않았던 것은 대체로 주자가 남긴 뜻을 따른 것입니다. 아, 세상의 일은 오래 시행하다 보면 어느 것이나 폐단이 있었으니 서원의 설립에 있어서도 어떻게 한두 가지 말할 만한 폐단이 없겠습니까.

그러나 지금 절이며 불당이 천하에 깔려 아버지나 임금을 아랑곳하지 않는 무리를 앞장서서 거느리고 양민의 먹을 것을 가만히 앉아서 빼앗는 자들이 이루 헤아릴 수 없으나 쓸어내자고 한 자가 있었다는 말은 듣지 못했는데, 유독 학원學院 유림들의 일에만 기어이 훼철하여 줄여버리고 죄를 논해 금지하는 법을 세우고자 하여 학도들로 하여금 마음이 꺾이고 기운을 잃어 취향을 정하지 못하게 하고 있으니 이것이 어찌 성스러운 세상의 아름다운 일이겠으며 후세에 들려줄 만한 것이겠습니까.

서원에 제사드리는 사람 중에 합당하지 않아 제사를 흠향할 수 없는 자가 있다고 한 데 있어서는 진실로 또한 그렇거니와 옛날 사람 중에도 그 점을 말한 자가 있었습니다. 일찍이 선대조정에서 유신 김장생이 올린

소에 전팽령·곽시[10]등의 이름을 거론하여 그 잘못된 점을 지적하자 조정에서 제사지내지 말라고 허락하였습니다. 그런데 본도에서 아직까지 한두 명의 토호에게 저지당해 깨끗이 바로잡지 못하였습니다. 그리고 근래에 선비들의 여론이 또한 유근 등을 제사지내서는 안된다고 말하고들 있는데, 관찰사가 된 몸으로 왜 공론을 청취하여 바로 누구 누구를 거론해 제사지내서는 안되겠다고 청하지 않고 선현의 이름까지 싸잡아 소장 끄트머리에 기록해 이같이 모두 깎아내리려 한단 말입니까.

아, 서원의 설립이 어진이를 제사지내기 위해 시작된 것이 아닌 데도 현능한 유학자 한 분이 여러 서원에 모셔져 있다면 그 분에 대한 후학들의 사모가 깊다는 것을 더욱 볼 수 있습니다. 이제 무엇이 미워서 기어코 훼철하고야 말려고 한단 말입니까. 서원이 창설된 지 오래된 것은 멀리는 백 년 가까이 되고 가깝다 하여도 수십 년이나 되는데 갑자기 하루아침에 제사를 올리던 곳을 헐고 흠향하던 신주를 묻고, 모여서 학문을 강론하던 생도를 내쫓아버린다면 과연 사람들의 마음에 받아들여지겠으며 하늘의 이치에 합당할 수 있겠습니까?

1년 두 때에 걸쳐 제사지내는 데 소요되는 제수는 몇 가지 뿐입니다. 그러므로 편액을 하사받은 서원이 아니라 하더라도 그 고을의 수령이 약간의 채소와 과실을 갖추어 어진이를 제사지내는 의식에 돕는 것이 고을의 잘살고 못사는 데 무슨 관계가 있겠습니까. 돼지나 염소에 이르러서는 혹 주기도 하고 혹 안 주기도 하여 고을에 따라 법규가 있으니 더더욱 이를 말거리로 삼을 것조차 없는데다가 또 조정으로 하여금 돼지나 염소

---

10) 전팽령은 조선 전기 때 활동한 문신이자 유학자이며 명종 때에 염근리에 녹선된 충청도 옥천지방의 인물이다. 곽시 선생은 조선 중기 문신으로 학덕이 뛰어나 당대의 명사들로부터 높은 평가를 받아 옥천 지역 유림이 선생을 숭상하는 제를 올리고 있다.

를 아껴 어진이에게 제사드리는 예를 폐지하게 한다면 그 사이의 경중이 과연 어떻다 하겠습니까.

춘추에서는 백성들의 부역을 중시하였기 때문에 역사가 있으면 반드시 기록하였으나 태학에 있어서는 성인께서도 백성들의 부역이 의당 쓰일 곳이라고 여겨 특별히 그것은 기록하지 않았습니다. 백성을 부리는 것도 당연한데 잗다랗게 제수 비용의 다소를 물어서야 되겠습니까. 국가에서 도학과 절의를 지닌 선비에게 표창과 증직을 갖추어 내리고 그 후손까지도 녹을 주는 것은 한 세상을 격려하고 권장하고자 한 것입니다. 그런데 지금 도리어 후학과 고을 사람들을 금지하고 억제하여 그분들의 법을 기려 본받고 숭상하지 못하게 한다면 또한 어찌 교화를 넓히고 도타이 하는 도리라 하겠습니까.

고을의 어진이를 제사지내는 데 이르러서는 그 고을 사람들의 사적인 의논이므로 더더욱 국가가 물을 일이 아닙니다. 지금 나라에 공훈이 있는 자에게 그 공훈에 대한 특전이 주어지는 것은 그 공에 보답하기 위해서입니다. 지금 가령 어진 선비가 고을에 있어 그의 자제들과 후학들을 인도해서 남긴 풍모며 세속을 아름답게 한 것이 넉넉히 한 고을의 본보기가 될 만 하였다면 두세 칸 집을 지어 1년에 두 차례 제사를 받들며 고을 사람 몇 명으로 하여금 수호하게 하는 것이 공공의 도에 무엇이 손상되어 꼭 금지하려 한단 말입니까. 만일 서원이 너무 많이 설립되어 이름만 숭상하고 실상이 없다고 한다면 이 뒤로 창립되는 것들은 반드시 여쭈게 한 뒤에 허락하는 것도 하나의 방법일 것입니다. 그런데 법을 만들어 죄를 다스리는 것도 너무 박하다고 하겠는데 귀신에다 비하기까지 하니 어긋난 말이 아니겠습니까.

나라의 예조는 진실로 한 시대의 예를 관장하고 있는데 학교와 같이 중대한 일을 다시금 자세히 살펴서 결정하지 않고 단지 그의 소장대로 시행하기를 청하고 말았으니 이 점에 대해 더욱 신들이 알 수 없는 바입니다.

이른바 서원을 수호하는 사람은 각기 그 곳의 형세에 따라 정하기 때문에 많고 적음이 자연 같지 않습니다만, 간혹 1백여 호㢱에 이르는 곳도 있으니 진실로 지나칩니다. 그러므로 의당 숫자를 한정하고 그 나머지는 마땅히 잘라내 군역에 편입시켜야 할 것입니다만, 현재 정한 숫자가 너무도 적으므로 필시 예를 갖추고 선비들을 대접할 즈음에 주선해 낼 수 없을 것이니 또한 불가불 다시 한번 참작해 처리하여 많은 선비들로 하여금 쓸쓸하다고 탄식하는 일이 없게 해야 할 것입니다. 또 생각건대, 여러 서원 중에도 일찍이 선조에서 편액이나 기타의 것들을 내려 준 곳이 있습니다. 이러한 것들에 있어서는 더더욱 지금에 이르러 그 숫자를 줄여 사리를 손상해서는 안됩니다. 한 번 더 살피시어 다시 해당조정으로 하여금 헤아려 처리하게 하소서. 충청 감사와 해당조정이 한 행위도 규찰하여 바로잡지 않을 수 없습니다. 서필원은 파직하고 해당 조정의 해당 당상관을 갈도록 하소서."

하니, 답하기를, "아뢴 대로 하되 감사와 예조의 당상관은 모두 조사하라." 하였다.

예조가 보고하기를, "이번 서원에 대한 일은 본 예조가 그곳 관찰사의 청에 의거해 대략 손을 보아 복계했다가 옥당의 지적을 초래했습니다. 취하거나 버리어 제정하는 사이에 미진한 점이 없지는 않았으나 유신의 상소는 서원이 설립된 본래의 뜻을 추구해 밝히는 데에 성의를 쏟아 마지 않았으니 진실로 세상의 교화를 붙잡아 세우는 데에 관계가 있고, 서필원의 소장에서 진술한 바는 말류의 고질적인 폐단들로서 지나치고 거짓된 것들을 바로잡으려는 데에 뜻이 있었으니 그 사이에 비록 한두 가지 타당치 못한 점이 있다 할지라도 또한 매우 그르다고 할 수는 없습니다.

대체로 서원이란 어진이를 높이고 도를 숭상하기 위해 설립한 것으로서 사리로나 체면으로나 매우 중대하므로 폐단을 고치거나 규식을 결정할 때 한두 해당 관원으로 결정지을 수 있는 것이 아닙니다. 그러므로 일찍이 인조 조의 1644년 무렵에도 경상 감사가 역시 서원의 폐단에 대해 계문하였는데 본조가 두세 차례 복계하자 대신에게 물어보라고 특별히 명하였습니다. 이번에 다시 더 참작해 처리하는 일도 실로 중대하니 대신에게 의논하여 처리하게 하소서." 하니, 따랐다.

예조가 또 아뢰기를, "대신에게 의논해 보았더니, 영의정 정태화는 '신이 일찍이 충청 감사 서필원의 보고서를 보았는데 서원과 고을에 모범이 되는 명현들을 봉안하는 향현사의 말류 폐단들에 대해 극구 말하였으나 서원을 세운 본래의 뜻에 대해서는 감히 의논하지 않았습니다. 신이 의정부에서 모이는 날 좌중에서 말하기를 「만일 서필원이 아니면 이런 보고서를 올리지 못하였을 것이다.」고 하였는데, 그 뒤 옥당이 상소를 올리고 여러 선비들이 소장을 올려 힘을 다해 공격하고 배척하자 신도 비로소 전에 한 말이 망발이었음을 깨달았습니다.

서원이나 지방 사당의 폐단을 누가 모르겠습니까만 지금까지 인습해 따르기만 하고 바로잡지 못하였으니 하루 아침에 어떻게 개혁할 수 있겠습니까. 그 폐단을 제거하자면 선현을 공경하지 않는 데로 돌아가고 말므로 사람들이 감히 가볍게 말하지 못하는 것입니다. 그전에 이미 편액을 하사받은 곳에 있어서는 수호하는 사람과 제사하는 제물을 관청에서 모두 이미 행해왔던 규례대로 따라서 해야 하고, 그 나머지에 대해서는 관청에서 규식을 정해 줄 필요도 없으며 또 금지시키는 법제로 얽맬 필요도 없고 오직 그곳의 선비들과 고을 사람들이 각기 그들의 풍속대로 받들도록 맡겨두어야 할 것입니다. 그 사이에 혹 군인을 숨겨 두거나 그것을 기화로 폐단을 일으키는 자가 있으면 도의 방백이 보는 대로 추고해 다스려야 바야흐로 체통을 얻게 될 것이니, 신의 어리석은 의견으로는, 따로 절목을 강구하여 모든 도에 반포할 필요는 없다고 봅니다. 「지금부터 반드시 조정에 알려 허락을 받은 다음에 새로 서원을 창설하게 한다.」는 조목에 있어서는 그대로 시행하는 것이 좋을 듯합니다.'라고 하였습니다.

영돈녕부사 김육은 '옛날 호조판서가 교육 제도를 설치하면서 이미 국학과 주교를 두고 또 마을마다 학교를 둔 것은 교화의 근본을 중시하고 인재를 취하는 법을 밝히는 것으로서 위에서는 정치가 융성하고 아래에서는 풍속이 아름다웠으니 후세에서 따라갈 수 있는 바가 아니었습니다. 근래 서원의 창설이 날로 점점 늘어나고 있지만 치화가 옛날을 따라가지 못한 것은 헛된 꾸밈만 일삼고 조금도 실질적으로 한 일이 없어서 그러한 것이 아니겠습니까. 요즈음 선비들이 향교는 매우 가볍게 보면서 서원은 중시하고 있는데 점점 폐습이 되어 그 해가 실로 많아 의론이 분분하니 어찌 매우 한탄스러운 것이 아니겠습니까. 그렇지만 향교가 이미 경시되었는데 또 서원마저 없다면 학문에 뜻을 두고 공부하는 선비들이 장차 의지해 힘을 쓸 곳이 없어지게 될 것이니 하루아침에 얽매고 금지한다는 것은 참으로 부당합니다. 지금 마땅히 옛날처럼 그대로 두되 제향의 물품들은 생도들이 정성껏 준비하게 하고 서원을 수호하는 사람에 있어서는 각기 자기 집의 종을 내놔 정하도록 하여 고을을 번거롭게 하지 못하게 하고 부역을 기피하는 일이 없게 해야 할 것입니다. 그리고 이 뒤로 새로 창설하는 곳에 있어서는 반드시 관찰사로 하여금 보고하여 윤허를 얻은 뒤에 창설토록 하되 한결같이 선조에서 결정했던 대로 하는 것이 의당할 듯합니다.'고 말하였습니다."

- 효종실록 8년 7월 8일-

임금이 답하기를, "의논대로 시행하라. 선비들이 향교를 매우 가볍게 보면서 도리어 서원을 중시하는 폐단이 여기까지 이르렀다니 진실로 이른바 상하가 뒤바뀌었다는 것이다. 한심하기 그지없다. 해당조정의 보고가 비록 옥당의 비난을 받기는 하였으나 향교에 입학한 유생이 과거에 응시하는 류에 있어서는 서울 사학四學의 선례에 따라 재를 시작한 지 만 열흘이 지난 뒤에 응시할 수 있도록 허락해 주고 그렇지 않은 자는 죄를 다스리도록 하자고 한 것은 바꿀 수 없는 의논이다. 이 한 조목은 해당조정에서 아뢴 대로 착실히 시행토록 하라." 하였다.

십전통보 화폐의 제조와 금속활자 주조 전승

1650년 효종 1년 3월 김육은 영중추부사로 임명되어 사명을 띠고 청나라 사신으로 연경에 갔다. 사신길에 중국인들의 화폐 사용을 목격하고 귀국 후 조선 조정에 동전 유통을 건의하여 왕의 허락을 받는 한편, 아랫사람을 시켜 조선의 특산물인 인삼과 비단을 마련하여 중국 동전 15만문을 구입하여 평안도에 유통 시켰다. 김육의 적극적인 건의로 십전통보가 주조되었는데, 개성 지방의 민간인 상인을 영입하여 돈을 만들게 하였다. 김육은 개인이 만든 돈의 훼손 여부, 강도 등을 친히 시험하고 수시로 주조 과정을 감독, 관리하였다. 평소 상공업을 천시하는 것은 잘못된 것이며, 중상주의야말로 국력을 부강케 할 근간이라 하였다. 그러나 김육은 당시 사대부들로부터 장사로 천한 이익을 취하는 자들을 옹호하고, 얄팍한 기술로 잘난 척을 하는 소인들을 옹호한다는 비난과 상인이나 기술자들에게 얼마나 뇌물을 받았느냐는 등의 인신공격에 시달려야 했다.

영의정으로서 실록청 총재관이 된 김육은 금속활자를 재 주조하여 인조실록 50책의 간행과 선조수정실록 8책의 간행에 성공하였다. 이후로 서적 간행에 힘써 개량된 목활자로 새로운 서적을 인쇄하는데 성공했고, 황명기략, 종덕신편, 송도지 등을 저술, 간행하기도 하였다. 김육은 의서들을 보급하는 과정에서 활자 인쇄술에 의존하였는데, 자신의 저술들을 널리 보급하기 위해 직접 활자를 제작하고 인쇄하는 데에도 많은 노력을 기울였다. 이는 주자와 인쇄 사업, 책 간행의 확산에 기여하게 된다. 금속활자 주조에 대한 의욕과 서적 간행에 대한 정열은 그의 자손에까지 전해져 그가 일찍부터 돈을 주조하기 위해 동과 철의 합금에 관한 연구를 거듭한 결과 결정적인 성과를 거둔 사실이 있었는데, 훗날 이 지식을 토대로 현종 9년에 병조판서가 된 아들 김좌명이 금속 합금의 기술을 이용해 왜란 후 처음으로 구리를 재료로 해서 활자를 만들었다. 이후 활자 인쇄술 주조 사업은 김육의 자손들의 하나의 가업으로 계승되어 이어졌다.

구루정기

대동법 시행에 매진했던 김육은 사람들이 경치 좋은 곳에 누대와 정자를 짓는 것까지도 좋지 않게 보았다. 그것은 실용적인 면에서 허황에 불과하다 것이다. 그래서 그의 집은 띠풀을 엮어서 지은 초가집에 바깥쪽의 정자를 '구루정'이라고 하였는데, 초가의 지붕이 낮아 머리를 부딪히기 일쑤여서 반드시 허리를 구부린 다음에야 들어오고 나갈 수가 있으므로 그렇게 이름을 지었다고 한다. 당시 영의정이었던 김육은 자신의 처신을 더욱 엄격하게 단속하여 정자 하나 짓는 데까지도 자신을 낮추었던 것이다.

누대와 정자를 짓는 사람들은 모두가 적막한 것을 싫어하고 번잡한 것을 좋아하며, 기둥을 높게 세우고 보기에 화려하게 하여, 멀리는 강호江湖의 나루터 가에 세우고, 밖으로는 교외의 논밭 사이에 세운다. 그러나 묘시에서 유시까지[11] 관아에서 일을 보느라 한번 올라가 볼 겨를이 없어서 도리어 인근 사람이나 지나가는 객이 그 위에 올라가서 한가롭게 소요하는 것만도 못하니, 실로 다른 사람들을 위하여 세운 것이지 자기 자신을 위하여 세운 것이 아니다. 혹은 대문을 걸어 잠궈 다른 사람이 들어오지 못하도록 하는 사람도 있으니, 어찌 크게 우스운 일이 아니겠는가.

내가 우거하고 있는 집의 뒤편에 세 칸짜리 집을 세울 만한 작은 언덕이 있었다. 이에 드디어 띠풀을 엮어서 초가집을 세우고, 안쪽에 있는 당堂을 공극당拱極堂이라 이름하고 그 바깥쪽에 있는 정자를 구루정傴僂亭이라고 이름하였는데, 이는 지붕이 낮아서 머리가 부딪히므로 반드시 허리를 구부린 다음에야 움직일 수가 있으므로 그렇게 이름지었다.

그 정자의 크기는 비록 작지만, 위치해 있는 곳은 높고도 기이하며, 바라다 보이는 곳은 넓고도 멀다. 우뚝 솟은 바위와 푸르른 소나무는 조각하거나 꽂아 놓은 듯하다. 창 밖에 우뚝 솟아 있는 것은 목멱산의 잠두봉이고, 용처럼 꿈틀대고 호랑이처럼 웅크리고 있어서 내달리듯 멈춘 듯 서로 마주 대하고 돌아서 바라보고 있는 것은 백악산과 낙산이다. 난새가 멈춘 듯 아름답고 고니가 서 있는 듯 우뚝하여 마치 날아가려다가 날아오르지 않은 듯한 것은 필운산이고, 붓을 꽂은 듯 뾰족하고 홀을 세운 듯 우뚝하여 나아가려고 하다가 서 있는 듯한 것은 도봉산이다.

수락산은 노원의 뒤편에서 마치 불곡산을 전송하는 듯한 형상이고, 무악산은 안현의 위에 있으면서 부아봉을 쫓는듯하여, 기괴한 형상과 이상한 모양새가 여기저기 겹쳐서 나타난다. 백운봉과 인수봉을 비롯한 여러 봉우리가 저 멀리 구름 하늘 밖 아득한 곳에 우뚝 솟은 모습은 더욱더 경외감을 불러일으켜 사랑스러우니, 아침이면 아침대로 저녁이면 저녁대로 안개와 구름이 변화함에 따라 모습을 바꿔 숨기도 하고 드러내기도 하고 모이기도 하고 흩어지기도 한다. 그 누가 도성 안에 이처럼 신선의 경치가 있는 줄 알았겠는가?

---

11) 묘시에서 유시까지 : 아침 7시부터 저녁 7시까지 관료들의 근무시간

저 강호의 경치와 교외의 흥취가 즐겁기는 하지만 항상 거기에 머물러서 살 수는 없으니, 한번 가고 두 번가는 사이에 해가 이미 짧다. 그러니 어찌 이곳에서 잠자고 거처하며 이곳에서 먹고 숨쉬면서 천변만화를 보며 마음과 눈을 즐겁게 하고 사시 팔절四時八節[12])에 항상 창가에서 마주 대하는 것만 같겠는가.

나는 팔도를 두루 유람하였지만 경치를 감상할 마음이 일어나는 곳은 보지 못하였다. 그러다가 70여 년이 지난 뒤에 비로소 명승지를 얻어서 정자를 지었으니, 돌 틈 사이의 물은 갓끈을 빨 만하고 바위 사이의 물은 양치질을 할 만하며, 대나무를 쪼개 만든 수로水路로 물을 대어 연못에는 연꽃을 심을 수가 있고, 고기를 기르고 학을 기르며 만물을 친구로 삼을 수가 있다. 종일토록 적료하여 시장통의 시끄러운 소리가 들려 오지 않으니, 이는 참으로 평소 꿈속에서도 생각지 못하던 곳이다.

비록 그러하나 큰길을 한번 바라다보면 여염집들은 땅에 나지막하게 있고, 두 대궐 쪽을 바라다보면 대궐 용마루가 하늘에 접해 있다. 이에 도성 사람들이 구름과 같이 오가며 보는 자가 많으니 나도 모르게 마음이 떨려서 높게 짓는 것이 혐의스럽다. 이 때문에 처마와 서까래를 낮게 하고 담장을 낮게 한 다음 소나무와 대나무로 뒤편에 울타리를 쳐서 검소함을 밝게 드러내 보였다.

높은 데 있으면서는 위태로움을 생각지 않아서는 안 되고, 방에 들어와서는 내려다보는 것을 생각지 않아서는 안 된다. 그러니 어찌 감히 마음이 상쾌해지는 것만 좋아하여 처사處士처럼 창가에 기대어 공상 속에 잠겨서야 되겠는가.

옛 솥의 명銘에 이르기를, "일명一命의 관원은 허리를 낮게 굽히고, 재명再命의 관원은 허리를 굽히고, 삼명三命의 관원은 머리를 수그린다." 하였다. 나는 이 말에 깊이 느껴지는 바가 있어 머리를 수그리고서 나의 정자 이름을 지었다.

몸은 굽혀도 뜻은 굽힐 수 없습니다.
시간이 갈수록 목에 힘이 들어가는
자신을 깨우치기 위해 허리도 다 펴지 못하게 정자를 지었습니다.

---

12) 사시팔절 四時八節 : 춘하추동과 입춘·입하·입추·입동·춘분·추분·하지·동지. 일년 사계절의 각 절기

이마를 부딪칠 때마다 아프게 자신을 일깨우기 위해
머리도 다 들지 못하게 지붕을 낮추었습니다.

−출처 김육의 잠곡유고−

김육의 대동법에 대한 유언 상소와 졸기

1658년 효종 9년 9월 5일 대광 보국 숭록 대부 영돈녕부사 김육의 상소와 졸기

대광 보국 숭록 대부 영돈녕부사 김육이 죽었다. 죽음에 임하여 상소하기를,
"신의 병이 날로 더욱 깊어지기만 하니 실낱 같은 목숨이 얼마나 버티다가 끊어질런지요? 아마도 다시는 전하의 얼굴을 뵙지 못할까 생각되므로 궁궐을 바라보며 비오듯이 눈물을 흘렸습니다. 제왕의 학문에서 귀중히 여기는 것은 마음을 간직하고 정신을 하나로 모아 밖으로 치달리지 않게 하는 것을 말합니다. 전하께서 종전부터 학문을 강마하시면서 과연 이 도리를 잃지 않으셨습니까? 낙정자춘[13]은 한낱 필부였습니다만, 한 발자국을 뗄 때에도 부모를 잊지 않았습니다. 그런데 전하께서 오늘날 다치신 것이 이 지경에까지 이르렀으니 어찌 낙정자춘에게 부끄럽지 않겠습니까.

송 효종에게 쇠지팡이와 나무 말이 뜻을 가다듬어 원수를 갚는 데 무슨 도움이 되었습니까. 주희와 같은 때에 살면서도 주희로 하여금 수십 일도 조정에 있게 하지 못하였으니 정말 애석한 일이었습니다. 전하께서 오늘날 심학心學에 힘을 써야 하실 것은 다만 나이들었다고 멀리하지 말 것을 완미하고 탐색하시는 것입니다. 맹자가 말하기를 '백성을 보호하면서 왕 노릇을 하면 막을 수가 없을 것이다.'고 하였습니다. 백성이 편안하여 삶을 즐겁게 누리면 어찌 군사가 없는 것을 걱정할 것이 있겠습니까.

---

13) 전국 시대 초기 노나라 사람. 성이 낙정이고, 이름은 자춘이다. 증삼曾參의 제자다. 공자의 효사상孝思想을 계승했다. 『효경孝經』을 편찬하는 데 참여했다고 전한다.

흉년이 들어서 백성들이 흩어져 사방으로 가려 하는데 인원을 선발해서 올리는 일이 또 이때에 생겨 대신들이 다투어 간했지만 되지 않았으니 이 무슨 일입니까. 전하께서 후회하셔야 할 것입니다. 비록 열 번 명령을 바꾼다 하더라도 무슨 지장이 있겠습니까. 나라의 근본을 기르는 일은 오늘의 급선무인데, 찬선을 맡길 사람은 송시열과 송준길보다 나은 자가 없을 것입니다. 원하건대 전하께서는 시종 공경스러운 예로 맞아 지성으로 대우하여 멀리하려는 마음이 없게 하소서.

호남의 일에 대해서는 신이 이미 서필원을 추천하여 맡겼는데, 이는 신이 만일 갑자기 죽게 되면 하루 아침에 돕는 자가 없어 일이 중도에서 폐지되고 말까 염려되어서입니다. 그가 사은하고 떠날 때 전하께서는 힘쓰도록 격려하여 보내시어 신이 뜻한 대로 마치도록 하소서. 신이 아뢰고 싶은 것은 이뿐만이 아닙니다만, 병이 위급하고 정신이 어지러워 대략 만분의 일만 들어 말씀드렸습니다. 황송함을 금하지 못하겠습니다."

하니 답하기를,

"경의 상소를 살펴보니 매우 놀랍고 염려가 된다. 진술한 말은 모두가 지극한 의논이었다. 깊이 생각하지 않을 수 있는가. 호남의 일에 대해서는 이미 적임자를 얻어 맡겼으니 우려할 것이 있겠는가. 그리고 경은 늙었으나 근력이 아직도 강건하고 병이 깊이 들었지만 신명이 도와줄 것이다. 어찌 쾌차의 기쁨이 없겠는가. 경은 안심하고 잘 조리하라." 하였다.

김육은 기묘 명현인 대사성 김식의 후손이다. 젊어서부터 효행이 독실하였고 장성하자 문학에 해박하여 사류들에게 존중받았다. 광해조 때에는 세상에 뜻이 없어 산 속에 묻혀 살면서 몸소 농사짓고 글을 읽으면서 일생을 마칠 것처럼 하였다. 인조 반정에 이르러 제일 먼저 초야에 묻힌 선비로 추천되어 특별히 현감에 제수되고 이어서 갑과에 뽑혔고 버슬이 영의정에 이르렀다.

사람됨이 강인하고 과단성이 있으며 품행이 단정 정확하고, 나라를 위한 정성을 천성으로 타고나 일을 당하면 할말을 다하여 꺼리고 싫어함을 피하지 않았다. 병자년에 연경에 사신으로 갔다가 우리나라가 외국 군사의 침입을 받는다는 말을 듣고 밤낮으로 통곡하니 중국 사람들이 의롭게 여겼다. 평소에 백성을 잘 다스리는 것을 자신의 임무로 여겼는데 정승이 되자 새로 시행한 것이 많았다. 충청 호남의 대동법은 그가 건의한 것이다. 다만 자신감이 너무 지나쳐서 처음 대동법을 의논할 때 김집과 의견이 맞지 않자 김육이 불평을 품고 여러 번 상소하여 김집을 공격하니 사람들이 단점으로 여겼다. 그가 죽자 주상이 탄식하기를 '어떻게 하면 국사를 담당하여 김육과 같이 확고하여 흔들리지 않는 사람을 얻을 수 있겠는가.' 하였다. 나이는 79세였다. 그의 차남 김우명이 세자의 국구로서 청풍 부원군에 봉해졌다.

-효종실록 9년 9월 5일-

사후 10년 뒤인 1668년 현종 9년 현종의 특명으로 잠곡집을 간행하였다. 자신의 정치 생애를 대동법에 바친 김육은 1658년 세상을 떠났으나, 대동법에 대한 그의 뜻은 맏아들 김좌명에게 이어져 전라, 경상, 황해도로 확대 실시되었다. 김육에서 그의 아들 김좌명으로 정책이 전수되는 것은 그들이 선조인 중종 때의 사림 명신 김식의 개혁 정신을 충실히 이었음을 뜻한다. 그 뒤 그의 둘째 아들 김우명의 딸 김씨가 세자빈으로 간택되면서 그의 집은 외척가문으로 발돋움하여 승승장구하게 된다. 그의 아들 김좌명은 산당의 견제를 받았지만 병조판서를 지낸 뒤 사후 증영의정에 증직 추서되었고, 아들 김우명은 딸이 왕비가 되면서 보국숭록대부 영돈령부사를 지내고 청풍부원군에 봉작되었다. 손자 김석주는 서인 산당에 대항하여 제2차 예송 논쟁 당시 김집의 문인들과 송시열, 송준길을 몰락시켰다가 뒤에 남인의 부패가 극에 달하자 송시열의 문인인 김익훈과 손잡고 남인가문을 타도하게 된다. 숙종은 그의 영정에 "노인의 모습임에도 마치 신선의 풍채를 볼 수 있으며, 마음을 다해 나라와 한 몸이었다"는 어제 친필을 남기기도 했다. 그의 사후에도 아들 김좌명과 손자 김석주 등은 가업인 인쇄술을 계승하였고, 김우명의 일부 후손은 강원도 춘성에 정착하여 소설가 김유정의 선조가 된다. 그 뒤 그의 대동법 등을 높이 평가한 영조 때에 이르러 그의 문집들이 다시 재간행되었다.

93년 후 영조가 남긴 헌시英祖御製贊

1751년 영조는 명나라의 화가 호병이 그린 김육의 초상화 겸 풍경화인 송하한유도에 헌시를 남겼다.

잠곡 문정공 소상潛谷文貞公小像

두건에 학창의 입고 솔바람에 서있는 사람
누구를 그린 것인가? 잠곡 김공이라네.
오래전 신하로 나라 위해 충정을 다했고
옛사람의 의를 본받아 마음을 다하고 공경히 직분을 다하였네
대동법을 도모하여 계획하니 신통하다 하겠다.
아! 후손들은 백대가 지나가도 이를 우러러보고 공경하라.

— 영조—

[승진과정]

1604년[25세] 선조 37년 사마시와 회시에 급제, 성균관 입학시험에 수석
1609년[30세] 광해 1년 성균관 유생들이 단체로 5현의 문묘배향 요청 상소를 하였다. 그러나 정인홍은 1611년 이언적·이황에 대한 비난과 함께 문묘배향 반대 상소를 하였다. 이에 성균관 유생들은 정인홍을 유생명부인 청금록에 삭제시켜버렸다.
정인홍을 청금록에서 삭제한 사건을 두고 광해군이 노하여 주동한 우두머리를 감금시키려고 하자 김육이 스스로 책임지려고 하였다. 그때 마침 대신들의 변호로 인해 사건은 무마되었지만 과거시험 응시정지를 당했다. 김육은 세상 풍속이 날로 피폐해지는 것을 보고 가평으로 돌아가 잠곡에서 농사를 지으면서 스스로 호를 '잠곡'이라 하고 시문을 지어 자신의 뜻을 나타내었다. 이렇게 향리에 묻혀 지낸 지 12년이 흘러갔다.

1623년[44세]　인조반정 4월 인조는 김육 등을 6품직에 제수
1624년[45세]　인조 2년 2월 음성현감, 9월 증광시 문과 장원급제, 11월 정언, 11월 지평, 12월 정언
1625년[46세]　인조 3년 1월 병조좌랑, 2월 지평, 2월 정언, 3월 사서, 7월 시강원 문학
1626년[47세]　인조 4년 1월 문학, 2월 사헌부 지평, 3월 지평, 5월 정언, 헌납, 6월 지평, 8월 문학, 10월 문학, 11월 지평
1627년[48세]　인조 5년 정묘호란. 문학, 5월 지평, 8월 직강
1628년[49세]　인조 6년 1월 수찬, 교리, 2월 헌납, 3월 헌납, 4월 부교리, 7월 교리 겸 사서, 이조좌랑
1629년[50세]　인조 7년 윤 4월 이조정랑
1629년[50세]　인조 7년 7월 이조정랑 관작 삭탈
1631년[52세]　인조 9년 1월 석방
1632년[53세]　인조 10년 5월 부수찬, 6월 부응교, 10월 부응교, 산릉 도청, 검상, 사인, 보덕, 응교, 11월 사간, 지제교 겸임
1633년[54세]　인조 11년 병조참지. 5월 동부승지, 우부승지, 안변부사(지방직 3년)
1636년[57세]　인조 14년 3월 명나라 동지사, 우부승지, 12월 병자호란
1637년[58세]　인조 15년 2월에 명나라 사신
1638년[59세]　인조 16년 판결사, 승문원 부제조 겸임, 9월 충청관찰사(지방직)
1639년[60세]　인조 17년 중추부, 12월에 동부승지
1640년[61세]　인조 18년 윤 1월 형조참의 겸 대사성, 3월 좌부승지, 6월 우부승지, 9월 좌부승지, 홍문관, 사간원, 병조, 호조
1641년[62세]　인조 19년 4월 좌승지, 6월 우승지, 9월 좌승지, 12월 부제학

1642년[63세] 인조 20년 3월 대사간, 7월 우승지, 8월 좌부승지, 10월 대사간, 윤 11
              월 부제학
1643년[64세] 인조 21년 우승지, 5월 한성부 우윤(특별승급), 가선대부 승진, 부제학,
              7월 도승지, 겸 원손 보양관, 11월 병조참판, 겸 세자 우부빈객, 12월 청
              나라 사은사
1644년[65세] 인조 22년 8월 대사성, 9월 이조판서, 11월 형조판서, 우참찬, 대사헌,
              12월 세자 우빈객. 12월 청나라 사신 원접사
1645년[66세] 인조 23년에 청나라 원접사, 소현 세자 승하, 우참찬, 윤 6월 대사헌, 예
              조 판서, 내국 제조 겸임, 우빈객, 11월 청나라 칙사 대접 관반
1646년[67세] 인조 24년 2월 예조판서, 청나라에 사은사가 파견될 때 사은부사로 북
              경에 다녀와 예조판서가 되었다.
1647년[68세] 인조 26년 8월 송도유수
1649년[70세] 인조 27년 5월 8일 인조승하, 효종즉위
1649년[70세] 효종즉위년 7월 예조판서, 8월 대사헌, 9월 우의정. 9월 청나라 사은사
              겸 동지 정조 정사. 11월 관상감
1650년[71세] 효종 1년 1월 우의정 사직, 영중추부사, 3월 청나라 진위 진향 정사, 6월
              귀국
1651년[72세] 효종 2년 1월 11일 영의정. 인조실록 편찬 총재관. 2월 겸 도목정 총재
              관. 6월 상평통보의 주조를 건의, 서울 및 서북지방에서 유통. 11월 김육
              의 손녀를 세자빈으로 책봉하다. 12월 좌의정.
1653년[74세] 효종 4년 여름에 내의원 도제조
1654년[75세] 효종 5년 6월 14일 다시 영의정, 8월 15일 판돈녕부사, 8월 28일 영돈
              녕부사
1655년[76세] 효종 6년 7월 14일 세번째 영의정, 10일 만인 7월 24일 영의정 사직.
1656년[77세] 효종 7년 금속화폐를 사용 건의
1657년[78세] 효종 8년 1월 겸 영춘추관사
1658년[79세] 효종 9년 서필원을 전라감사로 추천, 그를 통해 전라도 연해읍에 대동법
              을 시행하게 한다.
1658년[79세] 효종 8년 9월 대광 보국 숭록 대부 영돈녕부사 김육이 죽다.

93. 정태화鄭太和

17여년간 6차례의 영의정을 지내다

생몰년도 1602년(선조 35)~1673년(현종 14) [72세]

영의정 재직기간 1차(1651.12.7~1654.4.22) 2차(1656.6.11~1658.6.16)

3차(1659.3.25~1661.윤7.28) 4차(1661.12.13~1667.3.11)

5차(1668.1.2~1670.11.17) 6차(1672.5.6~1673.4.12) (총 16년 8개월)

본관	동래東萊
자	유춘囿春
호	양파陽坡
시호	익헌翼憲, 충익忠翼
당파	서인
신도비	백리 강백년이 씀
저서	양파유고陽坡遺稿, 양파조천일록陽坡朝天日錄
배향	현종의 묘정에 배향
기타	영의정 정광필의 후손

증조부	정유길鄭惟吉	– 좌의정
조부	정창연鄭昌衍	– 좌의정
부	정광성鄭廣成	– 형조판서, 지돈녕부사
모	황근중의 딸	
동생	정치화鄭致和	– 좌의정
동생	정만화鄭萬和	– 예조참판
처	민선철의 딸	
장남	재대鄭載岱	– 참의　　　차남　정재숭鄭載嵩 – 우의정
삼남	정재악鄭載岳	– 지돈녕부사　　사남　정재항鄭載恒 – 목사
오남	정재륜鄭載崙	– 동평위, 정치화에게 양자로 감
자부	숙정공주	– 효종의 넷째 딸

정승 집안에 정승이 나다

정태화의 자는 유춘囿春이며, 호는 양파陽坡로, 본관은 동래이다. 조선
조 중·초엽의 명재상 정광필의 현손으로, 증조부 정유길은 좌의정을 지
냈고, 조부 정창연도 좌의정을 지냈으며, 아버지 정광성은 지돈녕부사를
지냈으니 화려한 가문 출신이다. 어머니 창원 황씨는 관찰사를 지낸 황
근중의 딸로 1602년 선조 35년 정월에 정태화를 낳았다. 태어날 때부터
덕스러운 기가 있어서 다섯살 때 관상을 잘 보는 중국인이 정태화를 보
고서 참 재상이 될 인물이라 하였다 한다.

시험을 보면 정태화가 지은 글이 항상 높은 등급에 뽑혀 매번 칭찬을
받았다. 1624년 인조 2년에 진사시에 합격하여 성균관에 입학하였고,
1628년 인조 6년에 문과에 급제하여 승문원에서 벼슬을 시작하였다. 이
어 전적, 예조 좌랑를 지내고 1631년 11월 당하관 대상 문관 시험에서
우등을 하여 사간원 정언이 되었다. 이어 이조좌랑, 헌납, 사간, 부교리,
이조정랑, 부응교 등 청요직을 두루 거치고 1634년 윤 8월 헌납으로 재
직중 국법을 어긴 죄로 스스로 파직을 청하였다.

헌납 정태화가 아뢰기를, "신은 선산이 과천에 있는데 지난번 급히 살필 일이 있어
휴가도 청하지 않고 사사로이 다녀왔습니다. 군직이 한산한 관직이라고는 하나 마음
대로 외방으로 나가 국법을 범하였으니 신을 파직하소서." 하니, 임금이 사직하지 말
라고 답하였다.
살펴보건대 정태화는 박황 등의 죄를 주지말자는 논의에서 빠져 나오려고 갑자기 이
일로 피한 것이다. 그가 말한 바 선산은 서울에서 겨우 10리 밖에 있으니 아침에 나
갔다가 저녁에 돌아온다 하더라도 안될 것이 없는 만큼 회피하기를 꾀한 흔적을 모
면하기 어렵다.
— 인조실록 12년 윤 8월 22일 —

이해 11월 띄어난 재능이 일찍부터 드러나서 중국사신 원접사 종사관으로 추천을 받았다. 1636년에는 10월 19일에 집의로 특별승진되었는데

이때까지 삼사 사헌부·사간원·홍문관의 관직을 두루 역임하였다. 옥당[14]에서는 수찬·교리·부교리·응교·부응교를 지냈고, 사간원에서는 정언·헌납·사간을 지냈고, 사헌부에서는 집의를 지냈고, 춘방[15]에서는 설서·사서·필선을 지냈는데, 모두 보덕을 겸임한 것이 세 번이고 줄곧 이조의 정랑과 좌랑, 의정부 사인, 성균관의 직강·사예·사성, 예빈시·제용감·사복시·장악원의 정 등을 겸임하였으며, 항상 지제교 겸 교서관 교리와 한학 교수·의사 교수를 겸하였다.

1636년 12월 병자호란이 일어나자 도원수 김자점의 종사관이 되었고, 1637년 6월 28일에 충청 감사가 되었다.

6월에 특명으로 충청지방에 관찰사를 보내게 되었는데, 임금이 불러서 명하기를, "경이 토산에서 해낸 일을 가상히 여기어, 이에 발탁하여 한 방면을 맡기는 벼슬을 제수하노라." 하였다. 관찰사 임무를 마치고 다시 조정에 들어와 승지에 제수되었다.

1639년 9월 청나라 사신 접반사가 되었는데 업무수행을 마치고 11월에 청나라 사신의 일에 대한 글을 아뢰었다.

원접사 정태화가 보고하였다. "사신이 강을 건너 온 뒤에 그의 임무를 탐문해 보았더니, 전일의 죄값을 탕감하는 일과 앞으로 기병 동원을 감면시켜 주는 일이었습니다. 또 정명수가 말하기를 '푸르고 굵은 대 15 바리와 홍시 20 바리와 배 10바리를 아울러 요동 봉황성까지 수송하라. 그리고 삼전도 비의 전면은 마땅히 몽고 문자로 쓰고

---

14) 옥당 : 홍문관
15) 춘방 : 세자시강원

후면은 우리나라의 비문을 새겨야 할 것이니, 사신이 서울에 들어가기 전까지 먼저 후면을 새겨 놓고 기다려 오래 지체하는 폐단이 없게 하라.'고 하였습니다."

-인조실록 17년 11월 15일 -

1640년 1월 20일에 특명으로 승진하여 한성부 우윤에 제수하니 1월 인사에 대해 사헌부가 건의하기를 "관작과 포상은 국가의 공기公器이니, 옮기고 발탁하는 일체의 일을 여러 사람들과 함께 해야 마땅한 것으로서 임금이 독단적으로 사사로이 할 성질이 아닙니다. 우윤 정태화는 관직에 들어선 지 얼마 되지 않고 업적도 드러나지 않았는데, 몇 해 사이에 종이품의 직급을 제수받았으므로 제수 명단이 나오자마자 여론이 모두 놀라워하고 있습니다. 새로 제수한 자급을 속히 개정하도록 명하소서." 하니, 답하기를, "이 사람은 명민하고 재주가 있으니, 이와 같이 서용해도 안 될 것이 없다." 하였다.

1640년 인조 18년 4월 27일 평안감사로 발령되었다.

주상이 불러 이르기를, "현재 팔도가 모두 요역에 괴로움을 당하고 있으나 서로西路와 같이 심한 곳은 없다." 하니, 정태화가 아뢰기를, "서로에서 가장 큰 병폐가 되고 가장 감당하기 어려운 것은 인부와 말의 폐단입니다. 전에는 감사가 축적해 놓은 것이 있어서 편의에 따라 조처하였는데, 지금은 그렇지 않아 백성들에게 책임지워야 할 상황입니다. 백성들이 감당해 내지 못할 것입니다." 하였다.
주상이 이르기를, "청나라 사람들이 왕래하는 폐단이야 말할 것이 없으나 우리나라의 사신들도 백성들의 수고로움을 생각지 않는다. 지난번에 황해 감사 임담의 보고서를 보니 '조정의 사목事目을 벽 위에다 붙여놓아 사신들이 모두 목격하는데 조금도 준행할 뜻이 없으니, 감사가 금지시킬 수 있는 것이 아니다.'고 하였다." 하니,

정태화가 아뢰기를,
"서로의 수령들은 대부분 무인武人들이기 때문에 풍부하게 물자를 대주어 명예를 높이는 밑바탕으로 삼고 있습니다. 일찍이 측근에서 왕을 모신 자를 간간이 연로의 수

70 영의정 실록 제6권

령으로 삼는다면 조금은 그 폐단을 줄일 수 있을 것입니다." 하자,

주상이 이르기를,

"진영의 장수가 겸직하는 고을이 아니면 섞어 차임하는 것이 옳다." 하였다.

주상이 또 이르기를,

"잠상[16]의 폐단이 이미 몹시 심한데, 그들이 또 근거없는 말을 지어내니 모두 뒷날 나라를 욕되게 하는 결과가 된다. 의주義州로 하여금 항상 엄하게 금지시켜야 할 뿐 만 아니라 감사도 살피는 것이 옳다."

하니, 정태화가 아뢰기를, "신이 부윤과 함께 특별히 금지하는 법을 만들어 엄하게 방지하겠습니다. 그러나 간사한 자들의 속임수가 갖가지여서 아마도 금지하지 못할 것 같습니다. 용골대는 저들 가운데 고관인데도 밤을 틈타 우리나라의 장사꾼들과 사사로이 매매하고 있습니다. 정명수는 우리나라의 역관 무리들과 함께 동관[17]이라 고 칭하면서 거리낌 없이 왕래하는데, 대화하는 사이에 어찌 말을 가려서 하겠습니 까. 말이 누설되는 것은 반드시 여기에서 말미암았을 것입니다. 비단 잠상들만이 그 런 것이 아닙니다." 하였다.

– 인조실록 19년 4월 27일 –

1640년 인조 18년 12월 18일 용골대가 평안 감사를 협박하였으나 굴 복하지 않다.

1637년에 청나라 군대가 철수해 돌아갈 때에 포로로 잡은 남녀 3인을 역관 김통가 에게 주고 갔는데 통가가 그들을 잃어버렸다. 용골대가 평안 감사 정태화와 병사 이 현달을 불러서 말하기를 "그들이 필시 귀족의 자제일 것이니 그 값이 백금 3만 냥은 더 될 것이다. 반드시 그 값을 갚으라. 만일 갚지 못하면 감사와 병사는 같이 심양으 로 들어가 3만 냥을 납부한 뒤에야 돌아올 수 있을 것이다." 하였는데, 정태화가 말 하기를 "심양으로 들어가기는 쉽고 은을 준비하기는 어려운데 꼭 같이 강을 건너고 자 하면 어찌 감히 어기겠는가. 김통가가 아직 있는데 그 사람에게 묻지 않고 우리 를 위협하는 것은 무슨 이유인가." 하니, 용골대가 굴복시킬 수 없음을 알고서 중지 하였다.

– 인조실록 18년 12월 18일 –

---

16) 잠상 : 금지된 물품을 거래하는 상인

17) 동관 : 같은 벼슬아치

1642년 인조 20년 5월 16일 경상감사로 발령 되었다. 정태화는 3년 동안 평안감사로 있었는데 또 남쪽 지방으로 나가는 것은 혼자만 힘들게 한다는 불평이 있을 법하지만, 요즈음 영남의 일을 조정이 깊이 염려한 끝에 신중히 가려 위임한 것으로 여겼다.

10월 13일에 청나라 장수 용골대가 우리나라 세자와 함께 봉황성에 당도하여 어떤 일로 잡힌 이계李烓를 심문하였는데 이계가 위기를 벗어나기 위해 본국이 비밀히 추진한 명나라와의 관계를 모두 고해 바쳤다. 정명수가 세자에게 말하기를 "이계가 끌어댄 이지룡과 전 감사를 모두 잡아 보내시오." 하니 전직 감사 정태화가 관서지방의 국경에 재직하면서 그 일을 관여하여 아는 터라 정태화는 급히 남쪽 변방에서 교체되어 밤낮없이 길을 달려 엿새 만에 관서 지방 봉황성에 도달하였다. 청인들이 갖가지로 공갈하였으나 정태화는 그들의 말에 시원스레 대답을 잘하여 일이 잘 마무리되었다.

1643년과 1644년에도 청나라 사신 원접사가 되었고, 1645년에 호조판서로 6경에 올랐다. 이 무렵 소현세자의 죽음과 그 후계 문제로 조정 신하들 사이에 심한 충돌이 일어났는데, 결국 소현세자빈 강씨가 사사되고 그 아들들이 제주에 유배되는 사태까지 빚어졌다. 이런 사건의 소용돌이 속에서 조정중신들의 처신이 벼랑 끝에 선 것처럼 어려웠는데, 정태화는 그 무렵 예조와 형조판서, 사헌부 대사헌 등에 임명되어 난감한 직책에서 일을 처리할 때에 누구의 원망이나 적대감을 산 일이 없이 맡은 바 책무를 다하였다. 그의 성품이 지극히 온화하고 너그러웠으며, 대인 관계가 원만하여 미워하는 세력을 두지 않았다. 훗날에 사관이 "조정의 의논이 자주 번복되어 여러 차례 위기를 맞았으나, 그의 영달과 떠어남은 바뀌지 않았으니, 세상에서는 벼슬살이를 가장 잘하는 사람으로 정태화를 으뜸으로 친다."고 평할 정도였다.

북벌정책과 예송논쟁으로 조정 신료들의 반목이 격화되던 시기여서 당색을 기피했고, 또한 정치화·정만화·정지화 등 형제와 친족들이 현·요직에 많이 올라 있었으므로 매우 힘든 세월을 보냈다. 1649년 1월에 우의정에 올랐고, 8월에 좌의정이 되었는데 모친상을 당하였다.

　효종이 즉위하여 좌의정에 제수 되었으나 마침 모친상을 당해 취임하지 못하고 향리에 머물며 상례에 몰두하였다. 임금이 정태화를 기복[18]하기로 정하여 다시 좌의정에 임명하였는데, 정태화가 정성껏 불가 상소를 올리자 이에 중지하였다.

　1651년 효종 2년 12월 7일 3년상을 마치자 영의정에 제수되었다. 1652년 제1차 예송논쟁이 일어나자 송시열의 기년설을 지지하여 이를 시행했으며, 성품이 모나지 않고 신중하여 정적政敵이 별로 없었다. "이 나라를 정가鄭哥가 모두 움직인다."는 야유를 듣기도 하고, 또 "재주가 뛰어나고 임기응변에 능숙하여 나라 일은 적극 담당하려 하지 않고 처신만 잘하니, 사람들은 이를 단점으로 여겼다."는 비평을 듣기도 했다. 뿐만 아니라, 그와 그의 형제들은 이 무렵 청나라와의 어려운 관계를 해결하는 데에도 크게 기여한 것으로 평가되었다. 청나라의 고위 관원들과도 적절히 교유했기 때문에 곤란한 경우를 당할 때마다 대체로 그와 그의 형제들에게 해결의 책무가 주어졌던 것이다.

　　　　　　　　　　　　　　　　　　　　　－ 한국민족문화대백과, 한국학중앙연구원－

　1654년 효종 5년 4월 22일 부친상을 당하여 3년간 여묘살이를 마치니 효종 7년 6월 11일 다시 영의정에 제수하였다.

---

18) 기복: 상중인 신하를 현직에 임명하는 것

상복을 벗고 궁궐에 나아가 임금에게 큰절을 하자 임금이 특별히 궁중에서 빚은 술을 내리어 정태화로 하여금 취하게 한 뒤에 어전에 들어오도록 하였다. 또 별당에서 서너 명의 재상들과 함께 대답하였으나 정태화가 사적으로 뵙는 일이라는 이유로써 사양하다가 임금이 강요하다시피 한 뒤에야 어전에 나아갔다. 임금이 좌우의 신하들을 물리치고 변방의 일을 정태화에게 상의하면서 친히 술잔을 들어 정태화에게 술을 권하였으며 칼과 허리띠를 하사하였다. 또 휴가를 주면서 비답에 이르기를, "경을 궁중에 끌어들인 뒤로부터 내가 잠자는 일도 잊고 밥 먹는 일도 아랑곳하지 않게 되었다."고 하였고, 또 이르기를, "경이 내 곁을 떠나니까 마치 팔과 다리를 잃은 것과 같아 마치 물고기에게 물이 없는 것과 같았고 장님에게 길잡이가 없는 것과 같았다."고 하였으니, 그 의지하고 신임한 것이 이와 같았다.

— 국역국조인물고, 세종대왕기념사업회 —

이해 8월에 정태화의 아들 정재륜과 효종의 넷째 딸 숙정공주가 혼인을 맺었다. 1659년 효종이 승하하고 현종이 즉위하였다.

1665년[64세] 현종 6년 10월 영의정 정태화가 사직서를 제출하니 반려하며 교서를 내렸다.

영의정 정태화가 열 아홉 번째 사표를 내기에 이르니, 주상이 답하기를, "천재天災가 매우 극심하니 경은 한가하게 지내고자 해서는 안 되고, 국세가 매우 위태로우니 경은 상관없는 일처럼 보아서는 안 된다. 아, 경은 두 조정을 두루 섬겼고 은혜로 대우함이 가장 융숭했으니 보답하려는 정성스러움이 없을 수 있는가. 내가 의지하는 것이 깊고도 중하니 결단코 윤허할 수가 없다. 의당 사직하지 말고 속히 출근하여 도道를 논하라." 하였다.

1667년 현종 8년 3월 동생 정치화를 우의정으로 삼고 정태화는 의정에서 사직하여 동생이 그 대임이 되었다. 1668년 현종 9년 1월에 다시 영의정이 되어 2년 10개월간 직무수행을 하고, 1671년 70세가 되어 기로소에 들어갔으나 병 때문에 조정의 명을 받을 수가 없자 임금이 가마를 타고서 입궐하도록 명하였는데, 정태화는 가마를 사양하고 걸어서 나아갔다. 궁궐의 섬돌에 이르자 주상은 내관에게 명하여 정태화를 부축하도록 하였다.

1672년 현종 13년 5월 다시 영의정이 되어 1여년간 활동하였는데 심한 중풍 증세로 사직이 허락되기까지 17여 년 동안 6차례나 영의정을 지내면서 효종과 현종을 보필한 것이다.

1673년 현종 14년 여섯 번째의 영의정 자리에서 물러난 지 6개월이 되던 달에 나이 72세로 세상을 마감하니, 부음이 조정에 알려지자 임금이 깜짝 놀라 애도하고 조회를 중지하였으며 정해진 의례에 맞게 조문하고 부의를 내리었으며, 세자도 또한 관원을 보내어 조문하였다. 염습하고 장사를 치르는 데 필요한 여러 도구들을 모두 관청이 도와주었고 별도로 관까지 하사하였으며 환관이 장례를 감독하였다. 또 별도로 간절하게 측은히 여긴다는 주상의 뜻을 내리어 특별히 3년에 한하여 봉록과 제수를 내려 주게 하였으니, 특별하게 우대해 준 은전이었다. 그해 12월에 과천의 치소 북쪽에 있는 관악산 밑의 선영에 장사지냈다. 시호는 처음 익헌益憲으로 내려졌다가 뒤에 충익忠翼으로 시호를 고쳤고 현종의 묘정에 배향되었다.

정태화의 다섯 아들의 후예가 매우 번성하여 가문이 벼슬하는 인물들로 가득하였다. 영조 때 좌의정 정석오, 정조 때의 좌의정 정홍순, 현종 때 영의정 정원용, 고종 때의 우의정 정범조 등 정승에 오른 인물이 넷이나 나왔다. 근·현대 인물로 대한민국 초대 감찰위원장을 지낸 위당 정인보가 정원용의 증손이었으니 곧 정태화의 후손이다.

훌륭한 가문에 17여년 동안 영의정을 지냈는데도 특출한 정책이 시행되지 않아 실적으로 내세울 만한 것은 없다. 그렇다고 업무를 게을리하거나 공정하지 못한 일처리로 인해 탄핵을 받거나 비난받은 기록도 없다. 그의 인품에 있어 남과 다툴만한 일을 하지 않았고, 탐욕스럽거나 적을 만들지 않아 군신이 모두 편안해 하는 관료였다. 6번의 영의정을 지내고도 단 한번의 유배를 당하거나 파직된 일도 없었으며 스스로 37번의 퇴직 상소를 통해 영의정 직에서 물러난 천수를 누린 정승으로 기록되었다.

바닷물이 언 변괴에 대해 논하다

1659년[58세] 효종 10년 윤 3월 영의정 정태화가 바닷물이 언 변괴에 대해 아뢰다.

영의정 정태화가 아뢰기를, "바닷물이 언 변괴는 매우 놀라운 일입니다. 무슨 일의 감응인지는 모르겠습니다만, 생각건대 원망이 응결된 기운이 초치시킨 것인가 염려스럽습니다." 하니

주상이 이르기를,
"경의 말이 옳다. 지방관청에서는 형벌을 신중히 하지 않는 탓으로 사실을 자백하기도 전에 곧바로 죽는 사람이 매우 많다. 전라도의 한 옥사의 경우에는 장에 맞아 죽은 사람이 10여 인이나 되었으니 매우 딱하고 측은한 일이다. 민간으로 원망을 품은 자가 있을 것이니 각도의 감사에게 명하여 조사해 내어 보고하게 하라." 하였다.

예조판서 홍명하가 아뢰기를, "재난이 이러한데 주상의 환후가 아직도 정상을 회복하지 못하고 있습니다. 변란이 발생할 경우에도 주상의 옥체가 평상으로 회복된 뒤에라야 일을 할 수가 있는 것입니다. 이것이 신이 조리하는 방도에 대해 걱정하고 있는 이유인 것입니다." 하니

주상이 이르기를,
"병을 조리하는 데 대한 이야기는 상소의 내용에 상세하고도 극진하게 아뢰었으므로 내가 매우 감동을 받았다. 속담에 형체가 단정하면 그림자도 바르다고 했으니, 모든 선악이 임금에게 귀결되지 않는 것이 없다. 그러나 아래 있는 사람도 마음을 같이하여 힘을 다한 연후에야 국사를 바야흐로 수습할 수 있게 될 것이다." 하였다.

정태화가 아뢰기를, "홍명하의 상소에서도 화합하여 힘써야 한다는 뜻을 말하였습니다만, 오늘날 조정의 신하들이 당색을 나누는 데에 이르지는 않았으나 마음을 같이하여 힘을 다한다고는 할 수가 없습니다." 하고

홍명하는 아뢰기를, "오늘날 조정의 대신·선비와 연소한 유명인사들은 각자 마음을 달리하여 옳고 그름을 서로 도와 이룩하는 아름다움이 없습니다. 이런데도 나라 일을 잘해 갈 수 있겠습니까." 하였다.

정태화가 아뢰기를, "조정에 지도자가 없어 사람들이 각기 자기의 의견만을 고집하는데 조화시킬 책임은 선비에게 있습니다." 하고

홍명하는 아뢰기를, "홍문관의 상소에서 이른바 '대신이 한자리에 모여 백관을 독려해야 된다.'고 한 것은 실로 옛 제도를 복구시키자는 뜻인데 대신들이 자신들의 권세가 중하여지는 것을 꺼려하여 감히 결정하지 못하고 있습니다." 하니

주상이 이르기를,
"오늘날 여러 신하들 가운데 국사를 담당하려고 나서는 사람이 하나도 없다. 국사가 끝내 구제할 수 없는 지경에 이르게 되면 누군들 망국의 대부가 되지 않겠는가." 하였다.

홍명하가 아뢰기를, "사람들이 모두 자신만을 돌아보기 때문에 감히 담당하고 나서

는 사람이 없는 것입니다. 만일 좋고 나쁨에 동요되지 않는다면 그 사람은 경지를 넘어섰다고 할 것입니다." 하니

주상이 이르기를,
"대신이 나라를 위하는 정성이 없는 것이 아니지만 또한 연소배들에게 지목당하는 것을 염려하여 수수방관하면서 감히 원대한 계책을 세우지 못하고 있는 것이다." 하였다.

홍명하가 아뢰기를, "몸을 보존하는 방도는 수수방관하는 것이 상책일 것입니다. 그러나 각자 경계하는 마음가짐으로 마음을 합쳐 서로 도운다면 국사가 어찌 이 지경에 이르겠습니까." 하니

주상이 이르기를,
"대신이 어찌 국사가 잘못되기를 바라겠는가. 이에 대해 논의할 마음이 없는 것이 아니지만 위축되어 그런 것이다." 하였다.

- 효종실록 10년 윤 3월 11일 -

출가한 왕 자녀에게 꿩고기 공급을 제한하다

1663년[62세] 현종 4년 11월 출가한 왕자와 공주 등의 꿩 공급을 10년 기한으로 정하다.

사옹원 도제조 정태화가 아뢰기를,
"왕자와 공주·옹주가 출가한 뒤에는 날마다 공급하는 꿩을 감하는 것이 법인데, 인조 조에 특별히 명하여 15년을 기한으로 공급토록 하였습니다. 그런데 이번에 대간이 아뢰자 성상께서 이렇게 비답하셨으니, 지금부터는 그만두는 것이 마땅할 듯합니다." 하니,
주상이 이르기를, "지금도 기한을 정하도록 하라." 하였다.
또 아뢰기를, "출가한 뒤부터 년수를 계산합니까? 아니면 출가한 선후를 따지지 말

고 지금부터 계산해야 합니까?" 하니,

주상이 이르기를, "지금부터 10년을 기한으로 그대로 지급토록 하라." 하였다.

— 현종실록 4년 11월 11일 —

정태화의 졸기

1673년[72세] 현종 14년 10월 8일 원임 영의정 영중추부사 정태화의 졸기 〈현종실록〉

영중추부사 정태화가 죽었다.

사관은 논한다. 정태화의 자는 유춘囿春이다. 재주와 지혜가 넉넉하고 총명하고 민첩함이 남보다 뛰어났는데, 일에 앞서 생각하여 일을 그르친 적이 없었다. 집에 있을 때에도 법도가 있어 자제들에게 번화하고 화려한 것을 숭상하지 말고 붕당을 결성하지 말도록 타일러 경계하였다. 의정부에 출입한 지 25년이 되었으나 세력을 부리지 않았다. 그러나 세상이 돌아가는 대로 행동하고 국사를 제대로 담당하려고 한 적이 없었다. 그리고 자못 뇌물을 받는다는 기록도 있어 사람들이 이를 단점으로 여겼다. 향년 72세로서 다섯 명의 자식을 두었다. 하나는 공주에게 장가들었고, 하나는 명관이 되었으며, 나머지는 모두 음덕으로 벼슬하였으므로, 관복이 집에 가득하였다. 동생 정치화와 더불어 번갈아 정승의 자리에 있었으므로 사람들이 이르기를 '복록이 온 세상에 비할 바가 없다.'고 하였다.

1673년[72세] 현종 14년 10월 8일 영중추부사 정태화의 졸기 〈현종개수실록〉

원임 영의정 영중추부사 정태화가 죽었다. 사관은 논한다.

정태화의 자는 유춘囿春이다. 재지가 넉넉하고 총민함이 뛰어났으며 일이 일어나기 전에 대처하였으므로 낭패당한 적이 일찍이 없었다. 가정을 법도로 다스렸고 자제들을 단속하여 번화하고 화려한 것을 숭상치 못하게 하였으며 붕당을 맺지 못하도록 하였다. 재상으로 출입한 기간이 25년이나 되었는데도 대단하게 세력을 과시한 적이 없었다. 그러나 세상과 더불어 적응하며 처신할 뿐 국사를 떠맡은 일이 없었고 뇌물이 상당히 통했다는 비난이 있었으므로 사람들이 이 점을 부족하게 여겼다. 72세에 다섯 명의 아들을 두었다. 하나는 공주에게 장가들고 하나는 명관이 되었으며 나머지도 모두 음관으로 벼슬하여 온 집안이 벼슬아치로 가득하였다. 아우 정치화와 바꿔가며 정승의 자리를 차지했으므로 사람들이 세상에 둘도 없는 복록을 누렸다고 말하였다.

 사관이 살피건대, 국가가 효종 이래로 조정에 고결하고 공정한 언론이 크게 행해졌는데 식자들은 사화가 일어나지나 않을까 상당히 걱정을 하였다. 그런데 정태화가 수상으로서 그 사이를 잘 주선하였다. 구차하게 동조하려 하지 않으면서도 대립하지 않아 조정의 논의로 하여금 마구 터져나와 결렬되지 않게 한 점은 대체로 볼 때 모두가 그의 힘이었다 할 것이다. 기해년 국상 때에 송시열이 의례儀禮 상소의 사종설을 인용하여 왕대비의 복제를 정하려 하자 정태화가 재빨리 손을 저으며 제지하고 마침내 국상 때의 복제로 정했었다. 사람들은 이때를 당하여 만약 정태화가 없었던들 응당 을사·기묘년 정도에 그치지 않는 참혹한 사화가 일어났을 것이라고 하였다. 또 허목이 상소하여 세자를 일찍 세워 국본을 정하자고 청하면서 주상의 마음을 탐지하려 했었는데, 주상이 의정부에서 의논토록 하라고 명을 내렸을 때 사람들은 모두 이에 대답하기를 어렵게 생각하였다. 그러나 정태화가 의논드리면서 '원자가 탄생한 날이 바로 국본이 정해진 때이다.'라고 말하였으므로 사람들이 모두 탄복하며 '옛사람이 이 일을 처리했어도 이보다 낫게 할 수는 없었을 것이다.'고 하였다. 정태화의 지혜와 꾀를 허적이 가장 꺼렸었는데, 정태화가 죽고 나자 허적이 더욱 멋대로 행동했는데도 온 조정 안에 그에게 대항할 자가 없었다. 현종 초에 익헌翼憲이라는 시호를 내리고 현종의 묘정에 추가로 배향하였다.

  주상이 승정원에 하교하였다. "영부사 정태화는 원로대신으로서 선왕으로부터 세상에 보기드문 재능을 대우받았는데 내가 그를 의지하면서 주석柱石처럼 여길 뿐만이 아니었다. 그런데 불행히도 한 번 병에 걸려 갑자기 이 세상을 하직하고 말았으니, 나랏일을 생각하면 나도 모르게 기운이 없어지면서 애통스럽기만 하다. 근래 내 병이 낫지 않고 오래 끄는 바람에 즉시 나의 마음을 나타내지 못했으므로 늘 아쉬운 생각을 지녔었다. 해조로 하여금 3년 치의 봉급과 제수를 넉넉히 지급하여 나의 뜻을 보이도록 하라."

덕고개 당숲

경기도 군포시 속달동 덕고개 마을에 있는 당숲으로, 수령 100~200년 가량의 굴참나무·갈참나무·너도밤나무·서어나무 등 고목 60여 그루가 두 줄로 서 있다. 마을 주민들은 이 고목들을 마을의 수호신으로 신성시하며 해마다 마을의 안녕을 비는 제사를 지내고 있다.

17세기 말 효종의 넷째 공주인 숙정공주와 부마인 동평위 정재륜(영의정 정태화의 아들)의 쌍묘를 이곳에 쓰면서 숲이 조성되었다고 한다. 동래 정씨 문중이 소유하며 관리하다가 일제강점기인 1930년대에 당숲을 제외한 주변 산이 일본인에게 매각되었으며, 광복 이후 국가재산으로 귀속되어 도유림이 되었다. 일제강점기와 혼란기 속에서 주변 숲의 나무들이 많이 베어졌어도 이 숲이 살아남을 수 있었던 것은 조선 왕실의 묘지 부속림이자 당숲이라는 특수성에서 비롯되었다고 볼 수 있다. 덕고개 당숲은 2002년 11월 산림청 등이 주최한 제3회 '아름다운 숲 전국대회'에서 우수상을 차지한 바 있으며, 군포시 8경 중 제 4경으로 지정되어 있다.

- 군포시 홈페이지 문화유산-

회협 가훈서會峽家訓序

동래정씨인 양파陽坡 정태화의 5대손이 지은 자손 훈계서가 오늘날까지 전해지고 있다.

목록에는
사부모事父母　부모를 섬김
사군事君　　　임금을 섬김
부부夫婦　　　부부간의 지켜야 할 도리
형제兄弟　　　형제간의 우애
장유長幼　　　년장자와 연소자간 예의
붕우朋友　　　친구간의 우의
치상治喪　　　상례를 치루는 절차
거상居喪　　　상주로서 지켜야 할 절차
봉제사奉祭祀 제사를 모시는 절차
훈자訓子　　　아이를 가르치는 법
사제師弟　　　스승과 제자간의 예법
돈목敦睦　　　가족 친척간의 화목 의 12개 항목은 전해지고 있으나

시가始家, 가취嫁娶, 처부귀處富貴, 거빈천居貧賤, 의복음식衣服飲食, 독서간서讀書看書, 접빈객接賓客, 작객作客, 제술製述, 과거科擧, 서찰書札, 거향居鄉, 습자習字, 감사수령監司守令 등 14개 항목은 전해지지 않는다. 모두 26개 항목으로 되어 있었다.

[승진과정]

1624년[23세] 인조 2년 진사시에 합격

1628년[27세] 인조 6년 별시 문과 병과 급제. 승문원 정자로 벼슬을 시작

1629년[28세] 인조 7년 11월 정언

1630년[29세] 인조 8년 부모 봉양을 위해 통진 현감을 지냈다.

1631년[30세] 인조 9년 당하관으로 경서 시험에서 우등. 12월 사간원 정언

1632년[31세] 인조 10년 1월 이조좌랑, 5월 이조좌랑, 9월 헌납, 11월 사간, 12월 이조좌랑

1633년[32세] 인조 11년 3월 부교리, 4월 이조좌랑, 9월 헌납

1634년[33세] 인조 12년 8월 헌납, 윤 8월 헌납, 9월 이조 정랑, 10월 사인, 10월 부응교, 11월 사간

1635년[34세] 인조 13년 1월 교리, 3월 집의, 5월 응교, 12월 부응교

1636년[35세] 인조 14년 3월 사간, 6월 사간, 10월 집의(특별승진).

1636년[35세] 인조 14년 12월 병자호란, 도원수 김자점의 종사관

1637년[36세] 인조 15년 2월 집의, 4월 집의, 4월 사간, 윤 4월 집의, 6월 충청감사, 6월 비변사가 추천한 선비장수로 합당한 인물 4인에 뽑혔다.

1638년[37세] 인조 16년 7월 동부승지, 9월 사관 접반사

1639년[38세] 인조 17년 2월 동부승지, 5월 수원부사. 병으로 사직, 7월 우부승지, 9월 청나라 사신 접반사

1640년[39세] 인조 18년 1월 한성부 우윤(특명), 1월에 특명으로 우윤에 승진하니 사헌부에서 이의제기. 4월 대사간, 4월 평안감사

1642년[41세] 인조 20년 5월 경상감사, 12월 도승지

1643년[42세] 인조 21년 3월 청나라 사신 원접사

1644년[43세] 인조 22년 4월 청나라 사신 원접사, 4월 대사간, 5월 이조 참판, 10월 호조판서

1645년[44세] 인조 23년 2월 호조판서 직책으로 북경에 보낼 쌀을 10만 석으로 고쳐 정할 것을 청하였다. 11월 대사헌

1646년[45세] 인조 24년 1월 호조판서, 2월 예조판서, 3월 겸 세자 우빈객, 7월 대사간, 8월 예조판서

1647년[46세] 인조 25년 7월 예조판서, 9월 청나라 사신 원접사, 10월 반송사, 11월 세자 우빈객, 12월 공조판서

1648년[47세] 인조 26년 3월 14일 예조판서, 3월 25일 대사헌, 윤 3월 형조판서, 4월 대사헌, 10월 이조판서

1649년[48세] 인조 27년 1월 우의정, 3월 청나라 연경 사은사, 5월 8일 인조승하. 사신으로 갔다가 돌아오니 인조가 승하하였다.

1649년[48세] 효종즉위년 8월 겸 총호사, 8월 20일 좌의정, 9월 모친상, 여묘살이

1650년[49세] 효종 1년 3월 1일 판중추부사. 청나라 사신 접대를 위해 상중에 불러서 복직시켰다. 3월 2일 다시 좌의정, 5번의 사직상소로 명을 환수하였다.

1651년[50세] 효종 2년 10월 판중추부사, 12월 7일 3년상 후 영의정

1652년[51세] 효종 3년 9월 겸 어영도제조

1654년[53세] 효종 5년 4월 부친상, 3년간 여묘살이

1656년[55세] 효종 7년 6월 11일 영의정, 8월에 정태화의 아들 정재륜과 효종의 넷째 딸 숙정공주가 혼인을 맺었다.

1658년[57세] 효종 9년 6월 16일 지병으로 영의정 사직, 7월 판중부사, 11월 영중추부사

1659년[58세] 효종 10년 5월 4일 효종 승하

1659년[58세] 현종즉위년 5월 원상, 5월 겸 내의도제조, 5월 9일 현종 즉위, 6월 11일 원상 면직

1660년[59세] 현종 1년 7월 겸 어영도제조, 겸 내의원 도제조

1661년[60세] 현종 2년 6월 사옹원 도제조, 윤 7월 22일 20차례 영의정 사직 상소후 사직허락, 윤 7월 28일 판중추부사, 12월 13일 영의정

1662년[61세] 현종 3년 3월 18일 부묘도감 도제조, 7월 청나라 진주정사, 11월 귀국 보고

1665년[64세] 현종 6년 10월 영의정 사직서 제출

1666년[65세] 현종 7년 1월 겸 책례도감 제조, 11월 겸 세자사

1667년[66세] 현종 8년 3월 11일 판중추부사. 3월 동생 정치화를 우의정으로 삼다.

1668년[67세] 현종 9년 1월 2일 다시 영의정이 되어 2년 10개월간 직무수행을 하였다.

1670년[69세] 현종 11년 11월 17일 37차례 사직소 끝에 영의정 사직, 11월 18일 행 판중추부사

1671년[70세] 현종 12년 10월 4일 영중추부사. 70세가 되어 기로소에 들어갔다.

1672년[71세] 현종 13년 5월 6일 다시 영의정

1673년[72세] 현종 14년 4월 12일 병으로 영의정직에서 면직

1673년[72세] 현종 14년 4월 16일 영중추부사

1673년[72세] 현종 14년 영중추부사 정태화가 죽다.

94. 이시백李時白
호란의 수습과 국방을 강화한 무관출신

생몰년도 1581년(선조 14)~1660년(현종 1) [80세]
영의정 재직기간 (1654.9.6~1655.6.18) (9개월)

본관	연안延安
자	돈시敦詩
호	조암釣巖
시호	충익忠翼
공훈	정사 2등공신(인조반정 2등공신)
당파	서인
묘소	충남 천안시 동남구 광덕면 매당리
신도비	비문은 우암 송시열이 지음
기타	이항복과 김장생의 문인

증조부	이정화李廷華	
부	이귀李貴	– 연평부원군(인조반정 1등공신)
모	인동 장씨	
동생	이시담李時聃	– 충주목사
동생	이시방李時昉	– 공조판서·판의금부사
처	윤진의 딸	
장남	이흔李忻	– 동지중추부사
차남	이한李憪	– 참의
삼남	이열李悅	– 군수

인조반정 2등공신으로 청렴 강직한 무관

이시백의 자는 돈시敦詩이고, 호는 조암釣巖으로, 본관은 연안이다. 증조부 이기는 첨지중추부사를 역임하였고, 조부 이정화는 특별한 경력이 없었으며, 아버지 이귀는 인조반정의 핵심 공로자로 정사 1등공신에 좌찬성을 역임하였다. 이시백은 어머니 인동 장씨와 사이에서 1581년 선조 14년 10월 11일에 태어났다.

어렸을 때 이시백은 감성이 풍부하며 판단력이 또렷한 아이였던 것 같다. 네 살 때 개미들이 흰 벌레를 뜯어먹는 것을 보고 벌레가 가여워 울었다거나, 6세 때 집이 가난해 기르던 개를 팔아야 하자 슬퍼하면서도 할머니를 봉양해야 하니 어쩔 수 없다고 수긍한 일들은 따뜻한 마음과 합리적인 사고를 가졌음을 보여준다. 이시백은 자라면서 서인의 주요한 인물들에게서 배우고 교유하였다. 8세 때는 성혼에게 수학하였으며 좀더 커서는 백사 이항복을 스승으로 모셨다. 가장 가까운 벗은 조익(좌의정 역임)·장유(이조판서 역임)·최명길(영의정 역임)이었는데, 세상은 이들을 가리켜 사우四友라고 불렀다. 이름난 스승과 띄어난 친구들의 면모는 이시백의 인품과 능력을 보여주는 중요한 방증이다. 이항복은 "이시백은 벼슬 없는 선비인데도 교유하는 상대가 모두 이름났고 그를 믿고 사랑하니, 무엇을 수행해서 그렇게 되었는지 모르겠다"고 하였다.

이시백은 풍채가 당당하고 힘이 장사였다. 지혜가 풍부하고 겸손하여 조금도 잘 난체를 하지 않았다. 충성스러운데다 청백하기까지 하니 조금도 흠 잡을 데가 없었다. 일곱 번이나 판서자리에 올랐고, 영의정까지 역임하였으나 집안이 청빈하여 언제나 빈궁하기 짝이 없었다. 이시백이 어느 날 퇴궐하여 집에 들어가니 부인이 비단방석을 깔고 앉아 있었다. 그 모습을 본 이시백은 기막힌 표정으로 전에 깔았던 띠 방석을 찾아 오게 하여 부인을 앉히고 그도 옆에 앉아 호령하였다. "이것이 우리가 깔았던 자리요! 내가 외람되이 운이 닿아 재상자리에 올랐으나 조심스럽고 위태로운 생각에서 잠을 못 이루고 사는데, 어찌 사치로 망신을 재촉한단 말이요! 부들자리도 불안한데 비단 방석이라니!" 땅이 꺼지도록 한탄하니, 부인은 몸둘 바를 몰라 하며 비단 방석을 스스로 뜯어 버렸다.

이시백의 집안은 당색에 따른 정치적 이유로 광해군 때 침체하였다. 뛰어난 능력을 가졌지만 과거를 치르지 않았고 40세까지 유생으로 지낸 것은 주변의 권유와 자신의 판단에 따른 결과였다. 최유원이란 인물이 이시백을 낭관에 천거하려고 하자 이항복은 시대가 적절치 않다면서 만류하였다. 1616년 광해 8년 아버지 이귀가 최기의 옥사에 연루되어 이천으로 귀양 가자 이시백은 나이 35세 때 가족을 부양하며 평생 동안 은거하겠다고 마음먹었다.

인조반정이 일어나자 이시백과 그의 가문에 중요한 변화의 전기가 마련되었다. 이시백은 이때까지 과거를 치르지 않았고 중년까지 이렇다 할 세속적 경력은 없었지만, 42세 때 아버지를 따라 참여한 인조반정으로 그의 인생을 역전시켰다.

1623년 광해 14년 3월 13일. 인조가 의병을 일으켜 즉위하였다. 3월에 인목대비가 광해군의 열 가지 죄목을 들어 폐위한 다음 인조에게 대통 계승을 허락하니, 하늘의 해가 다시 밝아지고 인륜이 다시 바르게 되었다. 반정시 대장 이흥립이 많은 병력을 거느리고 궁궐 내에 있었으므로 공신들이 걱정한 나머지 그의 사위 장신으로 하여금 설득하도록 하였다.

이흥립이 말하기를, "이시백도 모의에 참여하였는가?"라고 하니, 장신이 "그렇다."고 대답하자, 이흥립이 말하기를 "그렇다면 그 의거는 반드시 성공할 것이다." 하고 허락하였는데, 이시백이 이처럼 수재 시절부터 사람들의 믿음을 샀다. 이시백이 거사를 마치고 곧바로 모친상 상가로 돌아왔는데, 공로에 따라 정사 2등공신에 가선 대부가 되고 연양군에 봉해졌다. 이시백의 공훈이 2등에 있었으므로 여론이 억울하다고 일컬었다.

1624년 인조 2년 1월 이괄의 난이 일어났다. 이괄이 반정에서 중요한 공로를 세웠지만 2등공신에 책봉되고 평안도에 배속된 것에 불만을 품고 군사를 일으켜 반기를 들자 임금이 이시백을 기복[19]하여 협수사로 삼았다. 이시백이 이천으로 달려가 향병을 모집하여 요새를 방어하였는데, 적병이 다른 길을 통하여 곧바로 도성으로 들어갔다. 그때 길에 떠도는 이야기가 매우 불길하였으므로 이시백이 눈물을 흘리며 군중에 말하기를, "일이 이미 이 지경에 이르렀으니, 나는 마땅히 적군 속에서 죽도록 싸우겠다. 부모가 있는 사람은 모두 돌아가라."고 하니, 군사들이 모두 눈물을 흘리며 응답하기를, "같이 죽기를 원합니다."라고 하였다. 인조는 공주로 급박하게 피난했다.

도원수 장만이 파주에 도착하였다는 소식을 듣고 곧바로 달려가 회합하니, 장만이 이시백의 손을 붙잡고 말하기를, "하늘이 그대를 나에게 준 것이다."고 하였다. 장만이 의논하기를, "이 적은 공격하기 쉽지 않으니, 마땅히 남방의 병력이 집결되기를 기다려 만전을 도모해야 한다."고 하니, 이시백이 말하기를, "불가하다. 적병이 이미 도성을 점거하고 있으

---

19) 기복 : 조선시대에는 부모님이 상을 당하면 벼슬에서 물러나 3년간 여묘살이를 해야 했다. 그럼에도 임금의 특명에 의해 직무를 맡기는 것을 기복한다 라고 하였다.

니, 빌붙은 자들이 날마다 많아질 경우에는 우리들이 도리어 객이 될 것이다. 주객의 형세가 될까 걱정스럽다. 또 지금 하늘이 캄캄해지고 바람이 부니, 만약 비를 만나 병사들이 얼고 굶주릴 경우에는 새처럼 뿔뿔이 흩어지는 우환이 곧바로 닥칠 것이다."고 하였다. 그때 정충신·남이흥·이수일 세 장수가 군사를 거느리고 앞에 있었는데, 이시백이 말하기를, "나는 정충신의 위인을 아는데, 그는 용맹하게 전진하지 머물러 있지 않을 것이고, 이수일은 오래된 장수이므로 계책을 이미 결정하였을 것이다."고 하였다. 조금 있다가 여러 군대들이 이미 무악재로 전진하여 웅거하고 있다는 보고가 들어오니, 장만이 크게 기뻐하며 말하기를, "과연 공의 말과 같을 것이다."고 하였다.

관군이 2월 초 서울 무악재 일대에서 승리하면서 전세를 역전시켰다. 그 이튿날 아침에 적병이 패배하여 도주하자 이시백이 장만과 함께 뒤쫓았다. 정충신이 이시백과 같이 적병을 추격하여 체포할 것을 요청하니, 이시백이 말하기를 "적병이 불일간에 사로잡힐 것이다. 내가 감히 남의 공을 빼앗을 수 있겠는가?"라고 하자, 정충신이 감탄하며 말하기를, "이는 다른 사람이 미치지 못할 바이다."고 하였다. 반군은 동요했고, 부하 장수들이 이괄을 죽이고 투항함으로써 반란은 진압되었다. 이시백은 협수사로 정충신 등과 안현 전투에 참여해 승리에 기여하였다. 이시백이 곧바로 임금이 계신 행재소[20]로 달려가니, 언관들이 원수 장만의 죄를 중하게 논하고 있으므로 이시백이 만나기를 청하여 상황을 두루 말하니, 임금이 평소에 이시백을 믿었기 때문에 장만의 죄를 감면해 주었다. 반정에 이어 무예 재주를 다시 한번 입증한 이시백은 그 뒤 순탄하게 승진했다.

---

20) 행재소 : 임금님이 임시 거처하는 곳

이시백의 관직생활 동안 가장 중요한 사건은 두 번의 호란이었다. 조선은 모두 패배했지만, 이시백은 그 난국을 수습하는 과정에서 중요한 공을 세웠다. 젊었을 때 공부한 내용은 문관이었으나, 인조반정과 정묘호란, 병자호란을 겪는 동안 무관으로서의 두각을 나타낸다. 문무겸비한 장수였던 셈이다. 게다가 청렴결백한 그의 성품과 충직한 충성심은 인조와 효종의 총애를 받기에 손색이 없었다. 더군다나 인조반정의 1등공신을 세운 이귀의 아들로 아버지가 받지 못한 포상을 아들이 모두 혜택을 입은 셈이다.

이시백과 정묘호란

1627년 인조 5년 1월 정묘호란이 일어났다. 이시백이 상복을 벗자 임금이 이시백을 수원 방어사로 임명하고 말하기를, "수원은 도성에서 백리 안에 있고, 병마 3천이 있기 때문에 경에게 명한 것이다."고 하였다. 이시백이 휘하의 군마를 이끌고 들어와서 도성을 방위할 것을 청하니, 그대로 따랐다. 이시백이 부임하여 한결같은 뜻으로 병무를 다스리고 오로지 정성으로 위임하자 모두 기쁜 마음으로 복종하는지라 명령을 하달하기를, "만약 다급한 일이 생기면 십장기를 세우고 대포를 쏠 것이다. 너희들은 깃발이 보이고 대포소리가 들리면 곧바로 모이도록 하라."고 하며 군사를 잘 훈련시켰다. 정묘호란 소식을 듣고 임금이 부르니 하루 밤낮 사이에 군대를 거느리고 가장 먼저 동작나루에 도착하였다. 다른 군사들은 정오쯤 도착했지만, 이시백은 날이 새기도 전에 도착하여 임금이 감탄하면서 이시백을 선봉으로 삼아 강화도로 들어갔다. 치적도 뛰어나 당시까지 수원을 가장 잘 다스린 인물로 꼽힌다고 평가되었다. 호란이 해결된 뒤에 상을 많이 하사하여 병사들까지 두루 나누어주었다.

강화유수가 되다

1630년 인조 8년 8월 강화부사가 되어 이듬해 1월 25일 승천진에 창고를 설치해 곡물 운송을 편리하게 할 것을 건의하였다.

강화 부사 이시백이 글로 아뢰기를, "본부는 창고에 쌓아둔 곡식이 거의 4만 석이나 되므로 빌려주거나 받아들일 때면 백성들이 너무 고역을 겪습니다. 처음에 통진과 김포 두 고을의 백성들로 하여금 봄에 내주고 가을에 받아들이게 하였으나 두 고을에서는 자기들만 고역을 치른다고 하고 있습니다. 승천진에 창고를 하나 더 설치한 뒤 풍덕과 교하의 백성으로 하여금 통진과 김포의 두 고을과 더불어 빌려주고 받아들이는 일을 같이 하도록 했으면 합니다." 하였는데, 의정부에서 그렇게 하는 것이 온당하겠다고 하니, 주상이 따랐다.

– 인조실록 9년 1월 25일 –

1631년 인조 9년 10월 21일 강화 유수 이시백을 인견하여 강화도 백성을 구제하는 방안을 논하다.

주상이 강화 유수 이시백을 불렀다. 이시백이 아뢰기를,
"강화도의 민폐를 다 아뢰드리지 않을 수 없는데, 더구나 전에 없던 우박의 재난이겠습니까. 본부에서 심하게 재난을 당한 곳이 여섯 곳이고, 그 나머지는 아주 심한 지경에 이르지는 않았으나 벼 줄기만 남았으니, 앞으로 백성들의 일을 어떻게 구제해야 할지 방도를 모르겠습니다."

하니, 주상이 이르기를, "더욱 심한 곳은 쌀을 거두는 것을 전량 감해주도록 하였으니, 해당 관청이 모두 탕감할 수는 없다고 한다. 따라서 적당히 헤아려 반을 감하는 것이 온당하겠다."

하였다. 이시백이 아뢰기를, "신의 뜻은 우선 현미를 나누어 주었다가 내년에 도로 바치게 했으면 합니다. 그러나 백성들의 뜻은 오로지 구제해 주기를 희망하고 있습니다."

하니, 주상이 이르기를, "백성의 생활고가 봄이 되면 더욱 심해질텐데 지금 섣불리 구제할 수는 없다. 현미를 지급하는 것은 괜찮겠다."

하자, 이시백이 또 아뢰기를, "쌀을 거두는 일은 호조로 하여금 다시 참작하여 거행하도록 하소서." 하였다.

주상이 이르기를, "강화도의 가구수는 얼마나 되는가?"

하니, 이시백이 아뢰기를, "인구는 1만 3천여 명이고, 호수는 자세히 기억할 수는 없으나 거의 6천 호쯤 됩니다."

하였다. 주상이 이르기를, "강화도는 수백 년 동안 병란을 겪지 않았는데, 민호가 어찌 그리 적은가? 필시 떠돌아 흩어져서 그럴 것이다."하니,

이시백이 아뢰기를, "전토가 협소하기 때문에 백성도 많지 않습니다." 하였다.

주상이 이르기를, "내관이 공무로 가 보니, 따로 집 한 채를 세운다고 하였다. 왜 백성의 힘을 거듭 고달프게 하는가?" 하니,

이시백이 이르기를, "임금이 계실 곳이 너무 좁아서는 안 되겠기에 농한기를 기다려 역사를 시작했습니다. 집 한 채를 짓는 것인데 어찌 백성에게 피해를 끼치겠습니까." 하자,

주상이 이르기를, "그렇더라도 민폐가 없지 않을테니, 모쪼록 백성의 힘을 헤아려서 하라. 또 백성들이 필시 밥먹기가 어려울 것이니, 쌀로 고용하여 부리도록 하라." 하였다.

– 인조실록 9년 10월 21일 –

이시백과 병자호란

1635년[55세] 인조 13년 탈상한 후 병조참판에 임명되었다가, 다음 해 1월 경주 부윤으로 나가게 되었는데, 언관이 병조에 유임시키라는 말을 받아들여 이시백을 병조참판으로 유임시켜 남한산성 수어사를 겸임해 관리를 전담하게 되었다. 호란의 조짐은 인조 11년 무렵부터 감지되었으므로 무장으로서 그의 능력을 높이 평가한 발령이었다.

1636년[56세] 인조 14년 1월 남한산성 수어사가 되었다. 7월 15일 수어사 이시백이 경기도내 및 원주 등의 군사 체계에 관해 건의하였다.

> 수어사 이시백이 아뢰기를, "남한산성에 방어하는 군사는 1만 2천 7백명입니다. 경기에 소속된 군은 신이 응당 산성으로 나가 수령과 장관을 불러서 지킬 곳을 획정할 것이나 원주·안동·대구 등 3읍은 바라건대 종사관 1명을 파견하여 무기와 무예를 사열하게 하고, 또 위급할 때 영을 속히 따라야 한다는 뜻을 명령하소서." 하니, 주상이 그대로 따랐다.
>
> − 인조실록 14년 7월 15일 −

7월에 이시백은 남한산성에서 야간훈련을 실시하고 군사들을 격려했다. 임금이 산성의 형세와 방어 상황을 묻자 "참으로 천연의 요새지만 성첩이 1600곳이나 되어 군사 5만 명이면 충분하고 4만 명이면 빠듯하다"면서 "군량이 부족한 것이 걱정"이라고 보고했다. 이런 이시백의 판단은 곧 정확히 들어맞았다.

12월에 변방의 경보가 갑자기 이르러 병자호란이 일어났다. 이시백이 입궐하여 말하기를, "적의 기병이 매우 빠르니, 임금께서 곧바로 도성을 떠나야 할 것입니다. 그렇지 않을 경우에는 사태가 위태로울 것입니다."고 하니, 임금이 따르지 않았다. 그 이튿날 임금이 강화도로 떠나려고 성문에 이르자 적병이 이미 서쪽 근교에 다다라 있었다. 이시백이 나아가 말하기를, "임금은 날랜 말을 타고 빨리 달려가고, 대장이 뒤따라가면 저녁 무렵에 강을 건너갈 수 있을 것입니다. 머뭇거리면 반드시 낭패를 당할 것입니다." 하고, "남한산성의 일이 다급하니, 신은 하직하겠습니다." 하고 곧바로 남한산성으로 달려갔는데, 뒤쫓아오는 사람이 급히 말하기를, "어가가 온다."고 하였다. 이시백이 서둘러 남한산성으로 들어가 병력을 정돈하여 어가를 영접하였다.

이튿날 새벽에 임금이 샛길을 통해 강화도로 가려고 시도하다가 그만두고 남한산성을 지키기로 계책을 정하였다.

임금이 말하기를, "성안 일은 일체 경에게 위임하려고 한다. 무엇을 먼저 해야 하는가?"라고 하니, 이시백이 말하기를, "빨리 여러 장수들을 불러 친히 격려하소서."라고 하였다.

이시백이 갑자기 명을 받고 여러 장수들이 지킬 성벽을 분배시켰다. 그 이튿날 주상을 만나 사죄하며 말하기를, "어제 밤에 일이 급하여 망령되이 스스로 군대를 나누었습니다. 군부의 신하로 하여금 다시 지휘하도록 하소서."라고 하니, 임금이 받아들이지 않았다. 이시백이 더욱더 극력 간쟁하자 임금이 군부의 신하를 불러 물어보았으나 대답을 하지 못하였다. 이시백이 말하기를, "그러면 신이 신경진·구굉·이서와 같이 사방을 나누어 지키고 군부의 신하는 총괄하여 감독해야 할 것입니다."고 하니, 임금이 한참 있다가 윤허하자, 이시백이 휘하의 병력으로 서쪽 방면의 성을 지켰다. 대체로 임금의 뜻은 처음에 모두 다 이시백에게 위임하려고 한 것이었다.

어느 하루 임금이 이시백을 불러 밤에 병력을 풀어 적병의 군영을 공격하려고 하니, 이시백이 불가하다고 하며 말하기를, "만에 하나라도 불리할 경우에는 성안의 사기가 떨어질 것이니, 그때에는 후회해도 소용이 없을 것입니다."고 하였는데, 후에 우리 군대가 성 북쪽에서 출전하였다가 패배하였으므로 이때부터 감히 싸우자고 말하지 못하였다. 이보다 앞서 조정의 의논이 세자를 볼모로 보내어 청나라 군대를 물리려고 하였는데, 이시백이 만나기를 청하여 말하기를, "이 계책을 꾸민 사람은 목을 베어도 용납될 수 없습니다. 예로부터 성공과 실패는 군대의 많고 적음에 달려있지 않았으니, 조나라의 진양 싸움과 제나라의 즉묵 싸움이 바로 그러한 사례입니다. 그런데 지금 지킬 것은 생각하지 않고 이러한 계책을 제기하였습니다. 전하께서는 송나라 흠종이 원나라에 붙잡혀간 뒤에 휘종도 모면하지 못한 것을 보지 않았습니까?"라고 하였다.

어느날 임금이 병기를 사전에 갖추어놓지 않은 것에 대해 질책하자, 이시백이 '전일 요청할 때마다 조정에서 의논이 저지당했다.'고 대답하니, 군부의 관료가 좋아하지 않았는데, 어떤 사건으로 인하여 이시백에게 중한 곤장을 치다가 피가 흐르자 중지하였다. 이시백은 성이 포위되고 있고 사적인 원망을 생각할 겨를이 없었으므로 조금도 분노하거나 한스러워하지 않았다. 그런데 어떤 사람이 군졸을 선동하자, 군졸이 모두 앞을 다투어 행궁으로 밀어닥치면서 화친을 배척한 신하를 포박하여 적진으로 보낼 것을 요청하였다. 이렇게 연일 부르짖으면서 떠들어댔으나 이시백이 거느린 군졸은 한명도 자리를 이탈하지 않았으므로 상하의 사람들이 이에 힘입어 안정되었다.

1637년 인조 15년 정월 19일에 오랑캐의 화살이 갑자기 서문에 떨어지자, 군부에서 암문의 병기를 옮겨다가 서문을 수비하도록 하였다. 이시백은 이렇게 하면 바로 적군의 계교에 빠진 것이라고 하여 암문을 더욱 단단하게 수비하였는데, 그날 밤에 과연 적군이 암문을 침범하였다. 이시백이 손에 활을 들고 군졸들의 앞에 서서 성을 올라가니, 군졸들이 모두 죽도록 싸웠다. 이시백은 화살 한 대를 쏘면 반드시 적병을 죽였으므로 적병이 사방에서 싸우다가 모두 패배하여 물러갔고 이시백도 화살 네 대를 맞았다. 그 이튿날 성안 사람들이 싸운 곳에 와서 보니, 흐른 피가 도랑을 이루었고 버려진 병기가 산골짜기에 가득 메웠다. 적군이 이때부터 다시는 성에 접근하지 못하였다. 한참 전쟁이 벌어졌을 때에 군무를 총괄하던 찬획사 박황이 병력을 거느리고 와서 구원하였다. 이시백이 돌아보며 말하기를, "적병이 서쪽으로 달려가다가 동쪽을 공격하는 것이 아닌가? 급히 동쪽으로 가서 구원하라."고 하니, 박황이 사람들에게 말하기를, "어진 사람은 이시백이다."고 하였다. 임금은 이시백이 화살에 맞았다는 말을 듣고 내관을 보내어 유시하기를, "듣건대, 경이 갑옷을 입지 않아 화살에 맞았다고 하니, 만일 경을 잃어버렸다면 나라는 장차 어찌하란 말인가?" 하고 술을 하사하고 위로하니, 군중이 감격하여 분발하였다.

1월 23일 서쪽 성곽과 동쪽 성곽을 습격한 적을 패퇴시키다.

> 밤중에 적이 서쪽 성에 육박하였는데, 수어사 이시백이 힘을 다해 싸워 크게 패배시키니 적이 무기를 버리고 물러갔다. 조금 뒤에 또 동쪽 성을 습격하였다가 패배하여 도망하였다.

임금이 오랑캐의 군영에 나아가 그들과 같이 강화조약을 체결하고 조정으로 돌아오자 이시백이 말하기를, "후일 저들이 우리를 협박하여 명나라를 공격하라고 하면 장차 어찌할 것입니까? 그들의 말을 따른다는 것은 차마 할 수 없는 일이고 그들의 말을 따르지 않을 경우에는 큰 화가 곧바로 닥칠 것입니다. 최명길을 보내어 그 말은 따를 수 없다는 뜻으로 바로잡되, 극력 간쟁하여 반드시 허락을 받아내야 할 것입니다."고 하였다. 이시백이 또 최명길을 보고 권유하니, 최명길이 이시백의 말대로 청나라에 가서 허락을 받고 돌아왔는데, 뒤에 오랑캐가 비록 약속을 저버리기는 하였으나 여론이 이시백이 한 것을 훌륭하게 여겼다.

10월에 이시백이 공조판서로 승진하여 지의금 부사를 겸임하였다. 병사 서우신이 조정의 명을 기다리지 않고 경솔하게 오랑캐와 싸웠다고 하여 사형을 당하게 되었는데, 이시백이 상소를 올리기를, "서우신이 이미 지역의 임무를 받았으니, 싸우지 않고 무엇을 하겠습니까? 서우신이 상급 장수의 통제를 받아 뜻과 재능을 펴지 못하였습니다. 그런데 지금 한 번의 전쟁으로 인해 중죄에 빠졌으니, 또한 애통하지 않겠습니까?"라고 하니, 임금이 마침내 서우신의 사형을 면해주었다.

1638년 인조 16년 1월 5일 이시백을 병조 판서로, 구굉을 공조 판서로, 윤명은을 부교리로, 목행선을 수찬으로 삼았다.

이시백은 본디 충실한 사람이었다. 남한산성이 포위되었을 때, 산성을 지키는 여러 군사들이 화친을 배척하는 신하들을 내쫓았는데, 유독 이시백의 군사만은 동요하지 않았다. 이에 선비들의 의논이 그를 훌륭하게 여겼다.

임금이 이시백을 병조판서로 임명하면서 말하기를, "경은 충성심이 다른 사람들보다 뛰어나고 재능과 지혜가 모두 우수하니, 실로 이 임무에 적합하다."고 하니, 이시백이 극력 사양하였으나 윤허하지 않았다. 얼마 안 되어 어떤 사건으로 인해 교체되었다가 5일 만에 다시 복직되었다. 이시백이 '전쟁에서 죽은 사람은 마땅히 그의 처자를 후히 보살펴주어야 할 것인데, 도리어 세를 징수하고 대신할 사람을 세우라고 책임을 지우고

있다.'고 하며 빨리 융통성있게 처리할 것을 요청하니, 임금이 윤허하였
다. 이시백의 문전에 사적인 청탁은 통하지 않았고 사람을 뽑아 쓴 바가
한결같이 공론에 따랐으므로 교만하고 사나운 장교일지라도 너나없이 심
복하였다.

그 당시에 가뭄의 재난이 있었는데, 이시백이 나아가 말하기를, "인사
는 형체이고 재난과 좋은 일과 궂은 일은 그림자입니다. 전하께서는 실질
적인 덕을 닦는 데 힘썼으면 합니다." 하고, 또 말하기를, "장수를 명하거
나 사람에게 벼슬을 임명할 적에 한결같이 청나라의 뜻에 따른다면 장차
폐단이 이루 말할 수 없을 것입니다."고 하였다.

1639년 인조 17년 2월 12일 사헌부가 병조 판서 이시백의 파직을 청
하여 교체하였다.

사헌부가 아뢰기를, "병조 판서 이시백이 승려들을 총괄 관리하는 영승領僧에게 분
부하여 사찰을 점검한 것은 오로지 걱정거리만을 생각하여 급할 때 써먹으려는 데
에서 나온 것이기는 하나, 계책이 주밀하지 못하고 지휘가 허술하여 온 도의 인심을
놀라게 하였으니, 사리와 체면으로 헤아려 볼 때 견책하여 후일을 징계해야 합당합
니다. 그런데 성상께서 넓은 도량으로 포용하여 벌을 시행함이 너무 가벼우므로, 물
정이 쾌하게 여기지 않습니다. 파직하도록 명하소서." 하니, 교체하라고 답하였다.

― 인조실록 17년 2월 22일 ―

2월 18일 병조판서에서 체직된 지 6일 뒤에 다시 병조판서가 되었다.
1640년 인조 18년 3월이었다. 청나라 사람이 우리나라에 다른 뜻이 있
다는 이유로 와서 매우 심하게 협박하였다. 다른 뜻이 있는 사람 명단을
은밀히 고하였는데, 이시백의 이름이 그 속에 들어 있었다. 이시백은 청
나라를 배척하는 신하로 지목되어 청나라에 아들을 인질로 보내야 했는

데, 친아들 대신 서자를 보냈다가 탄로가 났다. 비변사가 재상들 가운데 거짓으로 인질을 보낸 자들을 조사하여 아뢰니, 주상이 완성 부원군 최명길과 이조 판서 이경석을 파직하고, 병조판서 이시백과 전 판서 홍보와 남이공은 의금부에 내려 중도에 유배하도록 명하고, 이시백은 여산으로 유배를 갔다.

1641년 인조 19년 6월 이시백이 여산에서 풀려나 돌아오자 총융사에 임명되었다. 1643년 인조 21년 2월 다시 병조판서가 되었는데, 무상노동을 하는 병졸을 위하여 볏짚을 엮어 광주리를 만들어 그 속에서 자도록 하니, 이때부터 얼어 죽은 병졸이 없었다.

1645년 1월 이시백을 대표하는 면모는 강직과 청렴이었다. 인조의 장자 소현세자가 2월에 귀국한 뒤 두 달만에 급서했는데, 이때 이시백은 공조판서였다. 세자의 후사로 인조는 손자가 아니라 둘째 아들 봉림대군[21]을 후사로 삼으려고 했고, 왕의 태도에 눌려 대신들은 "나라에 장성한 대군이 있으니, 나라의 복입니다."라고 하였으나, 이시백과 이경여만 "원칙을 지켜야 한다" 면서 원손[22]을 세워야 한다고 주장했다. 이 말을 들은 사람들은 모두 이시백의 안위를 걱정했지만 아무런 일이 없었다.

1646년 인조 24년 4월 총융사로 경기 진위현에 토적 토벌에 나섰다. 이시백이 휴가를 얻어 성묘하려고 공주로 가는 도중에 충청도에 토적이 있다는 말을 듣고 곧바로 말고삐를 돌려 돌아가서 무찌를 것을 자청하니, 임금이 기뻐하며 말하기를, "내가 걱정할 것이 없다."고 하였다. 이시

---

21) 봉림대군 : 소현세자의 동생으로 인조의 둘째 아들, 효종
22) 원손 : 소현세자의 아들

백이 충청의 경계에 들어가기 전에 변란이 평정되었다는 말을 듣고 군대를 해산하고 돌아왔다. 그 뒤에 임금이 신하들에게 말하기를, "다급하고 어려울 때 몸을 잊으니, 정말로 충신이다."고 하자, 이시백의 아우 이시방이 눈물을 흘리며 절하고 사례하니, 임금이 말하기를, "지난날 경의 형제가 사람의 모함을 받았을 때 내가 '이귀의 아들은 필시 그러지 않을 것이다.'고 하였다. 경들은 자제들을 가르쳐 모두 경들처럼 해야 할 것이다."고 하였다.

인조가 효종에게 이시백을 중용하라 전하다

1649년 인조 27년 어느 봄날 인조는 술자리를 만들어 병조판서인 이시백을 가만히 불렀다. 그를 마주한 왕은 이시백에게 "병판은 주량이 얼마나 되오?"하고 물었다. 이에 이시백은 "신은 본래 술을 많이 마실 줄 모르는 데다가 늘 병을 앓고 있어 더욱 마시지를 못하옵니다" 이 말을 들은 인조는 "경의 병은 남한산성에서 고생을 한 것 때문인 것 같소! 경의 자녀는 몇이나 되오?" 하고 물었다. 이시백은 "신의 자식들은 다른 사람보다 많은 편입니다"하고 답했다. 그러자 왕은 "그런 자식들이 왜 과거는 보지 않고 있소? 나라에 충성하고자 한다면 비록 무과라도 좋소. 경의 부친이 충성을 다하였던 바 나는 그 은혜를 결코 잊을 수가 없오!" 이에 이시백은 감격하여 눈물을 흘리며 말했다. "아버지가 눈감기 전에는 오직 나라가 있음을 알 뿐이었습니다. 이제 전하의 말씀을 듣고 보니 감읍하여 눈물을 금할 수가 없습니다." 이시백의 목 메인 대답에, 왕은 자리를 같이한 세자[23]로 하여금 이시백에게 술을 따르게 하며 진심으로

---

23) 세자 : 훗날 효종

일렀다. "내가 이분을 수족처럼 여기니 너도 뒷날 이분을 내가 대한 것과 같이 대하라!" 하였다. 임금이 세자를 효종으로 바꾸고자 했을 때 눈치 보지 않고 원손을 세자로 세우고자 했던 이시백을, 훗날 세자가 왕위에 올라 푸대접하지 않을까 하는 염려에서 미리 못을 박아 두는 것이었다. 결국 효종은 즉위하자 이시백을 우의정에 앉혔고 영의정까지 보장하였다.

1650년 효종 1년 8월 우의정으로 승진하여 연경에 사신으로 차출되었다가 가지 못하였다. 이시백이 사직의 상소를 전후 30여 차례나 올렸으나 임금이 모두 총애의 비답만 내렸다.

1651년 효종 2년 1월 겨울에 김자점이 역모를 꾀하다가 발각되었다. 앞서 대간 홍무적 등이 수원 부사 변사기가 다른 뜻이 있다고 의심하여 파직할 것을 요청하였을 때 이시백이 변사기가 다른 뜻이 없다는 것을 자신이 보장하겠다고 하였는데, 이 때에 이르러 김자점의 손자 김세창이 이시백의 사위였다는 것을 변사기가 체포되어 실토하자, 이시백이 심문에 나아가 처벌해 줄 것을 요청하니, 임금이 극진하게 위로하였다. 후에 대간이 이시백의 아들 이한과 아우 이시방이 평소에 김자점과 친밀했다고 탄핵하였으나, 임금이 이시백을 믿고 도리어 말한 사람을 배척하였으므로 이시백이 더욱더 불안하여 스스로 성 밖으로 나가 있었다.

1652년 효종 3년 1월 10일 이시백이 역적과 혼인 관계를 맺은 것을 이유로 사직하려 하다.

우의정 이시백이 상소하여 면직을 청하였는데, 그 대략에, "신의 집안이 불행히도 역적의 괴수와 혼인 관계를 맺었는데, 난신적자가 외손 가운데에서 나오기까지 하였으

니, 어찌 감히 뻔뻔스럽게 공무를 집행하겠습니까. 삼가 원하건대 속히 삭직을 명하소서." 하니,

답하기를, "과인의 간절한 심정을 이미 전후에 걸쳐 모두 토로했는데, 경이 불안하게 느끼는 것이 가면 갈수록 더 그러하니, 어쩌면 이렇게도 정리가 도탑지 못하단 말인가. 대체로 일의 중대함에 비추어 생각해 보건대, 경의 겸양하고 두려워하는 마음이 속에서 풀어지지 않아 그만둘 수 없기 때문일텐데, 이것이 내가 못내 잊지 못하여 말을 하지 않을 수 없는 이유이다.
아무리 흉적이 가까운 친족 가운데에서 나왔다 하더라도, 그것은 선견지명으로 유명한 제갈량이나 무홍 같은 지혜와 생각을 가지고도 미리 알 수 없는 일이다. 그것이 어찌 지혜가 미치지 못하고 충성심이 부족해서 빚어진 일이겠는가. 경과는 아무 상관없는 일이다. 경은 사직하지 말고 속히 나와서 도를 논하여 나의 목이 타는 듯한 기대에 부응하도록 하라." 하고, 승지를 보내 명하였다.

– 효종실록 3년 1월 10일 –

1652년 효종 3년 5월 청나라 사신으로 연경에 가게 되었는데, 임금이 이시백의 노병을 민망히 여겨 특별히 의관으로 하여금 약물을 싸 가지고 수행하도록 하고 용포를 벗어 하사하였다. 그때 오랑캐가 우리 변방의 백성이 금법을 범하였다고 하여 죄를 다스린다고 말하였는데, 이시백이 이르기를, "그들이 하는 대로 둘 수 없으니, 마땅히 우리가 먼저 조치를 취해야 한다."고 하였다. 평양에 도착했을 때 화려하게 치장한 기생들이 도열하자 이시백은 "병자호란 이후로 서도 지방의 형편이 여지없이 쇠잔했을 것으로 생각했는데, 지금 와서 이런 광경을 보니 매우 이상하다"고 물었다. 평양서윤은 그동안 사신의 행차에 늘 격식을 갖추지 못해 죄송했기 때문에 자색있는 관비를 뽑아 치장시켰다고 대답했다. 그러자 이시백은 감사를 불러 "서윤을 둔 목적이 백성을 사랑해 돌보려는 것인가, 사신을 기쁘게 하려는 것인가. 이런 시기에 이런 일을 하다니 매우 해괴하다"고 꾸짖은 뒤 즉시 물리쳤다. 산해관을 들어가자 중국 사람들은 길을 가

득히 메우고 "조선의 어진 정승이 온다"고 칭송했다.

임금이 여러 나라의 풍속을 물으매 이시백이 말하기를, "청나라인과 왜인은 활과 대포를 좋아하고 우리나라는 논論·책策·시詩·부賦 뿐이니, 이것으로 망한 것을 존속하고 어지러운 것을 다스릴 수 있겠습니까?"라고 하였다. 어떤 사람이 '하늘의 재앙은 우리나라 때문에 나타난 것이 아니다.'고 말하니, 이시백이 말하기를, "하늘에 나타난 것은 그렇게 말할 수도 있지만 우리 지역의 바닷물이 언 것도 다른 나라 때문이라고 핑계를 댈 수 있단 말인가?"라고 하였다. 그때 동래에 성을 쌓자는 의논이 있었는데, 이시백이 나아가 말하기를, "흉년이 들어 백성이 곤궁하니, 성과 해자가 견고한 역할을 할 수 없습니다." 하고 또 말하기를, "풍속은 아첨하는 습관이 성숙되었고 사람은 자신만 편안하려는 꾀를 품고 있습니다."고 하였다.

1654년 효종 5년 9월 6일에 영의정으로 승진하였다. 이시백은 자신이 건의한 바가 시행되지 않은 데다가 대간이 올린 상소에 '의정부에 사람이 없다'는 말이 있었으므로 사직하여 교체되었다가 얼마 안 되어 다시 영의정에 임명되었으나 또 사직하여 교체되었다. 이윽고 무고의 옥사가 일어나 그 말이 이시백에게 언급되었으므로 이시백이 놀라고 황공하여 처벌을 기다리니, 임금이 승지로 하여금 유시하여 안심하도록 하였다. 휴가를 얻어 남하하여 사당과 묘소를 알현하다가 역모의 변이 일어났다는 말을 듣고 애써 병든 몸을 이끌어 돌아오다가 중도에서 병환이 났는데, 임금이 내의를 보내어 음식을 하사하고 그 도의 감사로 하여금 간호하도록 하였다. 이시백이 마음이 편치 않아 내의를 돌려보내니, 임금이 재차 보냈다. 그 이듬해 4월에 공이 비로소 조정으로 돌아왔다.

1659년 효종 10년 5월에 효종 대왕이 승하하고 능의 자리를 아직 정하지 못하였는데, 윤선도가 앞장서서 '수원이 가장 좋다.'고 하자, 이시백이 말하기를, "신하로서 정성을 드릴 방도는 오직 여기에 있다. 수원은 사통오달의 곳이므로 교통이 빈번해 적합하지 못함을 들어 후일에 반드시 다섯 가지 우환을 면치 못할 것이다." 하고 눈물을 흘리며 간쟁하는 등 다섯 번이나 상소를 올렸다. 임금도 결국 다시 건원릉의 오른쪽 산등성에다 자리를 잡았는데, 이것이 영릉이다. 대소의 사람들이 서로 축하하였다.

1660년 현종 1년 5월 2일 연양 부원군 이시백이 죽다.

이시백의 졸기

실록에 나타난 그의 졸기는 두 가지 평가가 전해진다. 현종실록을 작성한 사관과 현종개수실록을 작성한 사관의 당색이 다른 것이다.

1660년[80세] 현종 1년 5월 2일 연양 부원군 이시백의 졸기 〈현종실록〉

연양 부원군 이시백이 죽었다. 이시백이 별다른 재능도 없고 또 재상으로서의 업적도 없었으나, 청백하고 충의롭고 근신한 절의만은 당시 재상 지위에 있던 여러 사람들의 미칠 바가 아니었다. 그는 병환 중에 있으면서도 지성으로 하는 말들이 모두 나라를 걱정하는 말이었고, 임종시에는 입으로 몇 줄의 유언상소를 남기기도 하였는데, 그 유언상소에,
"신이 두 조정에 걸쳐 대우를 받고 은총은 분에 넘쳤으나 보답은 티끌만큼도 한바 없고, 다만 힘이 미치는 데까지 하다가 죽은 뒤에야 말려고 마음먹었을 뿐입니다. 다행히도 임금님을 만났으나 죽음이 이미 임박하여 대궐을 우러러 보아도 임금님의

용안은 영원히 뵈올 수가 없습니다. 구구한 생각은 다만 성상께서 덕을 힘쓰고 업을 닦을 것이며, 형벌을 신중히 하여 비록 사형죄를 집행할 죄인이라도 시원스럽게만 여기지 말고 더 어렵고 더 신중하게 하소서."

하고, 후로도 많은 말을 하였으나 끝맺음을 못하였다. 그의 아들 이흔李忻 등이 정서하여 올리니, 주상이 답하기를,

"이 유언상소를 보니 슬픈 마음 더욱 간절하다. 비록 끝맺음을 못한 글월이지만 그 꾸밈없는 충절과 못잊어 하는 성의에 대하여 이를 띠에다 쓰고 가슴에 새겨두지 않을까보냐."

하고, 이어 근신을 보내 조의를 표하도록 명하였다. 그러나 이시백은 배우지도 못하고 술업도 없으면서 송시열·송준길 등을 추켜세워 심지어 은나라 인재 이윤과 주나라 인재 부열, 주나라 주공과 소공으로까지 상소에서 칭하였고, 능을 수원으로 정하려 할 때에도 그곳은 안 된다는 쪽으로 강력 주장하였는데, 그것은 송시열에게 붙어 그의 주장을 합리화시키려는 뜻이었으므로, 사람들이 그것을 흠으로 여기었다.

1660년[80세] 현종 1년 5월 3일 원임 영의정 연양 부원군 이시백의 졸기 〈현종개수실록〉

원임 영의정 연양 부원군 이시백이 졸하였다.
이시백은 연평 부원군 이귀의 장자이다. 광해군이 모후를 폐하자 이귀가 이시백 및 막내 아들 이시방과 함께 은밀히 회복시킬 것을 모의하였다. 그리하여 반정하고 나서 이시백이 정사 공신 2등에 참여되었다. 1636년에는 수어사로 남한 산성의 서쪽 성을 지키고 있었는데, 어느날 밤 적의 숨은 군사가 공격하여 왔다. 이때 이시백은 갑옷도 입지 않은 채 몸소 사졸들에 앞장서서 활을 쏘았는데 두 번이나 날아오는 화살에 맞았으나 숨기고 말하지 않았으며 싸움에서 이긴 뒤에야 비로소 화살을 뽑으니 피가 흘러 등에 흥건하였다. 동쪽성·남쪽성·북쪽성의 사졸들은 비상 군부의 숨은 뜻을 받고서는 일제히 외치며 대궐을 핍박하면서 화친을 배척하는 신하들을 결박하여 보낼 것을 청하였으나 유독 이시백이 거느리고 있는 서쪽성의 군대만은 끝내 동요가 없었다.

오랫동안 병조를 맡았으며 이조판서를 거쳐 정승으로 들어갔다. 타고난 천성이 충효스럽고 인애스러웠으며, 젊어서 정승 이항복의 문하에 나아가 공부하면서 조익·장유·최명길 등과 친구가 되었다. 비록 질박하였으나 일찍이 소학을 수천 번을 읽었는데 집에 있을 적에는 항상 이것으로 자신을 통제하였다. 38년 동안 조정에서 벼슬하면서 청렴하고 삼가고 공손하고 검소한 것이 조금도 변함이 없었다. 인조가 일찍이 박승종의 옛집을 이귀에게 하사하였으므로 이시백이 거기에서 살았다. 거기에는 금사낙양홍이라 부르는 한 떨기 꽃이 있었는데 세상에서는 중국에서 전래된 꽃이라고 하였다. 그런데 어느 날 대궐의 대전별감이 와서 주상의 명이라고 하면서 옮겨가려 하자 이시백이 몸소 꽃나무에 가서 뿌리째 뽑아 던지면서 눈물을 흘리며 말하기를,
"오늘날 국세가 조석을 보장할 수 없는 상황인데 주상께서 어진 이를 구하지 않고 이 꽃나무를 구하는 것은 무슨 까닭인가. 나는 차마 이 꽃나무로 임금에게 아첨하면서 나라가 망하는 것을 볼 수 없다."

하고, 드디어 이런 내용으로 아뢰었다. 뒤에 주상이 더욱 후하게 대우하였는데 이는 그의 충심을 아름답게 여겨 받아들이는 뜻에서였다. 1649년 3월 주상이 세자와 함께 어수당魚水堂에 임어하여 이시백 등 몇 사람을 입궐하라고 명하였다. 이때 주상이 직접 술잔을 잡고 마시기를 권하면서 세자를 돌아보고 이르기를,

"이 사람은 내가 팔다리처럼 여기고 있으니 너도 뒷날 나처럼 대우해야 한다."

하니, 이시백이 눈물을 흘리면서 물러나왔다.

효종 초년에 김자점의 역모사건이 일어났는데, 이시백이 김자점과 인척이었던 탓으로 외손 김세창이 처형되자, 이시백이 궐문 밖에 나아가 명을 기다렸다. 그러나 주상은 이시백을 불러 국문에 참여하게 하였는데 뒤에 반목하는 사람이 있자 주상이 그를 귀양보내고 이시백을 위로하기를,
"청백한 지조와 충성스런 마음을 어찌 나라사람들만 알고 있겠는가. 실로 신명에게 물어서 바로잡을 수 있을 것이다."

하였다. 이 임금의 유시는 실로 이시백의 정성을 잘 표현한 것이었다.

이때에 이르러 병세가 위독하여졌는데 자상하게 하는 말이 모두 나라를 걱정하는

말이었다. 주상이 승지를 보내어 그가 하고 싶어하는 말을 물어보게 하려 했으나 제사가 임박한 탓으로 실행에 옮기지 못했다. 그리하여 급히 사관을 보내어 물어보게 하였다. 이시백이 유언상소를 입으로 불러 말하기를,

"신이 두 조정의 대우를 받았으니 은혜가 분수에 넘쳤습니다. 그런데도 티끌만큼의 보답이 없었으므로 단지 근력이 미치는 한 노력하면서 죽은 뒤에야 그만두려 하였습니다. 다행히 성명을 만났는데 운명이 이미 박두하여 대궐을 우러러 바라보니 임금님의 용안을 뵈올 길이 영원히 막혔습니다. 신의 구구한 생각은 단지 성상의 덕업을 닦는 데 있습니다. 형벌을 삼가서 큰 죄인을 잡았다고 하더라도 통쾌하게 여기지 마시고 반드시 어렵게 여기고 신중히 여기는 마음을 지니소서." 하였는데, 원고가 반에도 이르지 못한 상태에서 기운이 끊겨 버렸다. 사관이 도착하니 막 숨을 확인하고 있는 중이었다. 그의 아들 이흔 등이 반쯤된 원고를 올리니, 주상이 이르기를,

"이 유언 상소를 살펴보니 애통스러운 마음 매우 간절하다. 이것이 완성되지 못한 글이기는 하지만 그 간절한 충정과 연연한 성심을 띠에 써 두고 가슴에 새기지 않을 수 있겠는가."

하였다. 특별히 관곽과 임금의 옷·비단 이불을 하사하여 염습에 쓰게 하였으며 대궐 내에서 특별히 제수를 준비하여 중관을 보내어 제사지내게 하였는데, 모두 특별한 은전이었다.

이시백의 병환이 심해질 때부터 문병하는 의원의 행차가 도로에 이어졌고 상이 나자 상례와 장례를 관청에서 치르는 등 예우의 전례가 보통보다 월등하게 높았다. 특히 그가 오래 관여했던 훈련도감과 어영청의 군사들은 더욱 슬퍼했다. 위에 벼슬아치로부터 아래로 궁벽한 시장 골목의 백성들도 모두 탄식하고 눈물을 흘리며 말하기를, "어진 정승이 죽었다."고 하였다. 그는 완력이 대단했지만 항상 숨기고 남과 다투지 않았으며, 두뇌도 뛰어났지만 늘 겸손했고 일곱 번이나 병조와 이조 판서를 역임했고 영의정에까지 올랐으나, 청빈해 빈한한 선비집 같았다 한다. 7

월에 천안군 자매곡 사향의 묏자리에 장례를 치렀는데, 상여가 나갈 적에 횃불을 들고 전송하는 행렬이 10리에 뻗쳤다.

1660년 현종 1년 7월 9일 이시백의 장례 때 지나가는 길마다 제를 내리도록 명하다.

연양 부원군 이시백의 장례 때, 지나가는 길마다 각각 제를 내리도록 명하였다. 그전에는 대신과 공신의 장례 때면 지나가는 각 읍마다 으레 제전을 올리다가 정유년 이후로 감사의 보고서에 의하여 모두 금지시켰었는데, 지금 와서 주상이 이시백에게 특별히 내린 것은, 남다른 대우인 것이다.

1661년 현종 2년 4월 17일 이시백과 이후원의 집에 3년간 녹봉을 지급토록 명하다.

연양 부원군 이시백과 완남 부원군 이후원의 집에 3년을 기한으로 녹봉을 지급토록 명하였다. 이는 승지 민희와 호조 판서 허적의 진언을 따른 것인데, 양 재상이 모두 경자년에 죽어 상이 아직 끝나지 않았는데도 집안이 빈한해 제사를 드릴 수 없었기 때문이었다.

1670년 현종 11년 8월 30일 작고한 이시백·이후원·이해의 집에 월급으로 주는 곡식을 주라고 명하다.

작고한 공신 이시백·이후원·이해의 집에 월급으로 주는 곡식을 주라고 명하였다.
도승지 장선징이 말하기를
"인조 때에 흉년으로 인해, 작고한 공신의 처자를 걱정하여 다달이 곡식을 주도록 명령한 일이 있었습니다. 이번 세 공신의 집은 본래 가난한데 이런 흉년을 당했으니, 의당 돌보아주는 은전이 있어야 할 것입니다." 했기 때문에 이 명이 있었다.

장기에 숨겨진 지혜

이원익은 당시 폐모론에 극간極諫을 하다가 유배되어 경기도 여주의 벽절에 머물고 있었다. 어느 날 이귀는 아들 이시백을 불러 여주에 가서 이원익의 승낙을 받아 오라고 명하였다. 이시백이 이원익의 거처에 도착한 것은 캄캄한 밤이었다. 문안을 주고받은 두 사람은 말없이 마주 앉아 있었다. 이때 이시백의 눈에 방 한 귀퉁이에 놓여 있는 장기판이 눈에 띄었다.

장기나 한 판 두자고 제의한 이시백은 자신이 아랫사람이니 먼저 두겠다고 하고는 느닷없이 자기 쪽의 궁으로 이원익의 궁을 쳐서 방바닥에 떨어뜨리고는 자신이 이겼다고 선언하였다. 그러고는 하직 인사를 하고 돌아서려고 하자 이원익은 잘해 보라는 격려의 한마디만을 남겼다. 장기판의 궁은 새 임금과 광해군을 뜻하는 것으로, 반정에 관해 직접적인 언급은 없이 서로의 의중을 확인하였던 것이다. 이렇게 이원익의 묵인 아래 인조반정은 성공할 수 있었다고 한다.

중세 사회에서 반정 모의는 자칫하면 삼족이 죽음을 당하는 위험한 일이었다. 성패를 좌우할 수 있는 인물의 속내를 알아내기란 지난한 일이었을 것이다. 「장기에 숨겨진 지혜」는 직접적인 언급이 없이 순간적으로 눈에 띈 장기판을 활용하여 상대방에게 의사를 전하고 속내를 타진한 이시백의 기지에 관한 지략담이라 할 수 있다.

－ 한국향토문화전자대전, 한국학중앙연구원

[승진과정]

1623년[42세] 광해 14년 3월 13일 인조반정, 모친상, 정사 2등공신, 가선 대부, 연양군

1624년[43세] 인조 2년 1월 이괄의 난. 이시백을 기복하여 협수사로 삼았다.

1627년[47세] 인조 5년 1월 정묘호란. 수원 방어사

1629년[49세] 인조 7년 3월 직업군인을 위한 조세 삼수미三手米를 국고에 수납하는 데 태만했다는 죄목으로 파직되다. 11월 양주목사

1630년[50세] 인조 8년 8월 강화부사

1633년[53세] 인조 11년 부친상, 여묘살이

1635년[55세] 인조 13년 탈상 후 병조참판

1636년[56세] 인조 14년 1월 남한산성 수어사, 10월 특진관, 11월 형조참판. 12월 병 자호란

1637년[57세] 인조 15년 10월 공조판서, 지의금부사 겸직

1638년[58세] 인조 16년 1월 병조판서 겸 수어사

1639년[59세] 인조 17년 2월 12일 사헌부가 이시백의 파직을 청하여 교체되다. 2월 18일 병조판서. 교체된 지 6일 뒤에 다시 병조판서가 되었다.

1640년[60세] 청나라에 아들을 인질로 보내야 했는데, 친아들 대신 서자를 보냈다가 탄로가 나 여산으로 유배를 갔다.

1641년[61세] 인조 19년 6월 25일 여산에서 풀려나 돌아오자 총융사에 임명되었다.

1643년[63세] 인조 21년 2월 병조판서

1644년[64세] 인조 22년 6월 24일 병조판서 사직, 7월 청나라 진하사, 북경 천도 축하 사절단. 9월 형조판서

1645년[65세] 1월 공조판서

1646년[66세] 인조 24년 3월 병조판서, 4월 총융사

1647년[67세] 인조 25년 2월 판의금부사

1648년[68세] 인조 26년 4월 21일 겸 훈련대장, 4월 22일 병조판서

1649년[69세] 인조 27년 5월 효종즉위, 9월 이조판서, 11월 김상헌의 논핵으로 이조판 서직 면직

1650년[70세] 종 1년 2월 이조판서, 6월 병조판서, 8월 우의정, 9월 청나라 진주사로 내 정되었다가 교체되다.

1651년[71세] 효종 2년 1월 좌의정

1652년[72세] 효종 3년 1월 이시백이 역적과 혼인 관계를 맺은 것을 이유로 사직하려 하다. 5월 청나라 사은사. 8월 17일 출국, 12월 10일 귀국

1653년[73세] 효종 4년 10월 6일 우의정 사직, 10월 9일 연양부원군

1654년[74세] 효종 5년 1월 7일 휴가, 6월 14일 좌의정, 9월 6일 영의정
1655년[75세] 효종 6년 6월 18일 영의정 면직, 6월 19일 연양부원군, 10월 영의정
1656년[76세] 효종 7년 4월 청나라 사은사, 윤 5월 연양부원군
1659년[79세] 효종 10년 5월 효종승하, 현종즉위
1660년[80세] 현종 1년 5월 2일 연양 부원군 이시백이 죽다.
1670년 현종 11년 8월 30일 작고한 이시백·이후원·이해의 집에 월급으로 주는 곡식
            을 주라고 명하다.

95. 심지원沈之源

인조반정 1등공신으로 효종과 사돈지간

생몰년도 1593년(선조 26)~1662년(현종 3) [70세]
영의정 재직기간 (1658.7.8~1659.3.25) (8개월)

본관   청송靑松
자   원지源之
호   만사晩沙
공훈   인조반정 1등공신
저서   만사고晩沙稿 묘소 및 신도비 김수항이 글을 짓고 신익상이 전액을 썼다.
기타   윤휴와 허목의 학행을 높이 평가하여 발탁하다.

증조부 심금沈錦   - 감찰
조부   심종침沈宗忱   - 숙천부사
부   심설沈偰   - 감찰
모   청원도정靑原都正 이간李侃의 딸
장남   심익선沈益善   - 양자로 감
차남   심익상沈益相   - 부사
손녀   이헌영에게 출가   - 영조 때 우의정
삼남   심익현沈益顯   - 오위도총부 도총관, 효종의 부마
자부   숙명공주   - 효종의 둘째딸
사남   심익창沈益昌   - 목사
오남   심익성沈益成   - 목사

효종과 사돈을 맺은 후 특급승진을 거듭하다

심지원의 자는 원지源之이고, 호는 만사晚沙로 본관은 청송이다. 증조부 심금은 감찰을 지냈고, 조부 심종침은 숙천부사를 지냈으며, 아버지 심설도 감찰을 지냈다. 어머니는 청원도정 이간의 딸이다.

청송 심씨 집안은 조선왕실과 혼인관계를 통해 성장한 명문거족 출신이다. 심지원은 태종 때 영의정을 지낸 심덕부의 후손으로서 세종의 장인이자 영의정을 지낸 심온의 형 심징이 심지원의 선대로 청송심씨 집안에서 심회, 심연원, 심열 등 6명의 영의정을 배출한 당대 최고의 명문가문 중 한 집안이다.

심지원은 1620년 정시 문과에 급제했음에도 광해조 때에는 은거생활을 하다가, 인조반정 때 일등공신으로 참여하여 인조의 신임을 얻어 벼슬길에 올랐던 관료 집안이었다. 청송 심씨가의 영의정들은 왕실과 혼척 관계를 통해 벼슬길이 풀림을 많이 볼 수 있다. 심지원도 같은 유형으로 그의 셋째 아들이 효종의 둘째 딸과 혼인을 맺음으로서 빠른 승진을 하게 된다. 효종과 혼척 관계를 맺기 이전에는 몇 번이고 벼슬길에서 밀려나 영구 서용금지 당하는 수모까지 이르렀으나 동료들의 끊임없는 천거로 다시 등용될 수 있었다.

1636년 인조 14년 12월 병자호란이 일어나 노모를 모시다가 뒤늦게 왕이 있는 남한산성으로 달려갔으나 길이 막혀 들어가지 못하였다. 조익·윤계 등과 의병을 모집하려 했으나 윤계가 죽어 실패하였다. 이에 강화도로 들어가 적군과 항거하려 했으나, 강화마저 함락되자 죽을 기회도 잃게 되었다. 이것이 죄가 되어 대간의 탄핵을 받아 벼슬길이 막혔다.

1637년 인조 15년 2월 청나라에 굴복하여 병자호란이 마무리되자 호란 기간 중 왕을 호위하지 않았던 신하들에 대한 문책이 가해졌다. 2월 양사가 합계하여 심지원 등의 죄를 청하여 파직되었다.

양사가 합동하여 아뢰기를, "군주가 아무리 갑작스럽게 피난하게 되었다고는 하지만 신하된 입장에서는 의리상 말고삐를 잡고 수행했어야 마땅합니다.

이번 호종 길에 뒤떨어진 사람을 이조와 병조로 하여금 낱낱이 조사하게 한 뒤, 재상의 반열에 있는 자 및 일찍이 시종을 거친 사람으로 집이 하루거리에 있는 자는 모두 관작을 삭탈하고, 문관·무관·음관으로 현재 직명을 가지고 있는 자는 파직시켜 서용하지 못하게 하소서.

심지어 행 호군 심지원은 강화도의 성이 함락되던 날 상놈의 옷으로 바꾸어 입고 성을 넘어 도망하여 구차스럽게 살기를 탐하였으며, 전 직강 이일상은 임금의 수레를 호종하여 성에 들어갔다가 이튿날 도로 나와 끝내 다시 들어가지 않았으므로 세상 의논이 모두 해괴하게 여기고 있으니, 모두 관작을 삭탈하고 문외 출송하소서. 전 판서 조익은 예조판서인 중신으로서 종묘의 신주를 모시고 가는 직임에 임명되었는데도 공공연히 뒤에 떨어져 남양으로 갔다가 맨 뒤에야 뒤따라 강화에 들어갔으며, 적이 나루에 가까이 왔다는 소문을 듣고는 배를 타고 도망하였으니, 난리를 당하여 나라를 저버린 죄를 다스리지 않을 수 없습니다. 또 전 정랑 최시우는 종묘의 신주를 모시고 가는 관원으로서 강화도가 함락되었을 때 앞질러 먼저 도망하였습니다. 이 두 사람을 모두 잡아다 국문하여 죄를 정하소서." 하니,

답하기를, "아뢴 대로 하라. 하루거리에 집이 있었던 자는 파직만 하라." 하였다.

－ 인조실록 15년 2월 20일 －

1638년 인조 16년 4월 16일 여러 대신들의 주장으로 심지원은 석방되었으나 사면은 되지 않았다. 7월에 경연을 마치고 최명길이 심지원의 사면을 주청하였으나 임금은 풀어주지 않았다.

주간 경연에서 시경을 강하였다. 강이 끝나자 특진관 임광이 아뢰기를, "영남의 전함과 무기는 미비한 것이 많고 호남의 수군은 훈련 절차가 지극히 허술합니다." 하니,

주상이 이르기를,

"경이 새로 남쪽에서 돌아왔으므로 수군에 대한 여러 가지 일을 물어보려고 하는데, 대신들이 지금 만나기를 청하니, 뒤에 다시 경에게 묻겠다." 하였다.

좌의정 최명길과 우의정 신경진이 입궐하여 아뢰기를, "지금 실로 인재가 결핍된 탄식이 있습니다. 아경[24] 중에 또한 쓸 만한 자가 있으니, 상세히 살펴 뽑아 쓰는 것이 마땅합니다. 신이 일찍이 이율곡의 일기를 보았는데, 일기에 '직급으로 임용하기 때문에 관직에 있는 자로서 용렬하고 어리석은 자가 많다.'고 하였습니다. 비록 나이가 젊은 사람이라 하더라도 만약 쓸 만한 인재가 있으면 뽑아 쓰는 것이 무슨 해로울 것이 있겠습니까." 하니,
주상이 이르기를, "정경正卿[25]은 소임이 막중한데 어찌 쉽게 승진시켜 제수할 수 있겠는가." 하였다.

최명길이 아뢰기를, "선조 시대에도 또한 높은 관직의 임명을 엄중하게 하였으나, 이이·이원익·이덕형·이항복은 또한 모두 나이 40이 되지 않아 승진하여 경상(卿相[26]이 되었는데, 더구나 이처럼 위급한 때에 어찌 준례만 따라 사람을 쓸 수 있겠습니까."

하니, 주상이 이르기를, "경의 말이 옳으나 다만 그런 사람을 얻기가 어렵다. 내가 식견이 밝지 못하니, 어진 사람을 진출시키는 것은 바로 대신의 책임이다. 경들이 쓸 만하다고 생각하는 자가 누구인가?" 하였다.

최명길이 아뢰기를, "인재란 각각 장단점이 있으니, 실로 마땅히 단점을 버리고 장점만을 취해야 합니다. 선조 시대에 당하관堂下官에서 승지로 승진한 자가 많았는데, 지금은 16년 동안 조익·조희일·윤황 세 사람뿐입니다." 하니,

---

24) 아경 : 참판급
25) 정경正卿 : 정2품이상
26) 경상卿相 : 3정승과 6조판서

주상이 이르기를, "아장[27]이 결원될까 염려되므로 승진 발탁을 거행하지 않았다."하였다.

최명길이 아뢰기를, "전식은 충성스럽고 순후한 자입니다. 성상께서 항복하였을 초기에 사대부들은 모두 달아나고 흩어졌는데, 전식은 끝까지 남아 있었으므로 영남 사람들이 이의가 없이 모두 와서 직무를 보았습니다."

하니, 주상이 이르기를, "전에는 전식을 평범한 사람이라고 여겼는데 이제서야 훌륭한 사람인 줄을 알았다." 하였다.

최명길이 아뢰기를, "김세렴은 외직이나 내직 어느 곳에 임용하더라도 괜찮은데, 일찍이 간관 시절의 일로 인하여 황해 감사로 보냈고 곧바로 또 탄핵을 하였으니, 너무 심하다고 할 수 있습니다." 하니,

주상이 이르기를, "김세렴은 문장이 풍부하고 또 기량이 있다고 하니 서용하는 것이 옳다."

하였다. 최명길이 아뢰기를,

"심지원이 호종하지 못한 것은 실로 곡절이 있고 또 그 사람됨은 임금을 가까이에서 모시는 직책에 합당합니다. 신익량은 주상께서 특별히 발탁하여 여러 번 감사에 제수하였는데, 근래 첩을 얻은 일로 남들의 말이 많아 탄핵까지 당하였습니다. 그러나 그 사람은 도량이 있고 직무를 잘 수행하고 있으니, 또한 쓸 만한 사람입니다." 하니,

주상이 이르기를, "관찰사의 자리는 매번 적격자가 없는 것이 걱정이니, 대신이 그 재주를 관찰하여 임용하는 것이 옳다." 하였다.

주상이 묻기를, "당하관 중에는 누가 쓸 만한가?"하니,

최명길이 답하기를, "목성선은 장수에 추천까지 되었고, 임담의 재능도 또한 방백으

---

27) 아장 : 4,5품

로 제수하기에 적합합니다."하였다.

주상이 묻기를, "재상 중에 이경석이 쓸 만한데, 경의 뜻은 어떠한가?" 하니,

최명길이 답하기를, "좋은 사람입니다만 명철하지는 못합니다. 이경여는 비록 병통이 있으나 재능과 학식이 취할 만하며, 박황은 비록 소탈한 듯하나 기량이 있으니, 모두 쓸 만한 사람들입니다." 하였다.

신경진이 아뢰기를, "심기원은 호걸이니 오래 버려둘 수 없습니다."하니,

주상이 이르기를, "심기원이 큰 공로가 있으니 나 또한 어찌 생각하지 않겠는가. 다만 대장이 되어서 죽을 힘을 다해 적과 싸우지 않아 임금으로 하여금 치욕을 당하게 하였으니 그 죄가 매우 중하므로 경솔히 사면하지 못하겠다." 하였다.

－인조실록 16년 7월 22일－

1638년 인조 16년 9월 26일 승정원에서 심지원에게 직책을 부여하자고 하였으나 임금은 답하지 않았다.

동지경연 이경석이 아뢰기를, "심지원으로 말하면 이미 직책이 없는데 그 노모를 버렸다면 사람들이 무어라 했겠습니까. 그 사람됨은 만에 하나도 구차스럽게 살려고 했을 리가 없었을 것이니, 또한 마땅히 심리하는 속에 넣어야 합니다." 하니, 주상이 답하지 않았다.

이후 인조 16년 12월 30일, 인조 21년 5월 13일에도 심지원에 대한 서용을 아뢰었으나 승낙하지 않았다.

그러다가 1643년 인조 21년 12월 25일에야 6년간의 무직생활 끝에 홍주목사에 제수되어 5년 동안 외직에서 근무하였다. 이후 중앙으로 복귀하여 인조 26년 1월 이조참의, 2월 동부 승지, 4월 대사간, 5월 대사성, 인조 27년 2월 이조참의를 지냈고 효종이 즉위하자 승지로 등용되어 근

무하다가 평안감사가 되어 외지로 나갔는데 7월에는 수령을 잘못 천거한 죄로 파직당하였다.

> 평안 감사 심지원, 북병사 신경호, 병조 참판 김남중 등을 파직시켰다. 이 때에 수령 천거법을 거듭 밝혀 잘못 천거한 자를 죄주었는데, 이번에 심지원 등이 천거한 사람이 모두 불법 행위를 하다가 죄를 받았기 때문에, 모두 연좌되어 파직된 것이다.
>
> – 효종실록 1년 7월 1일 –

1651년 1년 5개월간 무직으로 지내다가 효종 2년 11월 23일에 대사헌에 제수되었다. 1652년 효종 3년 1월 9일 사헌부 대사헌 심지원 등이 역적 김자점·김식과 친분이 있던 자들의 파직을 청하였으나 임금이 따르지 않았다.

> 사헌부 대사헌 심지원, 장령 이형, 지평 한진이 아뢰기를,
> "역적의 괴수 김자점이 오래도록 조정의 권세를 잡아 그 위세가 하늘을 찌를 듯했으므로 화복과 영욕을 내리는 권한이 그의 손아귀 안에 있었습니다. 따라서 그 당시 무신이나 음관으로서 노비처럼 굽실거리며 그 문에 드나든 자들이야 본래 이야기할 것도 못 됩니다만, 이지항·이시만·황감 같은 무리들까지 모두 명사로서 김자점에게 아부하여 아침 저녁으로 모여서는 그가 지시하는 대로 따르면서도 부끄러워할 줄을 몰랐습니다. 김자점이 흉악한 인간이라는 것을 본래 알고 있었을텐데, 도대체 그에게서 취할 만한 것이 뭐가 있기에 그토록 친밀하게 굴었던 말입니까. 그런가 하면 신면과 한 몸이 되어 은밀히 모함하는 계책을 꾸밈으로써 하마터면 선비들에게 화를 끼칠 뻔하였으니, 이지항·이시만·황감을 모두 중도부처[28] 하소서.
>
> 배천현감 이해창, 좌승지 엄정구는 모두 김자점의 문객으로서 일찍이 인사부서에 있었는데, 역적 김식을 전랑으로 천거해 진출시키는 일에 있어서 이해창이 실질적으로 주도했고, 본조 당상 가운데 저지하는 자가 있자 엄정구가 그를 은근히 설득하였

---

28) 중도부처 : 중도유배. 가까지도 멀지도 않은 곳에 유배

습니다. 두 사람이 김자점에게 아첨하고 역적 김식을 잘못 천거한 죄를 다스리지 않을 수 없으니, 이해창·엄정구를 모두 관작을 삭탈하고 문외 출송[29] 하소서.

판결사 이한은 사람됨이 무식한데다 음험한 짓을 잘 부렸는데, 김자점의 문에 드나들면서 아들과 다름없이 지냈습니다. 또 신면과 서로 표리관계를 이루어 부형을 속이고 의롭지 못한 짓을 자행하였으니, 중도부처 하소서."

하니, 주상이 따르지 않았다. 이지항 등에 대해서는 세 번째 아뢰니 따랐으나, 이한에 대해서는 여러 번 아뢰었어도 파직만을 허락하였다.

- 효종실록 3년 1월 9일 -

1652년 효종 3년 5월 3일 효종의 둘째 딸 숙명공주를 심지원의 아들 심익현에게 시집을 보내다.

숙명공주를 청평위 심익현에게 시집을 보냈다. 공주는 주상의 둘째 딸이며, 심익현은 이조 참판 심지원의 아들이다. 아들 심익현이 효종의 딸인 숙명공주에게 장가들어 효종의 두터운 신임을 받았다.

- 효종실록 3년 5월 3일 -

효종의 딸을 며느리로 삼고 난 이후에는 직급을 뛰어넘는 특진을 거듭하였다. 1652년 효종 3년 7월에 형조판서, 11월에는 이조판서에 올랐다. 심지원이 여러 번 순서를 뛰어넘어 발탁을 받고, 또 인사업무를 맡게 되니, 사람들이 혹 인척의 사사로운 정리인가 의심하였다. 1654년 효종 5년 7월에 우의정에 오르니 교리 이진이 상소문을 올렸다.

심지원이 우의정에 제수되자 교리 이진이 상소를 하였는데
"임금이 관작을 제수할 때에는 신중히 하지 않으면 안 됩니다. 제수할 때에 비록 공

---

29) 문외출송 : 도성 밖으로 추방하여 도성 안에 발을 못딛게 함

정한 마음에서 나왔더라도 결과가 혹시라도 사심에 관련이 되면 반드시 민간의 논의를 불러일으키고 후세의 기롱을 면하지 못하게 되는 것이니 두려워하지 않으셔야 되겠습니까. 전하께서 즉위하신 이래 모든 임용에는 신중한 도리를 다하셨습니다.

그런데 신이 요즈음의 일을 보니 인척인 두 신하를 몇 달도 안 되어 대신에 앉히기도 하고 인사를 맡기기도 하였습니다. (우의정 심지원은 청평위의 부친이고, 이조 판서 정유성은 인평위의 조부이다) 이들은 모두 한 시대의 명사들로서 부적합한 점이 없습니다마는 서경에 이른바 벼슬은 사사로운 정에 따라 주지 말라.'는 경계에 어긋난 바가 아니겠습니까? 신은 실로 전하께서 사심이 없고 단지 뭇사람의 기대 때문일 것이라는 것을 압니다마는 시경에 이른바 '인척에게는 큰 관작을 주지 않는다.'고 한 도리에 흡족하지 못한 경우가 아니겠습니까." 하였는데, 주상이 우대하는 비답을 내렸다.

– 효종실록 5년 10월 30일 –

11월 교리 이진의 상소에 따라 우의정 심지원과 이조판서 정유성이 사직을 청하였으나 인사권을 쥐고 있는 왕의 권한을 뒤집을 수는 없었다. 1656년 효종 7년 12월에 좌의정이 되었고, 1658년 효종 9년 7월 영의정에 올랐다.

심지원의 집안은 자손들까지 크게 번성하여 조선 제일의 세도가로 군림했으나, 그의 넷째 아들인 심익창부터 집안이 몰락하기 시작했다. 당시 성천부사였던 심익창은 1699년 단종 복위를 기념한 과거시험에서 부정 사건을 모의하여 삭탈관직 되었고, 곽산에 유배되는 수모를 겪었다. 10년 후 유배에서 풀려난 심익창이 김일경과 공모하여 당시 왕세제였던 연잉궁[30]를 시해하려 는 모의에 연루되었다. 사건 발생 당시는 경종이 왕으로 있었기에 일이 크게 비화되지 않았지만, 1724년 경종이 죽고 영조가 즉위하자, 상황은 돌변했다. 김일경은 극형에 처해졌고, 심익창도 여러 번 모진 고문을 받다가 1725년 2월 세상을 떠났다.

---

30)연잉궁 : 영조

병자호란 1년전 외침 대비 상소문을 올리다

1635년 인조 13년 8월 병자호란이 일어나기 1년전에 부응교 심지원 등이 정사의 바른 도와 해이해진 기강을 바로 잡을 것이며, 국가가 처한 제반 문제점을 제시하고 고쳐나갈 바를 상소하였다.

부응교 심지원, 교리 김경여, 부교리 박서, 수찬 김익희 등이 상소를 올리기를,

"신 등이 삼가 살피건대, 전하께서 즉위하신 이래로 엄숙하고 공손하며 경건하고 두려워하여 감히 지나치게 안락하지 않았으니, 향기로운 덕이 하늘의 마음에 들 만한데, 상서로운 일은 이르지 않고 도리어 재앙만 생겨나고 있습니다. 수재와 한재가 극도로 심하고 별들은 궤도를 벗어나며, 음란한 무지개가 태양을 꿰뚫고 우레가 궁궐을 치며, 심지어는 시냇물이 끊어지고 못물이 붉게 변하는 재앙과 능이 무너지고 땅이 흔들리는 변괴가 달마다 생겨나 사관의 기록이 끊이지를 않습니다. 인애한 하늘이 우리 전하에게 경고하시는 까닭을 뚜렷이 알 수가 있습니다.

그런데 전하께서는 도리어 조심스럽게 경계하고 두려워하며 하늘에 호응할 참다운 방도를 다하시지 않았습니다. 하늘이 다시 큰 바람으로 위엄을 보이어 돌을 날리고 집을 무너뜨리며 벼를 쓰러뜨리고 곡식을 망치며, 심지어는 종묘와 사직 안에 있는 백 년이나 된 거목도 많이 꺾였으니, 보고 듣기에 참혹하여 온백성이 걱정하며 두려워하고 있습니다.

그러니 전하께서는 마땅히 그 마음을 크게 경계하여 애통한 마음으로 후회하고 깨달아 허물을 이끌어 스스로를 책망하시기에 겨를이 없어야 했습니다. 그런데 달이 지나도록 귀를 기울여 보았으나 전혀 듣지를 못했습니다. 전하의 생각으로는 임금님의 덕에 부족한 바가 없고 정치와 교육에 잘못이 없으며 국방에 근심이 없으니, 우연한 천변이야 두려워할 것이 못 된다고 여겨서 그러시는 것입니까?

아, 전하의 뜻이 확립되지 않아서 모든 일이 다 좀스럽고 잗달아지는 것이며, 전하의 학문에 진보가 없어서 본 바탕이 깨끗해지지 못하며, 기강은 해이해져 사람들이 법

을 두려워하지 않게 되고 사치스러운 풍속이 날로 심해져서 그 피해가 수재나 화재보다 심하며, 대신을 경시하여 예모가 점차 각박해지고, 직언을 듣기를 싫어하여 총명이 점차 가리워지며, 벼슬길이 혼탁해져서 공정한 도가 시행되지 않고 선비풍습이 투박해져서 지향하는 바가 바르지 않으며, 백성들은 근심과 탄식이 생겨나 국가의 근본이 무너지고, 군정은 무너져서 국경의 방위가 텅 비게 되었습니다.

이와 같은 때를 당해서는 비록 경사스러운 구름, 경사스러운 별, 달콤한 이슬(감로), 단물이 솟는 샘 등의 상서가 매일 나타나고 매달 이른다 해도 쇠란과 패망을 구제할 수가 없을 것인데, 하물며 이 비상하고 놀라운 재변이 거듭 나타나는 경우이겠습니까. 신 등은 모르겠습니다만 전하께서 이런 상황에서 무엇을 믿고 하늘의 경고를 두려워하지 않기를 이렇게까지 한단 말입니까?

신 등이 삼가 살펴보니, 전하께서는 그 어짐이 족히 백성을 보호하실 만하고, 그 총명이 간사함을 분변할 만하며, 위엄과 용맹은 족히 일을 결단하여 처리하실 만합니다. 그러나 성인이 되겠다는 뜻이 확립되어 있지 않고 바른 정치를 해 보겠다는 정성이 독실하지 못하기 때문에, 임시변통에만 힘쓰다 혹 먼 미래를 위해 경영하는 데는 소홀히 하며, 자잘한 일에만 세밀히 살피다 혹 큰 줄거리를 빠뜨리며, 그럭저럭 지내다 오늘에 이르러서 더욱 심해졌으니, 어찌 애석하지 않겠습니까.

진실로 자신을 정비하는 데 참다운 노력이 있고 백성을 안정시키는 데 참다운 마음을 쓰면, 어진 인재를 찾아서 함께 정치를 할 수 있고 폐단을 개혁하여 한 시대를 구제할 수 있어서, 당·우와 하·은·주 삼대의 정치를 오늘날에도 다시 보게 될 수 있을 것입니다. 정자가 일찍이 말하기를 '나라를 다스려서 국가의 운명을 영원하게 할 수 있는 것과, 육체를 잘 길러서 오래 살 수 있는 것과, 배움을 통해서 성인에 이를 수 있는 것 등 이 세 가지 일은, 분명히 사람의 힘으로 조화를 이길 수 있는 것이나, 사람들 자신이 하지 않을 따름이다.' 하였으니, 이 말씀은 믿음직합니다. 그것을 위한 노력을 참답게 하고도 실제 효과를 보지 못하였다는 말은 듣지 못하였습니다.

삼가 바라건대 전하께서는 큰 뜻을 분발하시어 극락의 정치를 흥기시킬 것을 기약하시고, 요·순·우·탕·문·무로 마음을 삼고 한·당 이후를 본뜨지 말며, 요·순·우·탕·문·무와 같은 경지로 나아가고 요·순·우·탕·문·무와 다른 점을 제거하소서. 그러면 사회를 바로잡을 수 있고 하늘의 재앙을 해소시킬 수 있을 것입니다.

아, 큰 뜻을 확립했다고 하더라도 반드시 참다운 학문이 있어야 안팎이 서로 보탬이 되어 뜻을 저버리지 않게 되는 것입니다. 대개 제왕의 학문이 벼슬없는 선비와는 다른 점이 있고, 세상을 다스리는 일이 문장의 학문과는 서로 같지 않으나, 그 본말의 순서는 서로 다른 길이 있는 것이 아닙니다.

대저 내면으로는 내 몸에 있는 이치를 궁구하고 외면으로는 사물에 있는 이치를 궁구하여 현명함과 어리석음과 사악함과 바름을 합당하게 분별하고 시비 득실을 합당하게 살피는 것에 이르기까지 학문이 아님이 없습니다. 조용히 있을 때 잡념을 일으키지 않아 맑고 텅 비고 고요한 마음을 지니며, 움직일 때 한결같은 모습을 지녀 조금의 잘못도 없으며, 몸가짐을 반드시 가지런히 하고 엄숙하게 하며, 마음가짐을 두려워하고 경계하며 삼가는 것도 모두 학문이 아닌 것이 없습니다. 기질의 병통을 극기로써 다스리되, 지나치게 부드러운 병통은 강함으로 바로잡고 나약한 것은 굳은 의지로 바로잡으며, 사나운 병통은 온화한 것으로 구제하고 성급한 병통은 너그러움으로 구제하며, 욕심이 많으면 깨끗이 하여 맑고 깨끗한 데 이르게 하고 사심이 많으면 바로잡아서 군주에 이르게 하며, 쉬지 않고 스스로 힘써 밤낮으로 해이함이 없게 하는 것 역시 학문이 아님이 없습니다.

신 등이 삼가 살펴보건대, 전하는 몸에 청명한 기질이 있으셔서 물욕이 본디 적으시고 학문의 길에도 뜻을 두지 않는 것은 아닙니다. 그러나 정사에 나타나는 것으로 말할 것 같으면, 기뻐하고 노여워함의 드러남이 절도에 맞지 않는 것이 많고 좋아하고 싫어함의 편벽됨이 혹 바름을 잃어버리며, 말할 때의 모습에는 항상 노여움이 잘못 나타나는 경우가 많고 행동을 하실 즈음에도 이기기를 좋아하는 병통이 있으니, 이 어찌 본원을 함양하는 공부에 미치지 못한 바가 있어서 그런 것이 아니겠습니까

삼가 바라건대, 전하께서는 마음을 간직하고 성찰함에 조금이라도 태만하심이 없게 하고, 하늘의 이치가 드러나기 전에 확충하시고 인욕이 싹트려고 할 때 막으시며, 기쁨과 노여움은 반드시 절도에 맞게 하고 좋아하고 싫어함은 반드시 바르게 하시고, 말할 때 기상은 반드시 순하게 하시고 행동은 반드시 합당하게 하시며, 또한 반드시 어진 사대부를 자주 접하시되 부드러운 안색과 겸손한 기상으로 의리를 강론하고, 나아가 정치의 잘못과 백성의 고통을 모두 자문하소서. 그러면 임금님의 덕이 깨닫지 못하는 사이에 날로 닦아질 것이니, 큰 뿌리가 확립된 뒤에는 어느 일인들 이루지 못하겠습니까. 스스로를 완성하고 사물을 완성함이 참으로 여기에 달렸으며, 천

지의 성장을 돕는 경지에 이르는 것도 여기에 달려 있어 사회도 구제할 수 있고 하늘의 재앙도 해소할 수 있을 것입니다.

대저 국가가 유지되는 것은 기강이 있기 때문입니다. 그런데 기강이 확립되는 것은 오직 임금이 공정하고 지극히 바른 마음으로 위에서 살피어 퇴출과 등용과 형벌과 상을 한결같이 공론에 부치고, 곧은 인재를 등용하고 곧지 못한 자는 내쳐서 사심이 끼지 못하게 하는 것에 달려 있을 따름입니다. 임금의 마음에 진실로 그 공정함을 다하지 못하여 한 터럭만큼이라도 편벽된 사심이 있게 되면, 간사하고 아첨하는 일 가붙이나 후궁 등의 무리들이 형세를 엿보아 총명을 현혹시키지 않는 경우가 없어, 비록 충성스럽고 정직한 의론이 있더라도 들어갈 길이 없게 되며, 사기는 손상되고 공정한 도는 막혀서 기강이 이 때문에 무너지게 되는 것이니, 두려운 일이 아니겠습니까.

신 등이 삼가 살펴보건대, 전하의 총명하신 통찰력은 모든 군주에 우뚝 뛰어났지만 편벽되고 사사로운 한 생각이 혹 모두 제거되지 못하였기 때문에 궁실에 관계되는 일은 곡진히 비호하시고 공훈이 있는 친척에게 미치는 말은 일찍이 들어 주신 경우가 없으니, 이 어찌 큰 성인이 공평하게 대하고 널리 사랑하여 불편부당하게 하는 도리이겠습니까.

아, 근원이 맑지 않으면 하류가 깨끗할 수 없는 것이고, 모양이 단정하지 않으면 그림자가 바를 수 없는 것입니다. 그러므로 조정에서 공정한 도가 떨쳐지지 못하면 선비들 사이에서는 사욕이 멋대로 횡행하며 뇌물이 성행하고 청탁이 앞다투게 되어, 죄가 있는 자는 모면할 길을 도모하고 공이 없는 자가 참람하게 상을 받게 되는 것입니다. 심지어 저택은 법도를 넘을 수 없는 것인데도 혹 규모가 구름에 이어질 듯이 커서 극도로 웅장하고 화려한 것이 있는가 하면, 시골의 전원도 법도를 지나칠 수 없는 것인데 혹 외람되게 갖고 넓게 점령하여 풍요한 땅을 다 가진 자가 있으며, 산림과 강과 못은 백성과 함께 소유해야 하는 것인데 모두 떼어 받았다고 하면서 그 이익을 독점하며, 각 군영의 장수나 병졸은 본래 호위하기 위한 것인데 종으로 삼고 토지를 지킨다는 명목으로 개인의 심부름꾼으로 삼고 있습니다. 그 외에 매와 개를 부려 사냥하고 음악이나 여색을 밝히는 등의 행위를 거리낌없이 자행하는 모습들은 온 나라에 말이 자자하여 모두 들 수가 없을 정도입니다. 모르겠습니다만 전하께서는 오늘날의 기강이 어떻다고 생각하십니까? 기강이 떨쳐지지 않음이 이와 같은 지경에 이르렀으니, 국가가 멸망하지 않는 것은 겨우 한 터럭만큼의 차이가 있을 뿐입니다. 어찌 한심하지 않겠습니까.

삼가 바라건대, 전하께서는 마음가짐을 공정하게 하시고 아랫사람에게 임하심을 바르게 하시어, 사심이 싹트는 것을 일체 극복하고 제거하소서. 분수에 맞지 않는 은총을 사사로이 친한 자에게 일체 미치게 하지 말고, 누구에게나 통하는 법을 귀하고 가까운 자들에게 너그러이 쓰지 말아, 대소의 신하들로 하여금 감히 공도에 한결같지 않음이 없도록 하고 내외와 원근으로 하여금 감히 정도에 한결같지 않음이 없도록 하소서. 그렇게 하면 모든 법도가 오직 한결같고 여러 업적이 모두 환하게 이루어져 사회를 구제할 수 있고 하늘의 재앙을 해소할 수 있을 것입니다.

옛사람이 말하기를 '검소는 덕의 공손함이요, 사치는 덕의 도적이다.' 하였습니다. 대저 임금이 맑은 마음으로 스스로 공손하며 검약에 힘을 쓰면, 좋아하고 즐기려는 마음이 줄어들고 생각은 고요해지며 안으로는 깨끗하고 순수한 즐거움이 생겨나고 밖으로는 해끼치는 누가 없게 되어, 본성을 기르고 덕을 길러 자연 그 혜택이 사물에 미칠 수가 있을 것이니, 이것이 어찌 임금된 사람이 마땅히 힘써야 할 것이 아니겠습니까. 그러나 옛날부터 임금 중에는 항상 시작을 잘한 자는 많아도 끝을 삼간 자는 적었습니다. 대개 높은 지위에 있으면서 부귀의 봉양을 극진히 받기 때문에, 스스로 수신제가와 성의정심의 공부를 하지 않으면 사치스럽고 방종한 데 흐르지 않는 경우가 드문 것이니, 두렵지 않겠습니까.

신 등이 삼가 살펴보건대, 전하께서 처음 즉위하실 때에는 몸소 절약과 검소를 실천하시어 화려하고 사치함을 일삼지 않았으며, 즐기며 좋아하는 물건이나 아름다운 의복이나 거마로써 무릇 마음을 고혹시키고 덕을 해칠 수 있는 것들은 모두 물리치고 배척하셨으므로, 보고 듣는 모든 사람들이 숭앙하지 않는 사람이 없었습니다. 그런데 근년 이래로는 점차 처음과 같지 않아져서 저녁에 등불을 켜고 잔치를 하는 일이나 후원에 못을 파고 누각을 짓는 일이 민간에 전파되어 모든 사람의 입에 시끄럽게 오르내리고 있으니, 신 등은 잘 모르겠거니와 이런 말들이 어찌해서 이르게 된 것입니까. 만약 이것이 전하는 자들이 잘못 전한 것이라면 참으로 임금님의 덕에 손상될 바가 없는 것이지만, 만약 조금이라도 비슷한 자취가 있다면 어찌 성덕에 누가 되지 않겠으며 여러 아랫사람들의 바람에 실망스러운 것이 아니겠습니까.
삼가 바라건대 전하께서는 이런 일이 있으시면 고치시고 없으시면 더욱 힘쓰시어,

무익한 일로 안일과 즐거움에 빠지는 조짐을 열어 놓지 마소서. 또한 임금께서만 스스로를 타일러 경계하실 것이 아니라 궁중에도 마땅히 거듭 경계하시어, 무명·명주의 검소한 미덕을 전대에서만 그 아름다움을 독차지하지 않도록 하시며, 사치스러운 풍속을 혹시라도 오늘날 본받음이 없도록 하소서. 그러면 위에서 좋아하는 것은 아랫사람이 더 좋아하여 마치 바람이 불면 풀이 저절로 눕는 것처럼 사치스러운 풍속은 저절로 개혁되고 인륜을 어기는 사람이 없게 되어 사회를 구제할 수 있고 하늘의 재앙도 해소할 수 있을 것입니다.

대저 대신의 직책은 모든 책임이 집중되는 곳입니다. 민심이 흔들리어 서로 부딪칠 때 진정시키고자 하고, 맵고 달고 건조하고 습함이 고르지 못한 것은 조화롭게 하고자 하며, 이리저리 얽혀 어지럽게 맺힌 일은 풀어서 해결하고자 하고, 어둡고 더러운 것도 너그럽게 용납하고자 하니, 그 책임의 무거움이 이와 같습니다. 이 때문에 그들에게 임무를 전적으로 맡기지 않을 수 없고, 그들에게 예모를 갖추어 대접하지 않을 수 없습니다. 중용에 '대신을 공경하면 일에 미혹됨이 없다.' 하였으니, 이야말로 후세에서 마땅히 본받아야 할 것이 아니겠습니까.

신 등이 삼가 살펴보니, 전하께서 대신을 진퇴시킬 즈음에 간혹 그 예를 다하지 않는 경우가 있습니다. 그들이 직위에 있을 때도 이미 의지하여 맡기는 정성이 없고 지위를 떠날 때도 역시 돌아보고 애석해 하는 뜻이 없으십니다. 김류는 세 번 사직하자 윤허하셨고 김상용은 일곱 번 사직하자 윤허하셨으니, 이는 비록 그들의 수고로움과 수척함을 딱하게 여겨 휴식시키기 위한 것이지만, 여러 사람들의 생각에는 의아하게 여겨져 모두 주상의 뜻에 어긋나서 그렇게 된 것이라고 합니다. 성인의 큰 도량을 소인들의 마음으로는 헤아릴 수는 없습니다만, 대신을 예우하는 도리에 있어서는 실로 미안한 점이 있습니다.

삼가 바라건대, 전하께서는 연로한 사람에게 맡기고 존경의 예를 극진히 하여, 그들로 하여금 힘을 다하고 마음을 다해 그 쌓인 경륜을 펼 수 있도록 하고 상하가 서로 믿어 정사를 토론할 때 의견을 숨김없이 표현할 수 있게 하소서. 그러면 마음속 깊은 곳을 의탁할 곳이 있게 되고 안위를 매어 둘 곳이 생겨 국가의 체통이 중해지고 조정이 존귀하게 되며, 모든 일이 평안해지고 다스림의 도가 이루어질 것이며, 따라서 사회를 구제할 수 있게 되고 하늘의 재앙을 해소할 수 있게 될 것입니다.

옛날에 천하를 다스리는 자는 조정에 진선의 깃발[31]과 비방의 나무[32]를 두었으니, 그 다스림의 도를 통하게 하고 간쟁을 유인함이 참으로 위대하지 않습니까. 대개 한 사람의 총명은 한계가 있고 만가지의 사무는 한량이 없기 때문에, 비록 성스럽고 지혜로운 임금이라 하더라도 널리 중론을 받아들이고 크게 여러 사람의 의견을 채집하여, 차이를 살피고 가부를 살펴서 알맞은 것을 취해 쓰지 않은 적이 없었습니다. 진실로 아랫사람들을 경시하고 오만하게 스스로를 성인이라 하여 다른 사람의 총명을 자기보다 못하다고 여기거나 다른 사람의 지혜를 자기보다 부족하다고 여긴다면 이는 마치 귀와 눈을 가리고서 총명해지기를 바라는 것과 같으니, 이와 같이 하고서도 혼란과 패망에 이르지 않은 자는 드뭅니다.

신 등이 삼가 살펴보니, 전하께서 말을 듣는 것이 시간이 지날수록 더욱 태만해져서 평범한 논쟁조차도 윤허하시지 않으며, 조금만 뜻에 어긋나거나 거슬리는 것이 있으면 갑자기 뜻을 꺾으려 하십니다. 혹은 과격하다고 의심하시고, 혹은 당파를 좋아한다고 의심하시며, 혹은 명예를 구한다고 의심하시어, 남의 말을 듣기 싫어하는 기색이 사람들을 천리 밖에서부터 막으시며, 매이고 집착하시는 병통이 말하는 사이에 지나치게 드러나십니다.

우선 요즈음의 일로 말해 보겠습니다. 유백증은 타고난 성품이 강직하여 그 말이 비록 적절하지는 못하지만, 그 마음을 살펴보면 다름 아니라 실로 임금을 사랑하고 나라를 근심하는 정성에서 나온 것인데, 전하께서 그것을 용납하지 못하셨습니다. 나만갑은 말솜씨가 너무나 꾸밈없이 수수하여 지나친 점이 없지 않으나 '궁궐이 엄숙하지 못하다.'는 말의 경우 민간에서 서로 전하는 말로써 다른 사람들은 말하지 못했는데 유독 나만갑만이 극언하였을 뿐입니다. 군신은 마치 부자와 같으므로 무릇 들은 일이 있으면 그 허실을 따질 것이 없이 모두 임금 앞에 아뢰는 것이 신하된 사람의 숨김없는 의리입니다. 삼가 들으니, 지난번 경연 석상에서 미안스러운 하교까지 있었다 하니, 이 어찌 여러 신하들이 전하에게 기대하는 바이겠습니까.

삼가 바라건대, 전하께서는 지난 잘못을 통렬히 깨우치시고 크게 언로를 열어서 여

---

31) 진선의 깃발 : 좋은 일이나 계책이 있는 사람이 그것을 알리도록 지정한 깃발로 요나라 시대에 있었다 한다.

32) 비방의 나무 : 백성들이 정치의 잘못을 비판할 수 있도록 만든 나무로, 요나라 시대에 교량 옆에 세웠다 한다.

러 사람들이 들은 것을 모아서 자신의 총명으로 삼으시고 여러 사람들이 본 것을 모아 자신의 지혜로 삼으시며, 마음에 거슬리는 말이 있거든 바른 도리를 지적한 것이 아닌가 살펴보고 마음에 드는 말이 있거든 부당한 것이 아닌가 살펴보소서. 그리하여 그 말이 옳으면 수용할 뿐만이 아니라 뒤이어 상을 주시며, 설령 그 말이 광망하여 시행하기에 적절하지 않더라도 반드시 너그럽게 용납하고 벌을 주지 마소서. 그러면 좋은 말은 숨겨지지 않고 여러 계책은 모두 시행되어 사회를 구제할 수 있고 하늘의 재앙을 해소할 수 있을 것입니다.

국가의 치란은 벼슬길의 맑고 탁함에 달려 있고, 벼슬길의 맑고 탁함은 공정한 도가 시행되느냐의 여부에 달려 있을 따름입니다. 공정한 도가 시행되면 중앙의 백관으로부터 외방의 주현에 이르기까지 모두 그 적임자를 얻게 되고, 공정한 도가 시행되지 않으면 중앙의 백관으로부터 외방의 주현에 이르기까지 다 그 적임자를 얻지 못하게 되는 것입니다. 그러니 나라를 가진 임금이 공정한 도를 널리 펴는 것으로 급선무를 삼지 않을 수 있겠습니까.

그런데 지금 눈앞의 현실은, 이조와 병조에서 인재를 등용하는 것이 한결같이 공정한 도에서 나온 것이라고 할 수 없습니다. 청탁으로 벼슬을 얻기도 하고, 혹은 뇌물로 벼슬을 얻기도 하는 등, 요행을 바라는 길이 크게 열려서 관작의 기강이 잡히고 혼란합니다. 심지어 나덕헌·이확처럼 탐오죄를 범해 낭패를 당한 자나 이일원·문희성·이민환처럼 적에게 항복하여 포로가 되어, 버림을 받은 자들까지도 아직 관료의 반열에 끼어 혹 변방의 장수나 백성을 다스리는 목민의 책임을 맡기까지 하였으며, 장사하는 무리나 천민 서얼의 무리로 별로 남달리 빼어나거나 쓸 만한 재주가 없는 자들까지도 문인과 무인의 벼슬에 통용되어 혹은 정2품직이나 정3품직의 직질에 오르기까지 하였으니, 벼슬길의 혼탁함이 지금보다 더 심한 적은 없어 식자들이 한심스럽게 여긴 지 오래되었습니다.

삼가 바라건대, 전하께서는 거듭 해당 조정에 명을 내려 조금이라도 사사로움을 따르지 말고 반드시 공정하게 하도록 하시고, 퇴출과 등용의 법을 밝히고 천거의 법규를 엄격히 하여 어진 사람이 지위에 있고 능력있는 사람이 직책에 있게 하시며, 탐오한 무리는 영구히 서용하지 말고 용렬한 무리 역시 깨끗이 도태하소서. 그러면 벼슬길이 맑아져 직책이 중하게 되고 직무가 시행되어 공적이 이루어져, 사회를 구제할 수 있고 하늘의 재앙을 해소할 수 있을 것입니다.

대저 선비의 풍습은 국가의 원기元氣입니다. 선비의 풍습이 바르면 원기가 왕성하고, 선비의 풍습이 투박하면 원기가 쇠퇴하는 법입니다. 예로부터 천하와 국가를 가진 자가 언행이 바른 선비를 남달리 드러내고 도덕을 존숭하여 선비의 풍습을 바르게 하고 원기를 왕성하게 하지 않는 사람이 없었던 것은 우연히 그런 것이 아닙니다. 우리나라에 있어서도 열성조께서 문文을 높이고 정치와 교육을 크게 밝혀 거듭 빛나고 계속 젖어들게 하신 교화가 선조대왕 때에 이르러 융성하였습니다. 이때를 당해서 사람마다 절차탁마하고 선비마다 바른 행실을 닦아서, 경전에 능통하고 옛것을 배우는 것을 능력으로 삼고 스승을 높이고 벗을 사귐을 직분으로 삼았기에, 나와서 조정에 벼슬하는 사람들은 겉모양과 속내가 잘 갖추어져 볼 만한 인재가 수두룩이 일어나 국가를 편안히 한 아름다움이 있었습니다.

그런데 근년 이래로는 교화가 점차 무너지고 의리가 어둡고 막혀서 사람들은 선善을 향하지 않고 선비들은 학문에 뜻을 두지 않아, 방탕하고 편벽된 습관이 하루하루 더욱 심해갑니다. 우선 지난번 성균관 유생들의 일로 말할 것 같으면, 오늘날의 세상 분위기를 헤아리지 않고 갑자기 막중한 의견을 제시했으니 진실로 성급함을 면할 수는 없지만, 그 마음은 어진 이를 높이는 데 급급해서 생각에 부족한 것이 있었을 따름입니다. 그 몇몇 다른 의논을 가진 선비들이 있었습니다만 어찌 실질적인 견해가 있어서였겠습니까. 서로 대립한 끝에 상소를 올려 반드시 상대방을 배격하고야 말겠다는 것입니다. 선비의 풍습이 이 지경에 이르렀으니 진실로 한심한 일입니다.

설령 성혼과 율곡의 행위에 의논할 만한 점이 있더라도, 그들을 높이는 자들은 지나치게 높인 잘못이 있을 뿐이지만 그들을 공격하는 자들은 너무 지나친 것이 아니겠습니까. 하물며 두 신하의 높은 도덕과 순수한 학문은 현재 종사하고 있는 여러 현인들에 비교해 볼 때 조금도 부끄러움이 없는 데이겠습니까. 전하께서 옛 현인을 본받는 정성이 없으신 것은 아니나, 성대한 의식을 가벼이 거행하실 수 없다고 하신 것은 시론이 한 곳으로 돌아가지 않았는가 염려하시어 즉시 허락하지 않으신 것으로, 그 의도한 바가 있는 것입니다. 그러나 비답한 글 가운데 뚜렷이 싫어하는 빛을 보이시어 선비들로 하여금 실망하게 하고 유학자로 하여금 낙심하게 만들었으니, 이와 같이 하고도 한 시대의 선비들로 하여금 의지할 곳이 있게 하고 추향을 바르게 하기를 바라기란 또한 어려운 일이 아니겠습니까.

삼가 바라건대 전하께서는 평정한 마음으로 이치를 살피어 시비를 변별하시고 유학을 높이시어 교화를 돈독히 실행하시어, 사습이 저절로 바르게 되고 원기가 저절로 왕성하게 하소서. 그러면 인재가 배출되고 국가의 운명이 문명으로 나아가 시사를 구제할 수 있고 천재를 해소할 수 있을 것입니다.

서경에 이르기를 '임금은 백성이 아니면 부릴 사람이 없다.'고 하였고, 또 이르기를 '백성이야말로 나라의 근본이니, 근본이 튼튼해야 나라가 편안하다.' 하였습니다. 대개 지극히 어리석으면서도 신명하며, 가까이 해야 하고 하대해서는 안 되는 것이 백성입니다. '나를 잘 무마해 주면 임금이요, 나를 학대하면 원수이다.' 하니, 그 사이가 터럭도 용납할 수 없을 만큼 가까운 것이니, 가히 두렵지 않겠습니까.

신 등이 삼가 살펴보니, 요즈음 변방의 일이 많아서 부역이 번거롭고 무거우며, 오랑캐에게 준 물건과 가도에 주는 양식 때문에 백성들이 명령을 감당하지 못할 정도입니다. 그런데도 제 관사에서 흥정하며 매매하면서 자잘한 것까지 걷어내며, 경비에 속하지 않는 것까지도 백성에게 받아내 살을 벗기고 뼈를 추리는 것이 한량이 없습니다. 그런데다가 목민하는 관리가 적임자가 아니라서 백성의 고통은 돌아보지 않고 교묘하게 명목을 만들어 내어 멋대로 긁어모으며, 버젓이 뇌물을 써서 상관의 기쁨을 사고 별도로 군수품을 마련하여 상을 받고자 획책하고 있습니다. 또 조정에서 지방관에게 책임을 지우는 것도 그 바른 방도를 잃어, 각박하게 세금을 걷는 자는 마음을 다한다고 하고 자상하게 백성을 대하는 자는 명예를 추구한다고 하여 나랏일과 집안일이 갈라져 둘이 되었습니다. 민생의 고통이 여기에서 비롯된다고 하지 않을 수 없으니, 애통함을 금할 수 있겠습니까.

삼가 바라건대, 전하께서는 민생이 보존되지 못함을 생각하시고 함께 다스릴 어진 인재를 생각하시어, 자상하고 깨끗한 자를 골라 등용하시고 각박하고 탐오한 자를 제거하소서. 또 시종하는 신하들도 번갈아 파견하여 잔폐한 고을을 회생시키고 개혁하는 책임을 맡도록 하시고, 암행 어사를 자주 보내 민간을 드나들면서 직권남용과 재물을 받는 관리를 살펴 무거운 벌로써 다스리소서. 그러면 탐관 오리들은 징계되어 두려워하는 바가 있게 되고 백성들의 근심과 고통은 소생되고 쉬는 바가 있게 되어, 시사를 구제할 수 있고 천재를 해소할 수 있을 것입니다.

변방의 극심한 근심은 오늘날보다 더한 때는 없고 군정이 무너짐도 오늘날보다 더심한 때는 없었습니다. 다행히 일이 없다면 국가의 복이지만, 혹시라도 급한 비상사태가 있게 되면, 장량·진평의 지혜나 한신·팽월과 같은 재주가 있더라도 손을 쓸 곳이 없을 것이니, 어찌 크게 한심스럽지 않겠습니까. 군정을 닦음은 장수를 선발하는 데 달렸고, 군정의 근본은 인화에 달려 있습니다. 인심이 화목하지 않으면 여러 사람들의 뜻이 미덥지 않으므로 백만의 병사가 있더라도 우리가 사용하지 못할 것입니다. 맹자가 말하기를 '천시는 지리만 못하고, 지리는 인화만 못하다.' 하였고, 오자吳子는 말하기를 '나라가 화목하지 못하면 군대를 출동시킬 수가 없고, 군대가 화목하지 못하면 승리를 성취할 수가 없다.' 하였습니다. 그러니 옛날에 나라의 병사를 견고하게 한 자들은 역시 인화를 근본으로 하지 않음이 없었던 것입니다.

그런데 지금은 성스러운 혜택과 성스러운 교화가 아직 가로 막혀, 농촌과 민간에는 근심하고 원망하며 고통받는 소리가 많고 온 백성들은 충신과 예의와 겸양의 기풍이 없으니, 실로 이미 군정의 근본을 상실하고 있는 것입니다. 옛날에 어떤 장수는 막걸리를 시냇물에 풀어 은혜를 베푼 자[33]도 있었고 등창을 빨아 준 은혜를 베푼 자도 있어서, 병졸들을 마치 자제처럼 아끼고 수족처럼 보았기 때문에 공격하면 반드시 빼앗고 싸우면 반드시 이겼던 것입니다. 지금은 그렇지 않아 크게는 병마절도사에서 작게는 변방장수에 이르기까지 세력으로 지위를 얻기도 하고 뇌물로 지위를 얻기도 하여, 국방이 무엇인지조차 모르고 오직 병졸들을 침탈하는 것만을 좋은 계책으로 여깁니다. 이에 더러는 국방의 역을 면제해 주고 베를 받기도 하고 군졸을 풀어 장사를 시키기도 하며, 감당하기 어려운 부역을 독촉하고 마련하기 어려운 물품을 책임지워, 그들로 하여금 스스로를 보존하지 못해 사방으로 흩어지게 만듭니다. 그러면 그 이웃이나 일족에게까지 침탈을 해서 장차 백성이 하나도 남아 있지 않게 될 것이니, 어떻게 그들의 마음을 심복시켜 죽을 힘을 다하게 할 수 있겠습니까.

삼가 바라건대, 전하께서는 선왕의 정사를 시행하여 어루만지고 구휼하는 도리를 다하시고, 절도사의 적임자를 골라서 맡겨 방비 계획을 극진히 하도록 하시며, 피폐한 군정을 개혁하고 법제를 엄격히 확립하여 비록 한 자의 베나 한 말의 곡식이라도 반드시 군졸들에게 거두지 않도록 하시며, 단지 군기를 정밀하게 단련하고 기예를 가르쳐 익히게 하소서. 그러면 여러 사람의 마음이 어우러져 군사들도 기뻐할 것이며 변방도 튼튼해지고 국방도 강성해질 것이니, 따라서 시사를 구제할 수 있고 천재를

---

33) 막걸리를 시냇물에 풀어 은혜를 베푼 자 : 예전에 어떤 좋은 장수는 한 통의 술을 냇물에 부어 모든 군사들이 마시게 함으로써 은혜를 베풀고 군심을 얻었다 한다.

제거할 수 있을 것입니다.

아, 지금 이 재난이 생겨난 것은 어떤 일에 대한 감응인지 알 수 없으나, 대개 아래에서 정사를 잘못하면 하늘에서 그 꾸지람이 나타나는 것입니다. 이 앞에 든 몇 조목의 폐단은 얼기설기 뒤엉켜 서로 이어지고 이리저리 굴러서 함께 드러나는 것입니다. 이들은 모두가 도에 어긋난 징험이요 패망의 조짐이니, 보고 들으심을 우리 백성들을 통해서 하시는 하늘이 그 어찌 재난으로써 경고하지 않겠습니까. 그러나 하늘과 사람은 한 이치라 상하가 틈이 없는 것입니다. 6사六事로 자책하자 큰비가 내렸고,[34] 한마디 말로써 화성을 물러가게 했으니[35], 하늘과 사람 사이에 옮겨가는 기미는 그림자나 메아리보다 더 빠른 것입니다.

삼가 바라건대, 전하께서는 지금부터 근심스럽게 두려워하시고 두려운 듯이 수성하셔서, 모든 동작과 행위가 반드시 하늘의 도에 합치되기를 힘써 추구하소서. 하늘의 마음은 지극히 인자하시니 전하께서도 역시 인으로 그것을 체득하시고, 하늘의 이치는 지극히 공정하시니 전하께서도 역시 공정함으로 그것을 체득하시며, 하늘의 도는 지극히 정성스러우니 전하께서도 역시 정성으로 그것을 체득하시고, 하늘의 운행은 지극히 굳세니 전하께서도 역시 굳셈으로 그것을 체득하소서. 전하의 덕이 하늘과 더불어 그 큼을 같이 하신다면, 서로 화합하고 조화로운 삶을 통하여 모든 일이 제대로 되어가는 공이 이에 극진하게 될 것입니다.

이로써 임금의 뜻을 확립하셔서 제왕의 학문으로 나아가고, 이로써 퇴폐한 기강을 떨쳐서 검소한 덕을 밝히시며, 이로써 대신을 공경하여 일상의 말을 자세히 살피고,

---

34) 6사六事로 자책하자 큰비가 내렸고 : 탕 임금 때 7년간 큰 가뭄이 들자, 스스로 여섯 가지 일을 들어 자책하니, 하늘에서 곧 큰비를 내렸다 한다. 정사가 다스려지지 않는가, 백성이 직업을 잃었는가, 궁실을 화려하게 지었는가, 부인의 청탁이 성해졌는가, 뇌물이 행해졌는가, 참소하는 사람이 득세했는가 등 여섯 가지의 일임.

35) 한마디 말로써 화성을 물러가게 했으니 : 사략 권1에 "화성이 송나라 위치인 심성心星을 침범하자, 경공이 우려했다. 천문관 자위가 '이 책임을 재상에게 돌립시다.' 하니, 경공이 '재상은 나의 팔 다리나 마찬가지다.' 하였으며, 자위가 '그러면 이 책임을 백성에게 돌립시다.' 하니, 경공이 '백성이 있어야 임금 노릇을 할 수 있는 것이다.' 하였으며, 자위가 '그러면 이 책임을 세월에다 돌립시다.' 하니, 경공이 '흉년이 들고 백성이 곤궁하면 나는 누구를 데리고 임금 노릇을 하겠는가.' 하였다. 이에 자위가 '하늘이 높지만 낮은 곳의 소리도 듣습니다. 임금께서 임금다운 말씀을 세 번 하였으니 화성이 움직일 것입니다.' 하였는데, 그 뒤에 과연 1도를 옮겨갔다."고 하였다.

이로써 벼슬길을 맑게 하여 선비들의 풍속을 바르게 하며, 이로써 백성의 고통을 구휼하여 군정을 닦으며, 고르고 가지런하고 방정히 하여 잘 다스려진 평화로운 세상과 도를 함께 하신다면, 하늘의 위엄과 노여움이 변하여 돌봄과 사랑이 될 것이며, 백성의 근심과 탄식은 변화하여 임금의 덕을 구가하게 될 것이니, 국가의 억만 년 기업이 여기에 달려 있습니다." 하니,

답하기를, "상소 중에 아뢴 바가 지론이 아닌 것이 없으니, 마땅히 조심스럽게 생각하여 채택해 쓰겠다." 하였다.

– 인조실록 13년 8월 3일 –

심지원의 졸기

심지원의 졸기도 두 편으로 남아 전해진다. 현종실록과 현종개수실록에 전해지는 기록은 당시 노론과 소론으로 나누어져 다투었던 당파싸움의 일면이다.

1662년[70세] 현종 3년 1월 28일 좌의정 심지원의 졸기 〈현종실록〉

좌의정 심지원이 죽었다. 삼가 살피건대, 심지원은 일찍 과거에 합격하여 청요직을 역임하였다. 그 뒤 병자호란 때 미처 어가를 수행하지 못해 유배를 당했다가 석방된 뒤로 주·군이나 맡으며 초라하게 지냈는데, 그의 아들 심익현이 부마駙馬가 되면서부터 다시 기세를 떨쳐 마침내 정승의 지위에까지 올랐다. 일 처리를 우물쭈물하고 자리만 지킨다는 비난이 있긴 하였으나, 경박한 논의를 좋아하지 않았고 인사의 책임자로 있으면서도 뇌물과 관련된 소문이 없었으므로, 사람들이 이 때문에 꽤 칭찬하였다.

1662년[70세] 현종 3년 1월 28일 좌의정 심지원의 졸기 〈현종개수실록〉

좌의정 심지원이 졸하였다. 지원의 자는 원지源之인데 젊어서 과거에 올랐으나 혼

란스런 조정에는 버슬하기를 즐거워하지 않고 강가 교외에 물러가 살았다. 그러다 인조가 반정하자 한림원을 거쳐 홍문관 저작에 임명되고 청환직을 두루 지내었다. 병자년 난리에 인조가 남한산성으로 들어가자, 심지원에게는 노모가 있었는데 친구에게 맡기고 곧장 남한산성으로 달려갔다. 길이 막히어 들어갈 수 없게 되자 조익·윤계 등과 함께 군사를 모아 왕을 위해 충성을 다할 계획을 꾸몄는데 윤계가 살해당하여 일을 할 수 없게 되자 강화도로 들어갔다. 주상이 환도하여 강화도의 성이 함락되던 날 앞질러서 먼저 나가버린 일로써 대간이 탄핵하여 죄를 받고 종신토록 벼슬길에 오르지 못하게 되었다. 그 뒤에 그의 억울함을 아뢰는 자가 있어서 주상이 특별히 서임하여 다시 벼슬길이 열리었다. 그 아들 심익현이 공주에게 장가들게 되자 효종이 매우 총애하였고 끝내 정승에 임명되었는데 이 때에 졸하니 나이가 70세였다. 심지원은 모습이 듬직하여 윗사람의 풍모가 있었고 자신을 단속함이 자못 맑고 근엄하였다. 그러나 정승이 되어서는 잠자코 따르기만 한다는 비난이 꽤 있어서 선비들의 의논이 보잘것없이 여겼다.

1662년 현종 3년 4월 고 좌의정 심지원의 집에 3년을 기한으로 녹을 주도록 하다.

경기도 파주 광탄면 분수리에 전부인 안동권씨와 후부인 해평윤씨, 세 사람의 합장묘로 된 심지원의 묘소가 있고, 묘역에는 영의정 김수항이 짓고 우의정 신익상이 전액과 글씨를 쓴 신도비가 1686년 숙종 12년에 세워졌다.

호를 만사晚沙라 했기에 저서로 만사고晚沙稿를 남겼으며, 글씨에 능해 그의 필적인 좌의정 정창연鄭昌衍 신도비가 경기도 과천에 남아있다. 시호는 전해지지 않으나 영천의 송곡서원에 제향되어 후세의 기림을 받고 있다.

청송 심씨와 파평 윤씨간 392년간 이어온 산소 다툼

1764년 영조 40년 6월 14일 고려 시중 윤관과 고 상신 심지원의 묘에 제사를 지내게 하였다.

> 처음 윤관·심지원의 묘가 파주에 있었는데, 윤씨가 먼저 매장하였으나 해가 오래되어 없어져 전해지지 않으니 심씨가 그 외손으로서 그 산을 점령하고 묘를 썼다.
> 이 때에 이르러 윤씨 집 자손들이 산 아래에서 비석 조각을 습득하여 심씨 집 자손과 다투어 소송하여 끝이 나지 않자, 임금이 양쪽을 모두 타일러 말려서 다툼을 금하게 하고, 각기 그 묘를 수호하여 서로 침범하지 말라고 명하였다. 윤관은 고려조의 명상이고 심지원은 조선조 명상이라 하여 똑같이 제사를 지낸 것이다.
>
> — 영조실록 40년 6월 14일 —

1765년 영조 41년 윤 2월 23일 전 도정 심정최와 전 첨정 윤희복을 양가의 송산에 관한 일로 친문하다.

임금이 밤에 흥화문에 나아가서 전 도정 심정최와 전 첨정 윤희복을 친히 질문하였는데, 양가의 산소의 송사 때문이었다. 애초에 고려 시중 윤관의 묘가 파주에 있었는데, 유실되어 전해지지 않게 되었었다. 고 상신 심지원의 묘 밑에 큰 무덤이 하나 있었는데, 윤관의 묘라고 전해 오던 것을 심씨네가 위쪽에 묘를 쓴 것이었다.

윤씨의 후손이 돌비석을 두어 쪽을 증거로 찾아서 심씨의 무덤을 이장하여 달라고 소청하였는데, 심씨네는 역시 윤씨네의 외손이기 때문이었다.

> 임금은 두 집안이 각자 자기네의 무덤을 보호하고 서로 다투지 말라고 두 집안을 달래어 모두 진정시켰었다. 그런데 이 때에 와서 윤씨의 후손이 모여서 심씨의 무덤 앞

계단과 섬돌을 허물자 심씨네가 또 여러 사람을 이끌고 와서 두들겨 쫓아내었다.

이에 서로 잇따라 북을 쳐서 임금께 아뢰니, 임금이 '윤희복·심정최는 명문가의 집안으로서 조정의 은덕을 몸받지 못하고 서로 다투었으며 번거롭게 잇따라 호소하였으니, 엄하게 처치하지 않으면 기강을 무너지게 하고 풍속교화를 위태롭게 하는 일을 진정시킬 수가 없다.'고 하고, 드디어 친히 심문하겠다는 명령을 내렸다. 숙직한 옥당관 김노진 등은 일이 개인적 송사에 관계되므로 담당에게 회부시키는 것이 마땅하고, 깊은 밤중에 의견을 들어 나라의 체신을 손상시키는 것은 마땅하지 않다는 것으로 요청하였으나, 윤허하지 않고 먼저 체직시킨 뒤에 형조 관리에게 내리라고 명하였다. 이어서 밤을 새워 두 사람을 심문하여 버금가는 형을 가한 뒤 멀리 귀양보내었다.

그런데 심정최와 윤희복은 나이가 각기 70여 세였으므로, 윤희복은 형을 받고 며칠이 되지 않아서 귀양가는 도중에 죽었다. 뒤에 영의정 홍봉한의 주청에 의하여 그의 직첩을 돌려주게 하였고 옥당관을 교체하라는 명령도 거두어 들였다. 입직 대관 이보관과 윤승렬 등의 아룀에 좌우로 두루 감싸준 의도가 있다고 하여 모두 파직시켰다.

또 하교하기를,

"내가 가장 미워하는 것은 허풍치고 과장하는 것인데, 심정최·윤희복의 일은 역시 과장되어 그러한 것이다. 비록 이미 엄히 처치하였으나, 무릇 나의 신하들은 마땅히 이로써 경계하고 각각 조심할 것을 생각하라. 이는 바로 주문공이 이른바 '이는 비록 한 가지의 일이지마는 여러가지를 경계할 수 있는 것이다.'라고 한 것이다." 하였다.

– 영조실록 41년 윤 2월 23일 –

영조 임금의 분쟁 조정에도 끝내 해결되지 않았다. 일제강점기까지 두 집안의 분쟁은 계속되었으며 두 문중 간의 감정의 골 역시 더욱 깊어만 갔다. 그러니 상대 문중과 결혼을 하는 것은 생각도 할 수 없는 일이었다.

1969년에야 분쟁은 윤관 장군과 영의정 심지원의 무덤 사이에 담장을 두르고 화해증서를 쓰는 것으로 무마되었다가 2006년에 청송 심씨 조상 묘 19기를 이장하기로 함으로써 해결되었다. 392년 만에 이루어진 화해였다.

[승진과정]

1620년[28세] 광해 12년 정시 문과 병과에 급제. 낙향 은거

1623년[31세] 인조반정

1624년[32세] 인조 2년 3월 검열, 12월 홍문관 저작.

1625년[33세] 인조 3년 1월 겸 설서, 8월 정언, 9월 4일 부수찬, 9월 28일 수찬

1626년[34세] 인조 4년 2월 4일 정언, 2월 18일 수찬, 9월 수찬

1627년[35세] 인조 5년 1월 충청우도 어사, 4월 도사, 5월 지평, 7월 수찬, 9월 헌납, 10월 부교리

1628년[36세] 인조 6년 3월 교리, 4월 헌납, 5월 교리, 6월 수찬, 8월 교리, 9월 헌납

1629년[37세] 인조 7년 2월 강원도 암행어사

1630년[38세] 인조 8년 7월 함경도 순안어사(안찰어사)

1632년[40세] 인조 10년 12월 집의

1633년[41세] 인조 11년 1월 응교, 2월 교리, 3월 사간, 4월 집의

1634년[42세] 인조 12년 영천군수, 7월 집의

1635년[43세] 인조 13년 2월 응교, 4월 응교, 4월 집의, 5월 집의, 5월 부응교, 6월 응교, 6월 집의, 7월 부응교, 8월 집의, 8월 응교, 10월 집의

1636년[44세] 인조 14년 1월 집의, 3월 부수찬, 4월 집의, 12월 병자호란이 일어나 노모를 모시다가 뒤늦게 왕이 있는 남한산성으로 달려갔으나 길이 막혀 들어가지 못하였다.

1637년[45세] 인조 15년 2월 파직

1638년[46세] 인조 16년 4월 석방

1643년[51세] 인조 21년 12월 25일 홍주목사. 5년 동안 근무

1648년[56세] 인조 26년 1월 24일 이조참의, 2월 동부승지, 4월 대사간, 5월 대사성, 7월 대사간. 7월 20일 대사간 사직

1649년[57세] 인조 27년 2월 이조참의

1649년[57세] 효종즉위년 10월 승지, 11월 승지, 12월 대사간

1650년[58세] 효종 1년 5월 평안감사

1651년[59세] 효종 2년 1년 11월 23일 대사헌 12월 12일 동지의금부사

1652년[60세] 효종 3년 1월 23일 병조참판, 2월 이조참판, 5월 3일 효종의 딸 숙명공주를 며느리로 삼다. 7월 형조판서, 11월 이조판서, 12월 동지경연사 겸직

1653년[61세] 효종 4년 1월 겸 지경연사, 윤 7월 겸 세자 좌빈객, 9월 겸 빈객, 11월 청나라 정조사

1654년[62세] 효종 5년 3월 7일 귀국하여 3월 9일 형조판서, 3월 18일 대사간, 4월

지경연, 6월 대사헌, 6월 이조판서, 7월 우의정,

1655년[63세] 효종 6년 1월 겸 추쇄도감(도망간 노비를 찾는 관서) 도제조, 3월 허목 윤휴를 천거하다.

1656년[64세] 효종 7년 12월 좌의정

1657년[65세] 효종 8년 10월 영중추부사, 10월 청나라 사은사

1658년[66세] 효종 9년 3월 귀국보고, 7월 8일 영의정, 11월 겸 훈련도감 제조

1659년[67세] 효종 10년 3월 25일 좌의정.

1659년[67세] 현종즉위년 5월 4일 효종승하, 원상, 총호사, 6월 원상 면직.
10월 28발인, 12월 좌의정 면직, 영중추부사.

1660년[68세] 현종 1년 4월 다시 좌의정, 10월 내의원 도제조 겸직

1661년[69세] 현종 2년 3월 부묘도감 도제조.

1662년[70세] 현종 3년 1월 28일 좌의정 심지원이 죽다.

현종 시대

96 홍명하 洪命夏

청렴결백하고 직언을 잘하여 총애를 받은 인물

생몰년도 1607년(선조 40)~1667년(현종 8) [61세]
영의정 재직기간(1667.윤4.27~1667.12.27) (8개월)

본관   남양南陽
자   대이大而
       기천沂川
시호   문간文簡
당파   서인
묘소   경기도 여주 흥천면 문장리
배향   여주 기천서원에 배향
기타   청백리출신, 숙종때도 아내를 위해 월름을 내어주다.

증조부 홍춘경洪春卿 - 황해도 관찰사
조부   홍성민洪聖民 - 이조판서
부   홍서익洪瑞翼 - 병조참의(요절)
모   심종민의 딸
형   홍명구洪命耉 - 평안도 관찰사(요절)
전처   신익성의 딸 - 선조 임금의 사위
장남   홍석보洪碩普 - 진사, 교관
차남   홍달보洪達普 - 현감
장녀   이공저에게 출가 -진사
후처   윤씨
3남   홍택보洪澤普 - 별검
4남   홍덕보洪德普 - 유학자
차녀   윤성준에게 출가 -사인

청렴함과 공정한 법집행으로 직언을 마다 않았던 정승

홍명하의 자는 대이大而이며, 호는 기천沂川으로 본관은 남양이다. 황해도 관찰사 홍춘경의 증손으로, 조부는 예조판서를 지낸 홍성민이고, 아버지는 병조참의를 지낸 홍서익으로, 어머니는 심종민의 딸이다.

인조 때 영의정을 지낸 홍서봉이 5촌 아저씨였고, 조부 홍성민은 종계변무의 공으로 광국공신 2등에 책록되고, 대제학으로 예조판서를 지냈으니, 당대의 명문 가문이었다. 종계변무는 태조 이성계의 선조가 명나라의 역사기록에 잘못 표기되어 이를 바로잡는 일이었는데, 역대 제왕들의 고민거리를 홍성민 등의 힘으로 바르게 잡은 공로였다.

홍명하는 장성하여 신익성의 사위가 되고, 후에 영의정 김수흥·좌의정 이세백과 사돈을 맺으니 좋은 가문, 화려한 혼맥이 그의 든든한 배경이 되었다.

홍명하는 17세에 부친상을 당하고 집안이 어려워졌다. 24세에 생원시에 합격하였으나 대과엔 오래도록 합격하지 못했다. 금계필담에 의하면 이때 홍명하는 신익성의 딸을 처로 맞아 들여 처가살이를 한 것으로 기록하고 있다. 과거에도 합격하지 못했고 부친상을 당하여 집안마저 변변치 못한 상태에서 처가살이를 하고 지냈으니 그 고초는 짐작할 수 있다. 31세가 되던 해 형도 병란에 죽게 되고 어머니마저 돌아가게 된다. 처가살이를 하던 중 여묘살이까지 해야 했다.

1644년 38세 되던 해에 별시 문과에 급제를 하여 비로소 관직에 진출하게 된다. 늦깎이였지만 조정에서는 비교적 청요직 자리에 등용하게 된다. 40세가 되어 사간원 정언으로 있으면서 장령 이응시가 소현세자비 강빈의 옥사에 대하여 논쟁하다가 왕의 뜻에 거슬려 귀양 가게 되자, 홍명하가 정언으로서 왕명을 거두어들이기를 청하였다. 이로 왕의 비위를 거슬렀는데 10월에 사헌부 헌납이 되어 다시 간언하다가 왕의 미움을 받아 화순현감으로 좌천이 되었다.

> 가을에는 중시에 합격하여 헌납으로 옮겨졌다. 이 때에 조석윤이 대사간으로서 모종의 일 때문에 스스로 탄핵했는데, 전례로 보아 마땅히 그 탄핵을 되돌려 주어야하는 데도 주상이 그의 직언을 미워하여 교체를 허락하므로, 홍명하가 옳지 않음을 힘써 말하였다. 홍명하는 벼슬길에 오른 지 오래되지 않았으나 청현직을 역임하여 인망이 매우 두터웠는데 일찍이 헌납으로 있으면서 김남중 등을 논핵했다가 임금의 뜻을 거슬려 체임되었으며, 이때에 이르러 특별히 외직에 전보하도록 명하였으므로 시정 의논이 애석하게 여겼다.
>
> − 인조실록 24년 11월 12일 −

지방직으로 나간 홍명하는 맑은 지조로 백성을 자식같이 사랑하였고 학교를 수축하여 생도들을 불러 모아 학업을 권면하니, 이웃 고을에서도 풍문을 듣고 오는 자가 있었다. 2년 후 인조의 부름을 받고 홍문관으로 돌아오게 되니 화순 사람들은 멍에를 부여잡고 눈물을 흘렸으며, 살아 있는 사람의 사당[36]을 짓고 비석을 세워 그 공덕을 사모하였다. 44세 되던 해 인조가 승하하고 효종이 즉위하자 왕을 위해 상소를 하였다.

> 이조 정랑 홍명하가 상소하기를,
> "근래 도성의 인심을 보건대 헛소문이 날로 일어나 어리석은 자나 유식한 자나 모두 의혹된 데다가 별의 변화는 경계를 보이고 기후는 처참하여 불측한 재앙이 조석간

---

36) 사당 : 생사당

에 닥칠 것만 같습니다. 임금께서 위에 계시고 여러 현신이 아래에 있는데 국가의 위급한 정상이 어찌 이 지경에 이른단 말입니까. 며칠 전 경연에서 활쏘기의 제도를 변혁시키라고 하신 하교는 뒤진 제도를 부흥시키려는 한때의 적절한 조처에 불과합니다. 그러나 그 말씀이 일단 전파되자 많은 사람들의 의심이 더욱 깊어졌으니, 오늘날의 인심이 맑지 못함을 이에서 볼 수 있습니다.

헛소문을 막을 만한 계책이 없고 국사에 믿을 만한 형세도 없으니 지금의 이 문제를 해결하기 위한 계책으로는 먼저 큰 뜻을 세워 오로지 진정시키기에 힘쓰고, 모든 일은 기미를 살피고 반드시 삼가는 것이 제일입니다. 신이 어제 저녁에 세자궁에 입직하면서 앞으로 불시에 활쏘기를 거행할 것이라는 말을 우연히 들었습니다. 이는 격려하고 권장하려는 성상의 뜻에서 나온 것임을 참으로 알지만 신의 어리석은 생각에는 사람들이 의심하고 두려워하는 이때 한바탕 헛소문을 더 선동하는 것을 면치 못할까 염려됩니다. 삼가 원하건대 임금께서는 사려를 깊고 멀리 하시어 중일(37)에 활쏘기하는 이외에 불시에 거행하는 것을 속히 중지하시면 천만 다행이겠습니다.

신은 또 삼가 생각건대 정치의 도는 그 요점을 터득하는 것이 귀중하고, 관리의 임용은 어진이를 얻는 것이 귀중하며, 간쟁하는 말을 따르는 것은 물흐르듯 하는 것이 귀중합니다. 그러나 삼가 살피건대 전하께서 비록 정치의 도를 구하는 정성이 있지만 그 요점을 얻지 못하시고, 어진이를 임용한다는 명성은 있지만 그 실상은 미진하며, 간언을 따르시는 아름다움도 점차 처음과 같지 않습니다. 비록 일반적인 대간의 아룀이라도 궁궐에 관계되는 일이면 거절하고 따르지 않을 뿐만이 아니라 도리어 미안한 하교를 하시니, 어찌하여 '말을 들으면 반드시 과감하게 실행해야 한다'는 경계가 거론되도록 하십니까. 그리고 전하께서는 지난번 '인심을 위로하고 기쁘게 하여 재앙을 그치게 하는 방도로 삼겠다.'고 하셨는데, 세 신하에게만은 어찌하여 관대한 은전을 베풀지 않으십니까.

아, 지금은 바로 전하께서 즉위하신 원년입니다. 봄볕이 따스하여 만물이 생기를 발하는데, 그늘진 골짜기에는 아직도 즉위하신 은택을 아끼시니, 이것이 어찌 중외의 신민이 일찍이 임금께 바라던 바이겠습니까. 포상에 있어서도, 관작을 가지고 사사로운 은혜를 베풀어서는 안 되는데, 지난번의 정사에 김흥조 등을 특별히 서로西路

---

37) 중일 : 천간지지 중 자, 묘, 오,유의 날

의 수령에 제수하였습니다. 김흥조 등은 과연 어려움을 무릅쓰고 왕자를 호종한 특별한 공로가 있기는 합니다. 그러나 구분하여 서용하라는 명이 있고 나서 바로 특별히 제수하는 명을 계속하여 내리니, 이는 전하께서 관작을 가지고 사사로운 은혜를 갚는 것입니다. 보고 들은 모든 이들이 너나없이 놀라 탄식합니다. 청탁에 의해 사사로이 제수하는 일이 이로부터 점차 많아질까 염려하지 않을 수 없습니다.

전하께서 왕위를 이으신 이후로 비록 덕에 흠이 되는 일은 없었지만 법령에 있어서 공론을 거스름이 이러하니, 신은 한탄스러움을 금할 수 없습니다. 삼가 원하건대 임금께서는 종시토록 두려워하는 마음을 가지소서." 하니,

답하기를, "부족하고 잘못하는 점을 갖추 아뢰는 말이 매우 간절하고 바르니, 내 깊이 가상하게 여긴다. 상소의 말을 의당 깊이 생각하겠다." 하였다.

- 효종실록 1년 1월 8일 -

경기 양서지방 암행어사가 되어 부정한 관리를 적발함에 있어 당대에 이름을 떨쳤다. 또 상소를 올려 임금의 덕과 당시의 정사에 대하여 논변하였다.

"집안을 바로잡고 나라를 다스리는 것은 반드시 몸을 닦는 데서부터 시작되는 것이며, 개과천선하는 것은 반드시 간언을 받아들이는 데서 시작되는 것입니다." 하니, 비답하기를, "신하의 도리는 충성을 다하는 데에 있고 임금의 도리는 간언을 받아들이는 데에 있는 것이다. 그대가 이처럼 충성을 다하는데 내가 어찌 가만히 있을 수 있겠는가. 그대는 날마다 나의 좌우에 있으면서 더욱 힘써 나의 마음을 계도해 주기 바란다." 하였다. 또 승정원에 이르기를, "상소에 볼 만한 것이 많이 있으므로 내리지 않는다." 하였다.

- 국역국조인물고. 홍명하 -

1651년 효종 2년 8월 응교 겸 세자 시강원 보덕이 되어. 홍명하가 아뢰기를,

"상과 벌이 밝지 않고 사치의 풍조가 점차 일어나고 있으니, 비록 날마다 학문을 강독하시나 실천의 공이 안일한 사이에 하나같지 못하십니다. 이전 선조와 인조 두 성군께서는 일찍이 숙흥야매잠[38]을 그림으로 만들어 세숫대나 거울에 붙이는 것으로 대신하셨으니, 이는 전하께서 마땅히 본받아야 할 일입니다." 하니, 주상이 그 말을 훌륭하게 여겼다.

- 국역국조인물고, 홍명하 -

1652년에는 효종의 동생 인평대군이 휴가를 얻어 관동에 갔다가 함경도로 갔는데, 함경 감사가 전례를 어기고 인평대군을 영접한 잘못을 홍명하가 논핵하자, 주상이 아우를 잘 교육하지 못한 것으로 자책하였다. 홍명하는 임금이 알아주신 데 감격하여 일마다 생각한 바를 거리낌 없이 말하였다. 이듬해에는 인평대군이 연경에 사신으로 나갔는데, 그 일행이 물건 매매 행위로 국가에 욕을 끼치고 있었다. 홍명하가 사간원에 있다가 이를 간절하게 탄핵하였는데, 주상이 인평대군에 관련된 일이라 하여 매우 노하였고, 특별히 홍명하를 청나라 연경 부사로 차출시켰다. 이때 승정원에서 아뢰기를

"무릇 대간이 일을 논할 때 풍문으로 하는 것을 허락하고 혹 사실과 다르더라도 죄준 적이 없습니다. 홍명하 자신이 언론 승지에 있으므로 듣는 대로 일을 논하는 것은 그 직분일 뿐입니다. 특별 교지로 교체하신 분부만도 이미 미안하기 짝이 없는데 또 사신으로 차출하여 보내라는 명이 있으니, 신들은 언로를 크게 방해하여 임금님의 흠이 될까 염려됩니다. 또 수천 리의 사신길이 얼마 남지 않았으니 짐을 꾸려 준비하는 일을 어떻게 주선할 수 있겠습니까. 이것도 사신을 예우하는 도리에 어긋나니, 홍명하를 사신으로 차출하여 보내라는 명을 도로 거두소서." 하니, 답하기를, "근래 사신단에 난잡한 일이 많은 듯하여 꼿꼿한 사람을 얻어서 한 번 정돈하려는 것이다." 하였다.

- 효종실록 4년 윤 7월 3일 -

---

38) 숙흥야매잠 : 아침에 일찍 일어나고 밤에 늦게 자는 것에 대한 잠언

홍명하가 국경을 나가게 되자, 얼음과 옥같이 깨끗한 청렴을 스스로 가다듬어 비록 서책·향약이라도 일체 가까이하지 않았다.

한편 재난으로 도민들이 굶주리자 곡식을 수송하여 구휼하게 하였는데, 홍명하의 사위도 구휼 대상에 해당되었다. 홍명하는 그 이름을 지워버리고, "내 딸의 집이 어찌 굶어 죽을 지경에 이르렀겠는가." 하였다. 경연에서 어떤 신하가 주상에게 아뢰기를, "옛날에 녹을 먹는 가정은 백성과 이익을 다툴 수 없다 했는데, 오늘날 홍명하 만이 이 의리를 알고 있습니다." 하였다.

1657년 효종 8년 근로의 상賞으로 정헌대부에 승진되었다. 또 임금의 뜻에 따라 홍명하가 상소를 올려 인재 등용 계책을 아뢰다. 주상이 충직하다는 말로 장려하였다.

이조 판서 홍명하가 상소를 올리기를,
"국가에서 정치를 하는 요점은 오직 관직에 적임자를 고르는 데 달려 있습니다. 그런데 인재가 부족한 걱정이 지금보다 더한 때가 없어, 목사나 부사도 역시 적합한 사람이 없습니다. 이 때문에 부득이 일찍이 시종을 지낸 5품 이상의 관원 가운데 명망이 있는 자를 빠진 자리에 따라 임명했으나, 이것은 일상 내규가 아닙니다. 지난번 경시관을 차출하던 때에도 병조 낭관으로서 청현직에 쓸 만한 자를 추천하여 임명했는데, 사직을 한 뒤에 그를 대신할 사람을 찾았으나 역시 그 적임자가 없었으니, 밀가루도 없이 수제비를 만드는 격이라 하겠습니다. 온갖 생각을 해보아도 실로 좋은 계책이 없습니다. 그런데 지금 시종으로서 파직된 자가 무려 60여 명이나 되는데, 그 중에는 죄의 경중이나 시기의 오래되고 가까움에 따라 수시로 변통할 만한 사람이 없는 것은 아니니, 이것이 혹 한 가지 방법입니다. 다만 이것은 오직 성상께서 재량껏 처리하시기에 달렸습니다. 또 주·군에 적합한 인재를 특별히 선발하는 일은 자연 옛 법도가 있으니, 문관과 음관 가운데 재기가 있고 명성과 실적이 가장 뛰어난 자는 그 직급의 고하를 따지지 말고, 의정부로 하여금 별도로 선발하게 해서 인사를 할 때 등용해서 쓰는 터전을 삼으소서." 하니, 주상이 따랐다.
– 효종실록 8년 2월 3일 –

효종이 재위 10년 만에 41세의 젊은 나이로 승하하니, 그때 약방제조를 겸하고 있던 홍명하는 주상이 편치 않을 때 시약청을 설치하지 않은 것에 대해 탄핵을 당하여 관직을 삭탈당하였다.

대사헌 이응시 등이 원두표·홍명하 등을 처벌할 것을 아뢰다
"약방 도제조 원두표가 대행 대왕이 편찮으셨을 때 보호의 책임을 맡고 있는 몸으로서 유명한 의원을 널리 모집하여 침과 약을 함께 의논하지도 않았고, 또 시약청도 설치하지 않은 채 진찰하던 날 유후성이 하는 대로만 내버려두었습니다. 그리하여 병든 의원이 침을 들고 잘못 혈을 건드리게 하였으므로, 신민 모두가 분개를 느껴 죄를 원두표에게로 돌리지 않은 사람이 없습니다. 바라건대, 빨리 중도부처를 명하소서. 그리고 제조 홍명하와 부제조 조형은 그들 관직이 비록 두번째이고 임명받은 지도 얼마 안 되기는 하였지만 죄를 내리지 않을 수는 없는 일이오니 모두 삭탈관작하소서. 어의 유후성은 대행 대왕께서 처음 종기가 있을 때부터 작은 부스럼이라고만 하였고, 병세가 점점 중해가는데도 별달리 생각하는 바가 없이 다만 자기와 친숙하고 잘 따르는 부류 한두 명을 천거하여 입궐을 시켰으며, 또 병들어 손 떠는 의원을 시켜 억지로 침을 잡게 하였습니다. 어의 조징규는 유후성에게 아부하면서 그와 한패가 되어 병증을 논하고 약을 처방할 때 오직 그가 시키는 대로만 한 채, 군부의 병환은 생각지 않고 오직 유후성과 의견을 달리하는 점이 있을까 염려하였으니, 유후성이나 조징규나 그 죄가 같습니다. 그리고 신가귀는 자기 수전증이 중함은 생각지도 않고 결국 조심성 없이 침을 놓다가 혈의 경락을 잘못 건드렸습니다. 이 3인의 죄는 천지에 사무치고 사람들이 그들의 살을 먹고 싶어합니다. 왕법으로 보아 결코 한 시각도 용서할 수 없으니 서둘러 형률을 바로잡으시고, 그 나머지 입궐했던 모든 의원들도 멀리 귀양보내소서."
이때 사헌부 사간원이 합동으로, 어의 신가귀·유후성·조징규 등을 목벨 것과 원두표를 중도부처하고 홍명하·조형 등의 관작을 삭탈할 것을 연거푸 아뢰어 청하였고, 홍문관 역시 계속 상소를 올려 그렇게 할 것을 청하니, 주상이 이르기를,

"원두표는 공로가 큰 대신이니 그를 곧바로 유배하도록 청하는 것은 부당한 일이고, 신가귀 더러 침을 놓으라고 한 것도 사실은 특명으로 한 일이며, 또 유후성 등은 약을 쓴 사실이 없으니 그들을 싸잡아 삼적三賊이라고 일컬으며 꾸짖는다는 것은 옳지 못한 일이다. 신가귀는 작년에 종기를 제거한 공로가 있었다고 선왕께서 항상 말

씀하시어 지금도 그 말이 귀에 쟁쟁한데 차마 그에게 사형을 가할 수는 없다." 하였다.

열흘 동안이나 허락을 않다가 누차 아뢰자 비로소 윤허하면서 이르기를,

"신가귀의 공로는 잊을 수 없으나 죄가 일죄이기에 아뢴 대로 윤허하지만, 유후성과 조징규는 원래 죽여야 할 만한 죄가 없으니 죽음을 용서하여 유배토록 하고, 나머지 의원들은 해당 관청에서 조율하게 하라." 하고, 제조들의 문제도 허락하지 않았다.

- 현종실록 즉위년 5월 9일 -

현종이 즉위하여 특별히 홍명하를 다시 기용하여 원접사로 삼았다.

청나라에서 조제사와 책봉사가 나왔는데 원접사로 뽑아 보낼 만한 이가 없었다. 홍명하가 효종때 약방 제조로서 병간호를 신중히 하지 않았다 하여 관작을 삭탈당한 상태였는데, 비변사가 홍명하를 다시 기용하여 원접사로 보낼 것을 청하니, 주상이 따른 것이다.

- 현종실록 즉위년 10월 1일 -

1660년 현종 1년 대사헌을 거쳐 이조판서가 되었다. 홍명하가 입궐하여 아뢰기를, "선왕께서 항상 이르기를 '나는 과거 외지에 있었으므로 자못 백성의 일이 어려운 줄을 알지만 세자는 깊은 궁궐 속에서 생장하였으니, 어찌 그런 것을 잘 알겠는가.' 하였습니다. 현재와 같이 기근이 거듭되는 때에는 주상께서 마땅히 이 백성들을 염려하셔야 합니다." 하니, 주상이 경청하였다.

일찍이 내수사의 일로 강력히 간쟁하니 주상이 노하므로 조용히 진술하여 아뢰고, 이어 모든 궁궐에서 분수에 지나치는 일을 하는 데 대해 언급하니 주상이 뉘우쳐 깨닫고 온화한 유지를 내렸다. 윤선도가 어떤 일로 인하여 사화를 일으키고자 꾀하니 주상이 특명으로 관직을 삭탈시

켰다. 이에 홍명하가 당파들이 서로 음모를 계속하여 바른 사람들을 해치는 흉계를 꾸밀까 염려해서 음양이 소멸하고 생장하는 도를 논하고, 상소를 올려 변괴는 헛되이 생기는 것이 아님을 말하였다.

이조 판서 홍명하가 상소하였는데, 그 대략에,

"천심이 좋지 않아서인지 재난과 이변이 거듭 닥치고 올해는 흉년도 작년보다 더 심할 모양입니다. 옛말에 이르기를, '재난이 무단히 생기는 게 아니고 재앙도 사람 하기에 따라 일어난다.' 하였거니와, 오늘날은 군신 상하가 무슨 잘못이 있기에 이렇게까지 하늘로부터 죄를 받는 것입니까? 지난날 성상께서 비록 중도를 벗어난 일이 있었지만 금방 뉘우치고 깨달아 승정원의 신하들에 대해 끝까지 교체를 허락하지 않았고 간관들에게도 특별한 우대를 보여, 성상이 허물을 고치자 사람들 모두가 우러러보았던 것입니다. 그러나 천둥벼락 아래에서는 꺾이지 않을 것이 적은 법이어서, 오늘날의 언로가 지금으로부터 삭막해지는 것이 아닐까 저으기 염려됩니다.

또 전일에 대신의 상소를 곧바로 해당 조정에 내렸는데, 이는 전에 없던 일로서 대신을 존경하는 도리가 아니며 출납을 맡은 신하 또한 즉시 되짚어 여쭙지 못했으니, 그것만 보아도 뭇 신하들이 감히 말을 못하는 조짐을 알 수 있는 것입니다. 대사헌 송준길의 상소도 올려진 지 여러날 만에야 성상께서 비로소 비답을 내렸고, 우찬성 송시열의 상소에 대해서도 역시 오래도록 비답을 내리지 않았습니다. 그리고 송준길이 말한 땔나무 시장 문제도 따를 뜻만 있었지 실지 채택을 하지 않았으며, 사간원이 논했던 약방 제조 입궐 문제도 허락만 하고서 시행하지 않아, 옛 사람이 말했던 '말을 듣는 것이 어려운 게 아니고 말대로 하는 것이 어려운 일이다.'라는 경계에 불행히도 가깝게 되었습니다.

지금 현재 기강이 탄탄하지 못하고 일백가지 법도가 모두 해이한데, 신이 그 중의 한두 가지를 들어보겠습니다. 호적법은 백성의 수를 파악하기 위한 것으로서 국가가 예전과는 판이하게 강조를 하고 있는 일임에도, 지금 들어보면 수령들이 민원이 두려워서 옛날에 하던대로 질질 끌고 있다고 하고, 과거자의 명단 대조를 전부 다시 하라고 한 것도 우연히 시킨 것이 아닌데, 지금 듣기에 강의관이라는 자들이 그것을 보통으로 보아, 심지어는 공식문서인 과거자 명부를 아랫것들이 몰래 팔아먹는 자료가 되고 있으며, 과거장에 함부로 들어오는 것을 엄금하는 목적은 선비들의 습관을 바로잡고 시험 장소를 엄숙하게 하기 위함인데, 과거자로서 금령을 범하는 자가 꽤 많다는 것입니다. 이상 몇 가지 일만 보더라도 조정 명령이 행해지지 않고 있음을 알 만하지 않습니까?"

하니, 주상이 좋은 뜻으로 답하고, 또 이르기를,

"땔나무 시장 건에 대하여는 대사헌 상소로 하여 이미 윤허가 된 것인데 어찌 허락만 하고 시행을 않을 이치가 있겠는가? 그것은 각 담당 관아가 거행을 않고 있는 것이지 내가 허락치 않은 것이 아니다."

하니, 좌부승지 윤집이, 대신의 상소가 해당 조정에 내려졌을 때 되짚어 아뢰지 못했기 때문에, 송준길 상소에 대한 비답이 내려간 후까지 시장 혁파 건에 관하여 즉시 분부를 못했다는 이유로 대죄하고 상소를 올렸는데, 주상이 대죄하지 말라고 답하였다.

– 현종실록 1년 7월 25일 –

1660년 현종 1년 8월 수어사를 겸하였다. 9월에는 상소를 올려 부역을 가볍게 하고 부세를 가볍게 해서 굶주린 백성들을 소생하게 할 것을 주청하고 병으로 사직을 청하니 비답하기를, "경은 덕망과 국량이 있으니 믿을 사람은 경이 아니면 누구겠는가."하였다. 하루는 인사행정에 나갔는데 9월에 주상이 병조판서로 전임시켰으니, 이는 그 적임자를 찾기 어렵게 여겼기 때문이었다.

주상이 송나라 역사를 강론하다가 이르기를, "송나라 이종 황제가 학문을 이처럼 좋아했는데 유종의 미가 없었던 것은 무엇 때문인가?"하므로, 대답하기를, "처음에는 부지런했으나 나중에는 게을렀으므로 마침내 성취가 있지 못했습니다."하고, 또 아뢰기를, "어진 사람과 간사한 사람은 분변하기가 어렵습니다. 그러나 임금의 학문이 밝아지면 거울같이 밝고 저울대같이 평등하므로 모든 사물이 제 실정을 숨길 길이 없게 되는 것입니다." 하였다.

1661년 현종 2년 12월 5일에는 이조판서에 있으면서 판의금부사를 겸하였는데 홍명하를 무함하는 글이 올라왔다.

> 홍명하는 조정에 선 이래로 오로지 패거리를 비호하는 것만을 일삼았다. 그리고 그 사람됨이 권모술수가 많은 데다가 남을 이기기 좋아하는 병통이 있었다. 그리하여 크고 작은 일을 막론하고 스스로 주도하기를 좋아하며 기필코 자기의 뜻을 관철시켰는 데, 조금이라도 마음에 거슬리는 점이 있으면 대뜸 매도하고 모욕을 가하였으므로 식자들이 병통으로 여겼다.

조경이 상소하여 윤선도를 구원하려 하였는데 그 말뜻이 매우 깊었으므로, 홍명하가 사특한 자를 물리치고 어진 이를 친히 하는 방도를 아뢰었다.

정월에 대신이 인사평가에 의해 전임되거나 퇴출되었는데 홍명하가 우선 교체되기를 청하니 민정중이 불가하다 하였고, 이익이 유언비어의 근거를 캐어 홍명하의 마음을 편안케 하자고 청하였던바, 이윽고 간관의 말로 인하여 사실이 드러나게 되었다. 이에 주상이 홍명하를 무함한 사람을 즉시 귀양보내라고 명하였다. 그러나 홍명하는 스스로 편안하지 못하여 열 번이나 상소하여 사면해 주기를 빌었다. 그럴 적마다 주상이 간절하고 정성스러운 좋은 말씀을 내리고 국정을 당부하므로 홍명하가 부득이 잠시 나갔다가 명을 받들어 도로 들어왔었다. 교체된 뒤에 주상이 홍명하를 보고 싶은 생각이 들어 특명으로 불렀으나, 홍명하가 사양하고 나가지 않고는 상소를 올려 재앙을 그치게 하는 방법을 진술하였다.

1663년 현종 4년 7월 이조판서직에서 여러 번 사퇴로 인하여 예조로 옮겨져서는 사치 풍조를 논변하고, 금지 조항을 자세히 밝히기를 주청하였고, 또 영남의 기근 구제의 정사에 대해 조목을 들어 아뢰었다. 10월

28일 우의정에 승진 제수되자 드디어 나라의 일을 자임하여, 제일 먼저 모든 궁궐과 지방호족들이 멋대로 점유하고 침해하여 백성을 못살게 구는 행위를 금지시켰다. 또 무거운 과세를 없애고 유신儒臣들과 자주 접촉하기를 주청하였다. 또 매양 임금의 뜻을 분발하고 나라의 법도를 진작시키기를 진언하였다. 또 조정의 의논이 둘로 갈라져 서로 공경하고 합심해 갈 수 없음으로써 교화가 손상되고 풍속이 퇴폐된 것을 깊이 걱정하여 밤낮으로 게으름 없이 일에 따라 살피고 헤아렸다.

1664년 현종 5년 좌의정에 올라서는 군포(세금)를 줄일 것과 제도에 벗어난 공주의 저택을 철거하기를 청하였다.

앞서 표류된 배가 제주도에 도착한 적이 있었는데, 명나라 관원의 의관을 고치지 않았고, 또 명나라 연호의 역서를 가지고 있었다. 홍명하가 말하기를, "의리상 청나라에 압송하는 것은 옳지 않으니, 바라건대 우리들의 방식대로 처리해야 합니다." 하였으나, 조정의 의논은 이 사실이 청나라에 누설될까 두려워서 그 말을 따르지 않으므로 홍명하가 슬프게 여겼다.

이 해에 팔도에 큰 흉년이 들자, 홍명하가 조세와 신역을 아울러 경감하되 경기 지방은 죄다 면제해 주기를 청하기도 하였다. 1667년 현종 8년 윤 4월에 영의정에 오르니 38세에 첫 벼슬을 시작한 것에 비하면 매우 빠른 승진이었다. 올곧은 성품과 청렴함, 공정한 법집행, 옳은 일에 대하여는 왕실의 일이라도 직언을 하는 성품이 효종과 현종에게 잘 맞았고 이러한 점이 홍명하를 영의정까지 승진시켰다. 영의정 생활도 잠시 그의 건강은 60의 나이에 그를 승천시켰다.

어린아이를 군역에 부과시키는 대책을 논의하다

1666년 현종 7년 11월 4일 겸 세자부가 되어 어린 아이의 군역 충정에 역을 부과시키는데 대한 대책 등을 논의하다.

주상이 희정당에 나아가 만났는데, 검토관 김석주가 진강하였다. 주상이 이르기를, "글을 볼 때에 상당히 신경을 썼더니 눈병이 다시 재발할 조짐이 보인다. 그래서 글을 읽기가 어려울 듯하니 단지 글뜻만 강론하도록 하라."

하였다. 좌상 홍명하가 아뢰기를, "10세 미만의 어린아이를 조사해 내어 그들의 부역을 일체 감면해 주어야 할 것입니다."

하고, 또 아뢰기를, "조정에서 어린아이를 정규군으로 하는 것을 금지했는데, 각도의 수령은 금지령을 무시한 채 젖먹이 아이까지도 모두 찾아내니 매우 놀라운 일입니다. 마땅히 그 법을 거듭 밝혀서 지금부터 만일 어린아이로 정규군하는 자가 있으면 그 죄를 용서해 주지 않는 것이 어떻겠습니까?"

하니, 주상이 이르기를, "아뢴 대로 하라. 이 다음에 어사를 보내 탐문하여 만일 연령이 차지 않은 자로써 함부로 정규군으로 한 자가 있을 경우 마땅히 무거운 율로 다스릴 것이니 이 뜻을 먼저 알리도록 하라." 하였다.

– 현종실록 7년 11월 4일 –

처가살이한 홍명하와 이를 구박한 처남의 말로

영의정이 된 홍명하가 과거에 급제하지 못하고 있을 때에는 집안이 매우 가난했다. 이때 동양위東陽尉 신익성申翊聖은 홍명하가 반드시 귀하게 될 것을 알고, 맏딸을 그에게 시집 보냈다.

홍명하는 처가살이를 하면서 나이 마흔 살이 되도록 평민의 옷을 입고 다녀 보는 사람들이 모두 비웃었다. 그렇지만 재상이던 상촌 신흠申欽만은 아들 동양위와 더불어 그를 극진하게 대했다.

그런데 동양위의 아들 신면申冕은 일찍이 귀한 집에서 태어나 교만하기 짝이 없어, 홍명하를 불편하게 대하고 멸시했다. 하루는 식사 심부름을 하는 노비가 신면의 수저를 홍명하의 밥상에 바꾸어 놓자, 신면은 크게 화를 내면서 노비에게 매질을 했다. 그런데 홍명하는 아무런 기색도 보이지 않았는데, 사람들이 모두 그의 넓은 도량에 감복해 했다. 동양위의 병이 위독하여 세상을 떠나려 할 때 내· 외친의 친족들이 병상에 모이게 되자, 동양위는 홍명하의 손을 잡고 이르기를, "내 아들 면을 그대에게 부탁하노니, 후에 이 늙은이의 말을 꼭 잊지 말기 바라네." 하였다. 홍명하가 이에 대답을 하지 않자, 동양위는 눈물을 흘리며 말하기를, "지금 그대의 대답이 없으니, 우리 집안은 이미 끝났구나."하는 말을 남기고 숨을 거두었다. 신면은 이 말을 듣고 분개하고 노여움을 이기지 못하여, 이로부터는 더욱 홍명하를 미워했다.

인조 조에 이르러 홍명하가 영의정이 되었는데, 당시 인망이 아주 높고 임금의 신임도 두터웠다. 그런데 신면은 역신 김자점과 더불어 우리나라의 비밀스러운 일들을 청나라에 몰래 고해 바쳤다. 이로 김자점이 처형되자, 신면도 장차 화를 예측할 수가 없었다. 많은 대신들이 임금에게 글을 올려 신면도 처형하도록 청하였다. 홍명하가 새벽에 일어나 대궐로 들어가려 하자, 그의 부인이 맨발로 중문 밖까지 따라 나와 가마를 부여잡고 울면서 말하기를, "당신께서는 돌아가신 아버님께서 임종 시에 부탁하신 말을 틀림없이 잊지 않으셨겠지요" 했다. 그러자 홍명하는 부채로 얼굴을 가리고 아무 대답도 하지 않은 채 시종을 시켜 부인을 내당으로 들게 하고선, 가마꾼들을 서두르게 하여 대궐로 향했다.

인조 임금께서 묻기를, "신면의 이 같은 죄는 역적질을 범한 것인데, 그것을 어떻게 처리하는 게 좋겠는가?" 하니 홍명하는 아뢰기를, "그 죄상은 크게 무거우나, 그는 선대왕의 자손이요 공주의 아들이온데, 어찌 몸과 머리를 다른 곳에 둘 수 있으오리까?" 하니, 임금이 말하기를, "경의 말이 옳소" 하고, 매를 쳐서 죽게 하였다. 이는 곧 홍명하가 동양위의 임종 시의 부탁을 저버리지 않은 까닭이었다.

– 금계필담–

홍명하의 졸기

홍명하가 세상을 떠날 때에도 조정은 당쟁이 한창일 때였다. 그래서 현종실록이 두 개로 나누어져 전하고 있고 졸기도 두 개가 기록되어 있다. 당파간의 의견에 따라 역사평가가 달랐던 조선시대의 역사는 현시대의 거울임에도 여전히 똑 같은 전철을 밟고 있는 것이다.

1667년[60세] 현종 8년 12월 27일 영의정 홍명하의 졸기 〈현종실록〉

영의정 홍명하가 졸하였다. 홍명하는 고 판서 홍성민의 손자이다. 과거에 급제한 뒤 20여 년 동안에 수상의 자리에까지 올랐는데, 사업은 말할 만한 것이 없었으며, 또한 건의한 것도 볼 만한 것이 없었다. 그러면서 단지 연소배들과 교유하면서 그들의 의논을 조종하였으며, 송시열과 송준길을 높이 떠받들어 자기와 의견을 달리하는 자를 배척하였으니, 사람됨을 알 만하다. 다만 청백하다는 것으로 칭송 받았다.

1667년[60세] 현종 8년 12월 27일 영의정 홍명하의 졸기 〈현종개수실록〉

영의정 홍명하가 졸하였다. 홍명하는 자字가 대이大而이고 판서를 지낸 홍성민의 손자이다. 늦게 과거에 급제하여 효종을 만났는데 돌보아 줌이 몹시 융성하였다. 육부의 판서를 역임하고 수어守禦의 임무를 겸해서 맡았으며 마침내 영의정 자리에 올랐다. 비록 무슨 일을 담당해서 알선하는 재주는 없었으나 부지런히 받들어 모셨으며, 평생 선비들을 도와서 진출하게 하는 것으로 마음을 삼았다. 집이 본디 청빈해서 지위가 공경에 이르렀으나 집이 낮고 비좁았으며 생활이 가난한 선비와 같았다. 그러나 학술이 모자라 몸가짐을 진중히 하지 못하였으므로 식자들이 병통으로 여기었다.

홍명하는 성리학에 조예가 깊었으며, 특히 효종의 신임이 두터워 효종을 도와 북벌계획을 적극 추진하였고, 박세채·윤증 등 명신들을 조정에 천거하였다. 글씨에도 뛰어났다. 순조 때 여주의 기천서원에 배향되었으며, 저서로는 기천집이 있다. 시호는 문간文簡이다.

1668년 7월 전 영의정 홍명하에게 녹봉을 3년 동안 내려주라 하다.

도승지 이은상이 아뢰기를, "고 상신 홍명하는 일생을 청렴하고 가난하게 살았기 때문에 죽은 지 얼마 되지 않았는데도 가난하여 제사를 지낼 수 없습니다."
하니, 주상이 제사지내는 데에 쓸 물품을 내려주라고 명하고, 또 녹봉을 내려주어 3년 동안 거두지 말라고 명하였다.

1703년 숙종 29년 3월 홍명하 아내가 가난하여, 음식물을 지급하도록 명하였다.

고 상신 홍명하·이후원·박세채의 아내가 가난하여 스스로 보존하지 못하므로, 음식물을 지급하도록 명하였다.

1703년 숙종 29년 12월 홍명하·민정중·박세채·조경창의 아내들에게 월름을 주도록 하다.

고 상신 홍명하·민정중·박세채의 아내와 중전의 외조모인 고 현령 조경창의 아내에게 월름을 주도록 명하였으니, 대신과 연신의 말을 따른 것이다.

1704년 숙종 30년 4월 청백리 자손의 우대 등에 대한 지평 유태명의 상소

고 상신 홍명하, 감사 이단석, 정홍무는 얼음 같은 맑은 절개로 온 세상에서 칭송 받았는데, 그의 처자와 후손들은 굶주리고 곤핍함에도 국가에서는 특별히 우대 하여 구휼함이 없으니, 옛날에 이른바 '청렴한 관리를 어찌되고자 하겠느냐?'라는 것은 곧 이를 두고 말한 것입니다. 3신은 특히 근세의 사람들이지마는, 옛날부터 의 청백리 자손으로 유락하여 궁액에 빠진 자가 알지 못하나, 또한 그 얼마나 있 겠습니까?

[승진과정]

1623년[17세] 인조 1년에 부친상, 3년간 여묘살이
1630년[24세] 인조 8년에 생원시 합격, 음보로 익위사 관원이 되었으나 출사하지 않았다.
1637년[31세] 인조 15년, 모친상
1644년[38세] 인조 22년 별시 문과 을과 급제. 한림에 제수하고 옥당에 천거
1645년[39세] 인조 23년 1월 검열, 5월 규장각 대교
1646년[40세] 인조 24년 3월 봉교, 5월 정언, 7월 정언, 9월 부교리, 10월 헌납, 11월 화순현감
1648년[42세] 인조 26년 6월 부수찬, 9월 헌납, 9월 세손강서원 익선 겸 찬독, 10월 교리, 11월 교리, 12월 헌납
1649년[43세] 인조 27년 2월 지평, 3월 부교리, 4월 부교리, 4월 헌납, 4월 수찬. 인조 승하
1649년[43세] 효종즉위년 5월 낭청, 6월 이조좌랑, 11월 암행어사
1650년[44세] 효종 1년 5월 교리, 5월 이조정랑, 8월 경기 양서지방 암행어사, 윤 11 월 부교리, 윤 11월 이조정랑, 12월 검상.
1651년[45세] 효종 2년 8월 응교, 9월 겸 보덕. 12월 통정대부
1652년[46세] 효종 3년 7월 대사간, 7월 승지.
1653년[47세] 효종 4년 3월 한성우윤, 형조 참판, 3월 대사간, 6월 동지춘추, 7월 대사 간, 윤 7월 청나라 사은부사, 11월 출국인사.
1654년[48세] 효종 5년 3월 귀국보고, 3월 대사간. 4월 부제학, 6월 이조 참판, 10월 동지경연.
1655년[49세] 효종 6년 병조참판, 6월 대사헌, 11월 도승지.
1656년[50세] 효종 7년 1월 대사성, 2월 형조판서, 2월 호조판서 겸 지경연, 10월 이 조판서
1657년[51세] 효종 8년 근로의 상賞으로 정헌대부에 승진, 10월 지경연
1658년[52세] 효종 9년 1월 우참찬, 2월 예조판서, 8월 진휼청 제조, 10월 대사헌, 10월 예조판서
1659년[53세] 효종 10년 윤 3월 대사헌, 윤 3월 예조판서, 윤 3월 병조판서. 내의원 제 조 겸직
1659년[53세] 5월 4일 효종 서거. 약방제조를 겸하고 있던 홍명하는 주상이 편치 않을 때 시약청을 설치하지 않은 것에 대하여 논핵당하여 삭탈관직
1659년[53세] 현종즉위년 10월 원접사 11월 예조판서, 11월 겸 지경연, 12월 승문제조.
1660년[54세] 현종 1년 1월 대사헌, 1월 22일 이조판서, 8월 겸 수어사 9월 병조판서

1661년[55세] 현종 2년 8월 판의금, 9월 숭록대부
1662년[56세] 현종 3년 4월 좌참찬, 4월 이조판서, 6월 판의금
1663년[56세] 현종 4년 7월 예조판서, 10월 우의정, 12월 겸 내의원 도제조
1664년[57세] 현종 5년 2월 13일 청나라 사은 겸 진주사, 6월 13일 귀국보고, 8월 훈
              련도감 도제조. 9월 좌의정
1666년[59세] 현종 7년 11월 겸 세자부, 11월에 뇌성벽력이 있자, 사직처리해 주기를
              빌었다.
1667년[60세] 현종 8년 2월 3월 판중추 부사, 윤 4월 27일 영의정
1667년[60세] 현종 8년 12월 27일 영의정 홍명하가 죽다.

97. 허적許積

남인의 영수, 서자로 인해 멸문 당하다

생몰년도 1610년(광해군 2)~1680년(숙종 6) [71세]
영의정 재직기간 1차 (1671.5.13~1672.5.5.)
　　　　　　　2차 (1673.7.26~1674.3.21)
　　　　　　　3차 (1674.7.26~1679.7.11.)
　　　　　　　4차 (1679.10.6~1680.4.2) (총 6년 10개월)

본관	양천陽川
자	여차汝車
호	묵재默齋, 휴옹休翁
시호	숙헌肅憲
출생	충청도 진천군 광혜원면 금곡리
당파	남인
죽음	사사후 멸문당하다
묘소	충주시 소태면 오량리
기타	정구, 장현광, 이민구의 문인

증조부	허초許礎	– 생원
조부	허잠許潛	– 동지중추부사, 정민공
부	허한許僩	– 부사, 향오공
모	안동 김씨	
전처	광주이씨	
후처	여흥민씨	
서자	허견許堅	– 역모죄로 처형
서자	허후許厚	– 유배

남인의 영수로 서인과 원만한 인간관계를 맺다

허적의 자는 여차汝車이고, 호는 묵재默齋로 본관은 양천이다. 허초의 증손으로, 조부는 동지중추부사를 지낸 허잠이고, 아버지는 부사를 역임한 허한이며, 어머니는 김제의 딸이다.

허적은 어려서부터 기억력이 뛰어났으며, 한번 본 것은 모두 기억하는 비상한 기억력을 가졌다. 문장의 표현력도 뛰어나 글을 쓰면서 사람들을 놀라게 하였으며, 문예가 날로 발전하여 사람들이 이를 기특하게 여겼다. 식견이 넓고 총명한 재질로서 충성을 다하였으며, 재상이 되어 자기에게 내리는 왕의 은혜는 친구들에게 돌리고 녹봉으로 친구들을 구제하기도 하였다. 남인이면서도 서인의 송시열, 김수항 등과도 가까이 지냈다.

1633년 인조 11년 사마시에 합격하고, 1637년 정시 문과에 병과로 급제하였다. 초기 관직으로 승문원 정자, 검열과 부수찬을 지냈는데 젊었을 때부터 강직한 신하로 조정의 주목을 받았다. 30세 때 사헌부에 있었는데 이조판서 이경석과 병조판서 이시백의 인사 부정을 과감히 탄핵하여 문무의 인사행정을 어지럽힌다며 사형에 처할 것을 주청하여 백관들을 놀라게 했다. 30세밖에 되지 않은 젊은 나이로 최고의 인사권을 가진 이조판서와 병조판서를 탄핵하여 사형을 청했으니 보통 배포가 아니고는 누구나 하기 어려운 일이었다.

이후 대신들을 규탄하여 기피의 대상이 되었으나 1640년 인조 18년 허적의 행정 실무 능력을 인정했던 평안도 관찰사 정태화의 추천으로 평안도 도사로 발탁되었다. 1645년 승정원 동부승지가 되었다가 같은 해

겨울 경상도 관찰사로 부임하였다. 경상감사 재임 중 1647년 일본의 사신 다이라를 접대하였다가 탄핵을 받고 파직되었다. 1648년 전라도 관찰사로 다시 기용되었다. 허적이 전라감사로 있을 때 인조의 후궁 조씨가 궁궐의 노비를 보내 감영으로 찾아와 이권을 청탁하며 허세를 부리니, 허적은 궁궐 노비를 그 자리에서 처형하여 조정을 놀라게 했다. 이때 후궁 조씨는 소문이 날까 두려워 사건을 덮어 버렸다 한다.

정치적 동지이자 라이벌이었던 미수 허목과는 같은 남인이자 12촌 종형제간이었으나 사이가 좋지 않았다. 허적은 남인 온건파의 영수였고, 허목은 남인 강경파의 영수였다. 허균, 허난설헌과도 친족관계이기도 했다.

1649년 효종이 즉위하자 평안도 관찰사에 임명되었다. 평안도 관찰사 재직 당시 조세를 탕감하고 진상공물의 면제를 받아 칭송이 자자하였으며, 의주성을 보수하고 변방을 약탈한 여진인들을 엄단하여 청나라로 되돌려보내 변방의 약탈이 다시 없게 하였다.

1650년 효종 1년 병조참판이 되었다. 서인 영의정 김자점이 효종의 북벌 계획을 청나라에 밀고한 것이 밝혀지자 상소를 올려 김자점을 역적이라 규탄하였다.

1655년 효종 6년 초 호조판서가 되었다. 그해 여름 흉년과 재앙이 일어나자 기우제를 지낼 것을 청하는 상소를 올려 성사시켰으며 호조판서로 있을 때, 소현세자비 민회빈 강씨의 신원을 청했다가 효종에 의해 장살된 김홍욱의 신원과 복권을 청하고, 김홍욱의 후손들에게 가해진 연좌제와 불이익을 거두어줄 것을 청하여 사림의 인망을 얻었다.

1658년 의정부 우참찬을 거쳐 그해 여름 청나라에 사신이 파견될 때 동지사에 임명되어 북경에 다녀왔다. 1659년 효종이 사망하자 1차 예송논쟁이 일어나 자의대비의 상복입는 기간문제를 두고 남인으로서 3년설을 주장하였다. 예송 논쟁 당시 남인의 영수로서 효종이 왕통을 계승과 함께 적통도 계승했다는 견해를 주장하였다. 결국 기년설이 채택되어 서인에게 패하였다.

이번에는 효종비 인선대비가 사망하자 2차 예송논쟁이 벌어져 남인의 기년설이 채택되자, 집권하여 송시열의 처형문제를 두고 정면으로 대립하였다. 처형을 주장하는 강경파 허목과 윤휴는 청남파로, 유배를 주장한 온건파 허적은 탁남파로 분류되었다. 논쟁의 과정에서 남인 온건파 의견이 채택되어 탁남이 집권하게 된다. 예송 논쟁은 학문적인 논쟁이고, 이를 빌미로 상대당 영수를 죽이는 것은 지나치다는 것이었다. 그러나 남인 일부에서는 허적의 외척인 이광정, 민광훈, 민유중, 김집 등이 서인이라는 점 때문에 그 주장의 진정성을 의심하였다.

1664년 현종 5년 우의정에 발탁되어 사은사 겸 진주사로 다시 청나라에 다녀왔으며, 귀국 후 영의정이 되었으나 사퇴했다. 1668년 현종 9년 좌의정이 되었고, 1671년 다시 영의정에 올랐으나, 1672년 송시열의 비판을 받아 사퇴하고 영중추 부사로 전임되었다. 그는 곧 영중추부사직을 사퇴하고 고향인 충주로 낙향하였다.

1678년에는 재정의 고갈을 막기 위하여 주화 상평통보를 만들어 보급하여 경제생활을 편리하게 하였다. 또한 김육의 대동법의 확대실시에 동조하여 실용적인 태도를 취하기도 하였다. 식견이 넓고 총명한 자질로서 선왕으로부터 후왕을 부탁하는 명을 받고 충성을 다하였으며, 영의정이 되어서는 더욱 겸손하여 자기에게 내리는 은전은 동료들에게 돌리고 녹봉으로 가난하고 어렵게 사는 사람들을 구제하였다. 나이 70이 되어 숙종에게 궤장을 하사받고 기로소에 들어갔다. 그해 숙종에게서 조부 허잠의 시호諡號를 받게 된 것을 축하하는 축하연을 벌이는 과정에서 궁중의 천막을 임금의 허락없이 사용한 사건과 서자 아들 허견의 역모 사건이 드러나 하루아침에 관직이 삭탈되고 남인 정권마저 와해되고 말았다.

서자 허견의 역모사건도 후일 남인을 견제하기 위한 서인들의 모략으로 정치보복을 받은 것으로 밝혀졌다. 허적은 사사되었고 1689년 기사환국으로 신원회복되었다가 갑술환국으로 다시 삭탈당하는 등 몇 번의 관작삭탈과 복작이 되풀이 되다가 정조 때에 와서야 완전한 신원 회복이 이루어졌다. 그러나 그의 가산은 이미 몰수당하였고, 식구들도 뿔뿔이 흩어졌으며 형제들도 유배를 당하여 집안은 몰락하였으니, 그의 말년의 운세는 참으로 안타까운 노릇이었다.

모나지 않은 성격으로 서인과도 가까이 지냈으나 당파간의 끝없는 권력싸움으로 정권을 잡기 위한 권모술수와 협잡 모략은 그를 파산에 이르게 했고, 이러한 당파싸움은 오늘날까지도 한치의 개선된 점도 없이 이어져 내려오고 있다. 과학기술은 무한히 발전하여 나아가고 있지만 인간의 욕망은 겉으로는 백성을 위한다는 명목을 내세우면서도 속으로는 무상한 권력을 영구히 움켜잡기 위해 술수와 모략만이 무한히 발전하고 있다.

허적은 식견이 넓고 총명 강직하여 그를 신임했던 현종이 34세로 임종할 때, 14세 나이로 등극하는 새 임금을 잘 보살펴 달라는 부탁을 했었기에, 숙종에게 충성을 다하다가 임금의 천막을 사용한 작은 허물과, 서자 아들의 방종함과, 서인들의 무고가 보태어져, 패가 망신하고 말았다.

남인의 중진으로 온건파의 지도자였으며 서인들과도 가까워 그를 도와
주려는 서인들도 많았으나 관작 복위시에 오히려 남인들에게서 반발을
사기도 했다. 영의정을 네번 역임하였으나 왕조실록에 졸기조차 실려있지
않는다.

– 한국민족문화 대백과 –

붕당을 가장 잘 활용하고도 붕당을 염려한 숙종

1675년 숙종 1년 8월 대신과 중신을 배척한 것과 관련하여 탁남·청남
이 갈라져 다투었다. 9월 24일 주상이 탁남·청남으로 갈리어 다투는 것
을 염려하여 하교하였다.

임금이 하교하기를, "아! 내가 왕위에 오른 이래로 협력하는 화평한 기운이 있음을
듣지 못하였으니, 내가 몹시 이를 상심한다. 내가 두 어진이와 편안함과 근심을 같이
하는데, 전일 궁중에서 드러나게 불신하는 마음이 있으니, 진실로 놀랄 만하다. 서경
에 이르기를, '끝까지 처음과 같이 삼가라.'고 하였으니, 아름답다, 이 말이여. 승정
원에서는 잘 알아서 항상 이를 생각하고 여기에 마음을 두도록 하라." 하였다.

권대운과 윤휴는 화합하지 못하여 매양 경연에 들어가면 논의를 서로 빼앗아 싸움
판이 되었는데, 윤휴는 꾸짖음을 당하기까지 했으나, 부끄러움을 참고 침착하였다.
이수경 사건 후부터 시기하여 사이가 좋지 않음이 날로 깊어갔는데, 허적도 윤휴가
자기를 핍박하는 것을 미워하여 통렬하게 제재를 가하였으나, 윤휴가 패하여 남인의
세력이 외로워질 것을 염려하여, 윤휴를 보존하여 서인을 막는 소용으로 삼으려고
하였다. 권대운 등이 윤휴를 공격하여 그 당파 십수인을 아울러 없애려고 하였는데,
허적이 잠시 그치게 하였다. 전익구가 자신의 의견을 적어 올리자, 승지 이옥 등이
윤휴를 편들어 이를 숨기고 승정원 기록보에 내지 아니하였으므로, 허적 등이 이를
알지 못하고, 임금이 비망기를 내린 것에 놀라고 의심하면서도 그 이유를 알지 못하
였는데, 후에 전익구의 상소로 인한 것임을 알고는 몹시 미워하였다. 임금은 서인이

남인과 서로 화합치 아니함을 미워하였으나 얼마 안되어 조정이 화합한다고 생각하였는데, 이때에 이르러 그 불화를 깨닫게 되니, 허적이 두려워하여 서로 알력하는 일을 덮으려고 윤휴에게 요구하여 같이 들어가서 임금을 달래려고 하였다.

- 숙종실록 1년 9월 24일 -

1680년[71세] 숙종 6년 1월 9일 새해를 맞아 조정의 분열과 붕당을 없애도록 당부하다.

대신과 비변사 당상관을 불러 만났다. 영의정 허적과 좌의정 민희가 격물 치지·성의 정심의 공부와 마음을 깨끗이 하고 욕심을 적게 가지는 등의 말로 아뢰니, 임금이 말하기를,

"경들이 아뢰는 말에 조심하는 마음을 가지지 않을 수 있겠는가? 경들도 또한 나의 뜻을 본받아서 사적인 것을 없애버리고 공정한 도를 널리 베푸는 것이 좋겠다." 하였다.

호조 판서 오정위가 서울의 백성을 구호하는 물자로 통영에 있는 벼 6천 석을 병선을 사용해서 운반하여 오기를 청하였다.

허적이 아뢰기를,

"병선은 사변에 대비하는 것이므로 백성을 구호하는 것에 비하면 도리어 가벼우니, 마땅히 통제사에게 명해서 병선을 내어 곡식을 실어서 운반하게 해야 합니다."

하니, 임금이 그대로 따랐다. 임금이 말하기를,

"새해가 된 뒤에 비로소 여러 신하들을 접견하였으므로 나는 마땅히 여러 신하를 위하여 경계하여 타이르니, 여러 신하들은 그것을 깊이 생각하라. 작년의 일을 보면 조정이 무너져 갈라지게 되고 화기가 손상되었으니, 대소 신하들은 나의 말을 정신차려 들어서 붕당이라는 두 글자를 제거하고 이조에서도 또한 이 뜻을 알아서 사람 쓰기를 공평하게 하라. 또 백성이 편안하고 근심하는 것은 수령에 달려 있고, 수령

의 파면과 승진은 감사에 달려 있으니, 감사는 마땅히 선택해서 보내야 한다. 어사는 간사한 백성의 헐뜯는 말을 잘못 들으면 허실이 서로 가리어지는 폐단이 없지 않으니, 도목정사[39]때 수령을 마땅히 아주 잘 선택해서 보내라. 근래에 벼슬길이 청백하지 못한 것은 처음의 벼슬에 연유하는 것이니, 처음의 벼슬도 또한 마땅히 아주 잘 선택해야 한다." 하였다.

병조 판서 김석주가 아뢰기를,

"강화도 굴우포의 신언은 세를 거두어 들이는 것이 너무 과중하므로, 백성이 경작하기를 원하지 아니하여 황폐하기에 이르렀습니다. 어영청에 속한 군인으로서 기호 지방으로부터 고향을 떠나 서울에 올라온 자가 거의 수백 명에 이르니, 신은 농사 도구와 농사지을 양식과 농사지을 소를 별도로 준비하고, 사람을 보내어 이 무리를 감독 통솔해서 그 땅을 갈게 하고, 그 곡식을 세로 받아 군량으로 저장하고, 그 사람들을 10명 또는 5명씩 연하여 초병을 편성하려고 하는데, 올봄에 거행하는 것이 어떻겠습니까?"

하니, 임금이 말하기를, "굶주린 백성도 처치하고, 황폐한 토지도 개간하고, 또 군병을 보루가 될만한 땅에 첨가하게 되니, 일이 모두 편리하고 좋다. 그대로 하라."하였다.

부호군 정유악이 감사와 수령이 병사를 업신여긴다고 아뢰니, 임금이 말하기를,

"수령이 병사를 가볍게 보아 대부분 호령을 받들어 행하지 않고, 감사도 또한 병사를 억제함이 너무 지나쳐서 군정의 평가도 또한 서로 의논하지 않으니, 자못 지방의 군무를 분담하는 뜻이 아니다. 이 뒤로는 일이 군정에 관계되는 것은 감사와 병사가 반드시 서로 의논하고, 수령으로서 병사의 호령을 따르지 않는 자는 병사는 곧 아뢰어서 파면시키게 하고, 감사는 죄과를 조사하여 죄를 논하라. 이로써 비변사는 여러 도에 단단히 타일러 알려 주어라." 하였다.

임금이 말하기를, "영의정이 나이가 70이 넘어 대궐 뜰을 출입하는 데 걷기가 매우

---

39) 도목 정사 : 관원의 근무 성적을 고과하여 축출과 등용과 이동을 행하던 일.

어려워서 곁에서 부축을 한 뒤에야 다니게 되니, 특별히 예우하는 방법이 없을 수 없다."

하고, 해당 조정에 분부해서 안석과 지팡이를 하사하였다. 예조에서 내외에 잔치를 내려주고 기로연도 겸해서 행하고 1등의 음악을 내려주는 일을 결재의뢰하니, 임금이 허가하였다. 허적이 상소를 올려 사직하니, 임금이 권면하고 타일러서 허가하지 않았다. 또 기로연을 사양하니, 임금이 허가하였다.

-숙종실록 6년 1월 9일 -

기생을 불러 합격 잔치를 벌인 민종도를 파직시키다

1677년 숙종 3년 8월 기생을 보내어 합격 잔치를 연 감사 민암·민종도를 파직하다.

민종도의 아들이 사마시에 참방을 하자, 그의 아비 민점을 위하여 서울 집에서 경사스런 잔치를 차리려는데, 민종도와 민암이 서북도의 감사였으므로 서북 지방의 기생과 악사를 실어보내고 싶었으나, 사람들의 입에 오를까 두려워서, 허적에게 서신으로 물으니, 허적이, '어버이를 위해서는 검약하지 않는다.'는 말을 인용하여 답했었다.

민종도 등이 각각 명기를 골라, 역마를 태워 서울로 올려오자 이에 물의가 비등하였다. 지평 신학이 탄핵하려 했었는데 마침 교체하게 되어 실현하지 못했고, 허목이 경연에서 임금에게 아뢰어 민점 및 민암과 민종도를 조사하기 청하니, 임금이 단지 기생을 보내온 것만 조사하게 했었다.

이에 이르러 해당 부서가 공무와 관련 죄로 다스리니, 임금이 공무 관련죄로 함은 옳지 않게 여겨 특별히 다시 의법조치하도록 명하매, 대사헌 이관징 등은 혐의를 피하다가 교체되었고, 민암·민종도는 드디어 사사로운 죄로 삭직을 논하였다. 좌의정 권대운이 아뢰어 민암을 그대로 근무시키고자 해서 대신할 사람을 오래도록 천거하지 않았는데, 허목이 그러한 뜻을 알고 사람을 시켜 재촉하자, 그제야 비로소 천거를 의논했다.

− 숙종실록 3년 8월 4일 −

서자 아들 허견의 방종함으로 탄핵을 받다

1679년 숙종 5년 2월 13일 남구만이 올린 상소에 관한 직강 김정태의
상소

직강 김정태가 상소하기를,
"듣건대 남구만이 아뢴 세 건의 일을 모두 조사하라고 명하셨다는데, 허견은 곧 수상 허적의 서자입니다. 허적의 충성은 다른 사람과 비교도 되지 않거늘, 늙은 나이에 어찌 서자를 위해 전하를 속이는 짓을 하겠습니까? 그러나 허견을 그냥 둔 채 죄를 묻지 않을 수도 없으니, 이것이 자세히 사실을 조사하라는 명을 내리신 뒤 다시 생각하실 겨를이 없었던 것이며, 대신의 입장에서 또한 전하께 반복하여 변명할 수 없었던 것입니다. 윤휴의 집을 지은 일은 개탄스럽게 여깁니다. 그는 행동이 곧고 마음에 숨김이 없는 사람인데, 어찌하여 강가에 우뚝한 집을 지어서 속이고 은폐하겠습니까? 금지된 소나무 1천 그루를 베는 일은 조금이라도 지식이 있는 자라면 할 수 없거늘, 윤휴가 그리 했겠습니까? 만약 사람들의 말과 같다면 윤휴는 틀림없이 자수하기에 바쁠 터인데 하필 조사를 통해서 사실을 캐십니까? 조사 명령이 내리자 관리들이 그의 집에 모여들어 새것이나 헌것이나 가리지 않고 거리낌없이 일일이 헤아려 조사하고 있으니, 윤휴에 대한 전하의 불신이 심하십니다. 명색이 선비로서 조사를 받고 있으니, 윤휴는 신을 신고 자취를 감추어 일평생 다시는 전하의 조정에 나오지 못할 것입니다. 전하께서 남구만의 속임수에 넘어가서 천하 후세에 웃음거리가 될까 염려됩니다." 하니, 임금이 '조사한 뒤에 분별하겠다.'고 답하였다.

− 숙종실록 5년 2월 13일 −

1679년 숙종 5년 2월 30일 허적의 서자 허견이 서억만의 아내 이차옥

을 납치한 일에 관한 상소

남구만이 상소하기를, "남의 아내를 빼앗은 사건이 발각되어 법조에서 죄상을 추궁하여 조사해보니, 이동귀의 딸 이차옥은 서억만의 아내였습니다. 남에게 빼앗긴 사건이 발각되었으나, 허적의 압력을 받아 일이 실없이 되겠습니다." 하고,

김석주는 아뢰기를, "남의 재물을 도둑질한 자를 도둑이라고 말합니다. 남의 부녀자를 도둑질한 자는 도둑 중에서도 심한 도둑이니, 마땅히 포도청으로 하여금 조사하여 다스리도록 하소서." 하니, 임금이 그대로 따랐다.

포도 대장 구일 등이 이동귀의 노비들을 추궁하여 물으니, 종 득민이 진술하기를, "방목교 근처 이씨집에서 술자리를 차리고 이차옥을 맞았는데, 이 날이 저물어 집으로 돌아가는 길에 납치되어 갔으며, 납치한 자는 바로 허견입니다." 하였다.

여종 숙지는 진술하기를, "이동귀의 서족이 이차옥을 맞이하고 그 또한 이차옥을 따라가는데, 저물녘에 어떤 사람이 안장 얹은 말 한 필을 몰고 와서 급히 이르기를, '서동지(서억만의 아버지)의 아내가 갑자기 병이 위독해졌는데, 마침 집 안에는 심부름할 사람이 없어 나에게 마중을 부탁했다.'고 하였습니다. 이차옥이 깜짝 놀라 황급히 그 말을 타고 갔는데 말을 모는 사람이 채찍을 쳐서 마구 달렸으나 미처 따라가지 못했습니다. 길에서 한 사람에게 물었더니, '머리가 헝클어진 한 여인이 급히 사직동으로 향했는데(허적의 집이 바로 이 동네에 있다.) 그 사람이 아닌지?'라고 했습니다. 5, 6일이 지난 어느 날 황혼에 이차옥은 서씨집 문밖에 버려졌습니다. 이동귀 등이 데리고 와서 납치당한 연유를 물으니, '사직동 오른쪽 가에 한 집이 있는데, 집이 높다랗고 크며 마당이 널찍하였다.' 했습니다." 하였다. 서씨집의 두 여종도 또한 피납에 대해서 말했다. 구일이 이것을 가지고 올리니, 임금이 안장 얹은 말을 몰고 온 사람을 다시 연행하여 심문할 것을 명했는데, 허적의 집에서 선뜻 내보내지 않으므로, 포도군관을 붙여서 여러 날 동안 동정을 살피었다.

- 숙종실록 5년 2월 30일 -

1679년 숙종 5년 3월 19일 이차옥의 일로 영의정 허적을 위로하고 좌윤 남구만의 유배를 명하다.

대사헌 오정위와 대사간 권대재가 만나기를 청하여, 아직 옥사가 마감되지 않았는데, 이혼과 이엽을 유배지로 보내는 것은 잘못이라고 아뢰니, 영의정 허적이 아뢰기를,

"인조조에 인성군 이공은 그대로 자기 집에 틀어박혀 잡인을 일체 금하였다 하여 사람들 사이에 아름다운 일로 전해지고 있습니다. 이제 간관이 이미 갇혀 있는 사람을 도로 석방하는 것은 불가하다 한 말은 옳습니다." 하였다.

임금이 이차옥의 일을 가지고 허적을 위로하였다.

허적은 사례하기를,
"신의 자식이 만약 남의 아내를 빼앗아 신의 집에 두었다가 돌려보냈다면, 어찌 신이 집에 있으면서 알지 못할 리가 있습니까? 만약 신이 알면서도 아뢰지 않았다면, 이는 신의 죄입니다. 성상께서 물불 가운데서 건지시어 편안한 자리에 놓아주시니, 신은 실로 죽을 곳을 알지 못하겠습니다." 하였다. 권대운은 아뢰기를,

"뜻을 잃은 무리들이 밤낮으로 원망하고 독을 품어 기어이 일을 저질러 교묘하게 맞추려고 하고 있습니다. 조정에 있는 여러 신하들은 일찌감치 물러나는 것이 좋으며, 신들도 돌아가 고향에서 죽도록 하여 주소서."하고,

허적은 아뢰기를, "포도청은 도둑을 살피기 위하여 만들었습니다. 신은 대신의 자리에 있으면서 그 살핌의 대상이 되었으니, 어찌 감히 편안할 수 있겠습니까? 구일이 신의 집에서 순기를 찾기에, 신이 '우리 집에는 본래 순기가 없다. 만일 믿지 못하겠거든 가서 호적을 보아라.'고 했습니다. 그 뒤에 그는 '안장 얹은 말을 몰고 온 사람을 추문하지 못했다.'고 아뢰었으니, 더욱 이상합니다. 신이 아무리 보잘것없지만 어찌 감히 속이겠습니까?"

하니, 임금이 이르기를, "이 일은 이미 환히 알고 있다."

하고, 이어서 전교하기를, "남구만이 1675년 숙종원년에 상소를 올려 위를 속이고, 말의 내용이 불미스러웠지만, 티를 씻고 수용한 것은 그가 마음의 혁신을 도모할 것을 바라고 한 일이었다. 좌윤 벼슬이 제수되자 부모의 병 때문에 내려갔는데, 이내

이런 상소를 올린 것은 마음씀이 비뚤어졌으며 속마음이 이미 노출된 것이다. 좌윤 남구만을 멀리 유배하라." 하였다.

사관은 논한다. "허적은 좀스런 작은 그릇으로 본시 학식이라곤 없는데, 자신이 영의정의 자리에 있으면서 임금에게 아부하였다. 서자를 지나치게 사랑하였는데, 부도한 행동을 하고 남의 아내를 빼앗는 것은 다만 예삿일 뿐이었으므로, 말썽이 자자하여 열 손으로도 가리기 어려웠다. 남구만은 마침내 허망한 일에 죄를 입어 먼 곳에 유배되었는데, 허적과 허견은 탈없이 여전하니 형벌을 적용함이 이렇게 전도되었는가? 허적은 임금 지척에서도 임금을 속이고 숨기는 일을 해냈으며, 권대운 역시 사실 무근한 말로 무죄를 동조함으로써 임금을 속이는 죄과에 함께 돌아가게 되었으니, 아! 통분하다."

– 숙종실록 5년 2월 30일 –

1679년 숙종 5년 6월 13일 판부사 허목이 영의정 허적의 죄를 논하는 상소를 올리다.

판부사 허목이 상소를 올리기를,
"영의정 허적은 선왕께서 부탁한 신하요, 주상께서 신임하는 신하로, 마치 제환공의 관중과 같은 신하로서 임무가 크고 책임이 무겁습니다. 그러나 위엄과 권세가 드세어 지자 임금의 외척과 결탁하여 형세를 만들고 환관과 임금의 측근신하를 밀사로 삼아서 임금의 동정을 엿보아 영합을 하고 있습니다. 재상집안에 내관이 있다는 비난이 있은 이후 깊은 산 험준한 곳에 수많은 성루를 쌓도록 권장하여, 백성은 괴로워하는데도 일에 부지런하다는 것으로 주상의 뜻을 현혹시켜 권력을 독차지하는가 하면, 그의 서자 허견은 하는 짓이 무례하지만 법을 맡은 자도 그것을 막지 못합니다. 남구만의 상소로 일이 비로소 발각되기는 하였으나, 비호하고 덮어버려서 남구만은 귀양가고 허견은 끝내 무사하니, 인심이 더욱 불쾌해 하고 있습니다. 의리를 버리고 세리[40]를 좇는 무리가 안팎으로 늘어서서 대문이 시장과 같고 뇌물이 줄을 이으며, 왕실인척·환관과 깊이 관계 맺고 아첨하고 아양떠는 자와 친히 지내니, 주상께서 이 사람과 더불어 국사를 꾀한다면 나라가 잘 다스려지기 어려울 것입니다. 그가

---

40) 세리 : 권력과 이익

송시열 때 정승에 올랐고 서로 사이가 좋아서 의논을 같이 하더니, 송시열이 패하자 공론에 부합하여 처음부터 영합한 것이 없는 듯이 하였고, 일을 고하여 논의가 일어남에 이르러서는 '이 예법이 만약 시행된다면 마침내 난처한 일이 있을 것이다.' 하며 저지하여 시행하지 못하도록 하였습니다. 대의의 중함이 종묘에 있습니까, 송시열에게 있습니까? 일이 난처하다는 것은 과연 무슨 일이겠습니까? 강화도에서 역적의 글[41]이 나오고 나서 인심이 불안하여 사변을 헤아리기 어려운데도 또 즉시 아뢰지 않은 것이 무엇 때문이겠습니까?

지금 상하가 기강이 없어서 인심이 산란하고 국세가 위태로워지고 있으나, 그가 임금의 신임을 얻고 국정을 맡은 지가 오래되지 않은 것이 아닌데도 조정이 크게 문란하고 천리가 없어져 가니, 염치를 버리고 탐욕에 빠져 기만이 풍속을 이루는 것은 다만 그 자잘한 일일 뿐입니다. 신은 누가 이 잘못을 져야 할지 감히 알지 못하겠습니다. 태양은 뭇 양기의 수장이고 군주의 표징이므로, 군주가 도를 닦지 않으면 태양이 그 도수를 어기어 흐려지고 빛이 없습니다. 그 현상이 해돋이에 나타나면 법이 여자에 끌려서이고, 해가 뜬 뒤에 나타나면 측근 신하가 정치를 어지럽혀서이고, 해가 중천일 때 나타나면 대신이 속여서입니다. 대신이 권력을 잡으면 보좌하는 사람이 몰래 붙고 옳고 그름이 현혹하게 되니, 그 재앙은 해와 달이 빛이 없는 것입니다. 눈이나 서리가 여름에 내리고 별자리가 궤도를 어기는 것도 모두 대신의 허물입니다. 대신의 직책이란 백관을 거느리고 모든 정사를 다스리는 것이니, 어찌 제 몸을 귀하게 하고 제 집을 부유하게 하고 제 세도를 키워서 제 의욕만 만족시킬 따름이겠습니까? 바라건대 전하께서는 잘 살피소서."

하니, 답하기를,

"경의 상소 내용을 보니 나도 몰래 마음이 오싹하고 뼈가 선뜩해진다. 아! 영의정이란 원로 시귀[42]로서 효종·현종·숙종조를 보좌하는 만큼 마음을 다하여 충성을 다해야 신명에게 따져서 바로 잡을 수 있다. 경도 산림의 높은 덕을 지닌 자로서 모자라는 나를 보필하고 있는데, 나의 기대가 어찌 얕겠는가? 그런데 지금 와서 함께 공

---

41) 강화도에서 역적의 글(강도의 적서) : 숙종 5년(1679) 3월 강화도에 돈대를 쌓는 현장에 던져진 이유정의 투서. 소현 세자의 손자인 임창군 이혼을 옹립하자는 내용임.

42) 시귀蓍龜 : 복서卜筮를 하는 시초蓍草와 거북. 모두가 사물의 길흉을 판단하는 신물神物이니, 국가의 중대한 일을 미리 판단할 수 있는 훌륭한 인물을 시귀에 비유한다.

경하며 같이 다스리는 의를 생각지 않고 준절히 시기하는 무리의 모함하는 말에 동요되어, 신하로서 차마 듣지 못할 막가는 죄를 수상에게 씌워서 장차 조정을 괴열시키고 국사를 파괴하려 하니, 이 무슨 꼴이며, 이 무슨 짓인가? 내가 실로 마음이 아프고 한숨이 나온다. 상소 가운데 '왕실인척과 결탁하여 형세를 만들고 환관·측근 신하와 결탁하여 밀사를 삼아 주상의 동정을 엿보아 영접한다.' 한 것은 더욱 놀랍다. 이는 반드시 들은 곳이 있을 터이니, 스스로 자수하도록 하여 처치의 대책을 마련케 하라. 그리고 그날 역적의 글을 즉시 올리지 않았던 것은 먼저 몰래 체포하는 전례가 있으니, 이는 누설될 염려가 있기 때문이다. 이것으로써 하나의 죄안을 만드는 것은 또 무슨 까닭인가? 안팎을 결탁하여 기만하고 영합한다는 등의 말을 수상에게 억지로 씌운다면 임금을 어떤 처지에 갖다 두겠다는 말인가? 이는 실로 나의 부덕함에 말미암은 것이다. 그저 스스로 통탄스럽고 부끄러울 따름이다." 하였다.

– 숙종실록 5년 6월 13일 –

경신대출척, 남인이 무너지다

남인은 1674년 현종 15년의 2차예송에서 승리하여 정권을 잡았으나, 그 해 즉위한 숙종은 모후인 명성왕후 김씨의 영향으로 모후의 조카 김석주를 요직에 기용하여, 남인을 견제하는 태도를 보였다.

1680년 숙종 6년 3월 청백리였던 허적의 조부 허잠이 충정공의 시호를 받게 되자 허적은 이를 기념하여 3월 중순 시호 축하연을 열었다. 이때, 갑자기 비가 오자 숙종은 원임대신인 허적의 노고를 위로하고자 왕실의 기름 천막을 하사하라는 명을 내린다. 그러나 명이 내려지기 전에 이미 허적이 왕실의 허락 없이 기름 천막을 가져간 것을 알게 되면서 숙종은 진노하였고, 패초牌招[43]로 군수책임자들을 불러 서인에게 군권을 넘기는 전격적인 인사조처를 단행하였다.

---

43) 패초牌招 : 나라에 급한 일이 있을 때 국왕이 신하를 불러들이는 데 사용하던 패

훈련대장직을 남인 유혁연에서 서인 김만기로 바꾸고, 총융사에 신여철, 수어사에 김익훈 등 모두 서인으로 임명하였다. 어영대장은 당시 김석주가 맡고 있었기 때문에 보직을 그대로 고수하게 되었다. 4월 1일 영의정 허적이 자신의 과오를 탓하여 아뢰다.

영의정 허적이 상소하기를, "한쪽에 치우치게 매이지 아니하려고 하는 까닭으로써 이쪽과 저쪽에 미움을 받아서 쓸쓸하게 고립되었는데, 마침내 평생에 하지 아니한 바를 가지고 어진 마음으로 사랑하시는 임금께 견책을 입었으니, 장차 무슨 얼굴로 돌아가서 선왕을 뵙겠습니까? 쓸쓸한 강, 싸늘한 집에서 밤을 새우며 제 잘못을 스스로 꾸짖으니, 첫째도 신의 죄이며 둘째도 신의 죄입니다." 하니, 답하기를, "일찍이 즉위한 처음에 있어서는 서로 공격하고 협력하지 아니하려고 한 것이 아닌데, 논의가 엄하고 격렬한 뒤에 미쳐서는 조정하지 못하여 마침내 뜬 의논에 흔들림을 면하지 못하였으니, 내가 진실로 괴이하게 여기며 개탄한다. 본직에 힘써 부응하라."하였다.

- 숙종실록 6년 4월 1일 -

이 일로 남인을 멀리하는 숙종의 태도가 확연하게 드러난 뒤, 정원로가 역모에 대한 고발 이른바 '삼복의 변三福之變'이 있게 되었다. 허적의 서자 허견이 인조의 손자이며 인평대군의 세 아들인 복창군·복선군·복평군 등과 함께 역모를 도모하였다는 것이다.

이들은 숙종이 초년에 자주 병을 앓는 것을 보고 왕위를 넘겨다보았고, 근자에는 그들에 의하여 도체찰사부 소속 이천 병사의 특별훈련이 몇 차례나 있었다는 것이다. 도체찰사부 병사에 관한 보고는 남인계 여러 인사에게 미치는 중요한 근거가 되었다. 도체찰사부는 효종 때까지 잦은 전란과 군비의 필요성으로 설치되었으나, 현종 때 폐지되었다. 숙종 초에 중국 쪽의 정성공·오삼계 등의 움직임에 대비하여 군비를 강화하여야 한다는 남인 윤휴·허적 등의 주장으로 1676년에 다시 설치되었다. 허적은 서울에 있는 훈련도감·어영청 등의 군영도 도체찰사부에 소속시켜 군권을 한 곳에 속하게 하자고 건의하였으나, 김석주 측의 반대로 1677년 6월에 일시 혁파되었다. 도체찰사부는 영의정을 도체찰사로 하는 전시의 사령부로서, 외방 8도의 모든 군사력이 도체찰사의 통제를 받게 되어 있었다. 4월 9일 허견이 역모와 관련한 바를 더욱 철저히 조사할 것을 명하다

국청의 죄인 허견의 진술에 이르기를,

"1678년 숙종 4년에 임금의 옥체가 편찮으실 때에 대궐문에 병사를 매복시키고 장수를 궁궐 앞문에 매복시켜서 허견의 아비와 군사를 거느리는 사람을 제거하려고 한다는 말이 있었는데, 만약 그 꾀를 이루면 이씨의 종묘사직이 타성에게 돌아가지 아니할는지도 알 수 없으니, 어찌 예방할 도리를 생각하지 아니하겠습니까? 이태서가 종실의 여러 사람을 논하다가 이남을 칭찬하면서 한 번 보기를 권하였고, 뒤에 또 말하기를, '복선군이 그대의 글을 보고 「지금 세상에 비할 이가 드무니 한 번 보기를 원한다」고 한다.'라고 하였습니다. 뒤에 또 말이 이남에게 미쳐서 말하기를, '이 사람 형제가 한 쪽 사람의 미워하는 바가 되어 몸을 보전할 계책을 알지 못하니, 그대가 어찌 저 사람에게 보전할 수 있는 계책을 가르쳐 주지 아니하겠는가?'라고 하였습니다. 어느날 정원로를 보고 누구의 아들이냐고 묻기에 내가 그 족보와 문벌을 말하고, 또 말하기를, '그대는 매양 여러 복선군, 복창군, 복평군의 보전하기 어려움을 근심하고, 정원로가 접때 자못 서인과 사귀었는데 서인이 여러 복선군 등을 헐뜯고 중상하니, 그대가 만약 이를 근심하면 꾀를 정원로에게 물으라'고 하자, 이태서가 기뻐하여 말하기를, '어찌 꾀를 물을 뿐이겠는가? 마땅히 복선군으로 하여금 서로 사귀게 하겠다'고 하였습니다. 그 뒤에 정원로가 이태서의 처소로부터 와서 말하기를, '이장이 와서 나를 보고 또 맞이하여 그 집에 갔더니 복선군이 왔는데, 사람됨이 관후·활달하여 자질구레한 종실에 비할 것이 아니며, 또 그대의 사람됨을 묻기에 내가 본 바로써 대답하였다. 그이가 만나보려고 하는 것은 성심에서 나온 것이다.' 하였습니다.

작년 정월에 이남이 편지를 만들어 맞이하므로 내가 나아가니, 이남이 마주 보고 몹시 기뻐하면서 정원로와 이남이 매복 병사의 말을 서로 이야기하기를, '듣건대 이일

은 임성군을 추대하기 위해 나온 것 같다'고 하기에, 내가 마음속으로 생각하기를, '이 말이 만약 사실이라면 비록 타성에게는 돌아가지 않더라도, 어리고 어리석은 이를 옹립하여 정권이 자기를 세운 사람에게 돌아가면 한갓 헛이름만 가질 뿐이니, 마침내 역성혁명에 이르게 될 것이며, 또 매복병사의 염려와 벌어짐의 근심이 있을 것이다.'고 한 때문에, 이 말끝을 인하여 이남에게 말하기를, '성상의 춘추가 바야흐로 젊으시니 아직 근심할 만한 것은 없지만, 만일 서인이 임성군을 옹립하면서 어찌 매복병사의 화가 먼저 우리 집에 미칠 뿐이겠는가? 지금 종중의 여망이 대감에게 있으니, 대감을 놓아두고 그 누구이겠는가?'라고 하였습니다. 정원로는 사람된 품이 간사함이 많고 바르지 못하기 때문에 내가 웃으며 정원로를 돌아보고 말하기를, '오늘에 한 말은 세 사람의 입에서 나와서 세 사람의 귀에 들어갔으니, 어찌 다른 근심이 있겠느냐?'고 하자, 정원로가 분연히 말하기를, '그대는 나를 의심하는가? 청컨대 맹세하는 글을 쓰자.'고 하여, 내가 붓을 잡고 정원로가 글을 불러서 쓰고는 잘라서 두 조각을 만들어 나와 정원로가 각각 그 반을 가졌습니다. 노비를 빌어 글을 전한 일은 그 강령은 잊었으나 그 필적을 보면 과연 나의 글이고, 글 가운데 '약조대로 함'이란 글자는 과연 흉악한 비밀인 듯하나 기억하지 못하겠으며, 서찰에 이른바 '첨형僉兄'이라고 한 것은 정원로와 강만철을 가리켜 말한 것입니다. 이태서가 매양 윤휴를 부체찰사로 임명하는 뜻을 나에게 말하여 아비에게 고해 알리도록 하였으나, 윤휴로 삼고 싶다는 말은 일찍이 말하지 아니하였습니다.

 이른바 '속박의 꾀'라는 것은, 윤휴·김석주 두 사람을 아울러 가리킨 것인데, 겉으로 응락함을 보여서 틈이 생기는 데 이르지 아니하도록 하는 것입니다. 이른바 이태서가 그 아들을 부제학으로 제수하기를 청한 일은, 이태서가 와서 관상가의 말을 전하기를, '관상가의 말이 그대의 얼굴이 송나라 명장과 같다고 하니, 송나라 명장 적청은 천인 출신으로 평장사가 된 사람이다. 그대가 만약 평장사가 되면 내 아들의 글재주만 해도 또한 부제학이 될 만하다.'고 하였습니다. 체찰사 복설은, 다만 지난해에 북방의 소문이 날마다 급할 뿐만 아니라, 이유정의 진술에도 또한 '허견의 아비를 제거하려고 꾀했다.'고 하였으니, 방비할 방도를 하지 않을 수 없는데, 훈련국과 어영청이 체찰사에 속하지 아니하여 체면이 구차하기 때문에 변통하려고 한 것입니다. 정원로를 홍우원에게 보낸 일은 과연 이것이 실상입니다. 내가 오정창과 더불어 정신에 서로 통하는 친구가 되었는데, 허견의 영웅이란 것은 오정창이 가장 잘 아는 일입니다. 내가 일찍이 다른 사람의 수연에 짧은 서문을 지었더니 오정창이 보고 이를 칭찬하였는데, '신회神會'·'영웅' 등의 말은 내가 아는 바가 아닙니다."

하였다. 국청에서 아뢰기를,

"죄인 허견이 흉악한 말로 발설한 데서 정황을 이미 승복하였으니, 마땅히 취초를 결정해야 할 것인데, 같은 당의 여러 사람을 바로 고하지 아니하며 기타 진술에도 숨기는 단서가 많으니, 형틀로 신문하여 실정을 찾아내어야 할 것입니까? 감히 아룁니다."

하니, 답하기를,

"각별히 엄한 형벌로 캐어 물을 것이며, 역적 허견이 이미 승복하였으므로 그 아비에게도 캐어 물을 일이 많이 있을 것이니, 또한 잡아다 문초하라." 하였다. 허적이 바야흐로 대궐 밖에 죄를 기다렸는데, 드디어 국청에 잡혀왔다.

– 숙종실록 6년 4월 9일 –

4월 9일 아들 허견이 역모로 몰리자 허적은 관직을 사퇴하고, 허견이 처형당한 뒤에는 충주로 내려가 왕명을 기다렸는데, 누군가 그에게 체포령이 떨어질 것이니 미리 자결하는 것이 좋다고 언질을 주었다. 그러나 허적은 "내가 법에 연좌되는 것이 당연하나 처벌을 모면하기 위하여 약을 먹고 죽으면 이 또한 왕의 명을 공경하는 것이 아니다"라며 거절하였다. 허적은 자신의 나이가 70의 고령이라는 점과 정실부인이 두 명이지만 아들이 없는 점, 5년 넘게 중풍으로 팔과 다리에 이상이 있는 점 등을 들어 자신은 절대 역모와 무관하며 억울함을 호소하였다.

4월 10일 허적이 아들의 역모 사건과 관련하여 그 죄를 논하다.

허적의 진술에 이르기를,
"일찍이 이정·이연이 죄를 범하였을 때에 바로 처단하기를 청하였고 뒤에 윤휴가 용서하기를 청하였으나 또 불가하다고 하였습니다. 성상의 총명하신 생각으로 반드시 기억하실 것입니다. 하물며 주상의 춘추가 젊으신데 어찌 다른 사람을 촉망할 이치가 있겠습니까? 체찰사는 당초에 벼슬 임명을 받을 때에 긴요하지 아니하니 마땅히 폐지해야 한다는 뜻으로써 아뢴 것이 한두 번에 그치지 아니하였고, 그 뒤에 폐지하였다가, 혹은 '일을 기피한다.'는 비난이 있어서 해가 지난 뒤에서야 비로소 임무를 살폈고, 김석주를 부체찰사로 삼기를 청하였으니 이로써 나의 마음을 알 것입니다. 훈련국과 어영청을 겸하여 거느리는 일은 나 자신이 훈련국과 어영청의 일을 겸무했으니, 또한 어영의 임무를 사양해 바꾸게 하였는데, 체찰사에서 어찌 훈련국과 어영청을 겸하여 거느리도록 하겠습니까? 훈련국과 어영청을 겸하여 거느린다는 말은 일찍이 경연에서 나왔는데, 내가 '훈련국과 어영청은 임금의 친병인데 체찰사에서 거느릴 만한 것이 아니라.'고 아뢰어 윤허를 받았으니, 승정원일기를 살펴보면 알 수 있습니다.

'윤휴를 부체찰사로 삼으려고 하였는데, 허견이 나에게 미처 말하지 아니하였다.'고 하는 것은, 이는 아들이 아비를 구원하는 뜻에 불과하고 실상은 아닙니다. 허견이 일찍이 나에게 말하기에 내가 그 까닭을 물으니, 허견이 말하기를, '이 사람이 큰 뜻을 밝히려고 하는데 어찌 이를 버리고 다른 사람을 구하겠습니까?'고 하므로, 그 말이 또한 이치가 있기 때문에, 부체찰사를 차출할 때에 김석주·윤휴·이원정을 천거하여 임금님의 판단에 맡겼는데, 김석주가 임명을 받았습니다.

그 뒤에 내가 진찰할 때에 아뢰기를, '윤휴의 북벌의 큰 뜻은 그 뜻이 숭상할 만하니, 부사로 더하소서.' 하였으나, 주상께서 결정하지 아니하셨습니다. 내가 잘못 헤아린 일이 있는 것은, 군관으로 봉급을 주는 자는 매우 수효가 적은데, 무사는 근력이 있는 자를 뽑아야 하기 때문에, 모래 20말을 빈 가마에 넣어서 들어 올리게 하였는데, 능히 드는 자는 전연 없고 혹시 반쯤 드는 자가 있으면 문득 하급군관에 뽑아 넣었으며, 혹은 각저[44]를 잘하고 혹은 초거가 조금 나으면 또한 뽑혔으니, 이는 혹시 출전하는 일이 있으면 이로써 신변에 친근하는 군사로 삼으려는 것에 불과하였으니 모두 나라를 위하여 군사를 뽑는 뜻에서 나온 것인데도, 비방하는 말이 있음을 듣고는 곧 뽑는 것을 멈추었습니다. 군무로써 말하면 나는 군사를 거느리는 관원이 아니고 한갓 헛이름만 가졌으며, 다만 대흥산성을 체찰사의 머물러 진영하는 곳으로만 삼고 오히려 체찰사로 하여금 다스리게 하지 아니하려고 하여, 비변사에 맡겨서 주관하게 한 것은 나와 유혁연입니다.

----

44) 각저角觝 : 씨름.

기수·뇌수牢手 수백 명을 훈련국으로 돌려보내고 단지 백여 명만 산성에 머물기를 원하였는데, 내가 관할하는 바는 이것뿐입니다. 이것으로 어찌 능히 환란을 막겠습니까? 당초에는 임금이 어려서 나라가 의심스럽기 때문에 총융사를 김만기로 먼저 추천하였는데, 윤휴가 어전에서 아뢰기를, '임금이 어려서 나라가 의심스러운데 어찌 병권을 외척에게 맡길 수 있겠는가?'라고 하기에 내가 말하기를, '임금이 어려서 나라가 의심스럽기 때문에 더욱 외척에게 맡기지 않을 수 없다.'고 하였습니다. 이로써 서로가 다툰 것이 한두 번에 그치지 아니하였고, 내가 어영대장 김익훈은 장수 제목이이 아니라는 까닭으로써 김석주로 대신하기를 청하였으니, 만약 다른 뜻이 있었다면 어찌 외척으로 군사를 거느리게 하려고 할 이치가 있었겠습니까?

지난해에 대비의 기미가 위급할 때에 내가 김석주와 더불어 함께 대전문에 들어가서 안팎의 곡소리를 금지하고 주상을 부축하여 대전에 오르시게 한 뒤에 급히 약을 올리고 겸하여 쑥뜸을 뜨게 하였고, 내가 김석주와 더불어 주상을 뵐 때에 승지와 사관이 없었으므로, 일을 아뢰는 것은 미안한 일이지만 바야흐로 망극한 가운데 있어서 하는 수 없이 아뢰기를, '일이 만약 돌아가시면 전하의 음식 일절을 근신하시고 또한 마땅히 대전내에 깊이 거처하시며, 내관의 순박하고 조심성있는 자를 골라서 종실의 대궐에 출입하는 자를 금하는 것이 마땅합니다.'라고 하였는데, 이른바 종실이란 것은 바로 이남李㮒을 가리킨 것입니다. 내가 나라를 위하고 환란을 염려함이 이와 같이 깊은 것은 성상께서 반드시 기억하실 것입니다. 다만 내가 마땅히 죽을 죄가 있는 것은, 선왕의 마지막 명을 저버려서 조정을 진정하고 백성을 쉬게하지 못하여 하늘이 위에서 노여워하고 백성이 아래에서 원망하니, 이것이 죄입니다. 불행히 나쁜 자식을 낳아서 이 지경에 이르렀으니, 또한 죄입니다."

하였다. 국청에서 임금의 재결을 청하니, 형을 정지하고 그대로 가두게 하였다.

- 숙종실록 6년 4월 10일 -

4월 12일 허적의 벼슬을 깎고 백성의 신분으로 돌아가도록 명하다.

국청의 여러 신하를 불렀다. 영의정 김수항이 아뢰기를,
"국청을 설치한 지 이미 오래인데, 날마다 흉악한 말은 들리되 무리들은 아직 다 찾지 못하였으니, 참으로 마음이 아픕니다."하자,

임금이 말하기를, "강만철이 두 번 신문을 받았는데도 같은 무리를 고하지 아니하니, 이는 반드시 당초에 굳게 숨기기를 약속한 소치이다. 허견과 이남이 신문을 받은 것이 또한 두 차례에 이르렀으니, 만약 형장 밑에서 죽으면 바로 이것이 실형인데, 어떻게 할지 모르겠다." 하니,

김수항이 아뢰기를, "신의 뜻도 이와 같은데, 성상의 하교가 또 이에 미치시니, 마땅히 곧 문초를 결정하여 아뢰겠습니다." 하였다.

임금이 말하기를, "모반 대역은 나라에 떳떳한 형벌이 있으니, 부자 연좌의 율은 진실로 고치기 어려우나, 명나라 조정의 엄세번이 처결될 적에 그 아비 엄숭은 다만 가산만 몰수하고 마침내 그 사형은 용서하였다. 또 허적의 진술을 보건대 흉악한 모의에 참여하여 아는 자취가 별로 없으니, 명나라의 엄세번을 다스린 것으로써 다스리고자 하는데, 경 등의 뜻은 어떠한가?" 하니,

김수항이 아뢰기를, "허적은 여러 조정을 두루 섬겼고 전임금의 유언까지 받았으니, 법을 굽혀서 은혜를 펴는 것이 진실로 살리기를 좋아하시는 덕입니다." 하였고,

좌상 정지화 이하가 모두 김수항의 대답과 같았는데, 임금이 명하여 벼슬을 깎고 백성의 신분으로 향리로 내쳐 돌아가게 하였다.

김수항이 아뢰기를, "허견이 체찰사를 다시 설치하는 것으로써 나라를 위하고 환란을 방지하는 데 돌리면서 오로지 이남을 위하는 바탕으로 삼은 말이 강만철의 입에서 나왔으니, 사리로써 미루어 보면 이 말이 정밀한 듯합니다. 매복의 일을 소리쳐 말하여 말로써 두려워 하게하는 계책을 삼고 닭을 잡아 피를 받아서 맹세를 거듭하였으니, 마음을 두고 생각을 쌓음이 진실로 매우 흉악하고 참혹합니다." 하니,

임금이 말하기를, "이 한 조항은 허견도 또한 승복하였다." 하였다.

임금이 말하기를, "오정창은 비록 흉악한 꾀를 참여해 아는 자취가 없다 하더라도 천민과 사귐을 맺은 죄가 있고, 윤휴는 부체찰사를 얻으려고 하였으나 일이 뜻대로 되지 아니하자 얼굴이 붉어지고 말이 불평이 많았으니, 이 두 사람을 모두 유배하라." 하였다.

또 하교하기를, "이원정은 처음에는 체찰사를 적당하지 못하다고 하다가 뒤에는 말을 변하여 반드시 다시 설치하기를 청하였으니, 정상이 해괴하다. 또한 유배하라." 하였다.

대사간 김만중이 아뢰기를, "모반 대역에 부자를 연좌시키는 것은 나라에 떳떳한 형벌이 있어서 고칠 수 없는데도, 허적에게 죽음을 용서하는 명령은 살리기를 좋아하시는 덕에서 나왔으므로, 많은 신하의 뜻이 누가 받들어 순종하려고 하지 않겠습니까마는, 다만 벼슬을 삭제하여 향리로 돌아가게 하면 너무 가벼운 데 지나칩니다. 또 허적은 그 아들의 악함을 알지 못하고서 군국의 일을 위임하여 마침내 흉한 역도의 마음을 열게 하고 드디어 하늘을 업신여기는 화가 되었으니, 자신이 반역을 범하지 않았다는 이유로써 갑자기 가벼운 형벌을 시행할 수는 없습니다. 청컨대 차순위 형벌로써 논단하소서."하였으나, 임금이 따르지 아니하였다.

김만중이 아뢰기를, "국가가 불행하여 역적에 관련된 범죄가 뜻밖에 일어났는데, 이 남은 가까운 종친이고, 허견은 또 정승의 아들이므로, 이를 인연하여 붙따른 빈객이 매우 많았으니, 만약 혹시 연루되면 나라의 명맥을 손상함이 있을 것이니, 진실로 염려스럽습니다. 일찍이 선조 때에 정여립이 시종으로서 반역하였기 때문에 관리로서 죽은 자가 매우 많았는데, 선조 말년에 자못 뉘우치는 뜻이 있었으니, 이는 바로 임금께서 마땅히 근심하실 곳입니다."하니,
임금이 말하기를, "그렇다." 하였다.

– 숙종실록 6년 4월 12일 –

서인은 남인 온건파의 영수 허적의 처리를 놓고 사형과 유배로 의견이 나뉘었다. 허적은 남인들이 집권시 서인 영수 송시열, 김수항을 처형하자는 의견에 반대한 것을 서인들은 알고 있었다. 서인 김수항과 정지화도 허적이 전 왕조의 유언을 받은 대신임을 들어 사형만은 면하게 해야 된다고 극구 변호하였으나, 언관들의 거듭된 탄핵 끝에 1680년 5월 5일 사사령이 내려지고 5월 11일 금부도사가 들고 온 사약을 마시고 최후를 맞이한다.

잘못된 서자의 비행으로 끝내 죽음을 당하고 주변까지 화를 입힌 것에 대해 사람들은 모두 애석히 여겼다. 사망 당시 그의 나이는 70세였다. 허적의 죽음과 함께 남인 강경파 윤휴, 허목도 함께 화를 당했다. 허목은 허적의 친척이자 경쟁자였으며, 허적의 월권행위를 비판하기도 했고, 남

인 강경파들의 지도자로서 송시열을 비판하는데 앞장섰다. 반대로 허적이 공격 당할 때 그를 적극 감싸기도 했다.

5월 5일 허적의 사사를 명하다. 사헌부에서 전의 일을 계속 아뢰자, 답하기를, "허적을 사사하라." 하였다.

허적 부자의 처형과 함께, 허적의 친아우 허질, 서자 아우 허능·허집·허뇌·허노·허제 등 6형제와, 허견의 아우 허후와 조카 허약, 이들이 모두 거제도에 위리 안치되니, 가문이 일시에 통째로 망가졌다.

허적은 적자가 없어 허견이 적실 아들 노릇을 하며, 관직이 경서를 인쇄 보급하는 관청인 교서관의 정자正字였는데, 행실이 엉망이었다. 그는 왕이 신임하는 아버지의 세력을 믿고, 황해도에서 수천그루의 나무를 베어 날라 호화주택을 짓고, 유부녀를 잡아 욕보이는 등 사건사고를 저질렀다. 허견의 처 홍씨는 사가로 따져 숙종에게는 서이모였는데, 남편을 본받았던지 허견의 외사촌 아우 유철이라는 사내와 붙어, 세상을 발칵 뒤집고는 살해당하였다. 이런 행태들이 무고한 고변의 좋은 빌미가 되었던 것이다.

5월 6일 역적을 토멸한 일을 종묘에 고하고 사면을 발표하는 교서를 반포하다.

역적을 토멸한 일을 종묘에 고한 뒤에 사면령을 반포하였다. 그 교서에 이르기를, "왕은 이와 같이 말한다. 성인의 법은 반드시 난적을 주멸하는 일에 먼저 하고, 왕의 형벌은 반역자를 죄주는 것보다 더 엄한 것은 없다. 이에 죄인을 처형한 것을 사방에 알리는 말을 내린다. 내가 어린 몸으로 국가 대업을 이어받아 왕손과 방계손이

적은 것을 생각하여, 가까운 종실과 돈독히 지내기를 힘쓰고, 국가의 어려움이 많은 것을 민망히 여겨 나이 많은 재상에게 국사를 일임하려고 생각하였는데, 밝은 속에 어두운 곳이 있고 염려하는 가운데 사려깊지 못한 곳이 있을 줄 어찌 생각이나 하였겠는가? 한나라 유안이 글을 잘하여 총애를 입었으나 역모에 가담했고, 당나라 이임보가 왕의 총애를 받았으나 교활한 술수를 품어 화란의 계기를 만들어 종묘와 사직이 거의 전복될 뻔 하였으니, 이는 나의 허물이라 후회한들 어찌 미칠 수 있겠는가?

역적 이남과 이정은 왕실의 가까운 친척으로 여러 임금의 조정에서 은혜를 치우치게 입고, 수시로 대궐에 출입하여 집안사람 처럼 대우하였다. 시종토록 영원히 보존케 하기 위해서 작은 과오를 불문에 붙였더니, 종족이 번창하게 되자 모든 일이 분수에 지나치고 또 총애가 극진함으로 인하여 간사한 생각을 하게 되었다. 결과로 모두 빼앗지 않고는 만족할 줄 모르는 마음을 품었으니, 이것이 어찌 일조일석에 이루어진 변고이랴? 불량한 무사들을 불러다가 활 친구를 삼아 손발을 만들고, 널리 의리 없는 재상의 무리들과 사귀어 당파를 만들어 우익으로 삼았다. 근교나 먼 들판을 두루 돌아다니면서 사냥을 하기도 하고, 깊은 밤중 은밀한 실내에서 자주 모이기도 하니, 나라 사람들이 그 비밀스러운 자취를 의심하여 변란을 알리는 흉악한 반역의 정상을 고하였다.

권신의 미천한 서자와 결탁하여 그 권위를 빙자하고 흉악한 늙은 간인을 매개로 하여 그 모의를 통했다. 맹약의 문서가 이루어지자 술잔에 닭의 피를 뿌려 맹세했고, 집에는 군주의 표시를 준비했는데, 옥대에다 해와 달을 그린 장신구를 곁들였다. 과인에게 병이 있는 것을 요행으로 여겨 장차 무슨 짓을 하려고 했는지? 하늘의 명이 제 몸에 있다고 말했으니 일이 장차 불측할 뻔하였다. 많은 말이 여기에 미치니 상심한 일이 어떻겠는가? 이정은 후궁에게 더러운 짓을 할 때에 이미 반역의 징조가 있었으나 용서하여 먼 곳으로 유배하였는데, 거듭 법을 굽히고 은혜를 베풀어 곧 소환해 도로 편안하게 했으니, 죄악을 뉘우쳤어야 했다. 그런데 당파가 전국에 가득차고 형제를 서로 추대하려 해서 왕위를 범하려는 역적의 음모가 싹트자마자 자중지란의 형적이 이미 나타났다. 화란을 좋아함이 한이 없으니, 어찌 참혹하지 않은가? 형제가 악독함을 함께 타고 났으니, 이는 무슨 이치인가?

역적 허견의 악행이 쌓인 것은 실로 아비인 허적의 권세에 의지한 것이라, 기세는 조정을 조종하기에 충분하고 부유함은 안팎의 간인들을 기르기에 넉넉하였다. 음란하고 탐욕스러운 것은 명나라 엄세번이 아비 엄숭의 세력을 의지한 것뿐만이 아니었고, 교만 방자하기는 한나라 공손경성이 아비 공손하를 의탁한 것보다도 심하였다. 왕의 벌칙이 스스로에 미칠 것을 알고, 종실과 친교를 맺어 음모하기에 있는 힘을 다하였다. 심복을 심어두고 훗날 큰 복을 누리려고 하였으며, 사사로이 대상을 정하여서 흉한 말을 여러 사람들에게 전파하였다. 중신들을 격동시켜 오랑캐가 쳐들어온다고 핑계하고서 체찰부를 다시 설치했으며, 날랜 무사들을 모집하여 금과 비단으로 꾀어 사병을 만들어 이천 산골짜기의 은신처에 감추어 두고서 늙은 장수에게 멋대로 지휘케 하였으며, 오랑캐 복장으로 그 아비를 협박하여 일을 성취시키려는 음모를 꾀하여, 어리석은 백성을 놀라게 하고 의혹시킬 것을 미리 준비하였다. 중신 한두 사람을 협박하여 여러 사람을 짓누르려 하였으며, 장사 수십 명을 선발하여 호위하고서 대권을 범하려 하였다. 그 벌여 놓은 형적의 전말을 보건대 가까운 곳에서 일어난 급박한 변이 거의 이루어지려 하였다.

그러나 다행히 하늘님의 협찬에 힘입어 흉악한 무리들이 모두 잡히었다. 이남은 즉시 범죄사실을 먼저 승복하고 사실대로 말하였고, 이정은 여러 증거가 있으니 비록 속이려고 한들 도망갈 수가 없다. 그런데도 이남은 은혜를 특별히 미루어 여러 사람들이 보지 않는 곳에서 사형을 받도록 하고, 여러 요망한 자들의 몸뚱이는 모두 국가의 법대로 하여, 이미 역적 이남·이정·허견과 이태서·강만송·이경의 등은 법에 따라 처치하였다. 변란이 친밀한 골육 사이에서 나오고 화가 팔다리와 같은 큰 가문에서 발생하여 이미 그 사실이 다 드러나니, 내 마음이 더욱 슬프다. 그러나 일이 종묘사직과 관계되는 것이어서 사람들이 기뻐 날뛰고, 먼 곳이나 가까운 곳에서 한결같이 경사스럽다 하니, 어찌 포고하는 일을 늦추겠는가? 이달 초6일 새벽 이전의 잡범으로 사형죄 이하는 모두 용서하며, 관직에 있는 자는 모두 한 등급씩 올려 주고, 정3품인 자는 다른 사람으로 대신 승급시킨다. 아! 이 나라가 이미 위란을 면하여 다시 안정되었으니, 사람들은 화를 바꾸어 복으로 삼을지어다. 화창한 기운이 두루 퍼지매 만물과 더불어 유신할 것을 생각하고 은택이 철철 넘치니, 지금부터 다시 시작할 때이다. 그러므로 이에 교시하노니, 마땅히 두루 알지어다." 하였다. (대제학 남구만이 지어 올렸다.)

– 숙종실록 6년 5월 6일 –

5월 19일 몰수한 재산은 공신들에게 나누어 줄 것을 명하다.

전교하기를, "몰수한 재산을 공신에게 나누어 주는 것은 법전에 기재되어 있으니, 이정과 이남의 가옥은 1등 공신에게 나누어 주고, 그 나머지 허적·허견·이태서·강만송의 가옥은 원훈으로 하여금 2, 3등 공신들에게 나누어 주도록 하라." 하였다.

- 숙종실록 6년 6월 19일 -

1689년 숙종 15년 기사환국으로 남인이 다시 집권하자 숙종은 허적의 애매한 죽음을 알게 되어 무고를 한 김익훈, 이사명 등을 처벌하였으며, 특별히 명하여 관작을 회복시키고 예관을 보내어 제사를 지냈다. 이후 숙헌의 시호가 내려졌다. 허적의 관작이 회복되자 서인과 남인 일각에서는 역모를 일으킨 허견이 허적의 서자였으므로 연좌율로서 다스려야 한다고 거듭 주청하였으나 왕이 승인하지 않았다.

1694년 숙종 20년 갑술환국. 서인이 다시 집권하자 남인이 제거되면서 허적의 관작이 다시 추탈되었다가 1697년에 다시 복권되었다.

1701년 숙종 27년 무고의 옥으로 다시 관작이 추탈되었다가 1795년 정조 19년 정조의 특명으로 복관되었다. 허적의 복관 명령이 떨어지자 같은 남인인 채제공은 허목이 그를 반대한 점을 들어 허적의 신원에 반대하였다. 허적의 복관은 남인에서도 반대가 있어서 어려움을 겪기도 했다. 그렇지만 정조는 재상을 지낸 인물이라 하여 특별히 불천지위를 얻어 불천지묘로 지정되었다.

충청도 중원군 소태면 오량리 산에 안장되었고, 허적의 별묘別廟가 세워졌다. 서자 허견이 역모로 몰렸으므로 그의 자손들은 각지에 뿔뿔이 흩어졌고, 일부는 경기도 연천군 백학면, 연천군 왕징면 등 파가 다른 일족이 사는 곳으로 숨기도 했다.

그가 남긴 글과 상소를 모은 저서 허상국주의 6책 10권은 1689년 남인 정권이 집권한 기사환국으로 허적이 복관된 직후에 그의 문인, 후손들이 정리하였으나 간행하지 못했다가 1795년 10월 복관되면서 간행되었다. 정조 사후 1801년 신유환국으로 남인이 완전히 몰락하면서 1900년대까지도 보급되지 못하였다.

1910년 이후에 가서야 그의 문집을 다시 간행, 보급하기 시작했다.

허적이굴과 허견, 그리고 허목 이야기

조선 후기 숙종 때 영의정을 지낸 허적은 당시 충청도의 외사면이었던 가창리 지경에서 출생했던 것으로 전해진다. 허적이 가창리 근방에 있는 수정산 암자에서 공부를 하고 있을 때였다. 어느 날 암자 뒤의 바위굴 앞에서 주지가 메를 지어 치성을 드리더니 20여 마리의 산 닭을 굴 속으로 던졌다.

허적이 생각해 보니, 공양 메를 올리는 것은 부처 앞이거나 아니면 산신각에서 할 일이거늘, 그도 저도 아닌 바위굴 앞에서 주지가 공양 메를 올린다는 것은 아무래도 괴이한 일이 분명하였다. 후에 허적 선생은 주지를 만나서, 무슨 제를 드리기에 산 닭을 굴 속으로 들이면서 공양 메를 올리는지 연유를 물었다. 그러자 주지는, 바위굴 속에는 아주 큰 구렁이가 살고 있는데, 초하루와 보름으로 생닭 공양을 하지 않으면 반드시 절을 해치려고 하므로 어쩔 수 없다고 하는 그간의 내력을 털어놓았다.

의협심이 강했던 허적은, 미물에게 어찌 그와 같은 일을 할 수 있느냐고 분개하며, 반드시 그놈을 해치우겠노라고 말했다. 그러자 주지가 손을 저으면서 부잣집 대들보와 같은 크기의 구렁이를 어찌 처치할 수 있겠느냐며 만류하였으나 허적은 염려 말라면서, 스님은 조금도 걱정하지 말고 다음 삭망 때 공양 올릴 준비나 하라고 말하였다.

마침내 산 닭을 공양하는 날이 되었다. 허적은 법당의 널따란 귀틀마루 송판을 하나 걸러 하나씩 여러 개를 뽑아 놓았다. 그리고 환도를 날이 시퍼렇게 갈아놓은 다음 절차대로 메를 짓고 산 닭을 굴 앞에 가져다 놓고 목탁을 치기 시작했다. 그러자 마치 소나기 쏟아지는 소리 같은 것이 잠시 들리는가 싶더니, 어머어마하게 큰 구렁이가 산 닭을 먹으려고 굴 밖으로 머리를 내밀었다. 이를 보자 허적은 산이 떠나갈 듯 큰 소리로 호령을 하였다.

"너와 같은 미물이 어찌 불가에서 수도하는 승려들을 괴롭힌단 말이냐? 오늘 이 어른께서 너의 방자하고 요망스런 작태를 단죄하리라." 그러고는 구렁이가 막 삼키려던 닭을 빼앗아 동댕이쳐 버렸다. 그러자 성이 난 구렁이가 허적을 쫓아나오는데 그 소리가 마치 소나기 퍼붓듯 괴이하였다. 허적은 비호같이 몸을 날려 법당 마루로 들어갔다가 미리 빼어 놓은 귀틀마루 구멍으로 빠져나왔다.

허적은 그렇게 구렁이가 마루 밑으로 들어왔다가 구멍으로 머리를 내밀 즈음 다시 건너 구멍으로 들어가고, 또 다음 구멍으로 빠져나오고 하여서 성난 구렁이가 쫓아오게 하였다. 그리하여 결국 이 끝에서 저 끝으로 들쑥날쑥 도망 다니는 동안 구렁이는 마루 구멍 안팎으로 꼬인 형국이 되었다. 이렇게 되자 허적은 예리한 환도를 빼어들고 구렁이를 토막쳐서 마침내 우환거리를 깨끗이 퇴치해 버렸다. 그런데 순간 구렁이 몸체에서 붉은 피와 함께 이상한 서기가 뻗치더니 허적이 사는 마을 쪽으로 사라져 버렸다.

다음날, 어제의 일을 모두 잊은 채 허적이 공부에 몰두하고 있는데 집에서 종자 하나가 내달아 오더니, 별채 소실께서 밤사이 급환으로 기동을 못한다고 하였다. 급히 집에 당도하여 보니 과연 소실은 전신이 마비되어 움직이지를 못했다. 허적이 측은하고 안타까워서 왜 그러느냐고 물으며 소실의 손을 어루만지니, 기이하게도 손길이 닿자마자 평시와 같이 몸이 회복되었다.

그래도 안심이 되지 않아 이삼 일 함께 묵으면서 격조했던 부부의 정을 나누었다. 그리고 다시 입산하여 과거 공부에 전념하는 동안 어언 열석 달이 되었을 때 옥동자를 분만하였다는 전갈이 왔다. 어찌나 잘생겼던지 보는 사람마다 관옥 같고 옥골 선동 같다는 소문이 원근 향리에 자자했다.

그러던 어느 날, 허적의 12촌 형인 미수 허목이 와서 아이를 보더니 아우를 불러서는, 이 아이를 당장 없애 버리라고 하는 것이다. 허적은 무슨 연고로 혈육을 저버려야 하느냐며 물었지만 끝내는 형님 말을 따르지 않을 수 없었다. 이 형님이야말로 세상에서 일컬어 이인異人이라 하는 분으로, 동해바다 삼척에 퇴조비退潮碑를 세워 조수潮水를 물리친 비범한 인물이었기 때문이다.

그 일 이후 한 해가 지나 소실은 전보다도 더 영특하고 잘생긴 옥동자를 얻게 되었다. 먼젓번 버린 자식을 늘 마음 아프게 생각하고 있던 허적이었으므로 그의 기쁨은 뛰고도 남을 만하였다. 그런데 이를 본 형이 역시 전과 똑같이 이 아이마저 없애 버리라고 하는 것이 아닌가. 아우 허적은 엎드려 목을 놓았다. "이제 후일 어떤 화를 당할지라도 이 애는 버리지 못하옵니다."고 하자 허목은 길게 탄식을 하면서, "어찌하랴, 자네가 그럴 결심이라면 형제의 연을 끊을 수밖에 없네." 하면서 족보의 문적을 분리하였다.

옥동자는 그 후 무럭무럭 자라 일취월장 원숙해지고 글 배우는 재주가 뛰어나 원근에서 부러워하는 헌헌장부가 되어 교서관 정자를 지냈다. 그러나 당시 영의정이 된 부친 허적의 세력을 믿고 방자함이 심하여 유부녀 이차옥을 강탈하는가 하면, 청풍부원군의 첩과 싸워 이를 부러뜨리는 횡포를 저질러 좌윤 남구만의 상소로 배척을 받기도 하였다.

급기야 복선군 이남을 추대하려는 역모에 관련되어 1680년 숙종 6년에 처형되고 말았다. 그가 바로 허견으로, 허적 역시 그 당시 아들로 인해 죽음을 당하였다. 그 후 사람들은 핏덩어리를 보고 장래를 내다보았던 허목의 형안을 놀라워하면서 구렁이가 나왔다는 수정산의 굴을 허적이굴이라고 부른다고 한다.

허적이굴에 얽힌 이야기는 백암면 가창리의 수정산에 있던 정원사 암자 뒤 바위 밑 굴을 허적이굴이라고 부르게 된 연유가 깃든 지명유래담이다. 부잣집 대들보만한 구렁이를 없앤 뒤 낳게 되었다는 허견과, 허견의 미래를 내다보고 집안의 몰락을 막기 위해 문적을 정리하는 허목 등의 행적이 허적이굴이라는 증거물을 앞세워 신비감과 현실감을 동시에 부여하고 있다.

－ 향토문화전자대전, 한국학중앙연구원－

[승진과정]

1633년[24세] 인조 11년 생원·진사시 합격, 성균관 입학

1636년[27세] 인조 14년 병자호란, 인조 수행

1637년[28세] 인조 15년 정시 문과 병과 급제. 승문원정자가 되고 한림에 들어갔다.

1638년[29세] 인조 16년 5월 검열, 9월 예문관 봉교, 홍문관 부수찬, 12월 홍문관 수찬

1639년[30세] 인조 17년 3월 부수찬, 4월 사헌부 지평, 5월 지평, 봉교, 수찬, 지평, 수찬, 6월 경연 검토관

1640년[31세] 인조 18년 1월 부수찬, 2월 수찬, 6월 평안도 도사.

1641년[32세] 인조 19년 7월 수찬, 10월 수찬, 12월 의주부윤 겸 관향사

1645년[36세] 인조 23년 10월 동부승지, 12월 경상 감사

1647년[38세] 인조 25년 2월 경상도 관찰사 임기가 끝났으나 현지사정에 밝다는 이유로 유임되었다. 관찰사 재임 중 조정의 분부를 따르지 않고 일본의 사신 다이라平成幸를 접대하였다가 사신 접대 규정을 위배하였다는 물의로 탄핵을 받고 파직되었다.

1648년[39세] 인조 26년 6월 전라 관찰사로 다시 기용되었다.

1649년[40세] 효종 즉위년 평안도 관찰사

1650년[41세] 효종 1년 평안도 관찰사, 경연특진관, 비변사의 유사당상, 11월 병조참판

1651년[42세] 효종 2년 6월 형조참판. 영의정 김육이 대동법의 확대 시행을 주청할 때 동의하여, 대동법과 공물 방납을 비교하여 대동법의 유익함을 간언하였다.

1652년[43세] 효종 3년 김자점의 옥사에 국청에 참여한 공로로 숙마 1필을 하사받고, 경연특진관, 3월 사헌부 대사헌, 4월 대동법을 지지한 일로 정언 이만웅의 탄핵을 받고 사직했다. 4월 경연특진관, 호조참판, 6월 대사헌

1653년[44세] 효종 4년 호조참판. 청나라에 파견될 사문사査問使로 다녀왔다가 평안도 관찰사

1655년[46세] 효종 6년 1월 원접사. 정2품 중에는 합당한 사람이 없으므로 대신이 경연에서 허적을 천거하니, 특별승급 시켜서 차출하여 보냈다. 5월 호조판서. 11월 동지경연사, 호조판서.

1656년[47세] 효종 7년 1월 지경연사, 4월 형조판서, 5월 천안 군수. 10월 호조판서, 12월 병조판서

1657년[48세] 효종 8년 겸 수리도감 유사 당상

1658년[49세] 효종 9년 5월 우참찬을 거쳐 여름 청나라에 사신이 파견될 때 동지사에 임명되어 북경에 다녀왔다.

1659년[50세] 효종 10년 3월 형조판서, 4월 효종승하. 제1차 예송논쟁

1659년[50세] 현종즉위년 4월 한성부 판윤, 이후 전라도 관찰사, 호조판서, 형조판서, 11월 동지경연사

1660년[51세] 현종 1년 11월 판의금부사

1661년[52세] 현종 2년 1월 겸 부묘도감 제조, 윤 7월 숭록대부로 승진

1662년[53세] 현종 3년 2월 판중추부사, 좌참찬, 2월 예조판서, 3월 병조판서, 4월 판의금부사, 7월 영의정 정태화가 진주사로 청나라에 갈 때 부사로 동행, 11월 귀국보고, 11월 귀국 후 평안도 관찰사

1663년[54세] 현종 4년 1월 형조판서, 4월 사신 원접사, 10월 겸 판의금, 11월 한성판윤

1664년[55세] 현종 5년 2월 좌참찬, 7월 호조판서, 9월 우의정에 발탁되어 사은사 겸 진주사로 다시 청나라에 다녀왔다.

1666년[57세] 현종 7년 7월 청나라 사은 겸 진주정사, 9월 출국, 12월 귀국

1667년[58세] 현종 8년 3월 우의정 면직, 지중추부사, 윤 4월 좌의정, 9월 판중추부사

1668년[59세] 현종 9년 3월 다시 좌의정

1669년[60세] 현종 10년 11월 겸 소결청 도제조

1671년[62세] 현종 12년 5월 영의정, 9월 겸 내의원 도제조

1672년[63세] 현종 13년 5월 행 판중추부사. 사퇴하고 고향인 충주로 낙향하였다.

1673년[64세] 현종 14년 7월 26일 다시 영의정

1674년[65세] 현종 15년 2월 겸 봉상시 도제조, 3월 겸 내의원 도제조, 3월 21일 영의정 면직, 영중추부사, 2차 예송논쟁

1674년[65세] 숙종즉위년 8월 19일 숙종즉위. 원상. 현종이 갑자기 승하하고 숙종이 즉위하자 원상으로 정무를 주관하였다. 12월 25일 원상 면직

1675년[66세] 숙종 1년 8월 탁남·청남이 갈라져 다투다.

1676년[67세] 숙종 2년 12월 사은 겸 진주변무사

1677년[68세] 숙종 3년 3월 호패법을 시행하다. 3월 허적의 중풍이 심해 사신을 교체하다. 7월 생원·진사는 30세, 유학은 40세 이상으로 제한하여 관직 진출을 허가하도록 하다.

1677년[68세] 숙종 3년 8월 기생을 보내어 합격 잔치를 연 감사 민암·민종도를 파직하다.

1678년[69세] 숙종 4년 재정 고갈을 막기 위해 상평통보의 주조·통용을 건의하여, 경제개혁을 단행하였다. 나이 70에 이르러 기로소에 들고 궤장을 하사 받는 등 일신에 영화가 넘쳤다.

1679년[70세] 숙종 5년 2월 13일 남구만이 올린 상소에 관한 직강 김정태의 상소

1679년[70세] 숙종 5년 7월 11일 영의정 사직, 영중추부사, 10월 6일 영의정

1680년[71세] 숙종 6년 1월 새해를 맞아 조정의 분열과 붕당을 없애도록 당부하다.

1680년[71세] 숙종 6년 3월 영의정 허적에게 안석과 지팡이, 그리고 1등의 음악을 내
리다.

1680년[71세] 숙종 6년 3월 청백리였던 허적의 조부 허잠이 충정공의 시호를 받게 되
자 허적은 이를 기념하여 3월 중순 시호 축하연을 열었다. 이 때, 갑자기
비가 오자 숙종은 원임대신인 허적의 노고를 위로하고자 왕실의 기름 천
막을 하사하라는 명을 내린다. 그러나 명이 내려지기 전에 이미 허적이
왕실의 허락 없이 기름 천막을 가져간 것을 알게 되면서 숙종은 진노하였
고, 이 사건으로 허적의 몰락의 계기가 되었다.

1701년 숙종 27년 무고의 옥으로 다시 관작이 추탈되었다가 1795년 정조 19년 정
조의 특명으로 복관되었다.

98. 김수흥金壽興
안동김씨 세도정치의 기틀을 마련한 인물

생몰연도 1626년(인조 4)~1690년(숙종 16) [65세]
영의정 재직기간 1차 (1674.4.26.~1674.7.16)
           2차 (1688.7.14~1689.2.2) (총 9개월)

본관   안동安東
자   기지起之
호   퇴우당退憂堂, 동곽산인東郭散人
시호   문익文翼
당파   서인 노론
묘소   경기도 남양주시 와부읍 덕소리 석실마을. 덕소 석실마을은 조선 8대 명당지라
         불려진다.

5대조   김번金璠   – 평양서윤, 묘소 덕소 석실마을
증조부 김극효金克孝 – 동시돈녕부 도정, 묘소 덕소 석실마을
종조부 김상용金尙容 – 우의정, 묘소 덕소 석실마을
조부   김상헌金尙憲 – 좌의정, 묘소 덕소 석실마을
부   김광찬金光燦 – 동지중추부사, 김상헌의 양자
종손녀 영빈김씨寧嬪 金氏 – 장희빈에 대항한 숙종의 후궁, 인현왕후와 함께 퇴출, 복직
종손   김호겸金好謙 – 생부 : 김창집
동생   김수항金壽恒 – 영의정(영빈김씨와 관련으로 사사)
조카   김창집金昌集 – 영의정
5대손   김조순金祖淳 – 순조의 장인(세도정치의 시작)
조카   김창협金昌協 – 예조판서
조카   김창흡金昌翕 – 이조판서
차남   김창열金昌說 – 군수

안동김씨 세도정치의 기틀을 잡다

김수흥의 자는 기지起之이고 호는 퇴우당退憂堂이며 본관은 안동이다. 김수흥의 조상 김번金璠은 한양에서 살다가 양주에 묻히면서 터를 잡게 되었는데, 증조부 김극효는 돈녕부 도정을 지냈고, 조부 김상관은 장단부사를 지냈으며, 두 아들 김광혁과 김광찬을 낳았다. 김광찬이 숙부이자 좌의정 김상헌에게 입양되어 후사가 되었고 목사 김내의 딸을 아내로 맞아 세 아들을 낳았는데 둘째가 김수흥이고 셋째가 김수항이다.

김수흥의 가문은 인조 이후 당대의 명문 집안이었다. 그의 증조부 김극효는 돈녕부 도정으로 왕실 종친부 핵심 인물이었고, 병자호란 때 척화파의 대표주자로 좌의정에 올랐던 조부 김상헌, 병자호란 때 이조판서로 왕족을 강화로 피난시키고 강화성이 함락되자 화약 더미에 불을 질러 자결했던 종조부 김상용, 이들로 집안을 충신열사 가문으로 빛이 났는데, 이들 형제는 좌의정 정유길의 외손이었다.

어머니는 광주 김씨로, 김수흥은 1626년 인조 4년 10월 26일에 태어났다. 23세에 사마시에 1등을 하여 성균관에 입학하였는데 그때부터 이름난 논객으로 존중받아 세자 입학시 학생대표로 나서기도 하였고, 문묘제례시 청나라 연호를 사용하지 말기를 건의하기도 하였다.

태학생 김수흥 등이 상소하기를, "성균관에 제사 지내어 공경을 보이는 것은 국가의 큰일입니다. 밝고 바른 임금들은 누구나 다 삼가기를 다하여 제사를 지내는 제기의 수와 오르내리는 절차일지라도 감히 소홀히 하지 않았으니, 대개 이렇게 하지 않으면 그 공경하는 것을 보일 수 없기 때문입니다. 혹 예에 어그러지는 글이 의리를 크게 해친다면 어찌 공경을 보이는 데에만 부족하겠습니까. 신명이 오는 것도 반드시 기대할 수 없을 것입니다. 신들이 듣건대, 문묘의 축하 글에도 청나라의 연호를 쓴다 하니, 신들은 분개하여 못 견디겠습니다. 아아, 국가가 불행한 지 오래 되었거니와, 위기가 날로 일어나고 시끄러운 말이 그치지 않으니, 맹자의 하늘을 두려워하라는 가르침은 본디 생각하지 않아서는 안 될 것이고 춘추의 석전은 공자가 일찍이 근엄하게 한 바인데, 한때의 방편을 어찌 보이는 곳이나 보이지 않는 곳의 제향에서도 아울러 행할 수 있겠습니까.

예전에 거란이 문묘악을 보겠다고 청하는 것도 손면이 오히려 물리쳤는데, 더구나 신을 모시는 유사가 경건히 고할 때에 그 연호를 칭한다면 오르내리는 우리 공부자의 신명이 어찌 제물의 향기를 흠향하겠습니까. 병자년·정축년 이후로 종묘의 제향에 이 연호를 통용한 적이 없으므로 신들은 근년 이래에도 이 전례에 따라 행한다고 생각하였는데, 이제 석전 날에 비로소 이 일이 있다는 말을 들었습니다. 앞장서 유생들을 거느리고 엎드려 합동하여 개정하기를 청해야 진실로 마땅하겠습니다마는, 소문을 번거롭힐 듯하므로 약간의 재학중의 유사와 함께 아룀의 규례를 외람되게 썼으니, 신들의 뜻이 또한 슬픕니다." 하였으나, 주상이 답하지 않았다.

– 효종실록 6년 1월 25일 –

30세에 춘당대 과거에서 급제하여 벼슬을 시작하였다. 젊었을 때부터 조정을 위해 많은 상소를 올렸다. 32세 때에는 겨울 천둥 이변으로 임금의 도량을 조심할 것을 권하는 상소문을 올릴 정도로 기개가 당당하였다.

부수찬 김수흥이 상소하기를, "삼가 생각건대, 천둥은 하늘의 호령입니다. 재변이 생기는 것은 각각 그 유로써 응하는 것이니, 전하께서 호령을 발하는 것이 혹 그 마땅함을 잃어 그런 것이 아니겠습니까. 하늘의 뜻은 높고도 멀어 알기 어렵습니다마는, 어찌 감히 소홀히 하여 깊이 경계를 하지 않을 수 있겠습니까. 삼가 바라건대, 전하께서 그 이유를 자세히 궁구하여 천지의 덕을 본받아 명령을 내려 하늘과 땅의 떳떳한 도에 응하신다면 천심이 흠향하여 계절의 질서가 어긋나는 근심이 없게 될 것입니다.

천둥은 하늘의 위엄과 노여움으로, 그것이 사람의 마음에 있어서는 칠정七情의 하나가 됩니다. 인군은 하늘을 대신해 만물을 다스리니 시행하는 모든 것들이 하늘의 뜻에 어긋나지 않아야 하는데, 칠정 가운데서 드러내기는 쉬우면서 제어하기 어려운 것으로는 노여움이 가장 심합니다. 살펴 보건대, 전하의 관대하고 여유있는 도량이 혹 목소리와 얼굴 빛에 부족하고, 꺾어 누르는 위엄이 혹 이치를 살피는 밝은 점을 잃어 조정의 위에서는 끝내 화창한 기운이 적어지게 되었고, 지척의 사이에서도 의심하고 저지하는 근심이 있게 되었으니, 전하의 노여움이 노여워할 때 노여워하여 치우치지 않는 바른 도를 잃지 않았다고 할 수 있겠습니까.

장횡거는 '단지 노여울 때에 바로 그 노여움을 잊고 이치의 옳고 그름을 살펴보라.' 하였습니다. 바라건대, 전하께서 발병의 근원을 깊이 생각하고 사욕을 이겨 잡념을 물리치는 공에 오로지 마음을 두시어 나 한 사람의 사적인 것으로 하늘 이치의 공적인 것을 해치지 않으신다면, 어찌 천지가 제자리를 잡고 만물이 길러지는 효과를 이룰 뿐이겠습니까. 수양하는 도에 있어서도 반드시 크게 유익함이 있을 것입니다.

1627년 인조 5년에 겨울 천둥의 변이 있었는데, 신의 조부 김상헌이 당시 홍문관의 장관으로 있으면서 상소하여 경계할 것을 아뢰었습니다. 그 상소의 말미에 '겨울은 한 해의 끝으로 쌓인 음이 극에 달할 때이고, 간난과 위태로움은 꽉 막힌 운이 찾아든 때로 쌓인 허물이 극에 달할 때입니다. 한 해의 끝에 음이 다 차오르면 하늘의 도가 회복되고, 간난과 위태로움에 허물을 후회하게 되면 인사가 돌아옵니다.

국가가 오늘날 바로 양이 회복되는 기미를 만났으니, 삼가 전하께서는 하늘의 강건한 도를 본받아 일을 해나가는 데 순응으로 행하여, 허물이 있으면 반드시 후회하고 잘못이 있으면 반드시 고쳐서 끝내 아름답고 길함을 이룩하길 바랍니다.'라고 한 말이 있습니다. 신의 조부가 한 이 말이 바로 오늘날의 일과 서로 부합되기에 지금 또 인용해서 올리게 되었으니, 만약 임금께서 은혜를 깊게 하여 살펴보고 받아들이신다면 어찌 미미한 신만의 사사로운 다행이겠습니까." 하였는데, 주상이 받아들였다.

– 효종실록 8년 11월 1일 –

젊은 시절을 중앙관직에서 청요직을 두루 거친 김수흥은 36세가 되던 여름에 광주부윤이 되어 지방직에 근무하게 된다. 이때 광주 군영과 토전·시정의 정사가 감당할 수 없이 번다하였으나 김수흥이 거침없이 재결하는 것이 모두 합당하였으며, 친구의 부탁하는 서한이 산더미 같았으나 시행할 수 있고 없는 것을 사정에 맞추어 잘 처리하였는데, 종신토록 이러하였으므로 동춘당 송준길이 듣고서 감탄하여 말하기를, "그에게 이런 도량이 있을 줄 생각하지 못하였다." 하였다. 39세가 되어 대사간으로 있을 때 다시 임금을 위한 8조목을 올렸다.

> 대사간 김수흥이 상소하기를, "전하께서 즉위하신 지 5년이 되었는데 점점 처음과 같지 않아 정사를 보시는 데 있어 점점 권태의 빛을 보이고, 간언을 받아들이는 데 있어 점점 태만하여, 민생은 점점 곤궁해지고, 인재는 점점 부족해지며, 조정은 점점 법도를 이탈하고 금지법은 점점 밀도를 더하며, 기강은 점점 무너지고, 풍속은 점점 투박하여, 나라가 위태롭기가 점점 수습할 수 없는 단계에 이르고 있습니다." 하면서, 이상 8개의 '점검' 조항을 다시 하나하나 조목 별로 설명하였다.
>
> – 현종실록 5년 4월 1일 –

42세가 되어 호조 업무를 맡았는데 호조는 일이 많고 문서가 적체되는 것이 늘 괴로워 했는데, 김수항이 호조판서가 되고서 문서가 씻은 듯이 처리되고 크고 작은 일이 모두 합당하게 정리되었으며, 잗닿게 살피고 견주어 보지 않아도 아랫사람이 속이지 못하였고, 출납에 지혜를 부리지 않아도 국가 용도가 풍족하였으니 전후의 노련한 관리가 드물게 여기는 바였다. 임금은 잘한다고 생각하였으나 김수흥은 자물쇠를 지키고 임금에게 경계를 아뢰는 것도 절약과 검소함에 있지 않음이 없었는데, 집상전의 수리가 있을 때에 임금께 하늘의 재앙을 두려워하고 남의 말을 돌볼 것을 더욱 권면한 것이 경연관 김만중에게 탄핵받아 호조판서에서 물러났다. 49세에 영의정이 되었는데 7월에 효종비 인선왕후가 죽음을 맞았다.

갑인예송, 2차예송

1674년 현종 15년 7월 효종비 인선왕후가 죽음으로써 복상을 얼마동안 해야 할 것인지를 두고 당파간에 치열한 정쟁이 벌어졌다. 이전에 효종의 상을 당하여 송시열이 대왕대비의 복제를 의논하되 기년으로 단정하여 말하기를, "소현세자가 적자의 장자이어서 대왕대비가 이미 3년 복을 입었으면 선왕에 대하여 다시 3년 복을 입지 않아야 할 것이니, 이는 참최斬衰를 두 번 하지 않는 뜻입니다." 하고 의례 가공언의 상소에 있는 사종설을 인용하여 체이부정體而不正이므로, 선왕은 상소의 뜻에 따라야 하는데 체라는 것은 아들이며 장자가 정체이고 서자는 부정이며, 서자라 한 것은 모든 아들을 범칭한 것이라 하였으나, 혹 3년복을 입어야 한다고 말하는 자도 있었다.

이때 정승 정태화가 다투는 꼬투리가 있을 것을 염려하여 나라 상제에 따라 결단하였다. 대개 장자·서자를 통하여 모두 기년으로 하는 것은 나라 상제는 그러나 체이부정이라는 송시열의 설이 있었으므로 다툼을 즐기는 자가 서자를 첩자로 해석하여 송시열이 효종을 얕잡아 적자의 계통을 이루려 한다 하였다.

조경의 좌단설과 허목의 건저상소가 어지러이 나와서 이론이 더욱 심해지고 더욱 교묘하였는데 임금이 그 정상을 통촉하여 상소가 나오는 대로 곧 벌을 주었다.

이 때에 또 대왕대비의 복제를 의논해야 하였는데, 나라 상제에서 고찰하면 며느리는 장서가 있어서 상복을 기년설·대공설로 차별하였으므로 예관이 기년설로 결정하였다가, 외부 선비들의 비난받고서 또 대공설로 고쳐서 들어갔다.

임금이 어전에서 묻기를, "대왕대비의 복제를 대공설로 정한 곡절이 어디에 있는가?" 하고, 도신징의 상소를 내어 보이고 영의정 김수흥에게 여러 신하와 당일로 의논하라고 명하고, 또 1659년 효종 10년에 의견을 수집한 문서들을 고찰하게 하되, 여러 번 재촉하며 혹 명하기도 하고 소집하기도 하여 형세가 더욱 매우 급해졌으나, 김수흥은 한 가지 설을 지켜서 대답하기를, "기해년에 강론하여 결정한 것은 나라의 상제를 따른 것입니다마는 경국대전 오복조에 아들에 대하여는 장자·서자를 통하여 다 기년설로 하였으나, 며느리에 대하여는 장자는 기년이고 서자는 대공의 차별이 있을 뿐이며, 왕위를 계승하면 곧 장자가 된다는 글이 없으니, 이번 복제는 법전에 따라 대공으로 해야 할 뿐입니다." 하니,

임금이 이르기를, "법전에 왕위계승에 관한 글이 없으면 그 미비한 곳을 어찌하여 전례를 참고하여 마땅하도록 결론지우지 않았는가?" 하였다.

김수흥이 대답하기를, "전례로 말하면 체이부정이라는 설이 있으므로 선왕께서 장자가 되실 수 없는 것이 확실하니, 대통을 이으셨더라도 순서는 정해진 것이 있습니다." 하니, 임금이 진노하여 이르기를, "경들은 다 선왕의 은혜를 입었는데 감히 체이부정으로 오늘날의 예법을 단정하니, 임금에게 박하다 하겠거니와, 어느 곳에 후한 것인가?" 하고 나서 또 하교하기를, "영상 김수흥이 선왕을 잊고 타 이론에 붙인 죄는 결코 바로잡지 않을 수 없으니, 중도에 유배하라." 하였다.

7월 16일 영의정 김수흥을 춘천에 유배하다.

영의정 김수흥을 춘천에다 유배하였다. 주상이 승정원에 하교하였다.
"대신의 직책은 문서만 받들어 이행하는 데 있지 않고 큰 일에 임하여 뜻을 변하지 않아야만 임금을 보필하여 국사를 할 수 있는 것이다. 그런데 영의정 김수흥은 오늘날 상복 제도에 대해 모여 의논할 때에 처음 올린 보고서엔 종이에 가득히 알쏭달쏭한 얘기만 늘어놓고 종내 뚜렷한 결론이 없었고, 두 번째 올린 보고서는 인용하지 않아야 할 고례를 인용하여 범연히 보고하였고, 세 번째 올린 보고서는 국가 전례에 있는 몇 마디 말만 써서 책임을 메꾸는 형식으로 대답하였고, 네 번째 보고서는 감히 버릇없고 당치 않은 말로 정체正體가 아니라는 글을 새로 인용하였으니, 선왕의 은혜를 잊고 다른 의논에 빌붙은 죄를 결코 다스리지 아니할 수 없다. 중도에 유배하라." 하였다.

− 현종 개수실록 15년 7월 16일 −

1674년[49세] 숙종즉위년 8월 23일 대간이 아뢴 전 영의정 김수흥 등의 유배를 중지하다.

사헌부와 사간원에서 전일에 아뢴, '전 영의정 김수흥을 중도 부처하라는 명령과 전 장령 이광적과 전 지평 유지발을 문외 출송하라는 명령과 전 대사간 남이성을 절도 원찬하라는 명령을 환수시키는 일'은 모두 정지시켰다.

− 숙종실록 즉위년 8월 23일 −

1674년[49세] 10월 사면이 되어 1675년[50세] 숙종원년 봄에 죄수를 너그러이 처결하는 소결疏決 때문에 석방을 명하매 김수흥은 양주 묘막 아래로 돌아왔다.

장희빈의 출산과 원자책봉 그리고 기사환국

1689년 숙종 15년 정월에 왕자의 명호를 정하고 유위한의 상소가 있었다. 하루는 임금이 대신·육경과 삼사의 장관을 불러 만나고 하교하기를, "세자가 정해지지 않아서 나라의 형세가 외롭고 약해서 시정이 어렵고 근심되어 민심이 결속되지 않으니, 지금 계책은 딴 데에 있지 않다. 망설이고 관망하며 뜻을 달리하는 자가 있거든 벼슬을 그만두고 물러가도록 하라." 하였는데, 뭇 신하가 다 놀라서 임금의 뜻이 어디에 있는지 몰랐다. 김수흥이 처음에는 머뭇거리다가 임금이 두 번 하교하게 되어서야 대답하기를, "대개 왕자가 탄생한 뒤로 온 나라 안 신민이 기뻐합니다. 앞으로 정궁에게 자손의 경사가 없다면 세자가 어느 곳으로 돌아가겠습니까?

이제 왕자가 탄생한 지 겨우 두어 달이 되었는데 문득 명호를 정하는 것은 서두름을 면하지 못할 듯합니다. 옛사람은 태자에 대하여 교양의 성취를 먼저 힘쓸 일로 여겼고, 명호를 급하게 여겼다는 말을 듣지 못하였습니다. 왕자가 많은 때라면 혹 맏아들을 세우거나 어진 아들을 가리겠으나, 오늘날은 한 왕자가 있을 뿐이니, 덕기가 성취된 후에는 세자의 자리가 어디로 돌아가겠습니까?" 하고, 선조 때의 일을 인용하여 비유하니, 임금이 이르기를, "종묘사직의 대계는 많은 말이 필요하지 않으니, 명호를 정하는 일을 분부하여 거행하게 하라." 하였다.

세자 책봉이 시기상조라는 주장을 펼친 서인이 물러나고 다시 남인이 집권하게 된 것이다. 이때 김수항은 태조의 어진(사진)을 전주로 모시고 돌아오는 길이었는데, 숙종이 세자 책봉문제를 3공 9경이 모여 논의하라고 지시하였다. 그때 왕실은 장희빈이 낳은 왕자 윤이 아직 강보에 싸여 있었고, 정비인 인현왕후 민씨는 나이가 아직 젊어 후사를 볼 수 있었기에, 후궁의 소생을 세자에 책봉 하려하자, 김수항은 남인들이 왕자 정호를 정치적으로 악용하는 것을 경고하였고, 송시열은 송나라 철종의 고사를 예로 들며 시기상조라고 주장하였다.

그때 희빈 장씨의 친정어머니가 딸의 산후조리를 목적으로 가마를 타고 궁중으로 오다가, 천민이 가마를 탔다고 포졸들에게 구타당하면서 사태는 반전된다. 숙종은 장희빈이 명문거족이라고 해도 박대할 수 있느냐며 노론 중신들을 불러다가 추궁을 했다. 숙종은 결국 남인을 지지하는 장희빈의 오라비 장희재와 종실 동평군 이항 등의 힘을 얻어 서인을 물리치고 남인에게 정권을 맡겼다.

김수흥이 물러 나오고 나서 유위한이라는 자가 상소하여 김수흥이 전일 축하드린 것으로 책임만 면하였다고 공박하고, 또 세자를 세우기를 먼저 청하지 않은 것을 죄로 삼고 이미 정해진 뒤에도 불쾌한 마음을 가졌다고 말하기까지 하였다. 그 말이 매우 흉악하나 김수흥은 상소를 올려 대죄하였는데, 임금이 특별히 승지를 보내어 너그러운 비답을 내려 타이르고 이튿날 정승을 간택하라고 명하였다. 2월 초이튿날에 김수흥에게 정승을 간택하게 하였는데, 마침 송시열이 상소하여 세자를 세우는 일을 논하였으므로 임금이 진노하여 명하여 송시열의 관직을 삭탈하고 성 밖으로 내쫓으니, 김수흥이 부름을 받고 감히 나아가지 못하였는데 김수흥도 함께 명하여 파면하고, 승정원과 삼사의 관원들도 임금이 단번에 지워 버리고 특별히 남인 편의 사람을 기용하여 그 자리를 다 채워서 조정이 변하였다.

이를 기사환국이라하여 서인정권이 무너지고 남인정권이 들어선 정변을 말한다. 기사환국은 숙종이 후궁 장희빈의 아들을 세자로 삼으려 하자, 송시열을 주축으로 한 서인들이 반대하였다. 이에 숙종의 뜻을 받들던 남인들이 들고 일어나 서인들을 공박하니, 숙종이 남인 편을 들어 서인의 중심인물인 좌의정 송시열을 제주도로 유배시켰다가 사약을 내려 죽이고, 김수흥은 장기에 유배시키고, 아우 김수항은 사약을 내려 목숨까지 잃어버린 정변이었다.

대사간 정박·집의 박진규·장령 이윤수·지평 이제민·헌납 권환·정언 송유룡이 합사하여 논박하기를,

"영돈녕 김수항은 밖으로 거짓을 꾸미고 안으로 간사하고 독살스러움을 번득이며, 10년 동안 국권을 잡고 위복을 제 마음대로 휘두르면서 일가를 궁궐로 보내어 성상의 동정을 살폈습니다. 김익훈·이사명과 사귀어 심복으로 삼고, 이인하·윤시달은 수족과 같이 부렸으며, 이단하가 미친 것은 온 세상이 다 같이 아는 바인데도 송시열을 뜻을 받아 이끌어서 정승이 되게 하였고, 지친 5인을 일시에 각도의 관찰사로 삼았으며, 사사로이 비루한 자들을 길러서 차례로 나누어 병사·수사로 보내서 권세가 안팎으로 행해졌습니다. 권력은 임금을 핍박하고, 재산은 한 동리를 둘러쌀 정도로 꽉 찼으며, 수레에 가득 실어들인 물건은 자신의 사사로운 창고에 가득찼습니다. 그리고 원자의 명호를 정할 때에는 부르는 곳에 나가지 않았으니, 그 마음을 알 수 있습니다. 청컨대 파직하소서.

전 영의정 김수흥은 송시열을 스승으로 섬겼으므로 꼭같이 악한 일을 하였습니다. 1674년(갑인년) 예송을 바로잡을 때에는, 선왕의 밝은 명령을 거역하여 흉론을 주장하였으니, 죄는 죽어도 용납받지 못할 것인데, 당파에 의지하여 한세상을 위력으로 제압하였습니다. 집안에는 사나운 처가 있는데 잔학한 짓을 하도록 도우고, 규중 사이의 수요를 온갖 방법으로 색출하여 태복시에 저장한 물품이 고갈되기에 이르렀으며, 자식 장가들이는 데는 혼수로 천금을 썼습니다. 원자의 명호를 정할 때에는 잠깐 따르는 체 하다가 곧 어기어 스스로 그 간교함을 드러냈고, 감히 광해를 이끌어 대어 순서가 없는 것에 견주어 비교하였으며, 송시열이 송나라 철종의 일을 인용하게 되어서는 더욱 그 말을 증험하였으니, 청컨대 삭탈 관작하여 성문 밖으로 쫓아

보내소서." 하니, 모두 그대로 따랐다.

– 숙종실록 15년 2월 10일 –

김수흥은 그날로 성 밖을 나가 금촌에서 명을 기다리고 목내선·김덕원 등은 다 특명으로 정승이 되고, 송시열은 맨 먼저 대간의 탄핵을 받아 제주로 귀양가고, 이어서 사헌부 사간원의 합동 보고가 있어서 김수흥은 장기에 유배되고 김수항은 진도에 유배되었다.

처음에 김수흥이 황급히 길을 떠나느라 김수항과 결별하지 못하고 다만 서찰 하나를 부쳐 권면하기를, "평생 도를 배운 것이 진실한 의리이니 생사는 함께 하지 않아도 존망을 함께 하리라." 하였는데 소동파가 아우 소철에게 준 시이며, 장기에서 섬으로 들어온 서찰이 있는데 종이에 자세하게 쓴 것도 험난에 처하여 그곳에 안락하는 뜻이었다.

김수항이 사약을 내리는 명을 받게 되어서 또한 작별하는 서찰이 있었으나 김수흥이 병이 위독하므로 집사람이 놀랄 것을 염려하여 전하지 않았고, 중궁이 폐출된 일부터 송시열이 화를 입은 일까지 모두 숨겼으므로, 김수흥이 번번이 김수항의 안부를 물었고 백부에게 보낸 서찰에 바다 건너 맑은 빛을 아들에게 나눈다는 글귀를 인용하기까지 하였고, 서울에서 온 사람을 보면 으레 송시열이 있는 제주 소식을 물었다. 겨울이 끝날 무렵에 병이 조금 뜸하였는데 마치 어렴풋이 아는 것이 있는 듯하여 다시는 묻지 않고 다만 벽을 향하여 혼자 말하기를, "착한 사람들이 도망하여 없어지니 나라가 멸망하고 병들리라." 하고 이어서 느껴 울고 크게 탄식하였다. 김수흥은 유배된 그 이듬해, 죄인 된 몸으로 65세 나이에 그만 세상을 등졌다.

김수흥의 졸기

김수흥은 먼 경상도 땅 장기 유배지에서 목숨을 잃었지만 실록에 졸기가 기록되어 있다. 대부분의 실록은 유배지에서 죽은 기록은 싣지 않고 있는 데 비해 숙종실록에 김수흥의 졸기를 기술한 것을 보면 장기간의 당파싸움에서 서인 계열 노론이 영구히 집권하였음을 알리는 기록이기도 하다.

1690년[65세] 숙종 16년 10월 12일 전 영의정 김수흥의 졸기

전 영의정 김수흥이 장기의 유배지에서 졸하였는데, 65세다. 김수흥의 자는 기지이며, 문정공 김상헌의 손자이다. 아우 김수항과 차례로 조정에 등용되었는데, 문사는 김수항보다 못하였으나 또한 아량이 있어 쓸 만하였다. 일을 주선하고 처리하는 기량이 남보다 뛰어나서 과단하고 민첩하게 처리하였으므로, 호조의 업무처리는 사람들이 근세에 드문 것으로 일컬었다. 현종 때에 특별히 정승으로 제배되고 이어서 수상에 올랐는데, 급제한 지 겨우 10여 년이었으나 남들이 갑자기 올랐다고 하지 않았다. 김수흥은 일찍부터 어진 할아버지의 가르침을 받아 경술에 마음을 두었었다. 정승의 벼슬에 오래 있던 것은 아니나 한결같이 유림을 도와서 보호하고 임금의 덕을 바른 데로 이끌어가는 것을 주장삼고, 낭패스러운 형세가 되더라도 돌아보지 않았으므로, 세상에서 이 때문에 칭찬하였다. 어려운 때를 당하여 횡액을 면하지 못하여 먼 바닷가에서 해를 겪고 마침내 운구로 돌아오니, 선한 사람들은 누구나 다 상심하고 통탄하였다. 뒤에 문익文翼이라 시호를 내렸다.

1694년(숙종 20) 4월 2일 고 상신 김수흥을 복관하고 사제하게 하다.

조선 8대 명당 김번의 묘

경기도 남양주시 와부읍 덕소리 석실마을 주변 산자락에는 안동김씨 조상 묘가 즐비하다. 그중에서 김번(1479~1544)의 묘는 조선 8대 명당으로 알려진 곳이다. 그 후손들 중에 왕비 3명, 정승 15명, 판서 35명, 대제학 6명, 청백리 3명, 120여명의 문과 급제자를 배출하였으니 8대 명당이란 말이 나올 만하다. 이들은 조선 후기 외척으로 왕권보다 더 강한 세도정치를 하였다.

유명한 명당이 그러하듯 김번의 묘에도 전해 내려오는 설이 있다. 이곳은 본래 김번의 처가인 남양홍씨들의 땅이었다. 김번의 조부 김계권의 맏아들인 학조대사가 양주 회암사에 머물고 있을 때 이곳을 지나다가 이 자리를 발견하였다. 자신은 출가하여 승려가 되었기 때문에 가문의 번영을 위해 조카에게 자리를 알려주었다. 김번의 부인은 친정집을 설득하여 후에 자신들의 묘 자리로 쓰는 것을 허락 받았다. 얼마 후 남양홍씨 집안에서 이곳이 명당임을 알게 되었다. 김번이 사망하여 묘를 쓰려고 하자 홍씨 집안에서는 문중 청년들을 동원하여 밤새 물을 퍼부었다. 그리고는 물이 나는 자리이니 다른 땅을 알아보라고 하였다. 하지만 홍씨 부인은 양보하지 않았다. 남편을 묻고 6년 후 본인도 함께 묻혔다.

김번은 생전에 1남 1녀와 3명의 손자가 있었다. 이중 손자 김극효가 당시 실력자인 동래정씨 정유길의 사위가 되었다. 김극효의 슬하에는 김상용(우의정)·김상관(장단부사)·김상건(광릉참봉)·김상헌(좌의정)·김상복(경주부윤) 5형제가 있었다. 김상용은 병자호란 때 왕족들을 수행하여 강화로 피난하였다가 성이 함락되자 화약고에 불을 지르고 순절한 인물이다. 김상헌은 병자호란 때 인조를 따라 남한산성에 들어갔다가 끝까지 싸울 것을 주장한 척화파였다. 이후 청에 끌려가 6년 동안 억류되었다.

김상용은 김광형(좌승지)·김광환(돈령부도정)·김광현(이조참판)의 세 아들을 두었고, 김상관은 김광찬(동지중추부사)·김광혁(동부승지) 등의 두 아들을 두었다. 김상헌은 아들이 없어 김광찬을 양자로 받아들였다. 김광찬의 아들로 김수증(공조참판)·김수흥(영의정)·김수항(영의정)이 있다. 김수항의 아들로는 김창집(영의정)·김창협(예조판서)·김창흡(이조판서)·김창업 등이 있다. 김창집의 4대손이 김조순으로 순조의 장인이 된다. 그는 안동김씨 세도정치의 기틀을 마련한 인물이다. 이들은 안동김씨 중에서도 장동김씨라고 부른다. 청음 김상헌이 지금의 효자동인 청와대 옆 장동에 살았기 때문이다.

- 네이버 블로그 -

석실서원

수석리에서 가장 큰 마을이 석실마을이고 이곳에 석실서원이 있었다. 수석리에 있던 석실서원은 청음 김상헌의 도덕과 충절을 기리기 위해 세워진 서원으로, 그 뒤 김상용, 김수항, 민정중, 이단상, 김창집, 김창협, 김창흡, 김원행, 김이안, 김조순이 배향된 곳이다.

가노라 삼각산아 다시 보자 한강수야
고국산천을 떠나고자 하랴마는
시절이 하 수상하니 올 동 말 동 하여라

이 시로 사람들에게 알려진 김상헌은 조선 중기의 문신으로 이괄의 난 직후 붕당을 타파하고 언로를 넓힐 것을 주장하였다. 인조반정 이후에도 강직한 성격으로 시사를 비판하다가, 반정 주체들의 뜻에 거슬려 향리로 귀향하기도 하였다.

예조판서로 있던 1636년 병자호란이 일어나자 남한산성으로 인조를 호종하여 주전론을 강력히 주장하였다. 대세가 기울어 항복하는 쪽으로 굳어지자 최명길이 작성한 항복문서를 찢고 통곡하였다. 1641년 인조 19년 심양의 북관에 구류되었다. 그때 대표적 주화론자인 최명길도 심양에 잡혀와 있었다. 병자호란을 대표하는 두 대신이 포로의 신세로 주고 받은 시는 많은 차이를 보여준다.

최명길은

湯氷俱是水, 裘葛莫非衣"

"끓는 물과 얼음 모두 물이고, 가죽 옷과 갈포 옷 모두 옷이네

라고 읊었고, 김상헌은 이렇게 화답했다.

成敗關天運 須看義與歸
雖然反夙暮 詎可倒裳衣
權或賢猶誤 經應衆莫違
寄言明理士 造次愼衡機

성패는 천운에 관계되어 있으니 의義에 맞는가를 보아야 하리
아침과 저녁이 뒤바뀐다고 해도 치마와 웃옷을 거꾸로 입어서야 되겠는가
권도權道는 현인도 그르칠 수 있지만 정도正道는 많은 사람들이 어기지 못하리
이치에 밝은 선비께 말하노니 급한 때도 저울질을 신중히 하시기를

1641년 중국 심양에 끌려가 이후 4년여 동안을 청나라에 잡혀 있다가 1645년 소현세자와 함께 귀국했지만, 여전히 척화론자를 탐탁지 않게 여기는 인조와의 관계가 원만하지 못해 벼슬을 단념하고 석실石室로 나아가 은거하였다.

그의 동생은 청나라에 의해 강화도가 함락되자 강화 남문에서 화약에 불을 지르고 자폭한 김상용이다.

조선 후기의 세도가문인 안동 김씨는 김상헌에게서 나왔다. 그것을 압축하는 표현은 '삼수육창三壽六昌'이다.

'삼수'는 양자인 김광찬의 세 아들 김수증(공조참판)·김수흥(영의정)·김수항(영의정)이고, '육창'은 김수항의 여섯 아들 김창집(영의정)·김창협(대사간·대사성)·김창흡·김창업·김창즙·김창립이다.

이 족보는 김창집의 아들 김제겸, 손자 김달행, 증손자 김이중을 거쳐 고손자 김조순에 이른다. 조선말 안동 김씨의 세도가들인 김수근, 김병학, 김병국 등이 모두 그의 후손이었다.

2대에 걸쳐 영의정을 세 명이나 배출한 안동김씨 가문은 우암 송시열과 같은 노론의 종갓집 역할을 자임하였다. 석실 서원은 1656년 효종 7년에 창건되었다. 서인계 서원이었다가 노론과 소론이 분당된 후에는 노론계로, 노론 내에서 호론과 낙론이 갈릴 때는 낙론의 진원지였고 조선 후기 사대부 진경 문화의 산실이 되었다.

또한 영·정조 연간의 탕평 정국에서는 탕평에 반대하는 의리론의 본거지였으며, 호론계의 정치 세력에 대항하는 척신 홍봉한의 정치적 지지세력이 되기도 하였다. 그리고 김상헌의 직계 후손이 주축이 된 안동 김씨의 세도정권하에서는 집권 명분을 정당화하는 정치도구가 되기도 하였다. 즉 석실서원은 그들의 사상적 기반을 마련하는 바탕이었으며, 조선 후기의 사상과 권력의 중심역할을 했던 곳이다. 그렇게 중요한 역할을 담당했던 석실서원은 1868년 흥선대원군의 서원철폐령으로 철폐되어 흔적도 없이 사라지고 말았다.

그 자리에 고려 말과 조선 초기의 문신인 조말생의 묘와 영모재가 들어섰다. 1900년 고종의 묘가 홍릉으로 결정되면서 본래 금곡에 있던 조말생의 묘가 이곳 수석리로 옮겨왔고, 양주 조씨의 영모재가 들어서면서 석실서원 터는 폐허로 변하고 말았다.

– 신정일의 새로 쓰는 택리지 4 –

[승진과정]

1648년[23세] 인조 26년 사마시 1등, 성균관에 입학. 이름난 논객으로 존중받아 현종이 입학할 때에 선비들이 장명으로 추천하였다.

1655년[30세] 효종 6년 1월 김수홍이 문묘의 축사에 오랑캐의 연호를 쓰지 말 것을 청하다.

1655년[30세] 효종 6년 춘당대 문과 병과 2위로 급제, 승문원 권지부정자

1656년[31세] 효종 7년 5월 시강원 겸 설서, 9월 예문관 검열, 10월 설서, 성균관 전적, 병조 좌랑

1657년[32세] 효종 8년 10월 홍문관 부수찬

1658년[33세] 효종 9년 1월 수찬, 2월 수찬, 4월 헌납, 부수찬, 헌납. 5월 수찬, 6월 교리, 12월 이조좌랑

1659년[34세] 효종 10년 4월 충청도 암행어사, 5월 효종 승하

1659년[34세] 현종즉위년 7월 이조좌랑, 동학교수 겸직, 12월 이조정랑, 겸 교서관 교리

1660년[35세] 현종 1년 5월 겸 춘추, 실록청 낭청, 겸 한학교수, 11월 부교리

1661년[36세] 현종 2년 1월 부교리, 1월 응교, 2월 전라도 암행어사, 5월 응교. 통정대부, 6월 광주 부윤

1663년[38세] 현종 4년 4월 대사간, 9월 승정원 동부승지, 우부승지

1664년[39세] 현종 5년 2월 대사간, 4월 1일 정사, 간언, 민생 등 8조목에 대한 대사간 김수홍의 상소, 4월 동부승지, 5월 병조참의 6월 우부승지 7월 대사간, 7월 병조참지, 7월 대사성, 8월 우승지, 좌승지. 12월 경기 관찰사

1665년[40세] 현종 6년 11월 경기 관찰사 연임 후 한성부 우윤

1666년[41세] 현종 7년 1월 도승지, 2월 당상관, 8월 발탁하여 호조 판서, 세자 책례도감의 당상에 차출, 도총관 겸직

1667년[42세] 현종 8년 1월 정헌대부

1668년[43세] 2월 호조판서 면직. 2월 좌참찬, 2월 24일 부친상, 여묘살이

1670년[45세] 현종 11년 상례후 지중추부사, 5월 한성부 판윤, 5월 좌참찬, 6월 총융사, 8월 강화 유수

1671년[46세] 현종 12년 6월 호조 판서, 8월 숭문원 제조, 11월 총융사

1672년[47세] 현종 13년 2월 지경연 부사

1673년[48세] 현종 14년 2월 판의금부사, 4월 우의정

1674년[49세] 현종 15년 1월 겸 어영 도제조, 2월 총호사, 4월 26일 영의정, 갑인예송. 7월 16일 춘천에 유배되다.

1674년[49세] 숙종즉위년 8월 23일 유배 중지 10월 사면
1675년[50세] 숙종원년 석방, 양주 묘막 아래로 돌아왔다.
1677년[52세] 숙종 3년 6월 4일 영의정
1678년[53세] 숙종 4년 윤 3월 3일 사헌부에서 영의정 반대
1680년[55세] 숙종 6년 경신대출척, 서인 재집권 4월 18일 전 영의정 김수홍·전 판서
             민정중 등의 서용을 명하다. 4월 19일 영중추부사. 11월 청나라 사은사
             겸 진주정사로서 북경에 가다.
1681년[56세] 숙종 7년 3월 귀국보고
1684년[59세] 숙종 10년 1월 약방 도제조, 5월 영중추부사
1685년[60세] 숙종 11년에 윤증의 일이 있었다.
1688년[63세] 숙종 14년 7월 14일 영의정
1689년[64세] 숙종 15년 유위한의 상소, 파직
1690년[65세] 숙종 16년 10월 12일 전 영의정 김수홍이 죽다
1694년[사후] 숙종 20년 4월 2일 고 상신 김수홍을 복관하고 사제하게 하다.

숙종 시대

99. 김수항金壽恒
양관 대제학을 지낸 최고의 학자이자 정치가

생몰년도 1629년(인조 7)~1689년(숙종 15) [61세]
영의정 재직기간 1차 (1680.4.3.~1685.7.4)
　　　　　　　 2차 (1685.8.11~1687.7.24) (총 7년 3개월)

본관　　　안동安東
자　　　　구지久之
호　　　　문곡文谷
시호　　　문충文忠
당파　　　서인, 노론의 영수
배향　　　197년후 현종 묘정에 배향, 양주의 석실서원
기타　　　김상헌, 김장생, 김집의 학문을 계승하다

증조부　김극효金克孝 – 동지돈녕부사
친조부　김상관金尙寬 – 장단부사
양조부　김상헌金尙憲 – 좌의정
부　　　김광찬金光燦 – 동지중추부사
모　　　연안 김씨　 – 김제남의 손녀
형　　　김수증金壽增 – 공조판서
형　　　김수흥金壽興 – 영의정
장남　　김창집金昌集 – 영의정
차남　　김창협金昌協 – 대사성, 예조판서
삼남　　김창흡金昌翕 – 사헌부집의
사남　　김창업金昌業 – 조선화가
오남　　김창즙金昌楫 – 예빈시주부

노론의 영수로 3대 장원급제 출신에 형제 영의정

김수항은 형 김수흥의 뒤를 이어 영의정이 되어 형제간 영의정이 되었고, 아들 김창집이 영의정이 됨으로서 부자간 영의정을 지냈다. 진사시에 장원을 하고, 성균관 입학시험에도 장원을 하였으며 알성시 문과에도 장원급제를 하니, 세 번 연속 장원급제한 보기 드문 영재로 꼽혔다. 그의 이런 영재성으로 44세에 우의정에 올라 홍문관과 예문관의 양관 대제학을 겸하였다. 이때 남인과 서인으로 갈라져 당파싸움이 치열했는데 대제학 자리만은 시비를 거는 사람이 없을 정도로 인정받아 그의 실력은 당대에 이름을 떨쳤다.

청나라에 절의로 대척한 명망있던 김상헌의 손자로 집안 학문을 계승했으며 김장생의 문인인 송시열·송준길과 친교를 가졌다. 특히 송시열이 아끼던 후배로서 한 때 사림의 종주로 추대되었다. 서인이 노론과 소론으로 분열할 때 송시열을 옹호하며 노론의 영수가 되자, 소론들에게 배척을 받기도 하였다.

시문에 뛰어났고, 당나라 한문 문체에서는 당대의 제일인자로 꼽혔다. 가풍을 이은 필법이 단아해 전서와 해서·초서에 모두 능하였다.

1662년[34세] 현종 3년 자헌대부로 승급하여 4월 17일 양관 대제학이 되었다. 8월 4일에 왕의 특명으로 예조판서에 오르니, 그때 나이 불과 34세였다.

김수항을 예조판서에 특별히 제수하였는데, 이때 나이 34세였다. 사관은 논한다. 김수항과 조복양은 모두 명문가의 자제들로서 당시 명예가 상당하였으니 다른 사람의 입김 없이도 스스로 평탄하게 진출할 수 있었다. 그런데 원두표가 발탁해서 임용하라고 청한 데 따라 서로 이어 승진해 임명되었으니, 두 신하의 입장에서 부끄러움이 없을 수 있겠는가. 사람들이 모두 비웃었다.

1670년[42세] 현종 11년 3월 18일 김수항을 지경연으로 삼았다. 이때 사관은 다음과 같이 기록하고 있다.

김수항은 40세도 안 되어 총재의 직위에 오르고 문형을 맡았다. 김수항같이 일찍 현달한 사람이 근세에 없었으므로, 이 당시 사람들에게 추앙을 받았다. 그러나 조정에 있으면서 꼿꼿한 절개가 없었으므로 사람들이 이것을 부족하게 여겼다. 부친상을 당해서는 상례를 신중히 지키지 않았다는 비방도 있었는데, 이 때에 와서 상복을 벗었다.

– 현종실록 11년 3월 18일 –

1672년[44세] 현종 11년 11월에 네 번째 이조판서가 되고, 12년 5월에 우의정으로 승진되었고, 6월에는 다시 홍문관 및 예문관의 양관 대제학에 제수되어 자타가 공인하는 최고의 학자로 인정받으니 개인적으로는 가장 큰 명예였다. 11월에 좌의정으로 승진되어 세자부世子傅를 겸하였다.

1673년[45세] 현종 13년 9월 왕의 미움을 받아 물러난 서인 송시열을 변호하다가 남인들의 공격을 받아 판중추부사로 좌천당했다.

1674년 효종비 인선왕후의 부음 때 자의대비의 복상문제로 제 2차 갑인예송이 일어나자, 형 김수흥, 우암 송시열 등과 함께 대공설을 주장했으나, 기년설을 주장한 남인의 공세로 벼슬을 내려놓아야 했다. 서인이 패하여 영의정이던 형 김수흥이 쫓겨나자, 김수항은 숙종의 부름을 받아 좌의정으로 복귀하였다. 8월에 현종이 승하하고 숙종이 등극하여 우의정이 되었다.

1675년 숙종 1년 1월 김수항이 한강 밖에 물러가 있으므로, 임금이 승지를 보내어 별도로 명하여 불렀으나, 사퇴하고 오지 않으니 3월 18일 좌의정에 제수하였다. 4월 23일 김수항이 전날 주강에서 환관을 거론한 일로 사직을 청하였다.

대신과 비변사의 여러 재상들을 만났다. 대신과 여러 재상들이 두어 건의 일을 결정하였다.
임금이 갑자기 김수항에게 이르기를, "어제 경이 '이 뒤에는 내관의 일을 말해서는 아니된다.'는 말을 하였으니 무슨 이유로 이러한 말을 하였는가? 내가 어린 임금이라서 업신여기는 것인가?" 하니, 김수항이 황구하여 일어나 절하면서 아뢰기를,

"다른 일은 신이 알지 못하는 것입니다. 그러나 윤휴가 상소한 일은 대신과 중신들이 모두 그를 실행하기 어렵다 하였는데도 주상께서 내관을 보내서 살펴본 뒤에는 곧 그를 시행하라는 분부가 있었습니다. 이 일로 보면 대신을 가볍게 여기고 내관을 중하게 여기신 것입니다. 그런 까닭으로 감히 어리석고 망령된 의견을 아뢰었던 것입니다. 그런데 임금의 가르침이 이와 같으니, 신이 군주를 섬기는 법도가 형편없어서 전하에게 신용을 받지 못하여 군주를 업신여겼다는 분부를 받기까지 했으니, 어찌 감히 한 시각인들 재직하겠습니까? 청컨대 물러나 죄명을 기다리게 해 주소서."

하니, 임금이 답하지 않았다. 권대운이 두 번 세 번 청하기를,

"대신을 대우하는 것을 이와 같이 할 수는 없습니다. 그러니 먼저 번의 분부가 너무 지나쳤다는 뜻으로 다시 분부를 내리시어 그로 하여금 안심하게 하소서." 하였다.

김석주도 또한 간곡하게 이를 아뢰었고, 권대운도 그만두지 않고 거듭 청하였다.
이에 임금이 조금 풀어져서 말하기를,

"이미 지나간 일은 말할 필요가 없으니, 굳이 사퇴하지 말라." 하였다.

우리 조정에서 고려의 옛 제도를 그대로 계승하여 환관을 대우하는 것이 매우 엄하여서 환관들이 나라의 정사에 간여하지 못하게 하였다. 그런데 임금이 즉위할 때 나이 14세였으므로 나라의 정사에 익숙하지 못하여 환관이 문서를 맡으면서 임금의 총애를 받으니, 밖의 사람들이 말하기를, '나이 많은 환관이 때를 타서 궁중에서 권세를 부리려한다.'고 하였다. 정유악이 대간에 말하여 환관들을 국문하기를 청하였으나, 사람들이 모두 두려워하여 감히 말하지 못하였다. 수상 허적이 일찍이 들어와 일을 아뢰었으나, 그 일이 기밀에 관계되었기에 임금이 이를 비밀히 하여 선포하지 못하게 하였다. 이에 허적이 좌우에 모시고 있는 환관들을 가리키면서 말하기를,

"저 사람들이 어찌 이 일을 누설하겠습니까? 한림과 주서가 누설하였겠지요."

하였으니, 그가 환관에게 아첨하여 섬기는 것이 이와 같았다. 김수항이 전투용 수레 제도에 관한 일로 간하였을 적에 이하진은 본래 간사하고 아첨하는 자이기에 나가서 법을 굽혀 비호하여 임금의 뜻을 권하여 내관들에게 잘 보이려고 하니, 김수항이 그를 미워하여 배척하였다. 그래서 조사할 것을 청한 것이다. 임금이 윤허하여 따르기를 마치 메아리가 소리에 응하듯이 얼굴 빛이 온화하여 조금도 불평스러운 뜻이 없는 듯하였다. 이날 김수항이 빠른 걸음으로 조정에 들어오니, 좌우에 모신 환관들이 성난 눈으로 흘겨보았으므로, 장선징이 이를 깨닫고는 괴상하게 여겼다. 임금은 처음에 문안하는 한 마디 말을 대답한 이외에는 김수항이 말한 것을 하나 대꾸하지 않았고, 말과 얼굴 빛에 불쾌하게 여김이 있는 듯하여 아뢰는 말이 끝나기도 전에 갑자기 김수항을 꾸짖었으나, 권대운과 김석주가 힘써 구제하여 주어 중지되었다. 임금이 처음에는 성낼 뜻이 없었으나, 궁궐에서 환관들이 일러바쳐 거짓 아뢰는 말을 듣고서 이러한 분부가 있었다. 이 뒤로부터 환관들이 더욱 꺼리는 바가 없었다.

사관은 말한다. "옛적에 원앙이 한나라 문제에게 말하기를, '승상이 군주에게 교만하고 조정을 뒷전으로 여기고 있습니다.' 하였으나, 문제는 승상을 더욱 씩씩하게 여길 뿐이고 면전에서 꾸짖었다는 말은 듣지 못하였다. 이제 김수항이 세 임금을 섬긴 옛 신하로서 임금을 바른 길로 이끌 지위에 있으면서 뜻이 국정을 바로잡아 구하는 데 있기에, 말하는 것이 조금도 꺼리고 숨기는 것이 없었다. 말을 받아들이지 않을 뿐 아니라, 뒤따라 꾸짖었으니, 임금의 덕에 결점이 크니 탄식을 견디어 낼 수가 있겠는가?"

– 숙종실록 1년 4월 23일 –

6월 2일 좌의정직을 사직하였는데 세 번의 사직상소와 11번 사직서 제출 후 처리되었다. 7월 판중추부사가 되었고 7월 12일 김수항이 상소를 올려 박헌의 상소 등을 비롯한 남인의 횡포를 논하였다. 7월 15일 사헌부 김휘·이옥·김해일 등이 김수항의 상소가 무뢰하다며 파직시킬 것을 청하자 중도부처토록 하다.

대사헌 김휘, 사간 이옥, 장령 김해일, 지평 이항, 정언 권환·이서우 등이 합사하여 아뢰기를,

"판중추부사 김수항이 올린 상소는 말이 매우 위험하여 신하로서는 차마 들을 수도 없고 차마 말할 수도 없는 것들이 아님이 없습니다. 아! 요나라 대순이 사흉을 목베인 것이 어찌 요나라의 밝음에 손상되며, 송나라 철종 원우가 왕안석을 물리친 것은 실로 신종의 유훈을 따른 것입니다. 그런데 군부를 침범하였다는 데로 돌리기 위해 한나라 원제의 어둡고 미약함을 끌어다가 선 조정에 비교하여 견주기에 이르렀습니다. 그 숨겨진 뜻을 밝혀낸 말과 변환한 말의 뜻은 마치 여러 신하들이 윤리를 무너뜨리고 어지럽힌 일로 인도하였는데도, 전하께서는 부드럽게 용납하시고 물리침을 가하지 않아 그 폐가 임금의 옥체에 미치게 하였고, 전하의 효성이 더욱 돈독하신데도 불측한 말을 지어내어 성대한 왕조에 가함으로써 인심을 어지럽게 하였습니다. 옛부터 골육을 이간시켜 남의 집안과 나라에 화를 입게 한 일들은 환관이나 비첩들의 사이에서 나왔습니다만, 김수항은 세도가의 자손으로서 대신의 반열에 있으면서 이렇게 간특하고 요사스러운 수단을 써서 조정을 무함하고 군부를 위협·장악하여 송시열을 위해 보복하는 소지로 만들려 하였으니, 너무나 통탄스럽습니다. 김수항의 파직을 청합니다."

하니, 답하기를, "김수항이 임금을 잊고 나라를 저버린 죄는 온 국토에 퍼져 나오지 않을 수 없다. 그러나 중국과는 같지 않으니, 중도부처토록 하라." 하였다.

– 숙종실록 1년 7월 15일 –

이 일로 남인인 윤휴·허적·허목 등의 탄핵을 받아 원주로 유배되었다

가 영암, 철원으로 이배되었다.

1680년 숙종 6년 남인 영의정 허적이 자신의 조부 허잠의 시호를 맞이
하는 잔치에 비가 오자 왕실의 기름 천막을 허가없이 가져다 썼다가 숙
종의 분노를 사게되어 허적을 영의정에서 해임하고 김수항을 영의정으로
불러들였다. 이로 경신대출척이 시작되어 남인이 실권하고, 경신환국으
로 서인이 집권한 후 남인의 죄를 다스리는 한편, 송시열·박세채 등을 불
러들였다. 1681년부터는 현종실록의 편찬 총재관이 되어 실록 편찬과 감
수를 맡아보았다.

서인이 집권한 후 남인의 영수 허적의 처리를 놓고 사형과 유배로 의견
이 나뉘었다. 이때 김수항은 허적은 고명대신이고 정승을 역임한 인물이
라 쉽게 죽여서는 안 된다며 반대하였다. 남인이 집권하였을 때 허적은
남인 내에서 서인 영수 송시열, 김수항을 처형하자는 주장에 반대하였으
므로, 서인의 일부에서도 허적을 사형에 처하자는 의견에 반대하거나 고
민하였다.

김수항과 정지화는 허적이 고명대신임을 들어 사형만은 면하게 해야
된다고 주장했으나 김만기 등 서인 강경파는 허적의 사형을 주장하였고,
허적의 사형만은 막으려 노력했으나 실패하였다. 그해 5월 윤휴와 허목
도 처형하라는 여론이 나오자 김수항은 이를 적극 지지하였다.
이후 8년 동안 영의정으로 있었는데 1682년 김익훈의 처벌을 놓고 서
인이 노론과 소론으로 갈라질 때 그는 노론편에 섰다.

1687년 영돈녕부사로 전임되었다. 1차 예송 논쟁으로 서인이 집권하고
2차 예송논쟁으로 남인이 집권했다가 경신대출척으로 다시 서인이 집권

하고 있었다. 당시 김수항은 서인의 주요 논객으로 송시열, 송준길 등을 지원, 보완하고 있어 남인들의 맹공 대상이 되어 있었다.

1689년 장희빈이 출생한 아들을 놓고 세자책봉 문제로 기사환국이 일어난다. 이때 김수항은 태조의 어진(사진)을 전주로 모시고 돌아오는 길이었는데, 숙종이 세자 책봉문제를 3공 9경이 모여 논의하라고 지시하였다. 그때 왕실은 장희빈이 낳은 왕자 윤이 아직 강보에 싸여있었고, 정비인 인현왕후 민씨는 나이가 아직 젊어 후사를 볼 수 있었기에, 후궁의 소생을 세자에 책봉 하려하자, 김수항은 남인들이 왕자 정호를 정치적으로 악용하는 것을 경고하였고, 송시열은 송나라 철종의 고사를 예로 들며 시기상조라고 주장하였다. 기사환국으로 남인이 재집권하자 장령 김방걸 등의 탄핵으로 김수항은 남인의 명사를 함부로 죽였다는 사유로 진도로 유배되어 위리안치되었다.

1689년[61세] 숙종 15년 2월 10일 숙종은 사면반포에 은택받지 못한 자를 복관시키고 김수항을 파직시켰다. 대사간 정박 등이 김수항에 대해 합동하여 상소하여 삭탈관직을 당하였다.

윤 3월 21일 사헌부 사간원에서 합동하여 더 강력한 처벌을 아뢰니 임금이 김수항을 위리안치 하도록 명하였다. 뒤이어 예조판서 민암을 비롯한 6조판서·참판·참의 등 남인의 경상·재상 등 수십 인의 공격과 사헌부·사간원이 합동하여 탄핵 상소를 하여 같은 해 4월 9일 회갑을 불과 4개월을 앞두고 진도군 유배지에서 사사되었다.

이때 김수항은 진도에서 귀양살고 있다가 사사賜死하는 명을 받고는 시를 지어 자신의 뜻을 붙이고, 아들들에게 훈계를 남긴 다음 조용히 자진했는데, 얼굴빛이 평소와 조금도 다름이 없어 사람들이 그에게 신조가 있다는 것을 믿었다.

그 절필시絶筆詩에 이르기를,

세 조정 욕된 벼슬 무슨 도움 주겠는가?
한 번 죽음 옛부터 당연한 일인 것을
임금 사랑하는 일편단심만은
구천에서 귀신을 보내어 알리리.

하였는데, 이를 들은 사람들은 모두 슬퍼해 마지않았다.

김수항이 전후 10여 년 동안 국정을 맡았었는데, 그의 재주와 계책은 혹 미진한 점이 있었지만, 지닌 뜻이 바르고 크며 나라 위해 몸바치는 곧은 충심이 있어 심사가 푸른 하늘의 흰구름처럼 일호도 숨기는 것이 없는 사람이었다. 근세의 명사들을 두루 헤아려 보아도 김수항에 비견될 만한 사람이 없을 것이라고들 하였다.

논자들은, 김수항이 조정에 벼슬하면서 세 가지 큰 절개를 수립하였다고 했다. 장채章蔡의 유현을 내쫓으려는 모략을 미리 꺾어 사람의 도리를 지켜낸 것이 그 하나이고, 군소배들이 멋대로 이론異論을 제기하여 당에 아첨할 적에 홀로 정도를 지켜 화를 당해도 뉘우치지 않은 것이 둘이고, 윤증이 스승을 배반한 것을 통렬히 배척하여 선비들의 본향을 분명하게 함으로써 사문이 힘입을 데가 있게 한 것이 셋이다.

감수항이 죽자 그의 문하생들과 자손들은 역시 그 무렵 사약을 받으러 올라오던 송시열을 찾아가 묘지명을 지어줄 것을 청하였다. 송시열은 가볍게 지을 수 없음을 들어 사양하였으나 김수항 문도와 자손들의 간청을 이기지 못하고 6백여 자의 묘지문을 지어 주었다. 송시열이 김수항의 장례 때 지은 지문에 말하기를,

"공은 김상헌에게서 가르침을 받았는데, 남을 해치려는 교사스런 마음을 농락하는 것은 심술이 부정한 것이고, 서로를 조정하는 것은 일을 하는데 매우 해로운 것으로 여기고 있었다. 이는 주자가 일찍이 '송 원헌이 농락한 일은 내가 할 수 없는 일이고, 송나라 휘종 때 정돈하는 것은 혼란을 이끌어 들이는 방법이었다.' 한 데서 유래된 생각이었는데, 공의 집안 법규의 연원이 본래 이러하였다. 항상 하늘이 사마공으로 하여금 송나라의 국운을 돕게 하였다면 반드시 이런 일이 없었을 것이라는 마음을 지녔고, 송나라 명신 범충선이 은밀히 뒷날 자신을 보전할 계책을 세운 것을 경계로 삼았다. 이것이 번번이 당시의 의논과 어긋나서 유난히 반대당들에게 질시를 받게 된 이유인 것이다.

아아! 간신으로 몰려 죽은 사람들의 죽음에 대해 천하가 슬퍼하였고, 간신으로 몰려 죽은 사람들의 화에 대해 지금까지 그 억울함을 변론하고 있다. 그러나 당시의 권력을 부린자들이 어떤 사람들이라는 것을 안다면 제공의 죽음은 영광이요, 욕이 아닌 것이다. 더구나 지금 명성왕후께서 무함을 받았고, 인현왕후께서 폐모의 욕을 당하였으며, 성혼과 이이가 문묘에서 출향당한 이러한 때에 있게 된 공의 죽음은 도리어 영광스러운 것이 아니겠는가? 주자가 임종할 적에 제생도들에게 도를 전해주기를, '천지가 만물을 생육하고, 성인이 만사에 응하는 것은 정직일 뿐이다.' 하였고, 다음날 또 말하기를, '도리는 이러할 뿐이니, 마땅히 뼈에 새겨 굳게 지켜야 한다.' 하였으니, 이것이 어찌 공자와 맹자가 이른바, '인생이 태어난 것은 곧은 도에 의한 것이니 곧은 도로 길러야 한다.' 한 정법이 아니겠는가? 공의 일생의 언행이 사리에 어긋나는 것이 없었던 것은 여기에서 체득한 것이 아니겠는가? 분명 여기에서 체득한 점이 있었던 것이다."

하였는데, 이것이 송시열의 마지막 글이다. 송시열이 김수항을 제일 중히 여겼고 사림의 종주로 추대했기 때문에, 임종할 적에 그를 위하여 표장한 것이 이와 같았다. 김수항이 졸한 때의 나이는 61세였다. 뒤에 관작을 회복시키고 제를 올렸다.

– 숙종실록 15년 윤 3월 28일 –

진도로 따라온 아들 김창협은 아버지 김수항이 진도에서 사사되자, 관을 밀봉하여 치장한 후 어머니 안정 나씨를 모시고 영평에 은거하여 두문불출하였다.

김수항의 사후에 노론의 평가는 조정에서 벼슬할 때 세 가지의 큰 절의를 세웠다고 찬양하였다.

> 첫째는 남인의 역모를 꺾어 기강을 유지했다는 것이고,
> 둘째는 소론이 이론을 일삼아 남인을 기쁘게 할 때에도 홀로 옳은 것을 지켰을 뿐 아니라 화를 당하면서도 후회하지 않았다는 것이며,
> 셋째는 스승 송시열을 배신한 윤증의 죄를 통렬히 배척하여 선비의 갈 길을 밝혀 사문에 도움을 주었다는 것이다.

반대로 소론 측에서는 송시열과 윤증 사이의 사사로운 일을 임금에게 아뢰어 조정을 시끄럽게 만들었고, 이로 인해 마침내 사림을 분열시켜 놓았다고 비난하였다.

김수항이 죽은 지 5년이 흐른 1694년 숙종 20년 5월 5일 김창협과 김창집이 아버지 김수항의 무죄를 주장하는 상소를 올렸다.

호조 참의 김창협이 상소하기를, "신은 불효의 죄가 위로 하늘에 닿은 지 이미 오래되었습니다. 옛적에 한나라 제영은 여자였으나 능히 한 장의 편지로써 임금의 뜻을 감동시켜 돌려서 아버지를 형벌의 화에서 벗어나게 하였고, 진나라 전횡의 손님은 골육의 은혜가 있는 것도 아닌데 한갓 의기로 감동하여 죽음을 아끼지 않고 땅속까지 따라 죽었습니다. 그런데 신은 제 선친이 화변을 당하시던 때에 나아가서 북쪽 대궐에 머리통을 짓찧으며 살려달라고 애원하지 못하였고 물러나서는 또 사형수의 칼을 끌어 안고 함께 죽지 못하였으니, 몸은 남자가 되었으되 한 연약한 여인에 미치지 못하고, 친함으로 보면 부자가 되는데도 도리어 따르는 빈객만도 못하였던 것입니다. 그리고 또 제나라의 여자가 하늘에 호소하니 거센 바람이 당을 때렸고, 연나라

의 신하가 통곡을 하니 된서리가 여름에 내렸습니다. 대저 정성의 감응하는 바가 위로 하늘에 미쳐서 정기를 발현한 것입니다. 그런데 지금 신은 궁벽한 산골에 조용히 엎드려 괴로움을 억지로 참으면서 구차하게 목숨을 이어가고 있으며, 일찍이 지성을 분발하여 음양을 감동시켜서 임금의 마음이 한 번 깨닫게 되기를 바라지 못했습니다. 지난번 전하의 지극히 인자하시고 지극히 현명하신 조처가 아니었다면 신은 늙어서 죽어 도랑과 골짜기에 묻히더라도 끝내 선친의 근거없는 죄를 뒤집어 쓴 원통함을 아뢰어 죄를 쓴 붉은 기록을 말소하지 못했을 것입니다. 선친께서 조정에서 40년 동안 벼슬하며 임금을 섬기고, 몸가짐을 갖는 방도와 나라를 위해 근심하고 있는 힘을 다한 충절은 모두 처음과 끝이 있어서 길게 설명할 필요가 없습니다. 그리고 소심하고 근신하여 권력의 자리로써 자처하지 않았고 자기를 낮추고 남을 높이며 두려워하고 조심하여 시종이 한결같게 하였으니, 귀신의 시기함과 사람의 도리에 있어서 스스로 그것을 초래할 일이 없었습니다.

다만 신의 형제가 품행과 재능도 없으면서 조정에 벼슬하여 갑자기 하대부의 반열에 올라서 임금의 은총이 대단하여 세상의 지목하는 바 되었는데, 신 등이 아랫자리에 있을 사람이 윗자리에 있음의 경계와 분수를 지키는 훈계를 생각하지 않은 채 앞뒤를 살피지 않고 함부로 전진하여 지극히 왕성한 기세를 타고 자제할 줄을 몰랐습니다. 그러다가 결국은 가득찬 재앙으로 하여금 유독 선친에게만 미치게 하고 신은 요행으로 면하였으니, 신은 매양 생각이 여기에 미칠 때마다 부끄럽고 원통하여 피땀과 눈물이 함께 흘러내립니다. 영원히 농사꾼이 되어 이 세상을 마치고, 다시는 사대부의 반열에 끼지 않겠다고 스스로 맹세한 지가 오래되었습니다. 지금 만일 갓끈을 치렁거리고 인끈을 매고서 당세에 분주하게 돌아다닌다면 이는 장차 어질고 효성스러운 군자에게 거듭 죄를 얻게 될 것이며, 지하에서 신의 아비를 뵈올 수가 없을 것입니다." 하였다. 병조 참의 김창집도 또한 상소했는데, 전체 뜻은 대강 같았다.

임금이 아울러 비답을 내리기를, "간사한 사람의 재화가 어느 시대라고 없었겠는가마는 전번만큼 참혹한 경우는 있지 않았다. 선친의 나라를 사랑하는 순수한 정성은 신명에게 옳고 그름을 물을 만한데도, 심사를 드러내어 밝히지 못하고 저승에서 한을 머금게 되었으니, 조용히 생각해 보건대, 이것은 나의 허물이다. 이제 지극한 원한을 깨끗이 씻었고, 여러 간사한 소인들은 변방으로 쫓겨났으니, 그대에게 무슨 편치 못함이 있겠는가?" 하였다.

– 숙종실록 20년 5월 5일 –

김수항 사후 5년 만에 숙종은 그의 죄를 풀어 복작시켰고, 200년이 지난 1886년 고종 23년 정권을 잡은 그의 후손들이 김수항을 현종의 묘정에 배향하니, 늦게나마 후손들의 힘으로 그의 훈적은 살아났다. 문충공 文忠公으로 시호도 내려지고, 진도 봉암사, 영암 녹동서원, 포천군의 영평 옥병서원, 양주 석실서원, 전주 호산사 등에 배향되었고 저서로는 문곡집 28권과 갑진북정록이 전한다.

오늘날의 경기도 남양주시 석실마을 이패동에 부인 안정 나씨와 합장 묘로 된 김수항의 묘소가 있다. 표표는 1712년 아들 김창흡이 써서 세웠고, 옆에 별도로 세운 묘갈은 좌의정 송시열이 짓고, 그의 형 도정 김수증이 글씨를 썼는데, 전자篆字는 김수항의 손자 제겸이 새겼다.

그의 빼어난 영재성도, 화려한 집안 가문도, 날아가는 새도 떨어뜨릴 권력과 명성도, 자신을 반대하는 당파 앞에서는 아무런 의미가 없었다. 상대가 죽어야 내가 살기 때문이다. 결국 공생의 길을 찾지 못하고 1차 예송, 2차 예송, 경신대출척, 기사환국, 갑술환국으로 이어지는 죽고 죽이는 끝없는 정쟁 속에 61세의 쟁쟁한 나이에 나라 발전을 위해 남겨놓은 뚜렷한 공적도 없이 예禮와 명분만 논하다가 먼 타향에서 사약을 마신 채 씁쓸히 목숨을 끊어야 했다.

과거시험에 백지 제출자가 많아 재시험을 보게하다

1684년 숙종 10년 9월 26일 정시 과거시험에 지방 유생들이 백지 제출자가 많아 재시험을 보이게 하다.

영의정 김수항이 아뢰기를, "이번 정시庭試 때에 지방의 유생들이 널리 인재를 뽑는다는 말을 듣고 올라온 자가 많았는데, 입장한 뒤에 시골 선비가 변려문에 익숙하지 못하여 거의 백지를 제출한 사람이 많았으니, 실망이 막심합니다. 전부터 대소의 과거를 시행한 뒤에는 혹시 인재를 빠뜨릴 것을 염려하여 별도로 낙방자에게 다시 보이는 시험을 베풀어 회시에 나아가는 것을 허락하였으니, 지방 유생이 흩어지기 전에 성균관에서 베풀어 시행하도록 분부하여 위안하고 기쁘게 하는 것이 마땅할 듯합니다. 좌상의 뜻도 그러하니, 감히 이를 우러러 아룁니다." 하니,

임금이 말하기를, "대신의 말이 바로 내 뜻과 부합하니, 이에 의하여 거행토록 하라." 하고, 인하여 하교하기를,

"이번 정시에 지방의 과거자가 무려 수천 명이었는데, 배운 바가 서울과 지방의 차이가 있어서 백지 제출자가 반이 넘었다고 하니, 이는 많은 선비의 실망일 뿐만 아니라, 또한 팔도와 함께 어찌 경사스러워하겠는가? 비록 재시험을 베푼다 하더라도 별도로 놀라서 움직이지 않을 수도 있으니, 모두 내일 아침에 성균관에 모이게 하고, 대제학도 문을 열기를 기다려서 불러들이도록 하라." 하였다.

또 하교하기를, "무과 초시에 이미 5백 명을 뽑았는데, 3차 전시의 규정이 전에 비하여 조금 쉬웠으니, 내 뜻은 오로지 사람을 널리 뽑으려는 데 있었다. 그런데 합격자 방을 보건대, 합격한 자가 겨우 5분의 1이니, 쓸쓸함이 어찌 문무가 다를 바 있겠는가? 유엽전 화살 하나를 명중시킨 자와 말을 타고 활을 쏘아 하나를 명중시킨 자는 명부에 따라 한결같이 급제를 주도록 하라." 하였다.

승지 김진귀가 아뢰기를, "해당 조정으로 하여금 대신에게 의논하게 하여 사리와 체면을 중하게 하소서." 하니,

임금이 말하기를, "일찍이 전의 정시庭試에서도 거의 백 명을 시험해 뽑은 때가 있었으니, 결코 변통하지 않을 수 없다. 물어서 아뢰도록 하라." 하였다.

영의정 김수항 등이 모두 말하기를, "과거장은 사리와 체면이 지극히 엄정한 것인데, 규례를 변경해서 그 정원을 추가하여 무궁한 폐단을 열게 하는 것은 마땅치 못합니다." 하니, 임금이 그 의논에 따라 전의 명령을 정지하였다.

– 숙종실록 10년 9월 26일 –

[승진과정]

1645년[17세] 인조 23년 반시(성균관시)에 수석.

1651년[23세] 효종 2년 9월 성균관 알성시 문과 장원 급제

1653년[25세] 효종 4년 6월 정언, 9월 정언, 11월 청나라 동지사 서장관

1654년[26세] 효종 5년 춘당대시 문과 병과 급제, 7월 이조정랑, 10월 겸 중학교수

1655년[27세] 효종 6년 1월 교리, 2월 이조정랑, 8월 사가독서로 학문에 전념, 9월 부교리, 10월 수찬, 12월 이조정랑

1656년[28세] 효종 7년 28세에 중시 합격, 통정대부, 4월 사인, 윤 5월 응교, 7월 사인, 7월 사간, 8월 겸 보덕, 8월 부응교, 10월 승지

1657년[29세] 효종 8년 2월 승지, 5월 이조참의, 7월 승지, 9월 대사간, 10월 대사간, 11월 대사간, 12월 이조참의

1658년[30세] 효종 9년 6월 승지, 7월 부제학, 11월 부제학. 문과 중시 을과 급제, 다섯 번 과거에 급제

1659년[31세] 효종 10년 제 1차 예송 논쟁, 윤선도 유배

1659년[31세] 현종 즉위년 가선대부에 승급, 12월 승문원 제조

1660년[32세] 현종 1년 1월 대사간, 1월 동지성균, 3월 도승지에 특임, 5월 겸 동지춘추, 7월 예문관 제학, 8월 대사성, 8월 예조참판, 9월 부제학, 11월 예조참판, 11월 이조참판

1661년[33세] 현종 1년 4월 중전 책례 옥책 제술관, 7월 동지경연, 윤 7월 동지의금, 10월 동지춘추

1662년[34세] 현종 2년 자헌대부로 승급, 4월 양관 대제학. 5월 대사헌, 5월 도승지, 7월 이조참판, 8월 예조판서, 11월 청나라 사신 원접사, 12월 지춘추

1663년[35세] 현종 3년 3월 영녕전 개수도감 당상, 4월 대사헌, 5월 예조판서, 7월 이조판서, 7월 대사헌, 10월 형조판서, 11월 이조판서

1664년[36세] 현종 4년 6월 예조판서, 윤 6월 북도의 시관, 7월 좌참찬, 7월 우참찬, 9월 이조판서

1665년[37세] 현종 5년 6월 겸 원자 보양관

1666년[38세] 현종 6년 9월 이조판서 사직, 9월 예조판서, 10월 대사헌, 11월 좌참찬 겸 좌빈객, 12월 형조판서, 12월 이조판서

1668년[40세] 현종 8년 1월 대사헌, 1월 예조판서, 2월 부친상으로 사직, 3년간 여묘살이

1670년[42세] 현종 10년 3월 지경연, 5월 우참찬, 5월 대사헌, 6월 예조판서, 6월 청나라 사신 원접사, 11월 이조판서

1671년[43세] 현종 11년 1월 대제학, 3월 판의금
1672년[44세] 현종 12년 5월 우의정, 6월 겸 홍문관 및 예문관 양관 대제학, 11월 좌
의정, 겸 세자부世子傅
1673년[45세] 현종 13년 9월 판중추부사로 좌천
1674년[46세] 현종 14년 3월 청나라 사은사. 7월 26일 예송논쟁으로 좌의정으로 복
귀, 제2차 예송논쟁
1674년[46세] 8월 18일 현종승하
1674년[46세] 숙종즉위년 8월 숙종즉위. 빈전·국장·산릉 도감 총호사, 11월 우의정
1675년[47세] 숙종 1년 2월 18일 좌의정, 3월 9일 좌의정 면직, 3월 18일 다시 좌의
정, 7월 판중추부사, 7월 15일 중도부처. 7월 16일 원주에 유배, 7월
18일 영암으로 이배, 지난 7월 27일 석방
1676년[48세] 숙종 2년 12월 13일 석방을 명하였다가 환수
1678년[50세] 숙종 4년 4월 철원으로 이배
1680년[52세] 숙종 6년 3월 경신대출척, 4월 영의정. 4월 겸 호위대장
1680년[52세] 숙종 6년 5월 24일 송시열의 상소에 관한 영의정 김수항의 상소, 5월
24일 송시열의 방면
1684년[56세] 숙종 10년 9월 과거시험에 백지제출자 재시험
1687년[59세] 숙종 13년 7월 영돈녕 부사
1688년[60세] 숙종 14년 4월 영돈녕 부사,
1689년[61세] 숙종 15년 기사환국 남인 집권. 2월 10일 파직, 3월 21일 위리안치 윤
3월 28일 사사賜死
1694년[사후] 숙종 20년 4월 김수항을 무함한 이관징·오시복의 관작을 삭탈하여 문
외출송시키다.
1694년[사후] 숙종 20년 5월 5일 김창협과 김창집이 아버지 김수항의 무죄를 주장하
는 상소를 하다. 복작

100. 남구만南九萬
동창이 밝았느냐 노고지리 우지진다

생몰년도 1629년(인조 7)~1711년(숙종 37) [83세]
영의정 재직기간 1차(1687.7.25.~1688.7.13.)
          2차(1694.4.1~1695.7.2)
          3차(1695.10.2.~1696.6.25) (총 2년 11월)

본관	의령宜寧
자	운로雲路
호	약천藥泉, 미재美齋
시호	문충文忠
당파	서인, 소론의 영수
저서	약천집藥泉集, 주역참동계주周易參同契註
출생	충남 홍성군 갈산면 와리 (충남 홍성 결성지방)
배향	숙종 묘정에 배향
기타	김익희, 이경여, 송준길 등의 문하에서 수학

증조부	남타南柁	– 병조판서
조부	남식南烒	– 평강 현감
부	남일성南一星	– 금성 현령
모	안동 권씨	– 강릉 부사 권엽의 따님
처	동래 정씨	
장남	남학명南鶴鳴	– 종부시 주부
손자	남극관	– 문인 (26세 요절)
차남	남학성南鶴聲	– 음죽현감
삼남	남학청南鶴淸	– 양성현감
사남	남학정南鶴貞	

소론의 영수로 강직하고 올곧았던 인물

남구만의 자는 운로雲路이며, 호는 약천藥泉으로 본관은 의령이다. 증조부 남타는 병조판서를 지냈고, 조부 남식은 평강 현감을 지냈으며, 아버지 남일성은 금성 현령을 지냈다. 어머니 안동권씨는 강릉부사 권엽의 딸이다. 남구만은 외가에서 태어나 할아버지의 고향 충청도 홍성 거북이 마을에서 자란 것으로 알려진다.

남구만은 생활 습관이 청렴 검소하였고 성품이 학문을 좋아하여 노년에 이르도록 손에서 책을 놓지 않아, 경전과 역사를 관통하였으되 실용에 응용하기를 힘썼다. 문장을 함에 있어서는 그 형식이 풍부하고 참되었으며 상소문과 직언과 의논은 반드시 교훈이 될 만한 것이었고 문체가 환하여 볼 만한 것이 있었다. 인재를 기르는 데 힘을 쏟아 문하생으로 배출한 사람이 1백여 명인데, 최석정·최규서·박태보 등은 이미 당대에 이름이 드러났었고 그 외에도 경지를 이룬 사람이 많았다.

남구만은 당대의 성리학자 송준길 문하에서 학습하였다. 23세에 사마시에 합격하고 28세에 별시 문과에 합격하여 벼슬길을 시작했다. 30세 때 지평이 되었는데 임금이 아우 인평대군의 상제에 친히 제를 올리려 하자, 언관들이 국법이 아니라고 간하니 임금의 뜻이 워낙 강하여 동료들이 더 이상은 간하지 못하였다. 그러자 남구만이 나서서 연속 상소를 올려 간절하게 간하니 결국 중지하게 되었다.

1661년 현종 2년 33세 때에는 헌납이 되었는데 임금이 길을 가다가 어가를 멈추고 무사들의 솜씨를 시험하게 하여 참관하던 정승에게 화살이 날아오는 등 위험한 사태가 일어나자 대궐로 돌아와 남구만이 상소문을 올렸다.

처음부터 절대로 해서 안 될 일은 아니었습니다만, 거동을 경솔하게 하신 일은 만백성에게 보여주실 도리가 정말 못되는 것이었습니다. 말달리며 쏘아대는 화살이 마구 격렬해지면서 정승에게까지 화살이 날아왔으므로 백관이 대경실색하고 듣는 이들이 놀라워하였는데, 신중하게 행동을 취하지 않으시면 끝내 임금님의 덕에 누를 끼치게 될 것이니, 저번 일을 유념하시어 후일의 경계로 삼으시기를 바랍니다." 하니, 주상이 이를 받아들였다.

- 현종실록 2년 8월 30일 -

1664년 현종 5년 36세에는 대사간이 되어 김좌명을 탄핵하여 파직시켰는데 반대파들이 대신을 공격하였다 하여 논쟁하니 남구만도 면직당하였는데 이때부터 2년 6개월간 등용되지 못하였다. 이처럼 남구만은 불의를 보면 참지 못하고 직언을 하여 그것을 바로잡고서야 그만두었다.

1671년 현종 12년 43세에 함경도 관찰사로 발탁되어 함흥성을 개축하고는 사방의 궁벽한 성루까지 몸소 두루 돌아보고 국경 관문과 요새의 실상을 도면으로 그려 올리면서 무산부를 설치할 것과 갑산, 길주 간의 새 도로를 개설할 것과 사군四郡을 폐지할 것을 청하였는데, 임금이 경연석에서 남구만이 올린 도면을 펴놓고 재상들에게 상소를 읽게 하고는 감탄하기를, "재주와 충성심은 참으로 남이 미치지 못할 바이로다." 하였다.

1675년 숙종 1년 47세에 대사성으로 있을 때 언관들이 송시열의 예송 문제를 탄핵하며 송시열과 동조한 송준길까지 삭탈관직을 주장하자, 남구만은 송준길을 스승으로 섬겼다 하여 상소하여 사직하며 '의리로 보아 어진 사람을 상해하고 바른 사람을 미워하는 무리와 조정에 함께 낄 수 없습니다.' 하고, 또 말하기를 '전하께서 즉위하신 처음에는 송시열을 존중하고 예우하셨는데, 겨우 두세 달이 지나자 마음이 바뀌니, 전국에서 다들 전하께서 살을 에듯 물이 점점 젖어 드는 듯 거짓으로 하는 말에 동요되신다고 말합니다. 그렇다면 국가는 안정할 데를 모를 것이니, 어찌 위태하지 않겠습니까?' 하고, 주자의 상소에 '좌우가 혹 그 권력을 훔친다.' 한 말을 인용하여 여러 번 아뢰어 경계하고, 사직서를 제출하였다.

1679년 51세 때 한성부 좌윤이 되었는데 남인 윤휴가 재상이 되어 불법을 행하고, 영의정 허적의 서자 허견이 간사하고 교활하여 방자한 행동이 심하였다. 남구만이 상소하여 '윤휴가 금지된 소나무를 벌목하여 집을 지은 것과 허견이 공공연히 무인의 처를 납치하여 간음하고 대비의 서모를 구타하여 이빨을 부러뜨린 일'을 고발하였다.

좌윤 남구만이 상소하기를, "신이 맡고 있는 직책은 곧 서한西漢 때 좌·우 내사와 경조윤이란 직책입니다. 무제 때 좌내사의 구역 안에 귀인이 많았는데 급암을 시켜 다스렸고, 선제 때 경조윤 조광한은 승상 부중에 들어가 승상 부인을 뜰 아래 앉히고 그 죄를 따졌으니, 그 책임과 위력이 어떠합니까? 오늘날 이것을 그대로 본뜰 수는 없지마는, 경국대전을 상고해 보면 '한성부는 서울·사대산의 싸움과 살인 등의 일을 관장한다.'고 되어 있습니다. 만약 이러한 일에서 금기 사항을 범하거나 위법한 자가 있으면 모름지기 귀천을 논할 것 없이 한결같이 율령으로 다스려야만, 비로소 사람들의 마음을 승복 시키고 도성을 맑게 할 수 있거늘, 어찌하여 그 손을 올리고 내림에 따라 죄가 달라지겠으며, 힘이 있는 자는 교묘하게 법망을 빠져 나가고 힘 없는 백성을 절절 매게 하십니까?

신은 항간에 파다한 소문을 들었습니다. 고 청풍 부원군의 첩의 동생은 곧 전 교서 정자 허견의 아내인데, 부원군의 첩이 허견과 다툴 일이 있어 허견의 집에 갔다가 허견에 맞아 이가 부러지는 상처를 입고는 울부짖으며 귀가할 때 길에서 고래고래 지르는 고함소리가 저잣거리를 크게 울렸으니, 누군들 그 소리를 듣지 못했겠습니까? 한성부에서는 대개 여염집 천한 부인네나 시정에서 품파는 종들이 사사로이 서로 치고받거나 사소한 말다툼까지도 소송을 심리해서 처리함으로써 강한 자와 약한 자가 서로 능멸하는 폐단을 없애는 것인데, 유독 이번 일만은 법대로 조사하여 다스렸다는 말을 아직 듣지 못하였습니다. 부원군의 첩이 비록 천인이라고는 하지만 곧 대비전의 서모입니다. 허건이 감히 그렇게 구타하고 욕을 보였는데도 조정 신하들은 전하를 위하여 말하는 자가 없으며, 형조에서는 법을 관장하는 곳으로 감히 따져 묻지 않으니, 이는 진실로 고금 천하의 위태롭고 어지러운 그 어떤 나라에서도 있지도 않았고 들어본 적이 있지도 않았던 일입니다. 신은 저으기 마음 아파하고 있습니다.

신은 또 들으니, 대사헌 윤휴는 황해도·평안도의 금지된 소나무 수천 그루를 베어다가 강가에 공공연하게 새집을 짓고 있다고 합니다. 무릇 생소나무 벌채는 열 가지만 되어도 죄가 온 가족을 국경지방에 옮겨 살게 하는 죄에 이를 정도로 금령이 지극히 엄하거늘, 재상과 권력가들은 온 산의 나무들을 다 베어 집을 짓는데도 불문에 부치고, 나무꾼 아이나 꼴 베는 목동은 마른 소나무나 떨어진 잎사귀를 채취하여도 즉시 법으로 다스리는 것을 금령이 잘 지켜진다고 생각하고 있으니, 어찌 크게 한심하지 않습니까?

또 들으니 요즈음 세력이 있는 사람들은 남의 아내나 첩을 빼앗아 간음하고 속이며 온갖 추행을 자행하므로, 도성 사람들의 원망하는 독기와 성내어 꾸짖는 소리가 들끓어 막을 수가 없으니, 이 또한 고금에 들어보지 못한 일입니다. 서울은 사방에서 으뜸 되는 곳인데 기강이 허물어져 이 지경이 되었으니, 나라의 멸망이 장차 눈앞에 닥칠 것입니다. 신은 몸과 마음이 떨려 어찌할 바를 모르겠습니다. 성상께서 만약 형조에 명하여 끝까지 신문하여 죄를 캐어 냄으로써 왕법을 살리신다면, 행정구역의 백성들이 모두 법망의 지엄함과 국법은 범하기 어렵다는 것을 알게 되어, 곤장 한 번 치지 않고도 중형을 쓰는 듯한 위엄을 세울 수 있습니다. 이른바 남의 아내를 빼앗은 자도 또한 허건입니다. 이 몇 가지 일로 나라가 온통 시끌벅적하게 소란을 피워 떠들었지만, 온 조정이 모두 그의 당파인 까닭에 어느 한 사람 말하는 자가 없었습니다. 때문에 이번 상소를 사람들이 모두 통쾌하게 여기고 있습니다." 하니,

임금이 역시 깜짝 놀라서 해당 부서로 엄격하게 조사해서 명을 받아 처리하도록 하였다. 또 경연석에서 하교하기를,

"남구만이 상소 끝부분에 있는 일은 풍속과 교화에 관계되는 일이니 해당 조정으로

하여금 속히 조사해서 처리하도록 하라." 하였다. 허적이 상소하여 이가 부러진 일을 스스로 해명하고 그것은 사실무근한 말이라고 아뢰니, 임금이 따뜻한 내용으로 비답하였다.

– 숙종실록 5년 2월 10일 –

2월 16일 판윤 김유형 등이 윤휴의 소나무 벌채에 대한 조사 결과를 올렸다.

판윤 김우형과 좌윤 신정이 상소하기를, "남구만의 상소로 인하여, '해당 관원을 분명하게 조사하라.'는 하교를 받아 즉시 관원과 산지기 불러 진술을 받았더니, 모두 말하기를, '황해도에 사는 김세보란 자가 한성부에 소를 제기하였는데, 그의 선산의 어린 소나무 뿌리가 선영의 봉분을 침범하였다고 하므로 한성부에서 선례를 따라 벌목을 허락하였더니, 김세보가 허가한 문서에 의거하여 소나무 3백여 그루를 베어 윤휴의 집으로 운송했다.'고 하기에 신 등은 마음에 괴이하고 의아한 생각이 들어, 판관 심익선과 참군 이상은, 감역 송광업 등을 보내어 낱낱이 조사하였습니다. 김세보는 고향으로 내려가서 없고 그의 사위 임대가 하는 말이, '김세보가 벌목한 소나무는 3백 64그루였는데, 이달 10일에 윤휴가 종들을 보내어 실어 갔다.'고 했으며, 나누어 준 사람의 진술은 '지난해 윤 대사헌이 종들을 보내어 소나무 3백 64그루를 베어서 일부는 수레로 운반하고 일부는 말에 실어 보냈으며 그 나머지 절단한 나무 93개는 지금 김세보의 집에 쌓여 있다.'고 하였습니다. 이는 관원의 진술과 견주어보건대, 그루 수가 더 많으니 증거가 더욱 확실한 것입니다. 신 등이 이에 근거하여 아뢰려던 참이었는데, 느닷없는 대신의 아룀으로 인하여 조사하지 말라는 전교를 받았으니, 놀랍고 의혹됨을 견딜 수 없었습니다. 도끼 자국이 아직도 낭자하게 남아 있는데, 있는 것을 없다고 이르고 사실을 거짓이라고 한다면, 나라의 기강을 확립하는 도리에 크게 방해가 되지 않겠습니까?

윤휴는 비록 예로써 대우해야 하기 때문에 조사하라는 명을 갑자기 거두었다지만, 김세보는 남의 사주를 받고, 솔뿌리가 묘소를 침범했다고 핑계하여 금송禁松 수백 그루를 베었으니, 그 죄는 더욱 용서할 길이 없습니다. 이것을 죄를 묻지 않는다면, 왕조의 법전이 장차 이로 인하여 폐지될 것이며, 서울의 4대산이 다시는 푸른 숲을 보지 못하는 민둥산이 될 것이며, 동네의 사기한들은 필시 낫을 흔들고 도끼를 잡고 아무 거리낌없이 벌목하는 발길이 끊어지지 않을 터이니, 법관된 자가 무엇으로 호령하겠습니까? 신 등은 직책이 직책인만큼 감히 침묵을 지킬 수 없어 말씀드리니, 부디 통촉하여 명을 내리소서."

하니, 임금이 답하기를, "윤휴는 빌렸거나 아니면 샀을 뿐인데, 어떻게 금송을 벌목한 죄가 되느냐? 김세보는 문서를 핑계삼아 소나무를 함부로 베었으니, 매우 놀라운 일이다. 유사에게 조사해서 처리하게 하라." 하였다.

-숙종실록 5년 2월 16일 -

임금이 사건을 자세히 살펴 처치하라는 명이 있었으나, 남인들이 실상을 숨기고 속여 윤휴와 허견의 죄상을 드러낸 것이 되려 부실한 말이라면서 남구만을 남해로 유배시켰다.

임금이 전교하기를, "남구만이 1675년 숙종 원년에 상소를 올려 임금을 속이고, 말의 내용이 불미스러웠지만, 티를 씻고 수용한 것은 그가 마음의 혁신을 도모할 것을 바라고 한 일이었다. 한성좌윤 벼슬에 제수되자 부모의 병 때문에 내려갔는데, 이내 이런 상소를 올린 것은 마음 씀이 비뚤어졌으며 속마음이 이미 노출된 것이다. 좌윤 남구만을 멀리 유배하라." 하였다.

- 숙종실록 5년 3월 19일 -

4월 허적이 아뢰기를, "남구만과 송시열을 다 거제로 유배하셨는데, 바깥 사람들도 서로의 연락을 금했거늘, 더구나 피를 나눈 당파이겠습니까? 남구만은 배소를 옮겨야 마땅합니다." 하고, 또, "통제사를 단단히 타일러시어 왕래하거나 연락하는 사람을 엄금하도록 하소서." 하니, 임금이 모두 받아들였다.

6월에 판부사 허목이 남구만의 유배를 탓하며 영의정 허적의 죄를 논하는 상소를 올렸다. 그때 허목과 허적은 같은 남인이었으며, 유배당한 남구만은 서인이었는데도 허목이 서인 남구만을 옹호하고 남인 허적을 탄핵하였다.

1680년 52세 허적의 아들 허견의 역모 사건으로 경신대출척이 일어나니 남인이 몰락하고 서인이 집권하자 남구만은 도승지가 되고, 양관 대제학이 되었다. 지난해 윤휴와 허적을 위해 거짓 상소한 직강 김정태와 개성유수 윤심ㆍ해주목사 이원귀를 삭탈관직시키고 벼슬 명부에서 삭제를 건의하니 받아들여졌다. 서인과 남인의 권력다툼으로 권력을 놓친 당파의 영수나 핵심 세력은 목숨을 내놓아야 했고, 동조자는 삭탈관직당하고 유배를 가야했다. 이때가 1681년 숙종 6년이었는데 전국 가구수는 134만2,528호, 인구는 524만6,972명으로 나타났는데, 통계에 빠진 도적패, 노비, 천민들도 상당했다.

조정은 빈민구제청인 진휼청을 세워, 재원 마련책으로 명부에 없는 빈관직 사령장인 공명첩, 실제 직이 없는 중추부사 앞에 첨지 또는 동지를 부쳐 당상관 벼슬을 준 가설첩, 양반이 아니라도 향교나 서원에서 일정한 교육을 받으면 유생 대접을 해주고 대상자들에게는 돈을 받고 교육을 면해주는 교생면강첩, 재물을 받고 노비신분을 벗겨준 노비면천첩 등을 남발하니, 나라 기강이 엉망으로 무너졌다.

더러운 탐관오리들은 재물을 긁으려 백성을 쥐어짜기에 눈에 핏발이 섰고, 힘잃은 서민들은 목숨보다 귀한 자식을 팔아 연명 수단으로 삼으니, 저잣거리는 팔려 가는 아이들의 손을 마주잡고 울부짖는 민초들로 가득했다. 형장에서 죄수 목을 치는 망나니가 칼을 잘 갈아 죄인의 목을 단칼에 잘라 고통을 덜어 주겠다며, 가족들로부터 뇌물을 챙겨 그렇게 모은 재물로 일약 양반으로 둔갑한 경우도 있었다.

1682년 54세에 병조 판서에 탁용되었는데 국방개혁에 괄목할 업적을 남겼다. 이때는 만과제도 즉 각종 무예로 무사를 뽑는 제도로는 무사들을 가려내기 어려웠으므로, 남구만은 신언서판과 무예로써 시험하여 적합한 자를 기록하였다가 차례로 뽑아 썼는데, 이로 이름난 무인이 많이 배출되니 전국에서 한결같이 칭찬하였다. 조정에 건의하여 북쪽 지방의 정예롭고 굳센 장병들을 모집하고 조직하여 친기위를 만들어 절도 있게 훈련시키니 마침내 용맹한 군사가 되었다.

또 병조의 경비가 지난날에는 유출이 많았으므로 남구만이 관리들의 간사한 계략을 다 파악하고 사형만은 면해 주면서 보상하게 하였으며, 낭관 중에서 관리자를 선발하여 규칙을 정하여 점검하게 하니, 1년 안에 창고가 넘쳐나서 창고밖에 까지 쌓이게 되었으나 울타리를 치지 않았다.

1684년 숙종 10년에 우의정에 올랐고 숙종 11년 5월에는 좌의정에 제수되었는데 남구만은 병을 핑계로 끝내 나오지 아니하니, 임금이 그를 위하여 사과하고 신여철과 남용익을 엄중하게 조사하기를 명하고서야 비로소 나왔다. 임금이 그의 말을 따르지 아니하더라도 무엇이 의심쩍기에, 임금의 뜻을 꺾고 사과한 뒤에야 비로소 나왔으니 두려움 없는 남구만의 성격과 강개한 고집을 엿볼 수 있다.

남구만이 끝내 나오지 아니하니, 임금이 그를 위하여 사과하고 신여철과 남용익을 엄중하게 조사하기를 명하고서야 비로소 나왔다. 맞는다고 말하거나 어긴다고 말하는 것은 요·순·우임금도 면할 수 없는 것이다. 그러니 비록 임금이 그의 말을 따르지 아니하더라도 도리어 무엇이 꺼림이 되기에, 자기 상소의 비답을 한 번 보고서는 곧 긴 명부를 올려서 성내는 뜻이 상소문에 넘쳤으며, 반드시 임금의 뜻을 꺾고 사과한 뒤에야 비로소 나왔으니 그 사람의 사납고 비꼬인 것을 알 수 있다.

– 숙종실록 11년 6월 10일 –

1687년 숙종 13년에 영의정이 되었다. 경연석에서 조의징이 아뢸적 적에 음성과 기세가 모질고 사나와서 마치 상놈의 무리들이 싸우며 마구 욕하는 것과 같았었는데, 남구만이 물러나와 사람들에게 말하여 한탄하기를, "경연석 안이 하나의 전쟁터와 같이 되었으니, 어찌 이러한 놀라운 일이 있을 수 있겠는가?" 하였다.

1688년 숙종 14년에 남구만과 여성제가 임금 종친들의 문제점과 산림 유현 박세채를 등용하였다가 한 번의 발언이 임금의 귀에 거슬렸다 하여 내쳐버린 데 대한 조급함을 아뢰니, 임금이 진노하여 남구만과 여성제를 귀양 보내어 경흥부에 위리안치하였다. 귀양을 보낼 때에는 임금이 남구만에 대하여 매우 노하여 있었으나 경연관에게 말하기를, "남구만은 강직하고 밝고 정직하여 굽힘이 없다. 그러기에 나는 그를 정승으로 쓰려 한다." 하였다.

1694년 숙종 20년 벼슬에서 떠난 지 5년이 지나니 갑술환국이 일어나 서인계 소론세력이 집권하자 4월에 다시 영의정이 되었다. 인현왕후 민씨의 복위문제로 서인계 소론과 남인간에 치열한 싸움이 벌어졌는데, 숙종이 민씨의 복위를 주장한 소론편을 들어, 인현왕후가 복위되고 큰 정변 갑술옥사가 일어나 남인들이 권력에서 물러났다.

1696년 숙종 22년 6월 영의정 사직하고 영중추부사로 실직에서 물러났다. 희빈 장씨의 처벌에 대해 중형을 주장하는 김춘택·한중혁 등 노론의 주장에 맞서 가벼운 형을 주장하다가 숙종이 희빈 장씨의 사사를 결정하자 11월 삭탈관직하고 문외출송 당하여 낙향하였다. 숙종은 후에 남구만의 인품을 헤아려 관작을 복구시켜 원상으로 삼았다.

1701년 숙종 27년 남구만을 원망하는 자가 등용되어 장희빈의 오라버니 장희재의 일을 들고 나와 남구만을 귀양 보내기를 청하였으나 임금이 윤허하지 않고 이르기를, "나는 그의 심정을 안 지 오래이다." 하였다.

1702년 숙종 28년 5월에 대간의 탄핵이 거듭되자 남구만은 아산현으로 유배시키게 하였고, 11월에 고향으로 돌아가도록 명하였다. 1711년 숙종 37년 83세 3월에 남구만이 노환으로 사망하다.

숙종시대에는 남인과 서인의 생사를 건 당파싸움으로 권력다툼이 계속하여 일어났고, 그때마다 반대 당파의 목숨은 파리목숨 처럼 우수수 날아갔는데도 남구만은 그 틈바구니 속에서 영의정을 세 번씩이나 역임하였고, 단지 몇 차례의 유배에만 처해 천수를 누리고도 벼슬 직을 그대로 유지한 채 세상을 떠났으니, 강직한 만큼 올곧았던 인물로 보인다. 숙종 이후의 시대는 거의 노론이 장기 집권한 시기여서 소론이던 남구만의 왕조실록 졸기는 그렇게 좋은 평가는 아니다.

남구만의 졸기

1711년[83세] 숙종 37년 3월 17일 봉조하 남구만의 졸기

나이가 많아 벼슬을 사양하고 물러난 봉조하 남구만이 졸卒하니, 83세였다. 남구만은 국초의 상신 남재의 후손인데 중간에 형세가 기울어 세력을 떨치지 못하여 충청도 결성에서 살았다. 남구만은 젊어서부터 글재주가 있었고, 필법도 또한 공교하고 아름다웠다. 서울에 유학하여 김익희에게 의탁하니, 김익희는 곧 그의 내외종과의 근친이었다. 김익희가 그를 사랑하여 그의 아들 조카와 같이 공부하도록 하였고, 이민적의 형제와 사이좋게 사귀며 즐기었다. 김·이 두 집안이 서로 칭찬하여 추천하고 좋은 평판을 널리 퍼뜨리니 저절로 유림의 우두머리에 있게 되어 명성이 이미 알려졌다. 과거에 급제하기에 이르러서는 요직의 길에 거리끼고 막힘이 없었으며, 또 송준길의 문하에 학업을 청하여 문인·선비와 더불어 교유하니 당시의 명망이 더욱 높아갔다. 성품이 편협하고 강팍하며 각박한데, 강직하여 말과 행동이 거칠고 꼬여서 뽐내는 행동을 좋아하므로 세상이 입을 모아 강개의 선비라고 일컬었다.

1674년에 간흉이 정권을 잡으니 향리로 물러가 있다가, 1679년에 좌윤으로 서울에 들어왔다. 이때 역적 허견이 복창군 이정 ·복선군 이남과 결탁하여 모반할 마음을 품어 전국이 어수선하고 두려워하면서도 감히 그 기미의 싹을 꺾는 자가 없었는데, 김석주가 남구만에게 그 간사하고 기만된 일을 발설하도록 권하니 남구만이 두려워서 따르지 않자, 김석주가 이에 귀띔하기를, '이것은 왕비의 뜻이니 다른 우려는 없도록 보장하겠다.' 하였다. 남구만이 이를 믿고 임금에게 상소하였다가 귀양가게 되었으니, 이 때문에 명성이 더욱 높아지게 되었으나, 그 일을 아는 자는 이미 그가 군자가 아니라고 의심하였다.

1694년에 조정에 나아가게 되어서는 제일 먼저 장희재를 옹호하였으며, 그 뒤 죄인 업동業同의 옥사에 더욱 낭패하고 실수해서 명분과 의리와는 담을 쌓게 되었고, 마침내 흉악한 계략이 더욱 성하기에 이르러 화가 궁궐에 미치게 되었다. 젊어서는 자못 청렴 간결하여 사심이 없는 것으로써 자처하더니 관작이 높아지면서부터는 모든 것이 거꾸로 되었다. 훈련도감을 관장하면서는 부탁이 뒤섞여 사사로운 뜻이 넘쳐 흘렀고, 대장 신여철과 서로 거슬려 그 사사로운 부탁을 들어주지 않은 것을 노엽게 여겨 어전에서 죄를 청하였고, 그 대장직임을 파면케 하니, 조정 안과 밖이 몹시 놀랐다.

만년에 서자를 위하여 재산을 경영했는데, 비루하고 음탕하고 난잡한 일이 많아서 천한 종실의 모욕까지 받게 되기에 이르니, 사람들이 모두 비웃었다. 남구만은 그가 선비들에게 용납되지 못함을 스스로 알고는 정론正論을 배척하고 억제하는데 더욱 꺼리는 바가 없었다. 만년에 문자를 저술하면서 송시열과 김수항 부자를 침해하고 비방하였는데, 그 말이 몹시 해괴하고 패악하여 그 평생의 심술을 여지없이 드러냈다고들 한다. 뒤에 그의 무리가 국가 권력을 잡아 시호를 '문충文忠'이라 하였다.

남구만은 대제학을 지낼 만큼 그의 학문적 실력은 대단했던 것으로 파악된다. 그가 남긴 시조는 청구영언에 실려 현세에 와서도 교과서에 실릴 만큼 널리 알려져 암송되고 있다.

> 동창이 밝았느냐 노고지리 우지진다
> 소치는 아이는 상기 아니 일었느냐
> 재 너머 사래 긴 밭을 언제 갈려 하느니
>   - 청구영언-

당시 정치 운영의 중심 인물로서 정치·경제·형정·군정·인재 등용·의례 등 국정 전반에 걸쳐 경륜을 폈을 뿐만 아니라 문장에 뛰어나 책문·반교문·묘지명 등을 많이 썼다. 또한, 국내외 기행문과 우리 역사에 대한 고증도 많이 남기고 있다.

조설釣設

우리나라 최초의 낚시에 대한 글은 1670년 현종 11년에 집필한 것으로 확인되는 남구만의 조설釣說이다.

약천집藥泉集 28권에 수록돼 있는 조설釣說은 한문으로 쓰여 있는데, 남구만이 충남 홍성으로 낙향하여 소일하던 중 이웃 사람이 만들어 준 낚싯바늘과 낚싯대로 처음 낚시를 해 보는 것으로 이야기가 시작된다.

처음에는 누구나 그렇듯 남구만 역시 뜻대로 고기를 낚지 못했고, 그

때 지나가던 나그네들이 낚싯바늘의 잘못된 점과 기술상의 미비점을 하나하나 지적하자 "훌륭하도다, 객의 말이여! 이 도道를 미루어 나가면 어찌 다만 낚시질하는 데에만 적용되겠는가? 옛 사람이 이르기를 작은 것으로써 큰 것을 깨우칠 수 있다고 했으니, 어찌 이와 같은 것이 아니겠는가?"하고 감탄하며 그 나그네들의 말을 세세히 기록하였다. 그중 일부를 소개하면 다음과 같다.

"나그네가 말하기를 가르쳐줄 수 있는 것은 법法이나 묘妙를 가르쳐주긴 어렵소. 굳이 가르쳐달라고 한다면 말하겠소. 그대는 내가 가르쳐준 법으로 아침저녁으로 낚시를 드리워 정신을 가다듬고 뜻을 모아 오랜 동안 계속하면 몸에 배고 익숙해져서 손의 움직임이 자연스럽게 조절되고 마음도 저절로 터득하게 될 것이오. 이처럼 된 후에 묘리를 터득하거나 못하거나, 혹 그 미묘한 것까지 통달하여 묘의 극치를 다하거나, 또는 그중 한 가지만 깨닫고 두세 가지는 모르거나, 아니면 하나도 몰라 도리어 의혹되거나, 혹은 문득 자각하여 스스로 자각한 줄도 모른다거나 하는 따위는 모두가 그대에게 달린 것이니 내가 어떻게 하리오."

- 송귀섭의 붕어낚시 첫걸음, 예조원-

[승진과정]

1651년[23세] 효종 2년 사마시에 합격

1656년[28세] 효종 7년 별시 문과 을과에 급제 12월에 특별승진시켜 6품직 전적

1657년[29세] 효종 8년 2월 세자시강원 사서, 문학, 7월 정언

1658년[30세] 효종 9년 3월 지평, 5월 정언, 7월 지평, 7월 정언, 9월 정언

1659년[31세] 현종즉위년 홍문록에 오르고, 2월 교리, 윤 3월 사서, 윤 3월 정언, 4월 부교리, 12월 이조정랑

1660년[32세] 현종 1년 1월 부교리, 11월 이조정랑

1661년[33세] 현종 2년 2월 겸 북학교수, 6월 교리, 8월 헌납, 9월 이조정랑, 12월 헌납, 12월 이조정랑

1662년[34세] 현종 3년 2월 호남과 영남의 진휼어사, 4월 수찬, 5월 헌납, 5월 이조좌랑, 7월 응교

1663년[35세] 현종 4년 1월 응교, 2월 집의, 2월 부응교, 5월 사간, 7월 집의, 9월 집의, 면직, 9월 부응교, 10월 응교

1664년[36세] 현종 5년 1월 응교, 2월 집의, 4월 사간, 5월 승지, 6월 예조참의, 9월 대사간, 10월 대사성, 10월 대사간, 11월 면직, 이후 현종 8년 6월까지는 2년 6개월간 직임을 부여한 기록이 없다.

1667년[39세] 현종 8년 6월 승지, 9월 병조참의, 11월 우부승지, 12월 업무태만으로 하옥되었다가 석방되었다.

1668년[40세] 현종 9년 1월 형조참의 4월 동부승지, 4월 승지, 6월 승지, 6월 24일 안변부사 7월 승지, 8월 판결사, 9월 대사간, 9월 전라감사, 남구만이 전라감사가 되어 조정을 떠나기 전에 다시 대사간에 발령되었다. 9월 대사간, 10월 승지

1669년[41세] 현종 10년 1월 승지, 1월 이조참의, 1월 승문원 부제조, 2월 이정청 부제조, 8월 대사성

1670년[42세] 현종 11년 3월 병조참지, 12월 청주목사

1671년[43세] 현종 12년 7월 함경도 관찰사에 발탁

1674년[46세] 숙종즉위년 9월 이조참판, 동지경연사 겸직, 비변사와 진휼청 당상 겸직, 10월에 면직, 어머니를 모시고 충청도 결성으로 돌아왔다.

1675년[47세] 숙종 1년 1월 대사성

1676년[48세] 숙종 2년 대제학에 추천되니 임금이 말하기를, "남구만을 대제학으로 엄선하여 천거하였는 바, 일이 지극히 온당치 못하다." 하니, 허적이 말하기를, "전에 추천한 것이기 때문에 그대로 두었을 뿐입니다." 하였다.

1678년[50세] 숙종 4년 10월 특별히 형조판서

1679년[51세] 숙종 5년 2월 한성부 좌윤.

1680년[52세] 숙종 6년 경신대출척. 4월 도승지, 4월 부제학, 4월 양관 대제학(홍문관 과 예문관) 겸임

1681년[53세] 숙종 7년 일본에 통신사.

1682년[54세] 숙종 8년 상복을 벗자 7월 대사간, 8월에 병조 판서

1683년[55세] 숙종 9년 서인이 노론과 소론으로 분열되자 소론이 되다

1684년[56세] 숙종 10년 1월 우의정

1685년[57세] 숙종 11년 1월 청나라 사은사, 4월 귀국, 5월 좌의정, 병을 핑계로 출근 하지 않다.

1687년[59세] 숙종 13년 3월 좌의정 사직, 7월 25일 영의정

1688년[60세] 숙종 14년 7월 남구만과 여성제가 종친관계임과 박세채의 문제를 아뢰 니 임금이 진노하여 남구만과 여성제를 귀양보내다. 7월 경흥부에 위리 안치.

1689년[61세] 숙종 15년 1월 16일 판중추부사 복귀. 기사환국, 남인 집권, 4월 관작 삭탈, 문외출송, 중궁이 폐출되고 남인들이 득세하다.

1694년[66세] 숙종 20년 갑술환국, 4월 1일 다시 영의정

1695년[67세] 숙종 21년 7월2일 영의정 사직, 영중추부사. 10월 2일 세 번째 영의정

1698년[70세] 숙종 24년부터 나이가 늙음을 들어 사직하기를 청하였으나 오래도록 윤 허하지 않았다.

1701년[73세] 숙종 25년 남구만을 원망하는 자가 등용되어 장희재의 일을 들고 나와 남구만을 귀양 보내기를 청하였으나 임금이 윤허하지 않고 이르기를, "나 는 그의 심정을 안 지 오래이다." 하였다.

1702년[74세] 숙종 26년 5월 13일 대간의 거듭된 탄핵으로 아산현으로 유배, 11월 23일 고향으로 돌아가도록 명하다.

1703년[74세] 숙종 27년 5월 석방

1704년[75세] 숙종 28년 1월 영중추부사

1707년[79세] 숙종 32년 7월 봉조하로 기로소에 들게 하니, 그는 집에 가만히 앉아서 대신급 봉록을 받다.

1711년[83세] 숙종 37년 3월 17일 83세에 졸하다.

101. 여성제 呂聖齊

8일간의 영의정, 회빈 강씨 집안이라 이혼

생몰년도 1625년(인조 3)~1691년(숙종 17) [67세]
영의정 재직기간 (1689.2.2~1689.2.9) (8일간)

본관	희천希天	
호	운포雲浦	
시호	정혜靖惠	
저서	운포집	
당파	소론	

증조부	여순원呂順元	– 첨지중추부사
친조부	여우길呂祐吉	
양조부	여유길呂裕吉	– 한성우윤
양조모	신준경의 딸	
양아버지	여이징呂爾徵	– 관상감 제조
아버지	여이량呂爾亮	– 인천도호부사
어머니	청주한씨	– 한준겸의 딸
처	금천 강씨	– 현감 강문성의 딸(소현세자빈의 조카)
증손	여선장	– 간성군수
외손	오명항	– 우의정(영조때)
외조부	한준겸韓浚謙	
이모	인열왕후(인조비)	
장모	신씨	– 신흠의 딸
계처	평산신씨	

소현세자빈 강씨 집안을 처가로 두어 이혼하다

여성제의 자는 희천希天이고, 호는 운포雲浦로 본관은 함양이다. 증조부는 첨지중추부사를 지낸 여순원이고, 조부는 강원도 관찰사와 한성부 우윤을 지낸 여유길이다. 아버지 여이량은 인천 도호부사를 지냈고, 어머니는 인조의 장인인 한준겸의 딸이다. 홍문관 제학 여이징에게 입양된 여성제는 외조부가 영돈녕 부사 한준겸이었으니, 곧 인조비인 인열왕후의 아버지로 친·외가가 모두 당대의 명문 집안이었다. 여성제의 처는 금천 강씨로 강문성의 딸이다. 처고모인 민회빈 강씨의 옥사가 있었을 때 여성제는 화禍가 연좌될 것을 염려해 강씨와 이혼하고 새 아내 평산신씨를 들였다. 강씨와의 사이에 자식이 있고 옛정을 잊지 못하여 사람들이 구차하게 여기며 비난하였다. 민회빈 강씨의 무고함이 풀리자 여성제는 강씨를 데려와 후처 신씨와 함께 살았고, 신씨가 먼저 죽어 강씨가 그 제사를 지냈다. 이후 강씨는 다시 옛 직첩을 돌려받아 정경부인에 봉해졌다.

여성제는 양부 여이징을 따라 외조부 뻘 되는 파주목사 한백겸의 문하에 들어가 학문을 익혔다. 1650년 효종 원년 생원시에 장원으로 뽑혀 1654년 음직으로 참봉 벼슬이 내려졌으나 나가지 않고, 그해 정시 문과에 급제하여 검열로 벼슬을 시작하였다. 이후 북평사·집의·동부승지 등을 거쳐 호남을 자세히 살펴 규찰해 유학과 무예에 치적이 많았다.

40대에도 수찬, 이조좌랑, 이조정랑, 부응교, 집의, 사간, 승지, 호조참의, 대사간, 예조참의, 병조참의, 형조참의 등 요직을 역임하며 지냈는데, 승지로 있을 적에 임금이 전달하라는 왕명을 제대로 전하지 않았다 하여 직위 면직된 일 외에는 큰 잘못을 저질러 쫓겨나거나 간원들의 탄핵을 받을 일이 없었다.

50대에 들어와 인선왕후의 도장을 쓸 때에 '왕王' 자의 중간에 굴곡된 획을 연결해야 하는데 잘못하여 연결되지 않은 부분이 있어 임금의 분부로 고쳐서 올렸다. 이로 유생 이석징과 조함 등이 상소하여 여성제를 무함하기를 "'왕'자에 한 획이 빠진 것은 '신臣' 자에 한 점을 뺀 것과 같습니다." 하니, 주상이 엄한 말로 배척하였다.

> 여성제가 의금부로 나아가 명령이 내리기를 기다렸는데, 형조 참판으로 발령을 내려 부름을 세 번이나 내렸으나 강력히 사양하여 교체되었다. 여성제는 집안 식구들을 이끌고 인천으로 갔다. 제수하는 명령이 대여섯 차례 내렸으나 모두 사양하고 부임하지 않았다.
>
> — 국역국조인물고 여성제 —

1678년 숙종 4년 강릉 부사에 제수되자, 여성제는 "이는 좌천이다." 하고 즉시 부임하였다. 1680년 숙종 6년 정국이 바뀌어 교화가 펴지자 다시 발탁되어 예조판서에 특진 발탁되니, 강릉 백성들이 비석을 새겨 추모하는 마음을 붙였다. 선공감 제조와 도총관을 겸하였고 우참찬으로 옮겨 내의원 제조와 비국 당상을 겸하였다가 대사헌 겸 지의금부사로 옮겼다.

1681년 숙종 7년 대사헌에 임명되었는데 경신대출척으로 남인 일파를 몰아낸 공신들을 보사공신으로 책록할 때, 이사명과 신범화 등을 추가로 공신록에 기록하는 것을 중지할 것을 청하였다가, 숙종의 노여움을 받아 좌천되었다. 이때 김환이 무고한 사건이 일어났는데, 조정의 의론이 이 사건에 연결된 자가 많으므로 그 일을 끝까지 다스리고자 하지 않았으나 여성제 만이 홀로 항거하여 국문할 것을 청하니, 여성제의 말이 비록 실행되지 않았으나 공론이 훌륭하게 여겼다.

1682년 수어사에 제수되었다. 계해년 광주 유수로 나가니, 이때 유수를 새로 두고 수어사를 겸직하게 한 다음 중신을 가려 제수하였는데, 여성제가 이 명령에 응하였다.

1684년 들어와 병조판서로서 선혜청 당상과 제용감 제조, 지경연사를 겸하였으며, 서전(병조)에서 교체되어 지중추부사와 이조판서를 지냈다. 1685년 이조에서 교체되어 지돈녕부사에 제수되었으며, 호조와 형조의 판서를 역임하였다.

1686년 9월 다시 이조판서에 제수되니, 이때 어떤 일을 말하다가 두세 명의 신하가 당시의 의논에 거슬려 오랫동안 대관으로의 천거가 정지되어 있었다. 여성제가 이들을 모두 대관에 천거하자 성균관 유생들은 이것을 가지고 상소하여 배척하였으며, 의정부에서도 또한 여성제를 조사할 것을 청하였다. 여성제는 교체할 것을 청원하고 부름을 여러 번 어기다가 부득이 나와서 근무하였다.

1687년 정월에 대관 이선과 김진규 등은 여성제가 조사를 당하고도 공무를 행하는 것은 잘못이라 하여 다시 조사하고 신문할 것을 청하였다. 이에 주상은 준엄히 배척하였으며, 조정의 의논이 또한 크게 일어나서 대관들이 여성제가 인사부서의 자리에 있는 것을 미워하여 내쫓으려는 것이라고 말하였다. 여성제는 비록 임금의 해명해 주심을 받았으나 끝내 불안하여 사직하여 교체되었다. 얼마 후 여성제는 또다시 이조판서에 제수되었는데, 앞서의 이유로 혐의를 쓰고 출근하지 않아 연달아 다섯 번 부름을 어겼다. 주상은 여성제가 한갓 자신의 염치만을 지키려 하고 신하의 의리와 분수를 지키려 하지 않는다 하여 파직하도록 명하였다.

전교하기를, "이조판서 여성제는 비록 마음을 안정하기 어려운 사정이 있기는 했지만, 조정에서 여러 차례 죄를 용서하고 방면했고 또한 이미 교체했다가 다시 제수하였기에 탄핵을 견디며 그대로 있는 것과는 다르니, 한 차례 상소한다면 족히 자신의 정당한 도리가 펴게 될 것이다. 이규령에 있어서는 반드시 교체되어야 할 혐의도 없는데, '즉시 나와서 직무를 받들도록 하라.'는 분부를 깊이 생각하지 않고서, 어찌 감히 과실에 대한 책임을 지고 들어가 굳이 누워있고 나오지 않는 것이냐? 이는 기강이 해이되고 체통이 엄격하지 못한 소치로서 자못 매우 해괴하니, 모두 파직하라." 하였다.

– 숙종실록 13년 5월 24일 –

7월 좌참찬에 제수되었다가 8월에 세 번째 이조판서에 제수되었는데 이조판서 여성제가 거듭 탄핵을 받자 사직하고 나오지 않았다.

이조판서 여성제가 일찍이 본직에 있으면서 거듭 대관의 논박을 받은 것을 이유로 여러 차례 사직하고 나오지 않자, 임금이 말하기를, "심각하게 논란한 것 때문에 깊이 과실에 대한 책임을 질 필요는 없다." 하고 명하였다. 이조참판 이선이 상소하기를, "지난날 대사헌으로 있을 적에 동료들이 이조판서로서 관원들의 비행을 경계하자는 의논을 내어 놓았는데, 그들이 주장하는 바는 곧 유현을 존대하고 옳음과 그름을 구별하는 것이었습니다. 논한 말이 한때 미리 타이른 것에 지나지 않는 것이었고, 그 사이에 심각한 뜻이 있었던 것이 아닌데, 여성제가 전후하여 이조의 판서로 있으면서 갑자기 사직하려고만 합니다. 비록 전직자들이 이미 지난 일을 가지고 말하더라도 탄핵받아 교체되었다가 여러 차례 복직된 사람이 많이 있었으니, 그들의 처신하는 바가 어찌 극진하지 못한 데가 있는 것이겠습니까? 지금 여성제는 전직자들과 달리하려고 힘쓰니, 또한 어찌 너무 지나친 일이 아니겠습니까? 그의 진퇴가 어떠함을 논할 것 없이 신이 이미 심각하게 일을 논의하여 아뢴 잘못이 있었으니, 어찌 감히 이조판서의 자리에 그대로 있을 수 있겠습니까?"

하니, 임금이 답하기를,

"이조판서가 천거를 공론에 맞게 하지 못하면, 일의 경중에 따라 체직을 청하거나 파직을 청함이 옳지 못할 것이 없지마는, 일전의 대관들의 의논은 사면하지 않는 것을 들어 지목했었다. 대간의 비평이 있은 이래로 이처럼 우습기도 하고 괴이하기도 한 일은 들어보지 못했었다. 육조의 참판과 참의는 장관에게 있어 일의 대체가 구별이 있는 것인데, 자신의 앞서의 소견을 옳게 여겨 드러나게 침해와 모멸을 가했다. 몸이 재상의 반열에 있으면서 서로 공경하는 풍습이 이처럼 캄캄하다면, 젊은 사람이 어른을 능멸하는 풍습 또한 괴이하게 여길 것 없겠다. 경의 말이 이러하니, 본직의 체직을 윤허한다." 하였다. 여성제가 이 때문에 더욱 불안하게 생각하며, 다시 소장을 올려 해직을 청하였다.

- 숙종실록 13년 8월 6일 -

1688년 64세에 판의금 부사를 거쳐 우의정에 올랐는데 숙종이 왕실 종친인 동평군을 지나치게 총애하는 바람에 관청의 기강이 흐트러지자, 영의정 남구만 등과 함께 그 부당함을 주장하다가 그만 함경도 경원부에 위리안치 되었다.

왕이 동평군을 지나치게 총애하자 이 문제를 상소한 이조판서 박세채를 물리쳤다. 영의정 남구만이 박세채를 구제하려고 간언하다가 왕의 진노를 사 유배되었다. 여성제는 이 사건을 도와서 화해시키려다가 경원으로 유배되었다.

- 숙종실록 14년 7월 15일 -

오랜 관직 생활 동안 처음으로 받는 유배형이었다. 몇 개월 후인 1689년 1월 우의정에 복직되었는데 이때를 두고 사관은 다음과 같이 평하고 있다.

"여성제는 일찍이 남구만과 더불어 같이 죄를 입었는데, 순후하고 삼가며 임금의 뜻을 거스르지 않았으므로 다시 들어와 정승이 되었다."

- 숙종실록 15년 1월 16일 -

이어 2월 영의정에 제수 되니 나이 65세였다. 소론이던 여성제는 남인들과의 의견충돌로 세 차례의 사직상소를 올리니 영의정이 된 지 8일 만에 사직이 처리되어 자리에 앉아 보지도 않은 채 행 판중추부사로 전임되었다.

이때 권력을 잡고 있던 남인들은, 이이와 성혼의 성균관 문묘 배향이 잘못된 일이라 하여 문묘에서 출향하려 하자 여성제가 그 부당함을 상소하니, 배향할 때 여성제가 예조판서로서 주도한 책임이 크다며 죄를 덮어씌워 남한강으로 유배시켰다.

후에 임금이 여성제의 인품을 기려 유배에서 풀었으나, 또 중전 인현왕후를 폐위한다는 소식이 들리자 여성제는 이를 반대하는 극렬한 상소를 올렸다. 결국은 인현왕후가 폐위되자 마음이 상하여 경기도 양평 향리로 내려와 은둔하다가 67세에 세상을 등지고 말았다. 시대적인 상황이 그를 죽음으로 몰고간 것이다.

왕조실록에 기록된 그의 졸기는 정치적 업적보다는 그의 이혼 기록을 상세하게 서술하고 있다. 시대적으로나 사회적으로 이혼이 공식적으로 허가되지 않을 때라 논란이 있었음을 알 수 있다.

여성제의 졸기

1691년[67세] 숙종 17년 8월 14일 행 판중추부사 여성제의 졸기

행 판중추부사 여성제가 졸하였는데, 67세이다. 여성제는 정자 이홍상과 함께 고 우의정 강석기의 손녀의 지아비로서, 민회빈 강씨에게 화가 일어나게 되어서는 이

홍상은 차마 마음으로 그 억울함을 알면서 그 아내와 헤어질 수 없으므로 스스로 벼슬을 그만두고 평생을 마쳤으나, 여성제는 화를 입을 것을 겁내어 소장을 제출하여 헤어지고 다시 다른 아내를 얻었는데, 그래도 옛정에 끌려 몰래 전처를 집에 두어 소생까지 있으니, 스스로 임금을 속이고 금령을 범하는 데로 돌아가는 것을 면하지 못하였다. 부부는 인륜의 대륜인데 그 의를 지킴이 구차하고 간약함이 이러하였으므로, 사람들이 이 때문에 이홍상을 칭찬하고 여성제를 그르게 여겼다. 다만 교유를 넓히고 뜨고 가라앉기를 잘하여 차차로 벼슬을 옮겨 마침내 의정에 이르렀다. 뒤에 정혜靖惠라 시호를 받았다.

저서로는 운포집이 있고, 시호는 정혜공靖惠公, 오늘날의 경기도 광주시 남종면 수청리에 묘소가 마련되었고, 영의정 남구만이 짓고 영의정 유상운이 글씨를 쓴 신도비가 있다.

시집간 딸의 연좌죄에 관한 논의

여성제가 죽은 후 21년이 지난 1712년 숙종 38년에 시집간 딸의 연좌에 대한 논의를 하였는 데 이때서야 이혼했던 본처의 신분을 회복시켜주게 되었다.

이보다 앞서 수찬 권첨이 글의 뜻으로 인하여 아뢰기를, "기양의 아내의 말에, '임금의 신하가 죄를 면하지 못하면 사형을 받아 시체가 저자에 버려지고 처첩은 잡힌다.' 하였으니, 이로써 보건대, 여자로서 남에게 시집간 자는 남편의 집에 죄가 있으면 곧 체포되는 것입니다." 하고, 이어 진나라 정함의 의논 및 경국대전을 들어 말하기를, "근세에 시집간 딸이 연좌됨은 법의 뜻이 아닙니다." 하였다.

지경연사 조태채는 말하기를, "시집간 딸은 법에 이미 연좌가 없는데, 손녀가 연좌됨은 더욱이 법 밖입니다. 고 상신 여성제의 아내는 그 조모가 법에 걸린 뒤 여성제가 궁궐의 사람과 인척 관계가 됨을 스스로 불안하게 여겨 이혼을 청하였으니,

이는 실로 원통한 것입니다. 이 일에 만약 정해진 제도가 없다면 폐단이 장차 끝이 없을 것입니다." 하니,

임금이 해당 조정으로 하여금 처리하게 하였다. 예조에서 보고하기를,

"반역자 집안 친딸의 이혼은 비록 법 밖이라 하지만, 이미 전해 오는 관례가 되어 쉽사리 변경하거나 고칠 수 없습니다. 그러나 손녀의 이혼은 더욱 법 밖입니다. 여성제의 집 일은 바로 관구검 손녀의 일과 서로 같아 법 밖의 그릇된 관례는 그대로 둘 수 없고, 앞으로의 폐단 또한 막지 않을 수 없습니다. 청컨대 이것으로써 정해진 방식을 삼으소서."

하니, 임금이 윤허하였다. 이날 약방에서 입진하자, 임금이 말하기를,

"예조의 아룀에는 여성제의 집안 일은 명백하게 결정하지 않았다. 이는 제도를 정하기 전의 일이니, 그대로 두는 것이 옳겠는가?"

하니, 도제조 이이명이 말하기를, "이미 손녀의 이혼을 지나치다 하여 고쳐서 정식을 삼도록 명하였은즉, 여성제의 아내는 또한 마땅히 다시 합하게 하고 남편의 직위에 따라 직위를 부여함이 마땅합니다. 성상께서 특별한 은전을 베푸심이 좋겠습니다." 하였다.

임금이 말하기를, "다시 합하게 하는 것이 마땅하다."

하고, 또 제조 조태구의 말로써 작위를 봉하는 서류를 추가 발급하라고 명하였다.

사관은 논한다. 강씨 집의 무고 건은 나라 사람들이 불쌍히 여기는 바인데도, 여성제가 이혼을 자청하여 나아가 이루어지길 바랐으니, 진실로 선비류가 허락하지 않는 바 되었다. 비록 그렇다고는 하나 그 내침이 본디 조정의 명이 아니었으니, 그 회복함 또한 어찌 조정에서 시킬 수 있는 것이겠는가. 하물며 살아서 이미 이혼하여 끊고 다시 장가들기에 이르렀는데, 이제 이미 백골이 된 뒤에 억지로 다시 합쳐 부부가 되게 한다면 그 예법과 사리에 있어 어떠하겠는가? 임금의 명에 '정제하기 전의 일이니 그대로 두는 것이 좋지 않겠는가.' 한 것이 지극히 윤당한 일

인데도 대신과 제신이 사사로운 은덕을 심고자 하여 임금을 구차한 조치로 인도하였으니, 천 년 뒤 어찌 식견이 있는 이의 비방을 면하겠는가. 참으로 애석한 일이다.

[승진과정]

1650년[26세]   효종 1년 생원시에 장원급제, 참봉에 제수 되었으나 출사하지 않았다.

1654년[30세]   효종 5년 정시 문과 갑과 급제, 검열

1656년[32세]   효종 7년 8월 검열, 9월 검열, 10월 검열

1659년[35세]   현종즉위년 6월 정언

1660년[36세]   현종 1년 5월 겸 춘추

1661년[37세]   현종 2년 6월 정언, 7월 지평, 윤 7월 정언, 8월 정언, 9월 지평, 11월 정언

1662년[38세]   현종 3년 1월 지평, 4월 지평, 6월 장령, 6월 수찬, 6월 정언, 8월 정언, 10월 교리, 10월 지평, 11월 이조정랑

1663년[39세]   현종 4년 3월 교리, 9월 수찬, 9월 교리

1664년[40세]   현종 5년 9월 수찬, 10월 경기우도 암행어사, 12월 이조좌랑

1665년[41세]   현종 6년 2월 측후관, 4월 이조정랑, 9월 함경도 북평 도사

1666년[42세]   현종 7년 5월 부응교, 5월 집의, 8월 사간, 10월 집의, 12월 사인

1667년[43세]   현종 8년 1월 부응교, 4월 사간, 4월 응교, 6월 집의, 7월 집의, 8월 사간, 9월 부응교, 10월 사간, 11월 부응교, 12월 집의

1668년[44세]   현종 9년 1월 사간 2월 부응교, 4월 사간, 7월 사인, 8월 집의, 8월 승지, 9월 전라감사

1671년[47세]   현종 12년 승지,

1672년[48세]   현종 13년 1월 호조참의, 3월 승지, 4월 대사간, 4월 승지, 5월 대사간, 6월 예조참의, 7월 승지, 10월 병조참의, 11월 우승지, 12월 대사간, 12월 형조참의

1673년[49세]   현종 14년 4월 대사간, 4월 승지, 8월 호조참의, 11월 승지, 12월 호조참의

1674년[50세]   현종 15년 1월 이조참의, 7월 함경 감사, 임기가 차서 이조 참판으로 돌아오니, 함경도의 백성들이 비석을 세워 공덕을 칭송하였다.

1676년[52세]   숙종 2년 8월 이조참판

1677년[53세]   숙종 3년 모함당하다.

1678년[54세]   숙종 4년 강릉부사

1680년[56세]   숙종 6년 3월 경신대출척, 서인 집권, 7월 우참찬, 7월 대사헌, 8월 대사헌, 8월 예조판서, 8월 대사헌, 8월 예조판서, 윤 8월 대사헌, 9월 대사헌, 10월 우참찬, 11월 대사헌

1681년[57세]   숙종 7년 1월 대사헌, 1월 예조판서, 숭정대부로 승급, 판의금부사 겸직,

3월 의금부 판사, 12월 좌참찬, 12월 예조판서

1682년[58세] 숙종 8년 2월 판의금 부사, 2월 수어사, 4월 좌참찬

1683년[59세] 숙종 9년 1월 판의금 부사, 2월 광주유수, 수어사 겸직

1684년[60세] 숙종 10년 1월 병조판서, 선혜청 당상과 제용감 제조, 지경연사 겸직, 8월 판의금 부사, 10월 이조판서

1685년[61세] 숙종 11년 8월 호조판서, 9월 형조판서, 11월 좌참찬, 12월 형조판서

1686년[62세] 숙종 12년 1월 예조판서, 4월 판의금부사, 9월 이조판서

1687년[63세] 숙종 13년 2월 좌참찬, 4월 판의금부사, 5월 이조판서, 5월 24일 파직, 7월 좌참찬, 8월 이조판서

1688년[64세] 숙종 14년 1월 판의금부사, 5월 우의정. 7월 함경도 경원부에 위리안치

1689년[65세] 숙종 15년 1월 우의정 복직, 2월 영의정. 소론이었던 여성제는 집권세력인 남인들과 의견충돌로 세 차례의 영의정직 사직상소를 올리니 8일만에 수리하여 자리에 앉아 보지도 않은 채 행 판중추부사로 전임되었다.

1691년[67세] 숙종 17년 8월 여성제가 죽다.

102. 권대운權大運

송시열을 처결하고, 죄인으로 기록되다

생몰년도 1612년(광해군 4)~1699년(숙종 25) [88세]
영의정 재직기간 (1689.2.10.~1694.4.1) (5년 2개월)

본관	안동安東	
자	시회時會	
호	석담石潭	
시호	기록이 없음	
당파	남인의 영수	
묘소	경기도 시흥 도창동 도두리	

증조부	권상權常	– 지중추부사
조부	권협權悏	– 예조판서
부	권근중權謹中	– 사어司禦
모	이유훈의 딸	
부인	우정의 딸	
장남	권위權瑋	
자부	이덕주의 딸	
손자	권중경權重經	– 이조판서
차남	권규權珪	– 대사헌

남인의 영수로 송시열을 처형하여 죄인으로 기록이 남다

기사환국으로 남인이 집권하자 영수이던 권대운이 영의정에 올랐다. 장희빈의 아들 이윤을 세자로 삼으려는 숙종의 뜻을 거역한 송시열 김수항 등이 실권하고 남인이 집권한 것이다. 이로 노론의 영수였던 좌의정 송시열은 귀양을 가서 생을 마감하게 된다.

권대운의 자는 시회時會이고 호는 석담石潭으로 본관은 안동이다. 증조부 권상은 지중추부사를 역임하였고, 조부 권협은 예조판서를, 아버지 권근중은 사어를 지냈다.

권대운은 1642년 인조 20년에 진사가 되고, 1649년에 별시 문과에 을과로 급제해 정언이 되었다. 이후 지평·헌납·이조정랑·응교·사간·승지 등의 청요직을 거쳤고, 형조·병조·예조의 참의와 좌승지·한성부 우윤·형조참판·개성유수 등을 거쳐 1666년 현종 7년에 평안도 관찰사·대사간 함경도 관찰사를 역임하고 1670년 호조 판서로 발탁되었으며, 그 뒤 형조판서를 거쳐 우참찬이 되고 판의금부사를 겸임했다. 1674년 숙종이 즉위하자 예조판서가 되고, 이듬해 병조 판서를 거쳐 우의정으로 승진했다.

60세가 되도록 이렇다 할 특출한 업적도 과실도 없이 청요직을 두루 역임하였으나 이조정랑을 제외하고는 인사부서에서 근무한 적이 없었다. 젊은 시절에는 언관으로서 활동도 했지만 당하관, 당상관이 되어서는 대사간을 짧게 한 경력외에는 남을 탄핵하는 직에서도 근무하지 않았다.

이조·병조의 인사부서에서 근무하지 않았으니, 동료들로부터 청탁을 받을 일이 없었고, 언관으로서 대사헌이나 사간원의 자리에 있지 않았으니 남을 탄핵할 일도 하지 않은 셈이다.

권대운은 청렴 검약한 생활로 세간의 인정은 받았으나, 시대적으로 서인과 남인의 권력쟁탈 과정에서 남인의 중심인물이었다.

권대운은 숙종의 뜻에 맞춰 장희빈 편을 들어 한 때 입신양명했으나 결국 거물 송시열에게 사약을 내리도록 결정적인 역할을 하였고, 장희빈이 몰락할 때 운명을 함께 한 것처럼 되고 말았다. 남인의 입장에서는 불우한 정승으로 비추어졌으나, 서인의 입장에서는 시대를 주름잡던 성리학의 거두이자 서인의 영원한 영수인 송시열을 죽인 불천지 원수로 남았다.

송시열을 처결한 데는 그만한 원한이 쌓여 있었다. 64세에 우의정이 되고 66세에 좌의정이 되었는데 1680년 69세에 경신대출척으로 남인이 모두 실각하자 권대운은 파직을 당하여 영일만에 위리안치된 채 9년을 묻혀 지내야 했다. 1689년 78세가 되어서야 기사환국으로 풀려나 영의정에 중용되었다. 9년 동안 위리안치되어 유배를 살던 사람에게 권력을 안기니 국정은 피바람이 몰아쳤다.

남인들이 송시열을 삭탈관직시켜 제주도로 귀양을 보냈는데, 숙종이 송시열의 진실을 조사하고자 서울로 불러들이게 하자, 권대운은 고령의 중죄인을 국문하는 것보다 죽게 하는 것이 송시열을 위하는 길이라며, 임금을 회유하였다. 숙종이 이를 허락하여 제주도에서 희망을 품고 올라오고 있는 송시열에게 사약을 내리니, 정읍에서 금부도사를 만나 사약을 마시고 말았다. 권대운이 죽인 상대가 누구인가. 조선 천하에서 송자宋子

라 일컫는 서인의 종주이자 예론의 1인자가 아니든가.

당시에는 권력을 쥐고 있어 난적을 없애는 게 유리하리라 생각되었지만 남인이 권력을 빼앗기니 서인들이 가만있지를 않았다. 1694년에 서인이 숙종의 폐비인 인현왕후 민씨의 복위 운동을 일으켜 남인을 제거하고자 했다. 그 당시 폐비 사건을 후회하고 있던 숙종으로부터 남인들이 미움을 받아 화를 당하게 되는 갑술환국 조치로, 권대운은 관직을 삭탈당하고 절도에 안치되었다가 이듬해 80세가 넘는 고령이라 하여 풀려나 귀향하게 되었다. 80의 나이에 위리안치의 유배로 죄값을 치루었으나 이후로 계속 이어진 서인계 노론 정권은 권대운을 영원한 파적으로 취급하였다.

과격파 남인으로 당쟁에 휘말렸으나 생활이 검소하고 청렴하여 명망은 높았다. 죽은 뒤 왕의 특명으로 직첩이 환급되었다.

부질없는 관직은 영의정에 이르렀지만 임금이 시호를 내린 기록도 권대운을 기리는 사당도 남겨진 것이 없다.

경기도 시흥 도창동 도두리에 있는 권대운의 묘에는 커다란 상석만 쓸쓸할 뿐 신도비는 물론 묘비도 없다. 묘의 봉분을 앞뒤로 두 개를 만들어 가짜 봉분을 두기까지 했다는 말도 전하고 있고, 묘비와 신도비를 만들어 배로 실어오다가 민심이 두려워 물에 던져버렸다는 이야기도 전한다. 숙종실록 졸기에는 '죄인 권대운의 졸기'라 하여 기록을 전하고 있다.

– 한국민족문화 대백과, 한국학중앙연구원 –

갑술옥사와 권대운의 유배

1694년[83세] 숙종 20년 소론의 김춘택 등이 억울하게 쫓겨난 인현왕후 민씨의 복위운동을 도모하였다. 숙종도 장희빈의 사악한 행동에 두 사람간의 관계가 서먹해지자, 인현왕후를 내친 일들을 뉘우치고 있던 터라, 장희빈에게 벌을 주고 인현왕후의 복위에 손을 들어주었다. 이로 장희빈과 결탁해 있던 남인이 곤란해지고 인현왕후를 지지하던 서인이 집권한 것이다. 남인의 입장에서는 갑술옥사였고, 서인의 입장에서 갑술환국이 된 셈이다. 이후부터 남인은 서서히 조선국의 정치무대에서 꺼져가는 불빛이 되고 말았다.

인현왕후가 복위되고 이미 죽어버린 송시열은 관작은 복구되었으나 목숨마저 돌릴 수는 없었다. 살아있던 영의정 권대운은 4월 25일 관작을 삭탈당하여 위리안치시켜 극변 남해로 귀양을 가야했다.

대사헌 이규령·사간 박세준·장령 이의창·지평 김연·정언 이인병이 합사하여 논하기를,
"군신·부자의 의리는 하늘의 이치로, 사람이 지켜야 할 도리중 가장 큰 경전이요, 인륜의 대도입니다. 신하가 위를 섬기는 도리는 임금을 아버지로 섬기고 왕후를 어머니로 섬기는 것이므로, 그 신분을 생각하면 죽음을 다하여야 할 것입니다. 기사년 왕비를 폐출할 때에 온 나라 안의 생명이 있는 무리는 누구나 다 슬피 외치고 눈물을 머금어도 하늘에 호소할 길이 없었으나, 그때 조정에 있던 신하는 처벌되는 것을 피하지 말고 울부짖으며 왕후를 따라야 할 것인데도, 자신이 대신이면서 손을 쓰지 않고서 곁에서 보기만 하였고, 삼사의 직책에 있는 자는 뜻에 맞추어, 반일의 관청 일과 잠시의 엎드림으로 겉치레만 따라 책망을 면할 뿐이었고, 서둘러 받들되 미치지 못할까 염려하듯이 하였고, 기록을 살피자는 청을 으레 하여야 할 법인 듯이 하였으며, 뒤이을 왕에게 화를 끼친다는 말을 포고하는 글에 올렸으니, 이런 짓을 할

수 있는데 무엇인들 차마 할 수 없었겠습니까? 다행히도 하늘이 우리 종사를 도와 임금께서 깨달으시어 중궁이 복위하고, 뭇 백성이 다시 바라보고 만물이 있을 곳을 얻었으니, 그때 아부한 뭇 흉악한 자와 거짓을 꾸며 헐뜯은 간사한 자를 어찌 하루라도 편히 살게 할 수 있겠습니까? 그때의 영의정 권대운, 민암은 위리안치하며, 대사헌 목창명, 장령 이원령, 지평 배정휘·정선명, 교리 김주·권규, 정언 성관, 수찬 심벌·심계량은 모두 극한 변방에 멀리 귀양보내소서."

하니, 임금이 그대로 따랐다.

삼가 살피건대, 군신·부자의 윤리는 우주에 뻗쳐서 무너지지 않는 것이니, 기사년의 모후를 업신여긴 죄는 참으로 천지에 사무치는 것이다. 더구나 권대운·목내선은 그 우두머리이므로, 이는 바로 누구나 죽일 수 있는 자인데, 신원회복되는 과정에 의리가 밝지 못하여 죄를 주는 것이 겨우 유배에 그쳤다. 아아, 일체의 법으로 다스려 용서하지 않았다면, 당시의 조정 신하는 모두 사형을 면하기 어려울 것인데, 악한 무리의 우두머리는 말할 필요가 있겠는가? 이제 이렇게 너그러이 놓아 주어 흉악한 짓이 면책되어 두려워할 것이 없게 되고 점점 재앙을 빚게 되었으니, 갑술년에 일을 맡은 신하들은 어떻게 그 책망을 피하겠는가? 아아, 통탄스럽다.

– 숙종실록 20년 4월 25일 –

4월 25일 양사의 합동 아룀에 따라 권대운·목내선·민암 등을 처벌하며 그 처벌수위에 대하여 입장을 서술하다.

권대운·목내선을 절도에 안치시키고, 가시 울타리를 친 죄인 민암에게 한겹 더 울타리를 치라 명하니, 양사의 합동 아룀에 따른 것이다. 기사년의 일은 민암과 이의징이 은밀히 빚어낸 일이니 그 죄는 처형을 받아서 마땅한 것이다. 그러나 권대운·목내선의 무리에 있어서는 쟁론하는 즈음에 마음을 다하지 못하였고, 상소할 때에 언사를 골라 쓰지 못하였으니, 요컨대 이익만 알고 의리를 알지 못한 것으로, 신하의 직분으로 논할 때 죄가 없지는 않지만, 사정을 밝혀 정죄하지 않고서 한결같이 명분과 의리로 단정하고 흉악한 역도로 처리하여, 형세를 타고 짓밟아 마음내키는 대로 처형한다면, 당당하지 않은 것은 아니지만 당파가 고질화된 가운데 죄인은 스스로 복종을 하지 않을 것이고, 돌아가며 보복을 가하는 사이에 인류는 거의 멸종이 될 것이다. 참작하여 법률을 적용하는 것이 붕당을 해소하고 시국을 구제하는 방도에 해롭지 않은데, 처음 사초를 찬수하는 자가 공평한 마음으로 생각하지 못하고 편당의 어그러지고 과격한 뜻으로써 잘못을 꾸짖기를 추가하였으니, 그 역시 이상한 일이다.

— 숙종실록 20년 4월 25일 —

5월 1일 죄인 권대운·권처경·정유악·신학 등을 석방하다.

대신과 의금부·형조의 당상관을 만나고, 죄인을 석방하였다. 영의정 남구만·좌의정 유상운·우의정 신익상이 모두 말하기를, "안치한 죄인 권대운은 나이가 80이 넘었고, 또 그 심사가 참혹한 지경에 이르지는 않으니, 마땅히 석방시켜야 합니다." 하니, 임금이 그대로 따랐다. 승지 김성적과 삼사의 여러 신하들이 모두 힘껏 간하였지만, 소용이 없었다. 대사헌 박태상은 말하기를, "법을 준수하는 의론은 진실로 마땅히 이와 같아야 하겠지만, 성상께서 특별히 참작하시었으니, 또한 그것이 해로움이 있을 것이라고는 생각하지 않습니다." 하였다.

사헌부에서 권대운을 고향으로 돌아가게 하라는 명을 거둘 것을 아뢰었으나, 임금이 또한 윤허하지 않았다.

사관은 말한다."소결疏決은 장차 원통하고 억울한 사람을 풀어주어 화기를 인도해 맞이하려는 것이니, 대죄를 사면하여 천심을 감동시킬 수 있다는 말은 듣지 못하였다. 권대운은 바로 반일 동안 정청한 수상인데, '이 사람은 연로하므로, 석방시켜야 한다.' 하고, 정유악은 간사한 짓을 반복해서 한 요망한 사람인데, '이 사람은 노모가 있으므로, 석방시켜야 된다.'고 하며, 권처경은 임금을 침범하는 부도한 말을 발설하였는데, 그에 대해서는, '언어를 가지고 사람을 처벌할 수는 없다.'고 하고, 민취도는 부녀자와 어린아이를 귀양보낼 것을 거론하였는데, 그에 대해서는 '오늘 석방되는 사람이 적으니, 참작해 주는 것이 좋겠다.'고 하였다. 진실로 이와 같이 한다면 어떤 사람을 처벌할 수 있으며, 어떤 죄는 원통하지 않겠는가? 이렇게 하여 재앙을 방지하고 하늘을 감동시키고자 한다면, 또한 잘못된 것이 아니겠는가?"

— 숙종실록 20년 5월 1일 —

죄인 권대운의 졸기

고향으로 돌아간 죄인 권대운이 사망하였다. 임금이 권대운의 진 죄는 무겁지만, 청백한 것은 숭상할 만하고, 또 직임을 맡겨 부린 지가 오래라는 것으로 직첩을 환급할 것을 특별히 명하였는데, 간원에서 간쟁하였으나, 끝내 따르지 않았다.

권대운은 젊었을 적에 자못 간단하고 짤막한 것으로 이름이 났었고, 벼슬을 두루 거쳐 승진해서 경상의 반열에 이르렀는데, 심한 죄를 진 것이 없었으므로, 사람들이 혹 칭찬하기도 했었다. 그러다가 임금이 처음 등극하였을 적에 제일 먼저 삼정승에 들어가서 허적과 함께 조정을 탁란시켰고, 그뒤 또 권세를 다투다가 서로 갈라졌는데, 무릇 참혹하고 지독한 의논에 관계된 것은 주장하지 않은 것이 없었다.

송시열이 역모를 꾀하고 있으니 궁성을 호위하여 방어하라고 하기에 이르렀으므로 전국에서 두려워하였는데, 1680년 숙종 6년에는 그 죄 때문에 위리안치의 벌을 받았다. 1689년 숙종 15년에 다시 기용되어 수상이 되었는데, 은밀히 새 임금을 모시는데 대한 모의를 주장하면서 겉으로 임금 앞에서는 배척하였으며, 대신의 예에 의거 장현에게 상을 주기를 청하기에 이르렀다. 그리고 장희빈을 폐후하는 날에는 병을 핑계대어 마음씀이 남김 없이 다 드러났기 때문에 통분해 하지 않는 사람이 없었다. 1694년 숙종 20년에 인현왕후가 복위되자, 사헌부와 사간원에서 번갈아 합사하여 죄주기를 청하니, 처음에는 먼곳에 유배했다가, 곧이어 고향으로 돌아가게 시켰는데, 이때에 이르러 죽으니, 향년 88세이다.

임금과 술잔을 나누며 싯귀 이어 부르기

1694년[83세] 숙종 20년 1월 22일 영의정 권대운이 휴가를 마치고 출근하니, 불러서 만나 술을 내렸다. 영의정 권대운이 휴가원을 제출한 것이 여러 달이 되었는데 이 때에 와서 출근하니, 임금이 불러서 술을 내리고는, 명하기를, "예절로서는 진실로 한 집안의 부자와 같이 차별이 없으니 마음 놓고 실컷 마시고 먹는 것이 좋겠다." 하였다.

승지 김귀만, 기사관 이주천·유세중과 가주서 이덕운이 입궐하여 모두 실컷 마시고 먹고 난 후에 임금이 말하기를, "원로가 출근했으니 기쁜 마음을 기록하는 행사가 없을 수 없다. 여러 신하들은 각기 연이은 싯귀를 짓는 것이 좋겠다." 하고는,

임금이 먼저 한 글귀를 부르기를,
"한 조정에 오늘 바람과 구름이 합하니," 하니,

권대운이 계속해 부르기를,
"화기가 온화하니 태평 운수가 장구합니다." 했으며,

김귀만이
"순제 궁전에서 임금의 노래를 이어 부르는 데 신이 다행히 참가했으며," 하니,

이주천이
"상나라 왕가의 누룩으로 왕실의 술을 빚으니 축하하옵니다." 하였다.

권대운이 앞에 나와서 아뢰기를, "입궐한 신하가 다만 5인뿐이므로, 각기 한 글귀를 짓는다면 율시의 체재를 이루지 못합니다. 이주천은 시로 유명하니 그로 하여금 제 3련을 지어 첨가하도록 하는 것이 어떻겠습니까?" 하니, 임금이 이를 윤허하였다.

이주천이 또 부르기를,
"군신이 정사를 토론하여 찬성하는 성대한 일은 삼황·오제를 초월하였고,
잘못을 바로잡는 좋은 계책은 한·당보다 훨씬 나았었네." 했으며,

유세중은 이어서

"임금 가까이 모시면서 후한 은혜를 받았으니," 하니,

이덕운은 이어서

"취한 사람 적삼이 화로 향기 끌어 일으키네." 하였다.

4운 율시가 이미 이루어지매,

임금이 또 글귀를 부르기를,

"어려운 일이 많으면 원로한 신하를 생각하니," 하니,

권대운이 이어서

"다만 우리 군주의 성덕이 새로운 것을 축원합니다." 했으며,

김귀만이 이어서

"물고기와 물이 한 조정에서 천 년 만에 모였으며," 하니,

이주천이 이어서

"넓고 큰 은혜는 겹쳐서 이 때에 이르렀네." 하였다.

이덕운이 이어서

"매화꽃 망울이 움직인 곳엔 금 술잔을 전하고," 하니,

주천이 이어서

"버들눈 피는 옆에 초봄을 알겠네." 하였다.

유세중이 이어서

"실컷 취한 자리 앞에서 노래하고 또 시 읊으니," 하니,

이덕운이 이어서

"삼가 짤막한 율시를 지어 요순제의 어진 덕과 장수를 축원합니다." 하였다.

권대운의 나이가 많아 궤장을 하사 받고 기로소에 들어가 원상으로 물러났다.

[승진과정]

1642년[31세] 인조 20년 진사시 합격
1649년[38세] 인조 27년 별시 문과 을과 급제, 6월 정언
1650년[39세] 효종 1년 1월 정언
1652년[41세] 효종 3년 4월 지평, 12월 정언
1653년[42세] 효종 4년 3월 지평, 7월 정언, 10월 부수찬, 11월 부교리
1654년[43세] 효종 5년 5월 헌납, 7월 이조정랑
1655년[44세] 효종 6년 11월 부교리
1656년[45세] 효종 7년 1월 이조정랑, 윤 5월 부교리, 6월 이조정랑, 8월 겸문학, 11
　　　　　　　월 집의, 12월 사인, 12월 응교
1657년[46세] 효종 8년 3월 집의, 4월 사간, 4월 집의, 10월 사간, 11월 집의, 11월
　　　　　　　부응교, 12월 사간
1659년[48세] 효종 10년 2월 승지, 5월 승지, 6월 승지, 효종승하, 현종 즉위
1659년[48세] 현종즉위년 6월 좌부승지
1660년[49세] 현종 1년 3월 우승지, 3월 양주목사
1661년[50세] 현종 2년 5월 형조참의
1662년[51세] 현종 3년 3월 승지, 6월 좌부승지
1663년[52세] 현종 4년 12월 승지
1664년[53세] 현종 5년 2월 병조참의, 3월 승지, 5월 예조참의, 6월 승지, 6월 형조참
　　　　　　　의, 6월 병조참의, 윤 6월 좌승지, 9월 한성부 우윤(특별제수), 10월 형
　　　　　　　조참판
1665년[54세] 현종 6년 6월 도승지, 8월 개성유수
1666년[55세] 현종 7년 5월 평안 감사, 겸 5월 개성유수
1667년[56세] 현종 8년 6월 대사간, 8월 함경 감사
1669년[58세] 현종 10년 10월 도승지
1670년[59세] 현종 11년 1월 호조판서에 발탁
1673년[62세] 현종 14년 8월 형조판서, 우참찬, 판의금부사 겸직, 12월 겸 비변사 제
　　　　　　　조
1674년[63세] 현종 15년 2월 국장도감 제조, 7월 동지 정사, 7월 판의금 부사
1674년[63세] 숙종즉위(14세). 현종 승하, 9월 예조판서
1675년[64세] 숙종 1년 1월 병조판서, 2월 우의정
1677년[66세] 숙종 3년 좌의정
1680년[69세] 숙종 6년 경신대출척, 영일만에 위리안치

1689년[78세] 숙종 15년 2월 기사환국, 남인집권, 영의정, 실각된 지 9년 만에 등용
1694년[83세] 숙종 20년 갑술옥사, 4월 영의정 권대운은 관작을 삭탈당하여 위리 안
치시켜 극변 남해에 귀양보내다. 5월 1일 연로함을 이유로 석방하다.
1699년[88세] 숙종 25년 10월 24일 죄인 권대운이 죽다.

103. 유상운柳尙運

도승지에 6번이나 오른 숙종의 남자

생몰년도 1636년(인조 14)~1707년(숙종 33) [72세]
영의정 재직기간 1차 (1696.8.11.~1698.1.23)
　　　　　　　　2차 (1698.3.13~1699.3.16)
　　　　　　　　3차 (1699.6.27~1699.10.17) (총 2년 8개월)

본관	문화文化	
자	유구悠久	
호	약재約齋, 누실陋室	
시호	충간忠簡	
당파	서인계 소론	
출생	전남 영암군 신북면 모산	
묘소	경기도 양평군 옥천면 용천리	
배향	나주의 죽봉사竹峰祠에 제향	
증조부	유몽익柳夢翼	
조부	유준柳浚	
부	유성오柳誠吾	– 형조정랑
모	판서 박동량朴東亮의 딸	
장남	유봉서柳鳳瑞	– 북평사
차남	유봉휘柳鳳輝	– 좌의정
삼남	유봉일柳鳳逸	– 부사
사남	유봉협柳鳳協	– 좌랑
오남	유봉채柳鳳采	– 좌랑

숙종의 총애를 받다

유상운의 자는 유구悠久이고, 호는 약재約齋 또는 누실陋室로 본관은 문화이다. 증조부는 유몽익이고 조부는 유준이며 아버지는 형조정랑을 지낸 유성오이다. 외조부가 판서 박동량이며, 장인이 우의정 이행원이었다.

유상운은 문장에 능했고 글씨를 잘 써 여러 곳에 금석문자를 남겼다. 그는 9대조 할아버지는 세종 때 청백리이자 우의정까지 올랐고, 비가 새는 방안에서 우산으로 빗물을 가렸다는 유관으로, 그의 가문은 대를 이어 드러난 명문이었다.

유상운은 25세에 진사시에 합격하여 31세에 문과에 급제하여 관직을 시작하였다. 35세 때와 37세 때에 각각 1차례씩 벼슬길에서 쫓겨났으나 묵묵히 주어진 업무수행에 충실하였다.

1672년 현종 13년 5월 사헌부 지평 재직시 유상운이 이상을 구제하려다가 체직당하였다.

"이상은 산림의 선비로 두 조정의 은혜를 받은 데다가 언관의 직책에 있었기 때문에 마음에 정성이 복받쳐 그의 말이 질박하고 숨김이 없었으니, 모두가 충심에서 나온 것입니다. 그런데 이제 지나치게 노하시어 실정에 벗어난 분부로 지적하실 줄은 생각지도 못했습니다. 처음에는 체직하시더니 이제 또 관작을 삭탈하시니 갈수록 더욱 엄하십니다. 한 번은 '말 뜻이 교묘하고 망령되다.' 하시더니, 한 번은 '모함하여 해치려 한다.' 하시니, 신들은 해와 달같이 총명하신 주상에게 유감이 있습니다. 어찌 털끝만큼이라도 세속의 교활한 자의 태도가 있습니까. 그런데 갑자기 그가 음험하고 바르지 않다 하시니, 어찌 전하의 헤아리지 않으심이 이 지경에 이르렀단 말입니까. 신들이 크게 두려워하고 크게 걱정하는 것은 일개 이상을 위해서가 아닙니다. 만에 하나 주상께서 판단을 잘못 내려 국가방침이 정해지지 않는다면 쇠퇴와 성함의 기미와 치란의 판가름이 여기에 매여있기 때문입니다. 관직을 삭탈하라는 명을 도로 거두소서." 하였으나, 주상이 따르지 않았다. 양사가 한 해가 다하도록 논집하였으나, 끝내 따르지 않았다.

- 현종실록 13년 5월 20일 -

주상이 승정원에 하교하기를, "이상의 죄는 결코 관작을 삭탈하는 것만으로 충분하지 않다. 오늘의 처벌 역시 줄여준 것인데, 이제 헌부의 아룀을 보니, 앞장 서서 구해주되 갖은 방법을 다 썼다. 비록 당론이 급하다고 하더라도 어찌 국가를 생각하지 않는단 말인가. 조목에 따라 변명하면서도 음험한 끝맺음 말에 대해서는 분변하지 아니하고 이상의 비유가 좀 덜 들어맞았다고 하였다. 하지만 이상의 상소 가운데 가장 중요한 것이 바로 여기에 있다.

아, 대신을 역적에다 비유한 것을 초야의 선비가 거리낌없이 말하는 태도라 하고, 또 충심에서 나온 말이라고 하였으니, 그 마음이 어디에 있는지 정말로 모르겠다. 사적인 일을 먼저 하고 공적인 일을 뒤로 제치면서 국가의 법을 돌아보지 않는 작태를 징계하지 않을 수 없다. 대사헌 장선징, 장령 정재희, 지평 유상운은 우선 모두 교체하라. 요즈음 이 일은 윤경교에게서 발단이 되었고 장우가 말한 헛된 칭찬이라는 등의 말까지 전후로 이어지고 있으니, 당을 굳게 결속하여 사람을 해치려고 꾀한 지 이미 오래되었다. 그런데도 윤경교의 벌이 이에 비해 너무 가벼웠기 때문에 그의 나쁜 짓을 징계하지 못한 것이다. 그 죄를 더욱 엄하게 다스리지 않을 수 없으니, 윤경교를 갑산에 안치하라." 하였다.

- 현종실록 13년 5월 20일 -

1677년 숙종 3년 42세 때 강계부사로 나가 있었는데 이때 평안도사 이효원이 유성원을 파직하도록 청하니 임금은 도로 이효원을 조사하고 유상운을 유임시켰다.

승지 권해가 아뢰기를, "변방의 수령 자리는 사람들이 싫어해서 피하는데도, 유상운은 부임하여 백성들의 말을 귀를 기울여 들었고, 또 잘 다스린다는 소문이 있었는데 갑자기 파직시키기를 청하였으니, 사적인 정리에 따른 자취가 뚜렷이 있습니다. 청컨대, 이효원을 조사하도록 하소서." 하니, 그대로 따랐다.

- 숙종실록 3년 10월 6일 -

1679년 44세가 되던 9월 23일 임금이 이조판서 이원정에게 재주에 따라 사람을 쓰도록 하며, 유상운을 거두어 쓸 것을 말하고 과거의 사례를 열거하며 타일렀다.

임금이 이조 판서 이원정에게 타이르기를, "조정에서의 사람 쓰는 도리는 피차를 막론하고 재주만 있으면 쓰는 것이 옳다. 유상운은 사람됨이 쓸 만하고 글재주도 있으니, 오위장으로 두어서는 아니된다. 그를 거두어 쓰라." 하고, "사람을 관찰하는 데는 말과 용모만으로 취하여서는 아니된다." 하였다.

– 숙종실록 5년 9월 23일 –

이해 10월 유상운이 춘당대 문과 정시에서 장원 급제하니 가선대부로 품계가 승급하였고, 11월에 임금이 도승지를 이조에 천거하라 명하니 대상이 없다고 머뭇거렸다.

임금이 도승지를 더 천망하라고 하니, 이조에서 은대의 장관은 자리가 높고 소임이 무거우므로 비록 직급이 상당한 사람일지라도 공론을 따르지 않고 갑자기 천망할 수 없다고 아뢰었다. 임금이 답하기를, "직급이 상당한 사람이라면 어찌 공론을 기다리겠는가? 서둘러 더 추천하게 하라." 하였다.

이에 임금은 유상운을 도승지로 제수하라고 특명을 하며 비망기를 내리기를

"무릇 국가에서 사람을 씀에 있어 피차를 막론하고 재주에 따라 써야 한다는 뜻으로 앞뒤에 걸쳐 내린 전교가 정녕할 뿐만 아니고, 또 지난번 만날 때에 유상운의 글재주가 발탁하여 쓰기에 합당하다고 전교하였더니, 판서 이원정이 직접 전교를 받들 적에는 별다른 말이 없다가, 오늘에 이르러서는 감히 공론에 핑계하여 군주의 명을 따르지 않으니, 이것만도 그지없이 방자하고 거리낌없는데, 게다가 또 유상운의 상소가 아뢴 것과는 다른데도 막아버리고자 함은 또한 무슨 뜻인가? 그가 군주의 명을 거역하고 마음대로 사람을 쓰려고 하는 꼴이 참으로 놀랍기 그지없다. 이원정을 파

직하고 서용하지 말라." 하였다.

- 숙종실록 5년 11월 29일 -

11월 이조판서 이원정이 파직되자 영의정 허적이 이원정을 두둔하며 구제하고자 하였다.

영의정 허적이 상소를 올려 이원정을 구원했는데, 그 대략은,
"유상운이 죄인을 변호하고 구제한 상소가 비록 보고되지는 않았지마는, 그가 예론
禮論을 범하여 제 무리를 변명하려는 의도는 옳지 못했습니다. 그러나 그는 면목이
명랑하고 문필이 민첩하기 때문에 신이 일찍이 이원정에게 이 사람에 대하여 언급하
기를, '비록 최선에는 천거할 수 없으나 형조나 지방관에 시험해 보아서 죄과를 범하
지 않은 뒤에 점차 올려 써야한다.' 하니, 이원정의 뜻도 신과 똑같았습니다. 이원정
이 유상운에 대해서는 실로 수습하려고 하였지 다른 마음이 없었음은 신이 잘 아는
바입니다. 그러나 후사의 장관직은 이 자리가 높고 임무가 무거워서 창졸히 천거할
일이 아닙니다. 유상운이 지난날에 인망도 퍽 가벼웠고 근래의 이력도 하나의 변방
직을 거쳤을 뿐입니다. 어찌 전 부사를 바로 도승지에 임명할 수 있겠습니까? 주상
께서 하문하실 적에 이력이 전혀 없다는 것으로 면접한 것만으로도 구실이 될 만한
데, 이원정이 또 상소가 보고되지 않았고 공론이 허락하지 않는다는 내용으로 아뢰
었으니, 여기에서 이원정의 우직하고 영리하지 못한 점을 알 수 있습니다. 군주의 명
을 거역 모멸하고 거리낌없이 방자하다는 것은 실로 뜻밖의 분부이십니다."

하니, 임금이 답하기를, "오늘날 이원정이 공론을 핑계하여 군주의 명을 면전에서 업
신여겼으니, 이를 죄주지 않는다면 당동 벌이黨同伐異의 무리들을 징계할 길이 없다.
그리고 상소 속에 이른바 우직하고 영리하지 못하다는 것은 어찌 서로 반대가 되는
가? 경은 평온한 마음으로 천천히 구명해 보라." 하였다.

- 숙종실록 5년 11월 30일 -

11월 사람을 쓰고 관직을 주거나 빼앗는 것은 군주의 권한임을 말하
다.

사간원에서 대사간 권유·정언 남후가 이원정을 파직하고 서용하지 말라는 명을 거두어 줄 것을 아뢰기를, "총재라는 소임은 체모가 저대로 구분이 있습니다. 어찌 한 가지의 일이 성상의 뜻에 맞지 않는다 하여 서둘러 거역하고 모멸하였다는 죄를 가할 수 있겠습니까?"

하고, 또 논하기를, "유상운의 상소가 보고 되었는지의 여부는 우선 그만두고 논하지 않겠습니다. 변방 고을의 원이 승급을 받은 뒤 품직品職을 거치지 않아서, 이조에서 감히 바로 청직淸職에 천망하지 못하는 건은 실로 일의 체모상 그만 둘 수 없는 것인데도 이조의 관원을 꺾어뜨리고 서둘러 특지를 내리시니, 소문이 미치는 곳마다 물정이 모두 놀라고 있습니다. 청컨대 도승지 유상운을 교체하소서."

하니, 답하기를, "대저 사람을 쓰고 관직을 주거나 빼앗는 것은 군주의 큰 권한인데, 어찌 신하가 마음대로 할 수 있는 것이겠는가? 지난번 유상운을 거두어 쓰겠다고 하는 교지가 정녕할 뿐만이 아니었는데, 좌이의 자리에서 일체 천거를 하지 않다가 오늘에야 공론을 핑계로 갑자기 거절하여 막으니, 이로 미루어 생각한다면 공론은 태산보다 무겁고 왕명은 기러기 털보다 가벼운 편이다. 그렇다면 그대들의 이른바 공론이란 것은 반드시 다 공론은 아닐 것이다. 환수하라는 청은 우습기도 하고 놀랍기도 하다." 하였다. 권유 등은 모두 혐의를 쓰고 물러나고, 헌납 박진규는 출근하도록 처치하였다.

– 숙종실록 5년 11월 30일 –

12월 1일 영의정 허적이 동서 분당의 폐해를 아뢰다.

영의정 허적이 이원정이 죄를 입은 억울함을 장황히 아뢰기를.
"도승지의 추천망 명령이 내려졌을 적에 이원정이 신에게 묻기에, 신이 부질없이, '성상의 뜻은 반드시 유상운에게 있으나, 유상운은 벌써 상소의 일로 해서 잘못을 지었고 또 이력도 없으니, 이번에는 바로 이 천망에 올릴 수 없다.' 하였으니, 이는 신의 죄 아닌 것이 없습니다. 이원정이 비록 치밀함이 부족하지만 마음은 반드시 공평히 가지려고 합니다. 신이 이원정을 위하여 말을 하는 것이 아니라, 다만 성상의 덕에 누를 끼칠까 두려워하는 것입니다."

하니, 임금이, "관무재 때 내가 유상운의 사람된 품을 보고 그 뒤 이조판서에게 말하여 거두어 쓰라고 하니, 좌우에서 별다른 말 없이 모두 좋다고 하였는데, 이제와서 갑자기 이처럼 거절하여 막으려는 뜻이 있기 때문에 정신차리도록 꾸짖고자 하는 것이다. 경의 말이 이와 같으니, 파직을 환수하는 것이 좋겠다." 하였다.

허적이 이어 동서 분당의 폐해를 아뢰고, 또 아뢰기를, "지금 당장은 인재의 선발이 매우 어려우니, 무릇 매우 무거운 죄에 매여 있는 자 외에는 진실로 재주에 따라 선발해 써야 합니다. 김만중은 글을 많이 읽었고 연루된 죄도 그다지 무겁지 않으니, 거두어 씀이 좋겠습니다."

하니, 임금이 말하기를, "우리나라는 땅이 좁아서 인재가 매우 적다. 그런데 불행히 두 당으로 나뉘어 서로 공격을 하니, 국가의 체모가 어찌 이와 같을 수 있겠는가?"

하고, 이어 여러 조항을 내어 이조의 관원을 신칙하라고 명하였다. 허적이 또 유상운이 반드시 업무를 수행하지 못할 형편이므로 도승지를 체직하라고 아뢰니, 임금이 윤허하고 이어 참판의 천거망에 올리라고 명하였다.

– 숙종실록 5년 12월 1일 –

임금은 이듬해 유상운을 대사간에 특별승진시키며 도승지에서 교체시켰으나 이후 유상운을 여섯 번이나 도승지로 발령을 내렸다. 적임자를 핑계로 요직에는 당인들을 발령을 내려는 의도를 꺾어 버린 것이다.

1680년 45세 5월에 대사간이 되어 윤휴의 죄를 탄핵하여 사사를 명하게 하다.

대사헌 신정·대사간 유상운이 주상을 만나기를 청하여, 신정이 아뢰기를, "윤휴의 죄는 죽을 죄가 한두 가지가 아닙니다. 그런데 어제 심문을 시행하는 보고서를 보니, 익명서를 가지고 심문 항목으로 삼은 것은 이환이 이미 자백하고서도 윤휴를 끌어대지 않았는데, 곧바로 신문을 시행하는 것은 아마도 일의 체모에 방해가 될 듯합니다."

하고, 유상운이 아뢰기를, "이 일로써 윤휴를 국문하면 옥사의 체모에 어긋날 것입니다. 윤휴의 전일 진술에 복창군 이정과 복선군 이남을 분별하지 못한다고 한 말은 아주 꾸민 거짓말이며, 비밀 상소 중에서 군사를 거느린 관원을 교체해야 한다고까지 한 말과 위병과 금위병으로 핑계된 말들은 간활하기가 심합니다. 우선 익명서 한 항목은 접어두고 먼저 이 두 가지 일과 체찰부를 복설하여 병권을 독점하려고 한 일로써 국문하는 것이 좋겠습니다." 하였고 오두인은 '죄가 이미 드러난 것만 해도 사형으로서 충분한데 만약 승복을 받지도 못하고 고문 아래서 죽게 된다면 법전 형을 공명정대하게 하는 본의가 없어질까 두렵다.' 하였다.

임금이 다시 대신들에게 물으니, 대답이 모두 오두인과 같았다. 드디어 사사를 명하였다.

– 숙종실록 6년 5월 15일 –

1682년 47세가 되던 해 서인이 분당되자 소론에 속하여 노론 김석주의 전횡을 탄핵하였다. 이때 왕실 외척 김석주가 노론을 등에 업고 함부로 세력을 부리자, 유상운은 윤증·박세채 등 소론에 가담, 김석주를 탄핵하였다. 김석주는 영의정 김육의 손자로, 청릉부원군 김좌명의 아들에 현종비 명성왕후와 4촌이라, 조정에서 상당히 거만을 떨던 외척 인물이었다.

1685년 숙종 11년 50세에 부제학으로 발령을 내리니 왕조실록을 작성한 사관은 유상운에 대하여 다음과 같이 평하고 있다.

유상운을 부제학으로 삼았다. 유상운은 청백하고 문학이 있었으니 그가 권력가의 집안에 태어났더라면 장식한 벼슬과 도성 어디를 간들 맞지 않겠는가마는, 그의 문호가 변변치 못하였고 이력도 그다지 빛나지 못하였다. 다만 그가 있는 곳에 명성과 공적이 있었던 이유로써 당시의 인망이 점차로 돌아와서 홍문관 장관에 임명되었으니 견식이 있는 사람은 이를 근심하였다. 그러나 성품이 너무 단순 솔직하고 오만하여 남을 우러러 보기를 좋아하지 않았다. 정승의 지위에 들어온 뒤에도 전하여 들리는 것이 당인들에게 미움을 당하였다. 그런 까닭으로 최초 기록을 편찬하는 자가 그를 처음에는 김석주에게 붙어서 사간원의 장관이 되었다가 뒤에는 배반하고 조지겸에게 붙었다고 거짓을 꾸며 욕되게 하였었다. 그때의 조지겸 무리들은 바야흐로 권세가들에게 미움을 받아서 배척되어 죽게 되었으니 무슨 세력이 있었겠는가? 다만 그의 고상한 마음과 뜻이 우연히 맞았을 뿐이다. 더구나 그가 천거된 것은 이숙에게서 나온 것이므로 처음부터 선비들의 힘을 입은 것은 없었다. 그런데도 이숙이 그의 아우 때문에 억지로 따랐다고 책임회피로 꾸며서 유상운을 많이 거짓을 꾸며 욕되게 하였다. 그리고 이숙으로 하여금 관직을 팔아서 사사로운 정에 따른 것을 면하지 못하게 하였으니, 이는 잘 하려고 하다가 도리어 잡쳐 놓은 격이라 할 수 있다. 견식이 있는 사람들이 이를 비웃었다.

– 숙종실록 보궐 11년 8월 5일 –

1688년 숙종 14년 53세에 특별 승진하여 판의금 부사가 되었다. 그해 7월에는 이조판서 10월에는 호조판서가 되었다. 특별승진이 거듭되니 세간의 평이 그를 의심하였다.

특별히 유상운을 승진시켜 판의금을 삼았다. 이때 유상운에게 몰래 궁중의 세력과 결탁했다는 비방이 있었는데, 인사전형을 거치지 않고 특별 승진을 시키자 사람들이 더욱 그를 의심하였다. 육경으로부터 금오의 장으로 발탁된 것이 전후로 한두 번만이 아니니, 가만히 끌어들였다는 의심이 어디로부터 일어나겠는가? 그것도 또한 통탄스럽다.

– 숙종실록, 정·보궐 14년 2월 8일 –

1694년 숙종 20년 59세에 희빈 장씨의 오빠 장희재가 장희빈에게 보낸 편지 가운데 인현왕후에 대한 불온한 글귀가 있다는 이유로 투옥되자, 장희재를 처형하자는 노론의 주장에 대해 반대 의견을 제시하였다. 장희재를 처형하면 그 혐의가 세자의 생모인 희빈 장씨에게까지 미쳐 앞으로의 혼란을 예측할 수 없다는 점을 들어, 남구만과 합세해 장희재를 제주도로 유배시키는 선에서 마무리 지었다. 그 사건이 있은 뒤 노론의 지탄을 받아 한 때 삭직되어 성 밖에서 대죄하기도 하였다.

1695년 숙종 21년 60세에 우의정에 올랐다가 곧 좌의정이 되었다. 이 때 나라가 흉년이 들고 먹고 사는 문제가 어려워 길가에는 버려진 아이들이 방치되었고, 인육을 먹고 관가에 잡혀온 사람도 생겨났다. 조정에서는 12세 이하의 어린이를 구제하기 위하여 수양법을 만들고, 굶어죽는 백성들을 위하여 설죽소를 만들어 죽을 쑤어 배분하였다. 이해 3월에 불법으로 돈을 주조하려던 자가 체포되기도 하였다. 11월에 그동안 임금 대우를 제대로 받지 못하던 노산군의 능을 장릉이라 명하고, 단종이란 묘호를 내려 제사하게 하였다.

1696년 숙종 22년 61세에 영의정이 되어 이후 사임과 재임용 등을 세 차례 거쳤다. 1699년 숙종 25년 64세에 세 번째 영의정으로 재직시 이조란 자가 상소를 올린 내용에 대해 유상운이 반대 상소를 올리니 임금은 분란을 조장하였다 하여 유상운을 파직시켰다.

"국가에서 정승을 둔 것이 어찌 일 만들기 좋아하는 자를 숭상 장려하고 당론을 심기 위해서이겠는가? 떨치고 일어나 공격하는 것은 진정시키려 하는 것이 바로 그 직책중의 하나인 것이다. 영상 유상운은 수석자리에 있으면서 억제할 방도는 생각하지 않고, 도리어 파란을 조장하여 안정되지 못함을 야기시켰다. 대신의 행위가 이러하니 진실로 한심스럽기 그지없다. 파직시키라."

하니, 승정원이 명을 거둬들일 것을 두 번 아뢰었으나 임금이 끝내 따르지 않았다.

우의정 이세백이 상소하기를,
"영의정의 중함이 사체에 있어 어떠하며, 평소 전하께서 위임하고 대우한 것이 또 어떠했습니까? 말 한 마디가 적합하지 못하다고 해서 성상께서 진노하여 각박하게 꾸짖어 책망하시며, 핍박하고 배척하여 물리치는 것을 어렵게 여기지 않으시니, 아!

이것이 어찌 전하께서 바라던 것이겠습니까? 전하의 이러한 행동이 억제하려는 의도에서 나온 것인 줄은 알고 있습니다만, 이 때문에 보고 듣는 사람들이 함께 놀라고, 물정이 갈수록 격렬하여 진다면, 신은 이것이 진정시키는 방도가 되는 것이 아니라, 도리어 임금님의 조정에 손상이 있게 될까 염려스럽습니다. 하니,

임금이 답하기를,

"이조李肇의 상소가 매우 방자하였으므로, 교체시키는 벌도 작은 처벌이라고 할 수 있는데, 평일에 의지하여 믿던 대신이 갑자기 일을 만들기 좋아하는 사람을 승상 장려하고, 당론을 심으려는 일을 할 줄은 헤아리지 못하였다. 아! 이것이 어찌 원로에게 바라던 것이겠는가? 이러한 이지러지고 과격한 의논이 연소배에게서 나왔다면, 한 바탕 웃고 말아야 할 것으로, 어찌 심하게 책할 필요가 있겠는가? 그런데 머리가 하얀 대신에게서 나왔으니, 세상의 도를 위한 개탄스러움과 걱정스러움이 어찌 끝이 있겠는가? 앞서 내린 명을 환수하는 일은 결단코 있을 수 없다." 하였다.
홍문관에서 상소를 올려 극력 유상운을 구하였으나, 임금이 듣지 않았다. 부교리 남정중이 상소하여 유상운을 파직시키는 것은 지나치다고 논하면서 환수할 것을 청하니, 환수할 것을 청하는 것은 중도에 벗어난 일이라고 답하였다. 뒤에 정언 박견선이 환수할 것을 아뢰었고, 집의 이진수와 장령 이광저도 청하였으나, 모두 따르지 않았다.

– 숙종실록 25년 10월 17일 –

12월에 좌의정 서문중이 파직의 명을 환수할 것을 청하니 서용하라 명하고, 12월 판중추부사에 제수하였다.
1701년 숙종 27년 66세에 무당이 주술로 남을 해치는 저주의 옥사가 일어나 장희빈까지 연루되자 유상운은 세자의 생모에게 사약을 내리는 일은 종사의 장래를 위해 바람직하지 않다고 계속 주장하다가 노론의 탄핵을 받아 파직되었다.

국청의 대신 이하 모든 신들이 만나기를 청하니, 임금이 만났다.
판의금부사 이여는 말하기를, "적 장희재가 언문편지를 유입시켜 국모를 모해하였

으나, 당초에 형벌의 원칙을 잃은 까닭에 8년 동안 귀신과 사람이 함께 분노를 쌓아왔는데, 오늘에 이르러 비로소 천벌을 받았습니다. 이제 이항의 죄상은 장희재에 비해 더함이 있는데, 만약 용서하여 죽이지 않는다면 왕법이 무너지고 여론이 분노하여, 인심을 진정시킬 수 없습니다. 성상께서 비록 가까운 종실인 까닭으로 법을 굽혀 은전을 펴고자 하시나, 신 등은 결단코 감히 받들지 못하겠습니다."

임금이 말하기를, "장희재의 진술을 가지고 본다면 모두 숭선군의 부인이 한 짓이라 하니, 지금 이항의 죄악은 모두 그 어미가 잘못한 데에서 말미암은 것이다."하였다.
유명웅과 어사휘가 또 판중추부사 유상운을 파직하라는 일로써 보고를 거듭하니, 임금이 말하기를,

"보고서의 단어가 본 뜻과 다른 말이 많은데, 유상운의 마음을 내가 이미 알고 있다. 대신이 비록 과실이 있더라도 본 뜻 밖의 일로 논죄할 수는 없다. 당초에 노비 업동의 옥사는 단서가 이미 드러난 뒤에 만나기를 청하여 경솔하게 심문을 그만두기를 청하였는데, 이 또한 지나치게 염려한 소치이다. 그러나 경솔하게 중대한 중죄인의 심문을 그만둔 것은 대단한 착오이니, 이것으로써 파직하라." 하였다.

– 숙종실록 27년 11월 6일 –

1702년 [67세] 5월에 직산으로 유배를 갔다가 11월에 고향으로 이배되었고, 1704년 [69세]에 석방되었다. 1706년에 판중추부사로 복귀하였다가 1707년 [72세]에 세상을 하직하였다.

송시열을 귀양 보내 죽게 한 두 통의 상소문

1689년[54세] 숙종 15년 2월 1일 봉조하 송시열이 장희빈이 낳은 소생을 원자로 명명한 데 대한 2본의 상소문을 올리니 임금이 대노하고 송시열을 삭탈관직하라 명하다.

봉조하 송시열이 상소 2본을 봉하여 집안 심부름꾼으로 하여금 바치게 하였다. 그 중 1본에 이르기를, "선정신 성혼과 문성공 이이는 한 세대에 있으면서 뜻이 같고 도 道가 합하였습니다. 이이가 졸하자 성혼이 곡하기를, '율곡은 도학에 있어서 큰 근원 을 속까지 꿰뚫어 보았으니, 참으로 산하의 드문 기운을 타고난 삼대의 인물이다. 이 이는 성혼의 스승이요, 성혼의 벗은 아니다.'고 하였습니다.

신의 스승 김장생은 일찍이 이것을 외며 이르기를, '성혼은 이이에 대해 참으로 살 아서는 동지요, 죽어서는 계통을 전한 친한 벗이라 할 수 있다.'고 하였습니다. 1635 년에 신의 종형 송시형이 앞장서 선비들을 거느리고 율곡의 문묘 배향을 청하려 했 는데, 문경공 김집이 '성혼은 도덕이 순수하고 근원이 명백하니, 율곡과 함께 청하지 않을 수 없다.'고 하였습니다. 선비들의 의논을 모아 주상의 조정에 이르러서 문묘의 철식에 올렸으니, 교화가 미치지 못한 외방의 어리석은 사람이 아니라면, 어찌 감히 이의가 있었겠습니까? 기억하건대 지난 1601년 사이에 성혼은 정인홍에게 무함을 받음이 심하였으나, 그 문도들은 우물쭈물하고 결단하지 못하는 말을 하여서 그 화 를 늦추었는데 신의 스승은 그 무함을 명백하게 분별하는 데 여력을 남기지 않았습 니다.

문목공 정구는 일대의 유현이었지만, 신의 스승은 그가 성혼의 마음을 물리치지 못 한 것을 책망하였습니다. 인조의 첫 교화시에 소학 속편을 강의할 것을 청하였으니, 소학 속편은 성혼이 감수하여 정한 책입니다. 성혼의 사위 윤황이 말 때문에 죄를 얻자, 신의 스승은 윤황의 어짊을 말하기를, '이 사람은 성혼의 사위입니다.'고 하였으 니, 그를 공경하여 높이고 끌어 올림이 어떠하였습니까? 효종의 척 교화를 당하여 도 영남인 유직 등이 이이·성혼을 꾸며서 비방하였는데, 성혼에게 더욱 심하였습니 다. 심지어 성혼이 상소에 인용하였던 주자의 격언을 들어 이단이라고 하기에 이르 렀으니, 이는 성혼만을 무훼함이 아니고, 위로 주자에게까지 미친 것이었습니다. 〈중 략〉

또 말하기를, "신의 아비 송갑조는 1617년 사마시에 뽑혔는데, 장원 이영구가 같이 합격한 사람들과 앞장서서 상소를 올려, 스스로 인목대비 전에 사은하지 않을 뜻을 말하자, 신의 아비만 홀로 인목대비전에 나아가 사은하기를 의식과 같이 하였습니 다. 그러므로 인조께서 반정하여 벼슬을 제수하고 포상 장려하게 하였으며, 효종조 에 이르러서는 경연관이 의견을 아뢰어 집의를 증직하였는데, 윤선거의 외손인 박 태보가 여러 사람들을 만나 신의 아비의 이름이 이영구의 흉한 상소 가운데 있다고 말하면서 배척하였습니다. 생각해 보니, 신이 일찍이 윤선거가 의리를 잊고 몸을 욕되게 한 것이 애석하다고 말하였으므로 그 무리가 절개와 의리의 일을 들음을 싫어하여 그렇게 한 것이 아니었겠습니까? 김익겸이 강화도의 화를 당하여 적을 방어하다가 몸을 던졌는데, 윤선거의 아들 윤증은 반드시 죽어야 할 의리가 없다고 하였으며, 송상민이 윤휴의 때를 당하여, 스승 송준길을 위해 죽음으로 나아갔는데, 윤증의 아우 윤추는 그 의논을 저지하였으니, 대개 그 뜻은 절의를 칭찬하여 장려하면, 자기 아비는 더욱 부끄러워지기 때문에 이렇게 하였던 것입니다. 이제 박태보가 또 신의 아비를 재해에 빠트리게 하지만, 박태보의 외증조인 윤황이 일찍이 신의 아비에 대한 만장에 그 일을 사실 그대로 썼습니다. 그런데 박태보만이 홀로 이 일을 생각하지 않는단 말입니까?

오늘날 세상의 도가 무너지고 낭패됨이 이 지경에 이르렀으니, 장차 이런 무리들이 전국에 가득히 퍼져 있어서 역대왕조·종묘사직 어느 땅으로 돌아갈지 알지 못하므로, 유식한 선비는 남모르게 근심하고 크게 탄식하며 구해낼 방법을 알지 못합니다. 바라건대 전하께서 더욱 학문에 힘쓰시고 임금의 도를 밝히시어, 대일통을 요체로 삼으신다면, 저 사악한 말을 하는 자는 자연히 마치 중천에 뜬 해를 보고 사라지는 도깨비와 같을 것입니다." 하였다.

그 1본에는 이르기를,

"신이 성혼과 신의 아비의 일 때문에 상소를 이미 작성하였는데, 엎드려 전하께서 경종을 원자로 삼는다는 명이 있으셨다는 것을 들었고, 사면령이 발표됨에 이르러서는 하루에 백 리를 갔습니다. 이제 또 들으니 임금께서 거짓 아룀을 물리치고 성대히 위엄으로 결단하셨다고 하기에, 신은 '이것은 간신을 물리치고 충신을 서용한 일이다.' 고 생각하였습니다.
 옛날 송 신종은 나이 28세에 철종을 낳았는데, 그 어머니는 후궁 주씨였습니다. 횡거 장자가 듣고서 매우 기뻐하였더니, 정자는 그의 공정한 충성을 아름답게 여겼으며, 주자·여동래는 근사록에 표상 장려하였으니, 대저 장자·정자·주자·여동래는 종묘사직을 위하여 하늘 이치의 바른 도리에 순수하였기 때문이었습니다. 이미 하늘의 이치대로 하였다면, 오늘날의 인심인들 또한 어찌 다름이 있겠습니까?

지난해 11월 초에 지금의 영의정 김수흥이 글을 신에게 보내어 알리기를, '후궁에게 왕자의 경사가 있다.'고 하였는데, 그것은 일전에 매양 같이 근심하던 일이므로 선비와 백성들에게 속히 알리려고 한 것이었습니다. 신이 쇠약하여 정신이 혼몽하고 귀가 어두운 가운데서도 저절로 기쁨에 넘쳐 입이 벌어졌는데, 오늘날에 이르러 듣건대, 제신들 중에서 명호가 너무 이르다는 말이 있다고 합니다.

송나라 철종은 열 살인데도, 번왕의 지위에 있다가 신종이 병이 들자 비로소 책봉하여 태자로 삼았습니다. 당시에는 가왕·기왕 두 왕의 꺼리고 미워함이 있었는데도 이와 같이 천천히 한 것은, 제왕의 큰 뜻은 항상 여유 있게 천천히 하는 것을 귀하게 여기기 때문입니다. 하물며 지금은 꺼리고 싫어함의 염려가 있지도 않음이겠습니까? 제신들이 '왕후께서 경사가 있을 때'라고 하는 말이 있는 것은 사전에 세밀하여야 한다는 생각이 있기 때문입니다. 이것은 중종조의 이언호의 말과 서로 비슷하나, 저것은 간사하고 이것은 바르니, 저 사람은 신씨의 복위를 저지하고자 하여 공교한 말을 해서 기묘사화의 원인을 만들었으나, 이들은 종묘사직을 위하여 '혹 그럴 수도 있다'고 염려하기 때문입니다. 이제 만약 저 사람의 말을 가지고 이 말을 공박한다면 큰 잘못입니다.

또 기억하건대 예전에 허목의 예론이 예禮를 제정한 자의 본뜻과 다름이 있기에, 신이 선대왕의 질문을 받아 망령되게 예禮의 본뜻이 그렇지 않음을 논하였습니다. 그런데 그 뒤에 허목이 또 상소하여 국본이 정해지지 않았다는 말을 올렸습니다. 당시에 전하께서는 몇 자의 옷을 입으셨는데(임금의 나이를 일컬을 때 이렇게 말함), 허목의 말이 이와 같으므로 온 조정이 놀라고 당황하여 어찌할 바를 알지 못하였습니다. 고 정승 정태화가 아뢰기를, '원자가 탄생하시는 날은 바로 국본이 이미 정해지는 날입니다. 종묘에 고하고 하례를 베풀었으며, 팔방에 반포하였는데, 허목의 상소에 국본이 정해지지 않았다고 말하였으니, 신은 그 뜻의 소재를 알지 못하겠습니다.'하니, 이로 말미암아 그의 말이 쓰이지 않았습니다.

그 뒤에 윤휴의 무리들이 모두 허목의 말로 화의 기틀을 만들어서, 영돈녕 김수항 이하를 쫓아냄으로써 역적 허견의 모의가 더욱 방자해졌습니다. 또 인조께서 후사가 없었으니, 왕위가 명종에게 돌아가지 않고 어디로 돌아가겠습니까? 이기와 허자 등이, '조정의 신하들이 명종이 눈으로 물건을 보지 못함을 듣기 싫어한다.'란 말을 꾸며내어 선비들이 도륙 당하기에 이르렀는데, 신의 종증조부 대사헌 송인수가 그 화를 당한 우두머리가 되었습니다. 그때의 야사를 읽을 때마다 자신도 모르게 통곡하고 눈물을 흘리는데, 요즈음 임금께서 거짓으로 아뢰는 사람을 통렬히 배척하시지만, 사특한 마음을 부리는 자가 있는 것을 어찌 알겠습니까? 바라건대 전하께서는 오늘날 제신들의 마음도 장자·정자·주자·여동래의 마음과 같다고 생각하시고, '왕후께서 혹 그렇게 될는지'하는 말이 기묘년의 화의 근거가 되었던 마음과 다르다고 여기신다면, 종묘사직에 다행한 일이겠습니다." 하였다.

상소를 아뢰니 날이 이미 어두워졌다. 임금이 숙직한 승지와 홍문관원에게 명하여 입궐하게 하니, 승지 이현기·윤빈, 옥당 남치훈·이익수가 나왔다.

임금이 노기를 띤 소리로 말하기를,
"일전에 제신들에게 직접 여론을 들은 것은 종묘사직의 큰 계책이었다. 그리고 원자 명호가 이미 정해졌으니, 임금과 신하의 합당한 의리를 다시 논하는 것은 부당하거늘, 봉조하 송시열이 명호한 일을 상소에서 말하기를, '송나라의 철종은 열 살이 되도록 번왕으로 있었다.'고 하여, 은연중에 명호한 일을 너무 이르다고 하였다. 대명 황제는 황자를 낳은 지 넉 달만에 봉호한 일이 있었는데, 송시열이 이와 같이 말한 것은 무슨 뜻이냐?"

하니, 제신들이 서로 돌아보며 능히 대답하지 못하였는데, 이현기가 아뢰기를,

"신은 그 상소를 자세히 보지는 못하였습니다. 말이 송나라 신종에게 미쳤으면, 이는 너무 이르다는 뜻과 비슷합니다. 명호가 이미 정해지고, 백성들이 기뻐하고 즐거워하는데 누가 감히 다른 뜻을 세우겠습니까?"

하고, 윤빈도 또한 그 다른 뜻이 없음을 말하였으나, 말이 분명하지 못하였다. 이현기가 아뢰기를,

"명나라 역사를 상고하여 보건대 영종은 탄생한 처음에 책봉하여 태자로 삼았으니, 오늘날의 일을 어찌 감히 너무 이르다고 의심하겠습니까?"

하고, 남치훈·이익수도 함께 대답하기를, "어찌 다른 뜻이 있겠습니까?"하니,

임금이 말하기를, "일이 정해지기 전에 말하는 것은 불가할 것이 없다. 그러나, 일이

이미 정해졌는데도 말하는 것은 그 뜻의 하고자 하는 바가 있다. 제신들은 그것을 다 아뢰어 숨김이 없도록 하라." 하였다.

이현기·윤빈이 아뢰기를, "송시열의 뜻은 다른 것이 없더라도 말은 망발한 것입니다." 하고, 남치훈·이익수는 대답이 없으니, 임금이 말하기를, "홍문관은 어찌 말이 없느냐?"고 하였다.

남치훈이 아뢰기를, "명호를 이미 정하였은즉 부당한 말을 한 것 같습니다." 하고, 이익수도 또 대답하기를, "어찌 다른 뜻이 있겠습니까?" 하니, 임금이 말하기를, "열 살이 되도록 번왕에 있었다고 이르니, 그 말이 옳으냐?" 하였다.

이현기가 아뢰기를, "백성의 소망을 어찌 답답하게 10년이나 늦출 수 있겠습니까?" 또 옥당의 신하는 그 상소를 보지 못했으니, 대답할 수 없는 것이 마땅합니다." 하니,

임금이 젊은 환관에게 명하여 그 상소를 가져다가 남치훈 등에게 보이게 하니, 남치훈이 아뢰기를, "상소 중에 '오늘날은 더구나 혐핍하는 사람이 없다.'는 말이 있으니, 이것은 너무 이르다고 함과 같은 것입니다." 하였는데, 이익수는 또 말이 없었다.

임금이 말하기를, "유상운이 일찍이 송 태종의 '나를 어느 땅에 두겠느냐?'는 말을 인용하였는데, 철종의 말에 이르러서는 지금 처음으로 나왔다. 명호를 이미 정하였는데, 감히 너무 이르다고 하였으니, 여기에 대해서는 마땅히 공론으로 그르게 여겨야 할 것인데, 이익수는 옥당에 있으면서 말하지 않으니, 무엇 때문인가?" 하니,

이익수가 대답하기를, "신의 할아비 이지항이 일찍이 송시열 때문에 원거리 유배되기에 이르렀으니, 이것이 신이 말하는 데에 어려워하는 것입니다." 하였다.

이현기가 아뢰기를, "봉조하 송시열은 여러 조정에서 예우하던 신하이니, 여느 사람과는 다릅니다. 이제 비록 망발하였다 하더라도 다른 뜻이 있는 것은 아니니, 비답을 내려 타이르심이 마땅하겠습니다."

하니, 임금이 말하기를, "유림의 영수이면서도 그 말이 이와 같으니, 논의가 장차 논란이 있을 것이다." 하였다.

이현기가 아뢰기를, "성상께서 타이르신다면, 어찌 이 근심이 있겠습니까?" 하니,
임금이 말하기를, "송시열이 윤증과 서로 반목하여 헤어진 뒤로 조정에 몇 년 동안 논쟁이 있었으니, 이제 어찌 이러한 근심이 없겠느냐? 또 그 중 한 상소에서 박태보를 헐뜯었다." 하였다.
이현기가 아뢰기를, "윤선거의 강화도의 일은 죽어야 할 만한 의리가 없습니다. 더욱이 그는 문을 닫고 책만 읽으며 세상과 서로 절교하여 세운 것이 심히 확고하였습니다. 그런데도 송시열이 의리를 잊고 몸을 욕되게 하였다고 배척하고, 각각 붕당을 나누어 서로 헐뜯었습니다."

하고, 남치훈이 아뢰기를, "이는 사가私家의 일인데도 조정에다 올려서 논의를 갈라지게 시켰으니, 신은 저으기 개탄스럽게 생각합니다."

하니, 임금이 말하기를, "송시열의 상소가 이와 같으니, 그 문하의 제자가 이어서 일어날 것이다. 만일 윤증이 그르지 않다면, 양가가 서로 싸우기를 그치지 않을 것이니, 오늘날의 일 또한 어찌 두려운 것이 없겠느냐?" 하였다.

이익수가 아뢰기를, "원자의 명호가 정해지자 백성들로서 기뻐하지 않는 이가 없습니다. 만일 반역의 신하가 아니라면 어찌 감히 다른 뜻이 있겠습니까?"

하고, 이현기가 아뢰기를, "성상의 염려하심이 깊다고 이를 만합니다. 비록 감히 문서로 나타내지 못하였더라도 어찌 두려워할 자가 없을 줄 알겠습니까?"

하니, 임금이 말하기를, "그 '열 살이 되도록 번왕에 있었다.'는 것은 명호를 정한 데에 불만스럽게 생각한다는 것이다. 이익수는 감히 이르기를, '다른 뜻은 없다.'고 하고서 끝내 명백하게 말하지 않았으니, 그를 파직하라." 하였다.
이현기·윤빈 등이 이익수를 위해 이를 해명하니, 마침내 명하여 교체시켰다.

임금이 말하기를, "송시열은 산림의 영수로서 나라의 형세가 고단하고 약하여 인심이 물결처럼 험난한 때에 감히 송의 철종을 끌어대어 오늘날의 정호를 너무 이르다고 하였으니, 이런 것을 그대로 두면 임금을 무시하는 마음을 품은 무리들이 장차 연달아 일어날 것이니, 마땅히 원거리로 유배하여야 할 것이다. 그래도 유신이니, 아직은 관대한 은전을 좇아, 삭탈 관작하고 성문 밖으로 내치게 한다."

하고, 임금이 이어서 노기를 띤 소리로 말하기를, "이 일은 관계된 것이 지극히 중하니, 다른 날 요괴한 무리가 만일 다시 이 말을 제기하면 엄중히 다스리지 않을 수 없다. 그 상소에 이른 바, 10년을 기다렸다고 한 것은, 임금이 유언으로 내릴 때를 기다리라는 것이 아니겠느냐?"

하니, 이현기가 아뢰기를, "어찌 이에 이르렀겠습니까?"

하고, 윤빈·남치훈은 아뢰기를, "노쇠하여서 그런 것이나, 그 뜻은 이와 같지 않을 것입니다."

하니, 임금이 말하기를, "송시열을 구원하는 자가 있겠지만, 비록 대신이라 하더라도 용서하지 않을 것이다. 이런 상소는 승정원에서 받아들이지 않음이 마땅하다."

하고, 또 말하기를, "유현으로 윤증을 대우하지 말라는 명을 하교하였는데, 이제 명하여 그말은 환수함이 가하다." 하였다.

만나기를 파하고 나서, 또 비망기를 내리기를,
"후사를 세워 군신간의 의리를 크게 정하였는데, 송시열은 유림의 영수로서 불만스러운 뜻을 나타내었으니, 유위한의 상소 가운데 '기쁜 마음으로 순종하지 않는다.'고 한 것은 다른 의견이 아니었다." 하였다.

윤빈이 물러갔다가 다시 아뢰기를,
"송시열이 비록 망발하였더라도 나이가 노쇠하고 삼대 조정에서 예우하던 신하입니다. 갑자기 삭출하는 벌 받으면, 친절하게 받아들이거나 내버려두는 도리가 아닌 줄로 아오니, 바라건대 임금께서는 너그럽게 용서하소서."

하니, 임금이 하교하기를,

"아! 내 나이 30에 비로소 한 아들을 두었으니, 이것은 종묘사직과 백성의 의탁할 바가 끊어지려다가 다시 이어진 것이다. 그러니 임금의 신하가 된 자로서 진실로 나라를 걱정하는 마음이 있다면, 명나라의 고사를 끌어대어 바로 세자를 일찍이 세우기를 청했어야 마땅한데, 송시열의 상소에는 불만과 부족한 뜻이 나타나 있다. 열 살이 되도록 번왕에 있었다는 데에 이르러서는, 병이 나자 비로소 태자를 책봉했다는 말이 있으니, 그 뜻을 조작하고 설계한 것이 더욱 위험함을 다하였다. 삭출하는 법은 가장 가벼운 벌을 따른 것인데도, 윤빈은 군신간의 의리를 생각하지 아니하고 앞장 서서 구제하려 하니, 잡아다 엄중히 국문하여 죄를 정하라." 하였다.

– 숙종실록 15년 2월 1일 –

단종의 시호와 능호를 올리다

1698년[63세] 숙종 24년 11월 6일 노산군의 시호와 능호를 논의하여 올리다.

대신·육경·의정부의 홍문관과 예문관의 당상들을 빈청에 모이라 명하였다. 노산 대 군의 시호를 돌이켜 생각하여 '순정 안장 경순 대왕'이라 하였는데, 중정정수中正精粹 함을 순純이라 하고, 대려자인大慮慈仁을 정定이라 하고, 화합을 좋아하고 다투지 않 음을 안安이라 하고, 올바른 것을 실천하여 뜻이 화한 것을 장壯이라 하고, 의義로 말미암아 구제하는 것을 경景이라 하고, 자애롭고 화목하여 두루 복종하는 것을 순 順이라 한다 하였다. 묘호는 단종端宗이라 하니, 예를 지키고 의를 잡음을 단端이라 한다. 능호는 장릉이라 하였다. 부인의 시호를 '정순定順'이라 하니, 순행純行하여 어 그러짐이 없음을 정定이라 하고, 이치에 화합하는 것을 순順이라 한다 하였다. 휘호 를 단량제경端良齊敬이라 하니, 예를 지키고 의를 붙잡는 것을 단端이라 하고, 중심 으로 일을 공경하는 것을 양良이라 하고, 마음을 잡아 능히 엄정할 수 있음을 제齊 라 하고, 밤낮으로 공경하고 삼감을 경敬이라 한다 하였다. 능호는 '사릉思陵'이라 하 였다.

처음에 영의정 유상운이 임금에게 아뢰기를,
"노산 대군의 존호는 공의온문恭懿溫文이요, 부인의 존호는 의덕懿德이니, 곧 세조 대 왕께서 올리신 것이나 노산께서 사양하고 받지 않았습니다. 지금 시호를 올리는 때 에 그대로 이것으로써 시호로 삼아야 합니까? 아니면 따로 시호를 만들어 올려야 합니까?"

하니, 임금이 말하기를, "만약 세조 대왕께서 올린 시호를 그대로 쓴다면 세조께서 높이 받드는 뜻을 드러낼 수 있으나, 시호도 또한 올리지 않을 수 없으니, 먼저 평일의 존호를 쓰고 다시 오늘에 올린 시호를 쓰는 것이 옳다." 하였다.

나중에 유상운이 또 말하기를, "존호와 시호를 나란히 쓰라는 것은 실로 성상의 뜻이 있음을 알 수 있으나, 존호는 평일에 올리는 것이요, 시호는 승하 후에 올리는 것이므로, 신주에 글을 쓰는 것은 실로 마땅히 나란히 쓸 수 있겠지만, 책보冊寶에 대한 사리와 체모는 다름이 있으니, 반드시 나란히 쓸 수 없습니다."

하였다. 이에 모든 대신들에게 의견을 올리게 하였더니, 모두 다른 말이 없어 임금이 이에 옳게 여겼다.

- 숙종실록 24년 11월 6일 -

12월 25일 단종 대왕과 정순 왕후의 옛 임금에 시호를 올리는 예를 행하다.

영의정 유상운을 보내어 옥책을 받들고 시호를 올리기를, '순정안장경순돈효'라 하고, 묘호를 '단종'이라 하니, 우러러 바라건대 영령께서는 우리의 마음을 굽어 살펴주소서. 처음으로 큰 예를 행하오니, 바라건대 이것을 흠향하시고 크나큰 아름다움을 거듭 내리시어 더욱 번창하고 강성하게 해주소서." 하였다.

- 숙종실록 24년 12월 25일 -

유상운의 졸기

유상운의 졸기는 숙종실록과 숙종수정 실록 두 곳에 각기 다른 내용으로 전하여 지고 있다.

1707년[72세] 숙종 33년 12월 4일 행 판중추부사 유상운의 졸기 〈숙종실록〉

행 판중추부사 유상운이 졸하였으니, 나이는 일흔 둘이었다. 전교하기를, "한 해 동안에 잇달아 원로를 잃으니, 떨리고 애도하는 마음을 어찌 말할 수 있으랴?" 하고는, 이어서 관곽을 내려 주고, 3년을 한하여 녹을 주라고 명하였다. 유상운은 성품이 기민 하고, 시류를 따르는 데 재치있었다. 또 배후세력과 깊이 결탁하여 무릇 승진하거나 탁용되는 바가 특지에서 많이 나와 의정부에까지 올라가게 되었다. 1694년 숙종 20년의 초두에 몰래 남구만을 도왔으나 겉으로는 관여하는 바가 없는 것처럼 하였는데, 노비 업동의 옥사에 이르러서 남구만과 더불어 한밤중에 임금을 만나 그 일을 석방시켜 줄 것을 청하자, 임금이 그 말을 받아들여 업동을 놓아주었다.

유상운이 손을 모으며 말하기를, "감격스럽고 감격스럽습니다."

하니, 당시 사람들이 지목하여 유감격柳感激이라고 하였다. 인현 왕후가 승하하자 불령스런 무리들이 장씨가 마땅히 차례대로 올라갈 것이라고 떠들어대었는데, 한 달 전에 시골 선비가 상소로 남구만을 배척하여 남구만이 이 때문에 조정을 떠나게 되었으나, 유상운은 한 마디 말이 없었다. 이에 이르러 인심이 흉흉하여 안정되지 못함을 보고서 갑자기 자랑스럽고 명예를 구할 계책을 내어 이에 상소하여 말하기를, "갑술년에 남구만이 장희재에게 은혜를 베풀 것을 청한 것은 내가 실로 먼저 제창하였다." 하니, 공론이 놀라고 분하게 여기며 침을 뱉고 더럽다고 하지 아니함이 없었으며, 그를 논하건대 남구만보다 심하다고 하였다. 뒤에 그 당파가 나라의 권세를 잡자 시호를 충간忠簡이라고 하였다.

1707년[72세] 숙종 33년 12월 4일 판부사 유상운의 졸기 〈숙종실록 보궐〉

판부사 유상운이 졸하였다. 유상운은 변변치 못한 가문에서 스스로 분발하여 문학과 재주로 경상에까지 이르렀다. 호조를 주관함에 있어서는 사정에 정성을 다하여 사람들이 참다운 탁지라고 일컬었고, 탐욕이 없고 대쪽 같은 절조는 비록 자기와 의견을 달리하는 사람이라 하더라도 또한 모두 탄복하였다. 1694년 숙종

20년에 이르러 남구만을 도와 먼 앞날을 염려하였는데, 마침내 당원들이 원수처럼 미워하는 바 되어 여러 차례 해독을 입었고, 무함하고 헐뜯는 말이 죽은 뒤에까지 미치며 배후가 있었다는 설이 터무니 없이 나타나니, 식자들이 세상의 도를 위해 개탄하였다. 그러나 개혁하던 처음에 이조의 장관이 되어 능히 공정한 도를 넓혀 퇴폐한 습속을 바로잡지 못하였으므로, 사류들이 애석하게 여겼다.

사관은 말한다. "유상운은 조정에서는 곧고 명석하고 과감한 태도와 행실이 있었고, 집에서는 청백한 지조와 절개가 있었다. 국면이 여러 차례 바뀌어 몸은 여러 사람의 미움을 받았으나, 일을 맡아서는 용감하게 결정하여 지론이 구차스럽지 아니하였으므로, 스스로 빼앗을 수 없는 것이 있었다. 나가서는 큰 도를 조사하여 살피고 들어와서는 중요한 자리에 있었지만, 집안 사람들의 생활을 돌보지 않았고 자신이 죽은 뒤에는 상자 속에 남은 옷가지가 없었으니, 이 또한 남보다 뛰어나 따르기 어려운 것이다. 다만 갑술년의 초에 남구만과 더불어 나랏일을 하며 깊이 먼 앞날을 염려한 것이 식자들이 비난하는 바 되어 이로써 선비들의 마음을 잃었다. 1701년 숙종21년의 한 상소는 시기에 뒤쳐짐을 모면하지 못하여 마침내 좋아하지 아니하는 자들이 구실로 삼는 자료가 되었으니, 사람들이 모두 애석하게 생각하였다."

[승진과정]

1660년[25세] 현종 1년 25세에 진사시 합격

1666년[31세] 현종 7년 별시 문과 병과급제, 승정원 주서

1667년[32세] 현종 8년 가주서

1669년[34세] 현종 10년 10월 정언

1670년[35세] 현종 11년 정언

1672년[37세] 현종 13년 5월 지평. 6월 홍문록에 오르다. 12월 충청도 암행어사

1673년[38세] 현종 14년 10월 부수찬, 11월 필선, 12월 10일 수찬, 12월 12일 장령, 12월 30일 부수찬

1674년[39세] 현종 15년 2월 교리. 이후 3년간 실록에는 유상운의 기록이 전혀 없다. 다만 숙종 3년에 강계부사에 유임시킨 기록으로 보아 외직에 나가 근무한 것으로 보인다.

1677년[42세] 숙종 3년 강계부사 유임, 10월 평안도사

1679년[44세] 숙종 5년 9월 춘당대 문과정시 장원급제, 가선대부, 12월 한성우윤, 11월 29일 도승지에 특별 제수, 12월 2일 한성 우윤

1680년[45세] 숙종 6년 3월 대사간에 특별제수. 4월 도승지. 5월 대사간. 5월 평안도관찰사.

1682년[47세] 숙종 8년 3월 대사간, 7월 세 번째 도승지, 8월 대사간, 9월 대사간, 12월 청나라 사은부사

1683년[48세] 숙종 9년 3월 귀국보고, 3월 대사간, 7월 네 번째 도승지

1684년[49세] 숙종 10년 1월 다섯 번째 도승지, 2월 평안도 관찰사

1685년[50세] 숙종 11년 7월 여섯 번째 도승지, 8월 부제학, 9월 1일 대사헌, 9월 6일 부제학, 9월 8일 광주유수, 10월 호조판서

1686년[51세] 숙종 12년 10월 8일 대사헌, 10월 11일 호조판서

1687년[52세] 숙종 13년 2월 공조판서, 12월 호조판서

1688년[53세] 숙종 14년 2월 특별 승진 판의금 부사, 7월 이조판서, 10월 호조판서

1689년[54세] 숙종 15년 2월 송시열이 장희빈이 낳은 소생을 원자로 명호한 데 대한 2본의 상소를 올리니 임금이 대노하고 삭탈관직하라 명하다. 2월 중도부처

1694년[59세] 숙종 20년 4월 이조 판서, 4월 겸 판의금, 4월 20일 유상운이 소론의 천거로 윤증·이인엽 등에게 관작을 제수하다.

1695년[60세] 숙종 21년 1월 우의정, 2월 좌의정

1696년[61세] 숙종 22년 1월 25일 설죽소에 굶주린 백성이 먹는 죽의 흡수를 줄이는

일이 없도록 전교하다. 2월 5일 평안도의 굶주린 백성 이어둔이 사람의 고기를 먹었는데, 임금이 그것이 몹시 굶주려서 실성하였기 때문이라 하여, 특별히 사형을 감면하라고 명하였다. 6월 판중추부사. 8월 11일 영의정

1697년[62세] 숙종 23년 10월 13일 영의정 유상운이 대궐 밖에서 죄를 청하며 기다리니 돌아오도록 명하다.

1698년[63세] 숙종 24년 1월 23일 20여 차례 사직상소 끝에 영의정 사직. 1월 23일 판중추부사 3월 13일 다시 영의정. 10월 겸 부묘복위 도감도제조, 11월 6일 노산군의 시호와 능호를 논의하여 올리다. 12월 25일 단종 대왕과 정순 왕후의 옛 임금에 시호를 올리는 예를 행하다.

1699년[64세] 숙종 25년 3월 6일 26번의 사직상소, 판중추부사. 6월 27일 다시 영의정 10월 파직

1701년[66세] 5월 22일 이세석이 모함당한 억울함을 상소하니 유상운이 이를 반박하고 사직하다. 10월 세자의 어머니 장희빈에게 인정과 법률을 참작하자는 유상운의 상소문을 올렸다. 11월 무당이 남을 해치는 저주의 옥사가 일어나 장희빈까지 연루되자 세자의 생모를 사사할 수 없다고 주장하다가 파직되었다.

1702년[67세] 숙종 28년 5월 직산현 유배 11월 중도 부처한 죄인 남구만·유상운을 고향으로 돌아가도록 명하다.

1704년[69세] 숙종 30년 5월 3일 석방하다.

1705년[70세] 숙종 31년 1월 서용

1706년[69세] 숙종 32년 8월 판중추부사에 복귀하다.

1707년[72세] 숙종 33년 12월 4일 판부사 유상운이 죽다.

104. 서문중徐文重
치밀함과 공정한 정신으로 숙종의 사랑을 받다

생몰년도 1634년(인조12)~1709년(숙종35) [76세]
영의정 재직기간 1차 (1700.1.16~1700.3.22.)
                 2차 (1700.5.16.~ 1701.3.27)
                 3차 (1702.1.24~1702.9.29) (총 1년 8개월)

본관	대구大丘
자	도윤道潤
호	몽어정夢漁亭
시호	공숙恭肅
당파	서인
묘소	경기도 파주 군내면 백학산
편저	해방지海防誌 (지리적·군사적 사정을 정리)

증조부	서성徐渻	– 판서
친조부	서경주徐景霌	– 제조, 선조의 사위 달성위
양조부	서경우	– 우의정
부	서정리徐貞履	– 남원부사
모	이씨	– 판서 이시발의 딸
양부	서원리徐元履	– 함경도 관찰사
양모	김씨	– 영의정 김육의 딸
처	용인 이씨	– 이후산의 딸
장남	서종보徐宗普	– 생원(조졸)
손자	서명운徐命運	– 현감
손자	서명건徐命建	– 현감
차남	서종로徐宗魯	– 진사(조졸)
삼남	서종유徐宗愈	– 군수

굳은 지조와 치밀하고 공정함을 잃지 않다

서문중의 자는 도윤道潤이고 호는 몽어정夢漁亭이며 본관은 대구이다. 증조부 서성은 판중추 부사를 지냈고, 조부 서경우는 우의정을 지냈으며, 아버지 서원리는 함경도 관찰사였는데, 후사가 없어 서문중을 취하여 아들로 삼았다. 서문중의 친조부는 서경주이며, 친부는 남원부사 서정리로 서원리의 양자로 갔다. 양모는 영의정 김육의 딸이다.

서문중은 26세에서 36세 사이에 친가·양가 부모가 모두 세상을 떠나자 상례를 치르느라 40세까지 관직에 들어서지 못하였다. 40세 되던 현종 14년에 학행으로 천거되어 동몽교관으로 임명되었다. 동몽교관은 각 고을의 청소년들에게 기초교육을 가르치던 종 9품 말단 벼슬로, 재직기간이 450일로 규정된 지방 하급직이었다. 천거로 관직에 진출하다 보니 이후 벼슬길은 청도군수, 이천부사, 상주목사 등 지방직으로만 전전하였다. 1680년 47세가 되던 해 상주목사로 재직하면서 정시 문과에 응시하여 장원급제를 하니 정3품 통정대부를 제수받게 된다. 지방직의 업적만으로는 받기 어려운 품계였다.

1681년 48세에 광주부윤이 되었다. 남한산성은 정사를 펼치는 중요한 진영인데 부역은 유달리 고되고 군정은 해이하여, 서문중이 상소하여 백성들의 고달픔을 돌보고 잦은 부역을 줄여줄 것을 청하였고, 또 봄가을로 곡식으로 거둬들이는 세금은 남한산성에 저장하였다가 군량미에 보태기를 청하였으며, 어사를 보내서 자주 재주를 시험하고 공에 따라 상주기를 청하여, 조정에서 모두 들어주니, 군민이 크게 기뻐하였다.

1682년 49세 6월에 경상도 관찰사에 제수되니 언관들이 너무 빠른 승진이라는 평이 나오자 부임하지 않고 있으니 9월에 승지로 제수하였다. 1683년 3월에 특별히 호조참판에 제수하자 대신이 관례대로 도로 거두어들이기를 청하니, 임금이, "승정원에서 오래 겪어보니 쓸 만함을 알았기에 쓴 것이다." 하며 들어주지 않았다. 서문중이 승정원에 있었던 기간은 1년이었는데 밤낮으로 성실하여 위독한 질병 이외에는 하루도 휴가를 청하지 않았고, 더러는 경연 석상에서 말하고 더러는 형벌 제도에 대해 부당한 사유를 들어서 말하기도 하였다.

서문중은 일찍이 임금께 아뢰기를, "한 세상이 사치스럽고 검박하고 한 것은 지도하기에 달린 것인데, 근래에 민간에서 사치하는 습성이 날로 심해가니, 성상께서는 이를 바로잡을 도리를 생각하셔야 합니다." 하고, "신이 일찍이 할머니 정신옹주를 보니 선조께서 버리신 옷을 뜯어서 고쳐 입고 평생을 사셨는데, 거친 베의 덧저고리와 바지였습니다. 임금께서는 평일에 입으신 것이 모두 이런 종류인 것 같으니, 어찌 오늘날 본받을 점이 아니겠습니까?" 하니, 임금께서 절실한 말임을 칭찬하였다.

황해도에서 감옥수를 심리할 때에 아비의 죄에 대하여 자식더러 증언하게 하고 남편의 죄에 대하여 아내더러 증언하게 한 일이 있자, 서문중이 말하기를, "신문하여 승복하지 않으면 왕법에 관계가 있고 실토하여 법에 의해 죽게 되면 풍속과 교화에 어긋나니, 임금이 형벌로써 정치를 보조하는 뜻이 아닙니다. 전국에 포고하여 법의 본의에 따르게 하심이 마땅합니다." 하였다.

영남에서 중대한 옥사가 2백 건이나 되자, "이는 심리하는 관서에서 법조문을 편의적으로 해석하여 원통함을 알면서도 심리를 하지 않은 것입니다. 한 나라에서는 원옥사라는 것을 두었고, 우리 조정에서도 죄를 조사하여 다스리는 안옥어사가 있습니다. 어사를 별도로 보내서 혼자서 결정하고 단행케 하여 필부 필남이 소송 사건을 변호할 수 있게 하소서." 하였다.

도망한 죄수가 있어 그 아들을 오래도록 구금한 일이 있자, "인조께서 하교하시기를, '도망한 죄수의 자제나 조카 손자를 가두지 말라.' 하셨으니, 훈계하신 뜻이 아주 긴요합니다. 지금은 도망한 죄수만 있으면 곧바로 그 아들을 구금하는데, 이는 임금의 가르친 뜻이 아닙니다." 하고,

함경도에서 아들을 낳아 기르지 않은 어미에게 중죄를 내린 일이 있자, "가난한 백성이 아들을 낳으면 부역의 어려움을 걱정하여 잔인한 마음이 자애로운 마음보다 앞서니, 그 정상이 실로 가엽고 불쌍합니다. 너그럽게 용서하여야 마땅합니다." 하였으며, 대궐내로 물건을 실어 들이는 일의 불법과 포상의 남발에 이르기까지 논하여 아뢰지 않은 것이 없었는데, 임금께서는 그때마다 듣고 받아들였다.

그 때에 아비가 자식을 죽인 일이 있어 사형으로 논하자, 서문중이 이는 옛 법도 아니고 풍속과 교화에도 어긋난다 하고 상소를 올려 비판하고, 이르기를, "1628년 인조 6년에 사형 죄인을 재심하였을 때에는 6년 만에 단죄한 것이 8인이고, 1652년 효종 3년에 재심하였을 때에는 4년 만에 단죄한 것이 16인이었는데, 작년 겨울에 재심할 때에는 3년 만에 41인이었습니다. 5, 60년 사이에 형사 행정이 날로 늘어 단죄가 거의 10배에 이르렀으니, 이는 비단 민심이 사나워져 범법을 가볍게 여기는 것만이 아니라 법령이 점점 치밀해지고 사형이 더욱 많아져서 그러한 것입니다. 근본을 살펴서 백성들로 하여금 사지에 빠지지 않게 하고 인정과 사리를 참작하여 명백하게 법내용을 알려주어 법을 제정한 본의를 잃지 않게 하는 것만 같지 못합니다." 하니, 임금이 받아들이고 해당 조정으로 하여금 의정부와 상의하여 아뢰어 제정하게 하였는데 서문중의 말이 많이 채택되었다.

— 국역 국조인물고, 서문중 —

　1683년[50세] 9월에는 결국 영남 관찰사로 나갔는데, 영남은 지역은 넓고 민심이 각박하여 소송서류가 구름처럼 쌓였다. 서문중은 밤낮없이 쉬지 않고 심리를 하였고, 옥송 사건에 더욱 마음을 써서 판결하고, 판단이 적정하니 사람들이 억울하다고 여기지 않았으며, 섬지방과 변방까지 직접 돌아다니면서 수군의 이해득실까지 살펴 17가지를 조목별로 아뢰고 변통하기를 청하였다.

　또 임금의 뜻을 받들어 상소하여 말하기를, "지금의 군 진영은 거의 백

년 이내에 신설된 것으로서, 해마다 늘고 달마다 증가하여 나라의 막대한 폐단이 되고 있습니다. 국가에서 병사를 쓸 일이 있으면 백성들이 모두 병사인데 하필이면 군 진영을 널리 설치하여, 일도 없는 때에 백성들에게 이중 삼중으로 고통을 줄 것이 있겠습니까? 오늘날 백성을 편안케 하는 방편은 군병을 줄이는 것 보다 나음이 없습니다."

또, '본도 유생의 교육을 혁파하여 다른 도와 똑같이 하고, 유생은 향교 생도에 소속시키고 무관은 군관에 소속시켜, 매년 도사는 유학을 평가하고, 진영의 장수는 무武를 고과하여 떨어진 자는 당년의 벌칙을 받고 이듬해에 재조를 시험하고, 활쏘기를 시험하게 하면 시험제도는 제도는 없어지지 않고 도태시켜 딴 역할에 충당하는 원망도 없을 것이라' 하고 흐리터분한 처분과 고식적인 폐단을 극력 간언하였으며, 청렴한 관리를 선발하여 격려하는 정사를 펼치기를 청하니, 임금이 칭찬하며 장려하였다.

이듬해 병이 있어 해임을 청하니 의정부의 논의가 대신이 치적이 드러나고 백성들이 애석하게 여기며 그 후임도 마땅치 않다 하고 유임을 청하자, 임금이 특별히 윤허하면서 말하기를, "허락치 않다가 병이 더 짙어지면 아랫사람을 생각하는 도리가 아니다." 하였다.

1685년 52세에 도승지가 되었는데 변방 백성들의 불법으로 국경을 넘는 사건이 있어 청나라의 질책이 몹시 치욕적이었다. 함경도와 평안도의 감사를 불러 조사를 하게 되었는데, 대신이 말하기를, "어전에서 조사를 행하려면 도승지가 주관해야 하는데, 서문중이 아니면 안됩니다." 하여 서문중을 도승지로 옮겼다.

1686년 53세 7월에 굶주린 백성을 구제하느라 강화도와 남한산성에 저축된 군량은 많이 감축이 되니, 대신이 아뢰어 서문중더러 책임지고 관리하여 보충할 도리를 강구하게 하였다. 서문중은 다방면으로 경영을 하여 황해도에서 베를 수합해 오고 호남에서 쌀을 실어다가 제때 제때에 쌓아두니, 저축은 본래대로 축적이 되었다. 끝내 아전이나 장사치들의 부정한 이익만 꾀하고 이권을 독차지하는 술책을 쓰지는 않았으니, 식자들이 이 점을 높이 평가하였다. 우의정 이단하가 흉년이 들었으므로 종묘의 제수품을 감축하기를 청하니, 공론을 모아보라는 분부가 내렸다. 서문중이 말하기를, "전하께서 제나라 강태공의 영토나 월나라 구천의 도읍지의 마음을 가지시고 몸소 검소하고 소박함을 시행하고도 그래도 모자란 연후에라야 이 일은 논의할 수 있습니다." 하였다. 얼마 후에는 진휼청 당상을 겸하여 구휼하는 일을 주관하였다. 서문중이 일찍이 영남감영에 있을 때에 비변사 당상으로 하여금 수군을 관장하도록 청하였으나 대신이 합당한 사람을 구하기가 어렵다는 이유로 아뢰지 않았었는데, 이 때에 이르러 임금께 아뢰기를, "근래에는 해안방어가 더없이 허술한데 수군의 사정을 잘 알기로는 서문중 만한 이가 없으니, 청컨대 그로 하여금 삼남지방의 해안방어를 맡아서 다스리도록 하소서." 하였다.

1689년 숙종 15년[56세]에 기사환국이 일어나 4월에 인현왕후가 폐위되니, 서문중은 모든 직책을 내어놓고 금천으로 물러나와 집을 새로 짓고 노후의 계획을 세웠었는데 남인들이 서문중이 서울 가까이에 있는 것을 꺼려 안변 부사로 내보냈다.

1694년 숙종 20년[61세]에 갑술환국이 일어나 인현왕후가 복위되고 서인들을 불러들였다. 서문중은 병조판서를 제수받고 지의금부사를 겸하여 국옥에 참여하였는데, 김시걸이 상소하여 서문중을 헐뜯기를 '서문중이 옥사를 고의로 너그럽게 봐주려 한다'고 하므로, 서문중은 도성 밖으로 물러 나와 간절히 사의를 표하니 교체되었다.

남인들이 축출되자 시류가 기사환국에 연관이 된 무리들을 모조리 극형으로 다스려 큰 옥사를 일으켜서 처형을 자행하려 하였으니, 이는 기사환국에 원한을 품은 집안의 뜻이었다. 서문중은 이에 따르지 않고 옥사의 심리도 법의 테두리 안에서만 하니 서문중을 크게 미워하여, 합세하여 일어나서 떠들고 흠을 적출하여 없는 일을 꾸며서 어려운 지경으로 빠트렸는데, 그것이 후일 서문중을 헐뜯는 근원이 되었다. 이 일로 인하여 중론이 시끄럽게 떠들어대고 상소문의 내용에 살을 붙여 서문중이 중궁의 복위하는 일에 이의를 제기하고 있다고 하여 사방에서 지적하니, 서문중은 할 수 없이 죄를 자인하고 벌을 청하였다.

좌의정 박세채가 승지 이세백 등과 서문중 등의 득실을 논하고 정세의 경중을 참작하여 처리하기를 청하니, 대관이 "시론이 이러하니 가벼운 벌을 내렸다가 곧바로 서용하는 것도 해롭지는 않을 듯합니다." 하니, 임금이 즉시 대관의 말에 따랐다가 한 달이 지난 뒤에 서용하는 명이 있어, 8월에는 한성부 판윤으로 제수되었다.

1695년[62세] 임금이 명경과의 규정을 바꾸고자 하여 경연관에게 물으니, 서문중이 대답하기를, "바꾸려는 뜻은 좋습니다마는, 말류의 폐단을 생각치 않을 수 없습니다. 제술과의 경우 응시자의 성명을 가리고 봉하고 해도 의심을 면하지 못하는데, 하물며 글의 뜻을 물을 즈음 어떻게 폐단이 없으리라고 보장하겠습니까?" 하였다. 상소하여 당파의 폐단을 아뢰었고 저축의 보잘것없음과 주전의 난잡함을 말하기도 하였으며, 또 재앙을 당하여 경계하는 정사에는 어진 이를 등용하고 검약을 숭상함을 선무로 삼아야 하나 반드시 임금의 마음에 근본을 두어야 한다고 말하니, 임금이 우악한 답을 내렸다.

1696년 63세가 되던 해 봄에 구휼이 끝났는데, 도성 안에서는 이에 힘입어 목숨을 온전히 건졌고 원근에서 떠돌던 자를 노자를 주어 본업에 종사하게 한 자가 8천 6백여 인이나 되었으며 버려진 어린이를 보호하고 외지에서 이사 온 집의 식량을 대주는 등, 각 방면으로 조처하여 길에서 죽은 자가 없었던 것은 모두 서문중이 심력을 다하여 구휼한 덕택이다. 마침 작은 일이 있어 거기에 관련되어 파직되자 임금께서 서문중의 소임이 중하다고 윤허치 않으니, 서문중이 병을 들어 사면을 청하여 석 달이 지나서야 본직을 해제하게 되었다.

이어 형조판서, 대사헌을 거쳐 한성판윤에 제수되었다. 이에 상소하여 말하기를, "흉년이 든 뒤라서 백성들은 제 몸도 보전하지 못하는데, 지금은 수감자가 옥에 가득하고 소결은 이뤄지지 않고 있습니다. 형벌을 관대히 하고 사람을 아끼는 데에 마음을 쓰신다면, 백성들은 무한한 은택을 입게 될 것입니다. 날씨도 더워지니, 각 도에 일러 즉시 소결하게 하여 형옥을 돌보는 뜻을 보이소서." 하니, 우악한 비답을 내리고 그대로 따랐다.

8월에 우의정에 올라 여러 차례 사양하였으나 우악한 분부를 내리고 윤허치 않았는데, 지평 신임이 갑술옥사의 일을 끌어내어 서문중을 추하게 헐뜯었고 계속해서 지방인 이현명의 상소가 올라오자, 임금께서 이것이 서로 짜고 알력을 조성하려는 것임을 깨닫고 이현명을 대궐로 끌어다가 신문하였고 의금부에서는 이현명이 끌어들인 성규헌까지 아울러서 신문하여 무겁게 추궁하려고 하였는데, 구제한 사람이 있어 모두 먼 섬으로 귀양 보내고 신임도 내쳐서 경성판관으로 보냈다. 이 때에 서문중은 이미 도성 밖으로 나가 죄를 대기하고 있었는데, 임금께서 승지를 보내서 함께 오게 하였으나 상소를 17차나 올리니 비로소 사면을 허락하고 판돈녕부사에 제수하였다.

우의정에 발령되니 사관의 평이 기록되었다. '서문중은 시급하고 힘든 사무를 처리하는 작은 재능이 있기는 하나, 거칠고 학식이 없었다. 숙종 20년 초에 김시걸·정호에게 매우 배척받아 공론에 용납받지 못하였는데, 정승직의 발령이 문득 뭇 사람의 뜻밖에서 나왔으므로, 조정이 놀랐다'고 하고 있다.

1697년 64세에 청나라에 세자책봉을 주청할 때가 되어 조정 논의가 서문중으로 사신을 삼고자 하였는데, 서문중이 감히 사피하지 못할 것을 바란 때문이었다. 12월에 북경에 들어가니, 청나라 예부에서 대명회전의 종번왕의 예를 인용하여 국왕의 나이가 50세 미만이라고 세자 책봉을 허락하지 않았다. 이로 주청 업무를 처리하지 못한 죄로 삭탈관작하여, 문외출송을 당하였다.

주청사로 갔다가 되돌아오는 서문중·이동욱 등이 먼저 돌아오는 사람을 통해 장 문으로 아뢰었는데, 그 대략에 이르기를,
"당초 의논을 아뢰어 황제의 뜻을 내리도록 한 뒤에 청나라 9급의 서반序班의 무 리가 대명회전 중 번왕을 책봉한 조목을 베껴서 보이므로, 2천금을 주기로 약속 하고 서반으로 하여금 초안을 잡게하는 여러 낭중에게 힘써 부탁하도록 했습니 다. 2월 초7일에 상을 받으러 대궐에 나아가니, 예부 낭중이 통역관을 불러 조그 마한 종이에다 써서 주며 국왕과 왕비의 연세를 신 등에게 물었으나, 신 등이 이 것은 사신이 감히 아뢸 바가 아니라고 여기고, 낭중을 찾아가서 그의 의도를 탐지 하여 보니, 다시 수작酬酌을 하지 않고 바로 일어나 가버리므로, 신 등이 매우 놀 라고 염려하였습니다.

그래서 하마연 때에 좌시랑 왕택홍에게 말을 전하기를, '우리들이 국왕의 명을 받 들고 들어와서 숙소에 머문 지 40일이 되었는데, 문서를 아직까지 합당하게 종결 짓지 못했으니, 원하건대 가엾게 여겨 주시오.' 하였더니, 곧 본부에서 마땅히 제 왕의 예로 회답 할 것이기에 황제의 처분만 기다리고 있다고 답하였습니다. 신 등 이 창황히 되돌아와서 통역관을 통해 제독에게 청하게 하여 청나라 상서 불륜에 게 가서 도모하도록 하고, 6천금을 주기로 약속하니, 제독이 돌아와 말하기를, '불 륜이 이 일은 분명하게 전례가 있으므로 감히 좌우할 수 없다고 하였다.'고 하므 로, 신 등이 어떻게 할 계책이 없어 공문서를 구상해 내어 외국은 청나라와 같지

않으며 선조정에서 이미 시행했던 전례를 지금 와서 청함을 인준하지 않아 군신君臣이 바라는 대로 이루어지지 않아 원망하는 뜻을 아뢸 방법이 없음을 갖추어 진술하였습니다.

그리고 연회 때에 왕택홍이 또 와서 참석하므로, 신 등이 직접 공문서를 바쳤더니, 왕택홍이 말하기를, '나 혼자서 받기 어려우니 연회가 끝난 뒤에 제독에게 바쳐서 제당諸堂에 회시하도록 하라.' 하였으나, 잔치가 끝난 뒤에 제독이 또 거절하면서 받지 않았습니다. 그래서 뇌물을 허락한 뒤에야 비로소 억지로 일어났으며, 이튿날 조회에 가지고 가서 제당에 보이니, 답하기를, '이미 제왕의 예를 인용하여 들어가 아뢰었으니, 황제의 뜻을 받아 다시 의논해야만 시행할 수 있을 것이다.' 하였습니다.

그리고 본부에서의 회답도 과연 대명회전의 제 왕조의 사례로 결론을 지어 초 10일에 황제의 처소로 보내었는데, 14일에 의논한 대로 칙지를 내렸으므로, 신 등이 놀라고 두려워하여 허둥지둥 전후의 책봉을 받은 사연과 외국의 왕세자는 일찍이 정하여 온 나라의 소망을 묶어 두지 않을 수 없다는 뜻을 갖추어 다시 공문서를 만들어 제독에게 강력하게 청하면서 인하여 말하기를, '사신이 이미 일을 완수하지 못했으니 아무리 여러 날이 지나간다 하더라도 결코 되돌아 갈 수 없다.'고 하면서 다툰 지 3일 만에야 비로소 가지고 조정에 가니, 상서 불륜이 다른 대관 몇 사람과 함께 보고 답하기를, '본부에서 전례를 인용하여 회답하였고, 황제가 이미 의논대로 칙지를 내렸으므로, 결단코 다시 아뢸 방법이 없다. 본국에서 이러한 말을 아뢰고 다시 청할 것 같으면 우리들이 이루어지도록 도와서 도모하지 않겠는가?' 하였습니다. 여러 의논이 이와 같으니, 뒷날 다시 청하면 저지하는 바가 없을 듯합니다. 그리고 그들이 인용한 명나라 황제 가르침과 내국 결정은 모두 천만 뜻 밖이었습니다. 신 등이 사명을 받든 것을 제대로 못하여 일에 따라 주선을 잘하지 못했습니다. 책봉 명호는 중대한 일인데, 끝내 완전하게 인준을 받지 못했으니, 땅에 엎드려 황공스럽게 여기며 만번 죽어도 속죄하기 어렵습니다." 하니,

임금이 비망기를 내리기를,

"주청사의 보고와 예부 자문의 복사본을 보건대, 주장하던 일을 주청하여 인준을 받지 못했으니, 실로 생각이 미치지 못한 바로 놀라움을 깨닫지 못하겠다. 청나라

인이 인용한 회전에 왕과 비의 나이 50세가 되고서도 적자가 없으면 비로소 서장자를 세워 왕세자를 삼는다고 하는 등의 말은 너무나 이치에 맞지 않고 근거도 없으므로, 사신이 된 자가 당연히 머리가 부서지도록 죽을 힘을 다해 다투어야 할 것인데, 그렇게 하지 않고 몇 차례 다투며 고집하다가 그대로 돌아왔으니, 지금 만약 다시 사신을 보내어 허락하지 않는다면 또 장차 이와 같이 되돌아올 것인가? 임금을 욕되게 한 것이 심하다. 정사 서문중, 부사 이동욱, 서장관 김홍정은 모두 삭탈 관작하여 문외 출송하도록 하고, 주청사로 대신을 천거하여 들여보내고 다음 날 외교 문서에 인사하는 자료로 삼도록 하라." 하였다.

- 국역국조인물고, 서문중 -

양사에서도 귀양 보내기를 청하여 한 달이 지나서야 논란을 중지하였다. 4월에 도성 밖으로 다시 돌아와서 대죄하고 스스로 한강 밖으로 물러나가 영영 숨으려 하였는데, 가뭄을 걱정하여 하여 관직 삭탈을 풀어주고 6월에는 판돈녕 부사에 다시 서용이 되었다. 서문중이 여러 차례 상소를 올려 죄를 청하니 우악한 비답을 내리고 나오기를 권하여 7월에는 대궐에 들어가 사은하였다.

겨울에 대제학 오도일이 정규 과거시험 뒤에 따로 과거를 한번 더 열어 지방 유생들을 위로하기를 청하니, 대신에게 문의하라고 명하였다. 이에 서문중이 대답하기를, "명분 없이 과거를 여는 것은 사실 구차한 폐습을 여는 것이고, 아래에서 청하는 것도 앞으로의 폐단과 관계가 있습니다." 하였는데, 말은 비록 채택이 되지 않았으나 식자들은 옳게 여겼다.

제사를 올리는 것이 타당한 지의 여부를 면대하여 물었다. 서문중이 대답하기를, "임금께서도 다를 바가 없다고 여깁니다." 하였는데, 정언 김창직이 이 일을 끌어내어 서문중을 공격하니 서문중이 여섯 번이나 상소를 올려 사면하자, 사직서가 받아들여졌다. 판중추부사에 제수되었다. 5

월에 다시 영의정이 되었다.

겨울에는 우뢰로 인하여 삼정승과 6조 판서를 불러 방도를 물었을 때에 서문중은 하늘의 가르침을 두려워하고 잘못된 정사를 고치는 도리를 아뢰고, 또 말하기를, "지금 궁궐의 집은 백성들의 폐단이 되고 있으니, 절제를 가함이 마땅합니다." 하였으며, 또 말하기를, "선조 조에는 왕자가 혼인한 후에야 비로소 제택을 마련하였고 후궁도 아들이 없으면 제택을 짓지 않았으니, 마땅히 본을 받아야 합니다." 하였고, 또 말하기를, "지난 왕조의 왕자 제택이 지금의 궁궐이 되고 있다 합니다. 한나라 명제는 말하기를, '나의 아들이 어떻게 감히 선친 광무제의 아들과 같을 수 있느냐?' 하였습니다. 같은 것도 안되거늘 하물며 지난 왕조에서 하사하신 제택을 오늘의 궁궐로 삼을 수 있겠습니까?" 하니, 임금이 대답을 못하였다.

이튿날 임금이 노하자 서문중이 천천히 말하기를, "임금이 말을 받아들이는 도리는 말이 비록 타당하지 않더라도 모두 용납을 해야 합니다. 지난날 선조 조에 시험관 박대립이 '왕소는 왕덕용이 바친 여인을 들이지 말라고 청하였다'는 것으로 시험주제를 삼았는데, 대개 그 때에 군신들은 바야흐로 후궁이 차츰 늘고 있음을 걱정하였기 때문입니다. 그 뒤에 선조께서 조용히 묻기를, '그때 시험 주제는 누가 낸 것이냐? 신하가 당연히 간할 일이 있으면 터놓고 간해야지 어찌 그럴 수가 있느냐? 서운하다.' 하니, 박대립이 대답하기를, '신이 낸 것입니다. 신하가 간하는 길은 한 가지만이 아닙니다. 정간도 있고 풍간도 있고 휼간도 있는데, 모두가 임금을 사랑하는 데에서 나온 것입니다.' 하자, 선조께서 하교하시기를, '경의 말이 옳다.' 하였습니다.

서문중은 '아래에서 말을 올린 것이나 위에서 받아줌이 이와 같다면, 어떻게 위아래에서 간격이 막힐 일이 있겠는가?' 하고 생각하였습니다.

신은 매양 이 일을 듣고 감격해 마지 않았는데, 이는 정히 성상께서 본받으셔야 할 일입니다." 하니, 임금이 조금 노기가 풀렸다.

관서지방의 덕지통과 남쪽 변방의 노아도와 욕지도 두 섬은 본래 군수품을 위하여 설치했던 곳인데, 새로 궁실 소유가 되었다. 서문중은 만나기를 청하고 상소를 올려 수없이 청하여 결국 윤허를 받아 본래대로 복구하였다.

68세가 되어 정월에 임금께서 종묘를 배알하면서 서문중이 병이 있음을 염려하여 차관으로 하여금 어가를 배행하게 하고 또 명하여 집으로 물러나가 조리하게 하였다. 인하여 약방의 도제조를 교체하자, 만나서 40번이나 넘게 영의정 직책을 사면하기를 고하니 허락하여, 판중추 부사에 제수하고 호위대장과 금위영, 봉상시, 사옹원의 제조를 겸하게 하였다.

9월에 희빈 장씨에 관한 대궐내 옥사가 일어나자 임금께서 친히 납시어 죄수를 국문하였는데, 서문중은 병으로 나가지 못하고 상소를 올려 죄를 청하며 이르기를, "오늘날의 일은 참으로 난처합니다. 끝까지 추궁하지 아니하면 중전의 빈전에 계신 영혼을 위로하지 못하고, 형적을 끝까지 추궁한다면 그 미치는 바에 따라서는 눈 앞에서 말할 수 없는 염려가 있으니, 성상께서는 마땅히 깊이 생각하시고 참작하셔서 종묘사직의 근본을 튼튼히 하시고 부자간의 은혜와 정을 온전히 하셔서 추호의 미진함도 없게 하소서." 하였다.

이윽고 희빈 장씨에게 사사를 내리던 날 서문중과 좌의정 신완, 이조 판서 이여가 입궐하여 살려주기를 청하였으나 받아들여지지 않았다. 10월 19일 판돈녕 부사로 자리를 옮겼다.

69세에 다시 영의정에 제수되었고 곧 병이 심하여 체직을 청하였으나 반년이 지나도록 체직치 못하였고 약방 도제조만 교체되었다. 5월에 50번째 사직 상소하니, 허락하지 않았는데 8월에도 사직 상소를 올리니, 사직하지 말게 하였다.

> 영의정 서문중이 상소를 올려 사직하고, 겸하여 첨부문서를 올렸는데, 답하기를, "첨부문서에 조목별로 아뢴 바를 일일이 시행할 수 있을지는 모르겠지만, 마땅히 의정부로 하여금 의논해서 처리하도록 하겠으니, 경은 마음을 편안히 하여 사직하지 말고 기회를 기다려서 일을 보도록 하라."하였다.
> — 국역국조인물고, 서문중 —

첨부문서에는 하늘의 경계를 조심하고 민심을 안정시키는 근본에 대하여 말하였으며, 또 "궁가에서 버려진 땅을 더러는 주인이 없는 땅이라고 칭하고 남의 백년 된 옛 물건을 빼앗기도 하고 더러는 공한지라고 칭하고 몇 대를 내려온 가업을 빼앗기도 합니다. 호남에서는 뚝을 쌓는 데 몇 만의 백성을 부역시켜 세 번을 쌓았으나 이루지 못하였고, 호서에서는 갯벌을 파내느라 10리의 땅을 점유하고 2년을 팠어도 완공하지 못하는 등, 가는 곳마다 시끄럽고 길거리마다 원성이 널렸습니다.

해평에서는 통발을 놓아 고기잡는 장치 같은 것은 빠짐없이 독점하여 지나가는 선박이나 고깃배는 모두 돈을 받고 있습니다.

백성은 모두가 전하의 국민인데, 궁가의 별장으로 하여금 백성의 목을 죄이고 먹을 것을 빼앗어내고 있으니, 명나라 말엽의 황장이나 고려말의 사전私田과 불행하게도 흡사합니다." 하고, 모든 도에서 1688년 숙종 14년 이후에 토지를 가져간 것은 특별히 명을 내려 일체 혁파함으로써 임금의 사사로움이 없는 덕을 보이기를 청하였다. 또 상소를 올려 말하기를, "별

자리가 제 길을 잃어 장마가 극히 지루하니 모든 도에는 흉년이 들고 백
성들의 실정은 극히 참담하니, 이는 정히 주야로 걱정하실 때입니다. 그
러니 혼례의 거마와 복식을 되도록 감축하여 하늘의 재앙을 만나 검소하
는 뜻을 보이소서." 하니, 받아들였다.

1709년[76세] 숙종 35년 1월 6일에 사소한 병으로 회현방의 사제에
서 임종하니, 임금께서 명하기를, "원로를 잃었으니, 슬픔을 어찌 이기리
오?" 하고 조회를 중지하고 상제와 부의를 모두 관례대로 내렸으며, 3년
동안 봉록을 지급하라고 명하고, 왕세자도 궁관을 보내서 조제를 올렸
다.

—국역국조인물고, 서문중, 세종대왕기념사업회 —

군정을 변통하는 방법을 아뢰다

1698년[65세] 숙종 24년 군정을 변통하는 방법으로 여러 대신들이 대
책을 강구하여 아뢰라고 명하였다.

이에 서문중이 상소를 올려, "임진란 이후에 새로 병제를 설치하여 양
민 병력이 15만이고 천민 병력이 25만이었습니다. 조금만 감축하여 정원
수를 정한다면 황구와 백골의 징포는 조금은 느슨해질 수 있을 것입니
다." 하고, "우리나라의 병정을 당의 제도에 비교하자면 어영청은 부병에
가깝고 훈련 감은 확기와 거의 흡사합니다.

금위영을 병조에 소속시킨 것은 비록 뜻이 있는 일이기는 하나, 어가
를 호위할 때에는 병권을 행사할 수 없으니, 병권을 중히 여기는 뜻이 전
연 아닙니다. 마땅히 이 군병을 둘로 나누어 양국에 이속하여 그 보료保

料를 먹게 함으로써 호조의 경비를 줄이고 번상군을 증감하여 각기 수시로 적당한 선을 유지하게 하고 항상 3천의 병마로 서울에 주둔하게 하여 엄연히 남북군의 제도를 형성하면, 합병할 즈음에 잡역이 저절로 감축이 되니, 이 역시 양정을 줄이는 한 방편이 될 것입니다." 하였으며, "전장에 나갈 병사로는 믿을 것이 속오군뿐이나, 제 도에 있는 19만 명이 거의 쓸모없는 병졸입니다. 이를 일체 혁파하고 전田 4결에 병졸 하나씩을 내면 팔도의 경작 농토가 80만 결이니, 정규 병졸 20만 명은 얻을 수 있습니다. 그리하여 건장하고 용맹스러운 자만 가리고 무기를 날카롭게 하면, 백성을 병들게 하지 않고도 병졸이 스스로 쓰이기를 바랄 터이니, 수해나 가뭄이 들지 않는다면 농사도 병들지 않게 될 것입니다." 하니, 임금이 받아 들였다. 그 뒤에 금위영을 파하라고 명하였으나 의정부에서 개혁을 꺼린 까닭으로 일은 중지되고 말았다.

– 국역국조인물고, 서문중, 세종대왕기념사업회 –

과거시험 부정행위자에 대한 합격방을 취소 시키다.

1699년[66세] 숙종 25년 예관 하나가 반제에 합격한 유생은 증광시의 회시에 직부하기를 청하여, 서문중이 옛 제도에 어긋나고 앞으로의 폐단과 관계가 있다고 여겨 보고서를 올려 막았다.

이성휘 등이 봉투를 바꾸어 과거에 부정으로 합격한 일이 발각되었다. 서문중이 입궐하여 말하기를, "조정에서 사람을 뽑는 일은 오로지 과거를 통하여 하고 있는데, 간사한 무리들의 난잡함이 이에 이르렀으니, 일상 규칙으로만 논해 다스릴 수 없습니다. 마땅히 과거장 내의 아전들을 모조리 규찰해서 엄히 신문하여 감금함으로써 사실을 실토하는 길을 열어놓고 그 정황을 캐내며, 시험지를 다시 거둬들여 담당관으로 하여금 필적과 도장의 이상 유무를 대조케 하고 고시관을 모조리 불러들여서 그 진위를 상세히 살피게 하여야 합니다." 하였는데, 과연 부정을 저지른 실상이 포착되었다.

이윽고 양사에서 일제히 합격방 취소를 청하니 대신에게 물으라 명하였는데, 서문중이 대답하기를, "선비가 출세하여 임금을 섬기는 길은 과거를 제외하고는 다른 길이 없으나, 농간이 이처럼 파다함은 예전에 없었던 바입니다. 발각된 자도 몇 사람에 그치지 않고 발각되지 않은 자도 또 몇 사람이 더 있을지 알 수 없습니다. 이런 것을 파하지 않는다면 전국의 의혹을 풀 길이 없습니다." 하였는데, 다른 대신인 남구만과 윤지선, 이세백도 모두 서문중의 아룀과 같아, 마침내 문과방은 파방하였다.

그 때에 구속된 자에게 명문가의 건달들이 많았는데 모두 서문중이 강경한 태도를 고집함을 두려워하여 백방으로 저해하려 하였으나, 서문중이 확연하여 꿈쩍도 하지 않으니 여론이 통쾌하게 여겼다.

— 국역 국조인물고, 서문중, 세종대왕기념사업회 —

북한산성 축성을 반대하다

1703년[70세] 숙종 29년 3월 30일 숙종이 적의 침입시 남한산성과 강화도만으로는 대피처가 미흡하니 북한산성 수축을 명하자 판부사 서문중·예조 판서 김진귀 등이 북한산성의 축성이 부당하다고 상소하였으나 결국엔 쌓게 되었다.

판부사 서문중이 상소를 올렸는데, 그 대략에 이르기를,

"요즈음 조정에서 축성의 의논이 있어 조정 의논이 일치하지 아니하였으나 성상의 뜻이 특별히 굳으시니, 신은 진실로 국가의 안위가 달린 바를 가볍게 시험할 수 없음을 알았습니다. 갑자기 의정부의 의논이 이미 결정되어 장차 축성을 시작한다고 들리는데, 이것은 국가의 큰 일이므로, 널리 묻고 의논한다 하더라도 만전을 보장하기가 어렵습니다.

더군다나 영의정이 아직 돌아오지 아니하였고 좌의정은 병중에 있는데, 다만 한두 신하와 더불어 한 마디 말하는 사이에 단정하였으니, 전번에 금위영의 의논이 족히 경계가 될 만합니다. 조정에서 국가에서 어려울 때 피해를 피하고 보호받는 곳을 계획해 묻에는 남한산성이 있고 물에는 강화도가 있는데, 이제 이 두 곳을 버리고 따로 사방의 문을 활짝 열어 놓아도 적이 감히 들어오지 못하는 땅을 구하려 하면, 신은 어렵다고 생각합니다. 지금 말하기를, '가까운 땅에 성을 만들어서, 급할 때에 임하여 옮겨 들어가서 도성을 비우고 들판이 깨끗하면, 적이 얻을 것이 없어서 오래 머물지 못한다.'고 하며, 또 말하기를, '다른 군대가 도성을 지키다가 도성이 함락되면 물러가서 북한산성을 지킨다.' 합니다. 대체로 우리가 중히 여기는 바는 적이 달려오는 바인데, 성을 지키는 자는 진실로 완급이 있지만 성을 공격하는 자 또한 차례가 있겠습니까? 한강 일대는 경기도와 충청도가 아울러 통하는데, 들판을 깨끗이 한다는 계책이 쉬운 일인지 신은 알지 못하겠습니다. 북한산성이 비록 험준하지마는 성 안이 바깥보다 심하여 산의 아랫부분이 서로 가리고 높고 낮음이 동떨어져서, 호령이 서로 미치지 못하고 머리와 꼬리가 대하기 어려우며, 위에서 내려다 보는 형세를 적과 함께 가져 우리만 전적으로 믿을 수는 없습니다.

또 한 도성이 넓고 크다고 하여 또 하나의 성을 만드니, 옛 도성을 버린다면 형세가 외롭게 되고 두 성을 모두 지킨다면 병력이 나누어지게 되어, 한 성을 잃으면 한 성을 보존하기 어려울 것입니다. 하물며 북한성 한 곳에만 마음을 쓰고 도성을 버리는 땅으로 삼는 것이겠습니까? 아! 형혹성의 변은 진실로 병란의 조짐이며, 굶주린 백성이 길에 가득하고 도적이 몰래 일어나는 때를 당하여, 뭇 백성을 움직여 역사를 일으켜서 미치지 못할 뉘우침을 끼치는 일은 결단코 할 수 없습니다. 산의 형세가 준험하고 재물이 넉넉하며 백성이 재물을 바치기를 원하여, 자식처럼 와서 부역하는 것이 여러 신하들의 아뢰고 대답하는 것과 같다고 하더라도, 제 때가 아닌 역사는 가볍게 일으킬 수 없으며, 위태롭고 의심스러운 일은 시험할 수 없습니다.

삼가 원하옵건대, 전하께서 결단을 내리시어 명령을 빨리 정지하소서. 국가가 불행하여 해마다 재앙이 일어나는데, 원근의 굶주린 백성을 급급히 구제하여 병든 자는 구호하고 죽은 자를 매장하면, 비록 죽을 쑤는 가마솥 밖에서 죽을지라도, 원망하여 탓하는 자가 없는 것은 은혜가 이르지 아니함이 없기 때문입니다. 지금은 그렇지 아니하여, 싫어하고 괴롭게 여기는 기색이 양식을 주기 앞서 나타나서, 한갓 일을 끌어서 미루기만 일삼다가, 보리 이삭이 이미 팼으나 아직도 굶주린 백성에게 설죽을 베풀지 아니하여, 어린이는 길거리에서 죽고 건장한 이는 남쪽 지방으로 향하였으니, 이는 모두 전하의 백성인데 어찌 임금의 마음을 상하게 하지 않겠습니까?

듣건대, 장차 이들을 거느리고 성을 쌓는 역사에 부역하게 한다고 합니다. 이는 '굶주린 자를 마땅히 먹여 살려야 하고, 먹이고 나서 사역하면 비용을 줄일 수 있다.'는 것인데, 당당한 조정에서 어찌 1, 2천 석의 쌀 소비를 걱정하여, 전일에 없는 일을 하여 민심을 잃겠습니까? 이 무리들이 먹지 못한 지가 이미 오래되어 비록 형체는 있을지라도, 어찌 힘드는 역사에 나아가게 하겠습니까? 멀고 가까운 곳에서 전하여 듣고서 말하기를, '굶주린 백성을 사역하는 것이 성상의 조정에서 비롯되었다.'고 하면, 백성을 어린애처럼 보호하는 정치에 어찌 손상되지 않겠습니까? 원하건대, 굶주린 백성을 부역시키는 명을 정지하고, 그대로 구휼하여 먹여주기를 바라는 마음을 잃지 말게 하소서."

하니, 답하기를,

"이 일을 이미 되풀이해서 생각하고 헤아려서 행하였으니, 결코 바꾸기 어렵다. 굶주린 백성을 부역시키는 것은 한갓 경비를 아끼는 것만이 아니라, 구제해 살리는 방법으로 구휼하는 것보다 낫지 않겠는가? 경은 양해하라." 하였다.

예조 판서 김진귀가 상소하기를,

"의정부의 의논이 북한산성은 도성과 가까움으로 해서 편리하다고 하나, 신이 불편을 고집하는 바는 바로 너무 가깝기 때문입니다. 만일 사변이 있으면 군신 상하가 마땅히 북한산성으로 들어갈 것인데, 창졸간 위급한 즈음에 도성의 자녀를 과연 다 옮기겠으며, 옥과 비단·귀중한 보물이나 물건을 과연 모두 옮기겠습니까? 대저 종묘·사직과 궁궐이 있는 도성을 그 자녀·귀중한 물건과 함께 모두 적에게 넘겨주게 됩니다. 도성은 북한산성과 주객·내외의 구별이 있고, 서로의 한계를 말한다면 겨우 한 산등성이의 짧은 성첩인데, 이제 적을 심장과 배에 두고 우리는 좁은 비탈의 한 구석에 혹처럼 붙고 박처럼 달려 있을 뿐이니, 그 불편함의 하나입니다.

국가에서 남한산성과 강화도에서 힘을 쓴 지 거의 수십 백 년이며, 성과 못을 수축하고 말먹이와 군량미 쌓기를 극진하게 하지 않음이 없는데, 만약 또 북한산성을 더 설치하면 국가의 힘이 진실로 두루 미치기 어렵습니다. 반드시 예전에 쓰던 성을 혁파하자는 의논이 있을 것이니, 이를 혁파하면 백 년동안 쌓은 공이 아깝고, 혁파하지 않으면 북한산성의 일이 완전하지 못할 것이니, 그 불편함의 둘입니다.

근래에 인심이 흔들리고 풍속이 퇴폐하여, 나라에는 윤리기강이 없고 집에는 삼강오륜이 없습니다. 맹자가 말하기를, '성곽이 완전하지 못한 것은 나라의 재앙이 아니다.'라고 하였으니, 신이 오늘날의 일을 살펴보건대, 근심스러운 것은 근본에 있으니, 남북 수천 리 밖은 미리 헤아릴 수 없는 일로써 성을 쌓는 역사에 급급하는 것은 좋은 계책이 아닙니다. 설령 외적이 침범할 우려가 있다 하더라도, 성을 다 쌓는 것과 종묘·궁실·관청·창고를 세우는 것과, 백성이 들어 살게 하는 데 이르러서는, 여러 해 사이에 모두 이룩하기가 쉽지 아니하니, 속담에 이른바, '목마른 자가 우물을 판다.'는 것과 비슷하지 아니합니까? 그 불편함의 셋입니다.

국가가 불행하여 해마다 수재와 한재가 일어나서 창고가 모두 텅 비어 백성이 대단히 위급한 처지에 있으니, 작은 공사로 그만둘 수 없는 일도 가볍게 손을 댈 수가 없는데, 하물며 북한산성은 주위가 30여 리에 이르니 남한산성에 비하면 10리가 더할 뿐만이 아닙니다. 남한산성을 쌓는 데 완풍 부원군 이서가 그 일을 주관하여, 한때 전국의 힘을 다하여 3년 만에 비로소 겨우 이루어졌는데, 지금의 정세가 역대 왕조의 융성할 때보다 절대로 미치지 못하고, 역사할 곳이 더 넓고 큽니다. 사변에 대비하는 것은 설사 먼 장래를 생각하는 것이라고 하더라도, 재물을 손상하고 백성을 해롭게 하는 것은 어찌 경계할 바가 아니겠습니까? 그 불편함의 넷입니다.

아! 지금의 국가 정세는 비유컨대, 큰 병이 든 사람과 같아서 사지·뼈마디가 손상되지 아니함이 없어, 목숨이 장차 끊어지려고 하여 위망의 근심이 있으니, 진실로 상하가 서로 힘써서 소비를 억제하고 동작을 삼가서, 오직 날마다 마음을 가지런히 하여 백성을 너그럽게 하고 나라를 넉넉하게 하는 방법에 마음을 전일하게 하면, 혹시 하늘이 노여움을 돌이키고 말세의 풍속이 착하게 변할 것이니, 조금 풍년이 들고 나라가 태평하기를 기다려서 천천히 이를 도모해도 늦지 아니합니다. 시험삼아 축성에 수요되는 양곡 쌀을 굶주림을 구호하는 데 옮겨서 보태어 쓰고, 그 노임을 계산하여 이웃과 친족이 강제징수를 감면하기를 허락한다면, 어찌 나라의 근본을 공고히 하는 한 가지 일이 되지 않겠습니까?" 하였다.

판부사 윤지선은 상소를 올리기를,

"엎드려 듣건대, 축성할 계책이 이미 결정되었다고 하는데, 대신과 여러 재신들의 의심스러워 하는 말을 전하께서 선입견을 주장하여 모두 물리치셨다 합니다. 이를 방비가 아주 견고한 성으로 믿을 만한 곳으로 여기고, 또 도성 백성이 참으로 자식처럼 와서 부역하기를 원하고 있고, 굶주린 백성이 기뻐 뛰면서 성을 쌓는 일을 감당할 만하다고 여겨 행하기를 결심하신 것입니까? 신은 깊이 생각하지 못하신게 아닌가 염려됩니다. 무릇 성을 지키는 방법은 진실로 산과 계곡의 험준함을 중시하지만, 큰 근본은 민심을 얻고 잃음에 있습니다.

조정에서 도성을 지킬 수 없다고 하여 북한산성으로 철수해 들어가서, 온 나라의 백성을 버려지는 땅에 두고 아침저녁 사이에 어육魚肉이 되기를 기다린다면, 이때를 당하여 국가의 은혜와 신의가 칼날과 화살 밑에서 우리를 버린다는 한탄이 없을 수 있겠습니까? 그렇지 아니하면 신은 안팎이 서로 원망하고 상하가 서로 노여워하여, 적이 아직 들어오기도 전에 민심이 이미 솥의 물이 끓듯이 소란하게 될까 싶으니, 보잘 것 없는 작은 성 안에서 또 어찌 시일을 끌면서 보존하기를 바라겠습니까? 이른바, '물러가 지키며 들판을 깨끗이 한다.'는 의논은 신은 감히 알지 못하겠습니다. 또 성과 못을 수축하지 않는다는 것은 1636년(병자호란)의 약조에 들어 있는데, 후일을 대비하는 계책의 득실은 어떠한지 알지 못하겠으나, 눈앞의 욕됨이 한계가 없는 지경에 이를까 두렵습니다. 굶주린 백성을 사역하는 데 이르러서는 더욱 만번 옳지 못합니다. 조정에서 본토로 보내는 일을 실패하였고, 여름철이 이르렀으나, 아직 구호하는 일을 마련하지 아니하면서, 이제 몰아다가 나무와 돌을 나르는 역사에 나가게 하려고 하니, 조정의 본뜻은 굶어 죽는 사람을 구호하는 데 있다고 하더라도 사람들이 믿지 아니할 것인데, 하물며 꼭 그렇지도 아니한 것이겠습니까? 비록 신의 말은 늙어서 족히 취할 것이 못된다고 하더라도, 두 대신이 조정에 올라오기를 기다려서 다시 혜려 생각하여, 후일의 뉘우침을 초래함이 없도록 하소서." 하니, 임금이 답하기를, "이미 내 뜻을 알아듣도록 말하였다." 하였다.

– 숙종실록 29년 3월 30일 –

서문중의 졸기

1709년[76세] 숙종 35년 1월 6일 판중추부사 서문중이 죽다.

판중추부사 서문중이 졸하였다. 서문중은 오래 음관의 길에 있으면서 자못 관리로서 다스리는 재주를 나타냈었다. 과거 등제한 이후에 재간과 역량으로 발탁되어 정승의 자리에 올랐으나 빠뜨린 일이 많은데다 또 학식도 없어서 정승 때의 명성이 음관 적보다도 크게 감손되었으며, 특히 몸과 마음을 조심하게 직무를 받드는 것으로 더운 날이나 비 내리는 날도 가리지 않아 당시 사람들에게 칭찬받다가 이에 이르러 졸했는데, 나이 76이었다.

이때 바야흐로 도목정사을 열게 되었으므로, 임금이 승정원에 명하여 도목정사와 장례가 서로 겹쳐졌을 때에 그대로 거행했었는지의 전례를 고찰해 보도록 했었는데, 승정원에서 고찰할 수 없음을 아뢰고, 이어 여쭙기를,

"인사행정은 수시평정과 다르기는 하나, 대신의 상례는 보통의 상례와는 차별이 있으니 어떻게 해야 하겠습니까?"

하니, 임금이 말하기를, "비록 수시평정이라 하더라도 이미 인사행정을 시작했다면 중지할 수 없을 것이다. 하물며 인사행정은 더욱 중요한 것이고 이미 인사를 시작하였으니, 그대로 시행하라." 하였다.

[승진과정]

1657년[24세] 효종 8년 생원시 합격

1659년[26세] 현종 원년~1664년[31세] 현종 5년 생가와 양가 부모상을 당하다.

1673년[40세] 현종 14년 학행으로 천거되어 동몽교관이 되다.

1675년[42세] 숙종 1년~ 1677년[44세] 숙종 3년 천거로 사재감 주부, 의금부 도사, 청도군수

1678년[45세] 숙종 4년 이천부사. 천거직으로 지방직만 근무하였다.

1680년[47세] 숙종 6년 9월 상주목사에 근무하면서, 정시 문과에 응시하여 장원급제 하니 정3품 통정대부에 오르다.

1681년[48세] 숙종 7년 광주부윤

1682년[49세] 숙종 8년 6월 경상도 관찰사. 너무 빨리 승진한다는 말이 있어 부임하지 않았다. 9월 동부승지, 좌부승지

1683년[50세] 숙종 9년 3월 호조참판.

1684년[51세] 숙종 10년 8월 어영대장, 10월 예조참판, 선혜청과 비변사의 유사 당상 과 의금부 총관 등 겸직

1685년[52세] 숙종 11년 11월 도승지

1686년[53세] 숙종 12년 2월 도승지, 5월 대사간 겸직, 7월 공조참판

1687년[54세] 숙종 13년 2월 형조판서로 발탁. 겸 종묘·빙고의 제조 및 강화의 주관 당상 겸직

1688년[55세] 숙종 14년 장렬대비(인조의 계비) 빈전도감의 제조, 지중추부사, 우참찬

1689년[56세] 숙종 15년 국상의 공로가 인정되어 정헌대부로 승급. 2월 기사환국, 4월 중궁(인현왕후)이 폐위, 안변 부사

1690년[57세] 숙종 16년 동지부사, 북경 사신으로 가다.

1691년[58세] 숙종 17년 3월 복명. 가을에는 경주부윤에 제수되었으나 부임하지 않았다.

1692년[59세] 숙종 18년 강릉부사

1694년[61세] 숙종 20년 갑술환국(갑술옥사). 서인등용. 4월~7월 중궁 복위, 병조판 서, 지의금부사, 선혜청 당상, 종묘와 선공감의 제조 겸직, 8월 한성부 판 윤, 9월 겸 훈련대장, 10월 형조판서 겸 지경연사, 세자 빈객, 승문원 제 조, 비변사의 유사 당상

1695년[62세] 숙종 21년 2월 병조판서 겸 선혜청 당상

1696년[63세] 숙종 22년 4월 겸 훈련대장, 5월 형조판서, 6월 16일 대사헌, 6월 21 일 한성판윤, 6월 30일 판의금에 특별승급, 7월 좌참찬, 8월 우의정, 10

월 판돈녕부사.

1697년[64세] 숙종 23년 3월 청나라에 가서 세자책봉 주청업무를 처리하지 못한 죄로 삭탈 관작, 문외출송, 6월 판돈녕부사

1698년[65세] 숙종 24년 6월 청나라 사은사

1699년[66세] 숙종 25년 6월 좌의정

1700년[67세] 숙종 26년 1월 16일 영의정, 3월 22일 사직, 3월 25일 판중추부사, 5월 16일 다시 영의정, 내의원 제조 겸직.

1701년[68세] 숙종 27년 정월 영의정 사면, 판중추부사, 호위대장과 금위영, 봉상시, 사옹원의 제조 겸직, 10월 19일 판돈녕부사

1702년[69세] 숙종 28년 1월 24일 영의정, 9월 29일 판중추부사

1703년[70세] 숙종 29년 3월 30일 판부사 서문중·예조 판서 김진귀 등이 북한산성의 축성이 부당하다고 상소하다.

1705년[72세] 숙종 31년은 임금께서 즉위한 지 30년이 되는 해라서 조정에서 경사를 치르기를 청하니, 대신에게 물어서 술잔을 올리는 잔치를 올리도록 하였다.

1709년[76세] 숙종 35년 1월 6일 판중추부사 서문중이 죽다.

105. 최석정崔錫鼎
예기유편 찬술로 온 나라가 떠들썩해지다

생몰년도 1646년(인조 24)~1715년(숙종 41) [70세]
영의정 재직기간 1차 (1701. 6.19~1701.10. 1)
2차 (1703. 2.11~ 1703. 6.16)
3차 (1705. 4.13~ 1705. 8.10)
4차 (1706. 1.24~ 1706.10.28)
5차 (1707. 1.12~ 1708. 4.19)
6차 (1708. 7.29~ 1709. 6.29)
7차 (1709.10.24.~ 1710.3.12) (총 4년 2개월)

본관	전주全州
자	여시汝時, 여화汝和
호	존와存窩, 명곡明谷
시호	문정文貞
당파	소론의 영수
배향	숙종묘에 배향
출생	충북 진천군 초평면 금곡리
저서	경세정운도설經世正韻圖說

증조부	최기남崔起南	
조부	최명길崔鳴吉	– 영의정, 완성부원군
친부	최후량崔後亮	– 한성좌윤 완릉군
친모	장만의 딸	
양부	최후상崔後尙	– 응교
양모	허인의 딸	
처	이경억의 딸	
아들	최창대崔昌大	

최명길의 후손, 온건하고 합리적인 사고로 신임을 받다

최석정의 초명은 석만이고, 자는 여화이며, 호는 명곡明谷과 존와存窩
로, 본관은 전주이다. 증조부는 최기남이고, 조부는 병자호란 때에 화친
론을 주장하고 영의정을 지낸 최명길이다. 아버지는 한성좌윤을 지낸 최
후량으로 안헌징의 딸과 결혼하여 최석정을 낳았다. 최석정은 후에 최후
상에게 입양되었다.

최석정은 어릴 때부터 신동으로 이름나 9세 때 시경詩經과 서경書經을
암송했고, 12세에 주역을 도해할 수 있는 수준에 이르렀다. 영의정 남구
만과 좌의정 이경억에게서 배웠고, 도학자 박세채와 어울려 학문을 닦았
다. 17세에 감시監試 초시에 장원을 하였고, 1666년 현종 7년 진사시에
서도 장원을 하고 생원시에도 합격하였다. 26세에 정시 문과 병과로 급제
하여 승문원에서 관직 생활을 시작하였다.

1676년 숙종 2년[31세]에 5도 체찰사 허적의 종사관을 지냈고, 허적을
비판한 오도일을 사관 후보로 옹호하다가 직위를 잃었다. 곧 복직하여
남인의 거두 윤휴를 비난하던 좌의정 김수항을 옹호했다가, 당파싸움에
말려들어 조정에서 퇴출되었다.

1677년에는 홍문관 수찬으로 특별 복직되어 교리가 되었는데 이듬해
시정 및 예론에 관한 상소문으로 삭탈 관작되었다.

교리 최석정이 상소하기를, "전하께서는 맑고 밝음이 몸에 있으시고 기질이 순수하
신데, 한 번 생각에 편파적인 실수를 하는 것은 먼저 들은 말로 주장하기 때문입니

다. 먼저 들은 말은 스며든 지가 오래이니, 옛 사람은 다 당파라고 여겨서 의심하고, 신인은 다 충정하다고 생각하여 신임합니다. 의심하는 자는 꺾고 부러뜨리며 꾸짖어도 부족해 하고, 신임하는 자는 높여 키워서 권장하고 발탁하여 주는 데 겨를 없이 합니다.

근일의 일로써 말하면, 정유악이 전일에 임금님의 측근을 말하였다가 성상의 뜻에 거슬렸지만 다시 대관에 둔 것은 실로 임금님의 덕을 빛내는 것이었는데, 대간의 탄핵 상소가 갑자기 일어나 교체시키고야 말았으며, 조희맹의 일은 자질구레한 일이라고 핑계하여 그에 대한 논핵을 정지하니, 예로부터 임금이 측근을 비호하는 일은 혹 있었지마는 어찌 측근을 비호하는 대관이 있었겠습니까?

김수흥은 견책을 받은 지가 오래이며 사면령으로 인하여 다시 서용하게 된 것은 실로 성상의 지극한 뜻에서 나왔는데, 양사에서 함께 일어나 급급하게 반대 논술을 주장합니다. 지난날 조정에서 수령이 함부로 집안 식솔을 거느리고 가는 법을 밝혔으나, 스스로 밝힘으로 인하여 갑자기 파하지 말도록 하였습니다. 그러니 감찰하는 관리는 사리와 체면을 더욱 분별해야 하는데 조정이 알면서도 묻지 않아서 끝내는 범법한 신하로 하여금 편안히 자처하게 하고, 법을 모독하고 기강을 범한 무리는 이로부터 날로 방자해져서 처음부터 밝히지 않은 것만 못하게 되었습니다.

전하께서는 즉위하신 지 얼마 아니되어 대신을 유배하여 경솔히 고난의 길을 열었습니다. 수년 사이에 일을 말하는 신하는 연달아 파출되었으며, 벼슬없는 가난한 선비를 계속 꾸짖어 처벌하였으니, 인심이 어찌 흩어지지 않을 수 있으며, 선비의 기상이 어찌 답답하지 않겠습니까?

오늘날의 논자들은 송시열이 임금을 낮잡아 봤다고 죄안을 만들고, 김수항이 골육을 이간하였다고 죄안을 만들고 있습니다마는, 대저 군신의 대의는 천지의 윤리이니, 신하로써 임금을 낮잡아 봄이 과연 인정에 가까운 것이겠습니까? 더구나 효종께 비상한 은혜로 대우를 입은 송시열과 같은 산림의 선비야 말할 것이 있겠습니까? 어진 사람을 대우하는 예의로 대우하면 군신의 정이 부자와 같아 그 은혜에 보답하려는 정성이 보통 사람보다 만 배를 더할 것인데 이들에게 죄목을 더하였으니, 천하의 지극한 원한이 되지 않겠습니까?

김수항은 바로 지난 왕조의 유언을 받은 신하입니다. 상소문을 올려 아뢰니, 말투가 아주 적절하고 여러 신료의 잘못된 일의 허물을 깊이 진술하였습니다. 윤휴의 도리에 어긋난 말을 통렬히 배척하니, 국가를 근심하고 임금을 사랑하는 참된 마음이 울리는 데 편안하게 궁구하도록 내려주지 않으시고, 갑자기 차마 듣지 못할 교시를 내리었으며, 좌우의 신하들은 법망으로 종용하였습니다. 외로운 충성이 드러나지 않고 죄망을 함부로 더하여 폭염이 내리 쬐는 벽촌에 한번 떨어져 여러 해 추위와 더위를 겪었는데, 하늘 끝에서 임금을 연모하며 외로운 그림자는 가련함을 감내하니, 전하께서 민망히 여겨 덮어주시는 사랑으로 어찌 불쌍히 생각하시는 실마리가 없겠습니까?

송시열은 유배를 당한 지가 이미 4년이 되었습니다. 바다의 독기와 가시울타리로 질병에 걸려 백세의 여생은 남은 날이 얼마 없는데, 하루아침에 갑자기 임금님의 명으로 어진 선비를 죽였다는 이름이 있게 될까 두려우니, 오직 전하께서는 죽게 된 지경에 이른 가쁜 숨에 슬픈 마음을 일으키시어, 다시 임금님을 보고 고향에 돌아가 죽게 하여서 효종 그날의 마음을 몸받으소서.
김수항을 불쌍히 여겨 은혜를 베푸신 뜻은 실로 덮어서 감싸 기른 어지심에서 나왔는데, 전하께서 덕을 지키심이 굳지 못하여 갑자기 환수하라는 청을 윤허하시어 좌우로 하여금 그 오르내리는 마음을 엿보게 하시었으니 어찌 애석하지 않겠습니까?"
하니,

답하기를, "임금의 지나친 거동과 시정의 시비를 숨김없이 다 아룀은 바로 맡은 바 직분이나, 이미 바르게 한 예론을 다시 제기함은 온당하지 못하다." 하였다.

– 숙종실록 4년 윤 3월 8일 –

이때 양사와 옥당이 일제히 일어나 최석정을 원거리 유배하기를 청하였으나, 임금이 윤허하지 않았다. 열여섯 차례나 아뢰어서야 비로소 명하여 삭탈관작하고 문외출송하였으니 대신의 말을 따른 것이다.

이조판서 홍우원이 상소하기를, "조가석·최석정의 일로 말하면, 조가석의 아비 조계원은 한 평생을 송시열 무리에게 시기와 배척을 받다가 죽었고, 최석정의 할아비 최명길은 병자호란시 화친을 주장하였다 하여 송시열이 간인姦人이라고 지목하여 비석 가운데 이를 썼으며, 남한산성이 포위를 당한 날에 최명길을 참하라고 청하였는데, 조가석과 최석정이 송시열을 위하여 그를 극진히 찬양하고 그 억울함을 호소하여 석방하라고 청하기에 이르렀으니, 그 할아비와 아비가 있음을 알지 못하였으니 그 군신의 의에 무엇이 있겠습니까?"

하니, 대답하기를, "김익훈의 일은 대신의 아룀으로 인하여 벌써 교체하였고, 최석정은 내가 혐오스러움을 알지 못함이 아니나, 원거리 유배하라고까지 한 것은 타당하지 못하다."고 하였다.

– 숙종실록 4년 윤 3월 21일 –

5월 심한 가뭄으로 인해 원통하게 죄를 입은 죄수 최석정 등을 석방케 하다.

임금이 말하기를, "문외출송한 죄인 최석정·조근과 정상룡·윤헌·윤헌경은 특별히 석방하고, 어전御前에서 과거정지시킨 유생과 사관에서 과거 정지한 이들도 가려내어 벌을 풀어주라." 하였다.

– 숙종실록 4년 5월 25일 –

1680년 숙종 6년[35세] 경신대출척으로 남인들이 대거 권력에서 추방되고, 칠언율시에 합격한 최석정 등에게 상을 주고 벼슬을 내렸다. 최석정은 부응교, 응교, 전한 등을 거쳐 동부승지에 이르렀는데 양부상을 맞아 3년간 여묘살이를 하였다.

1684년 숙종 10년[39세] 상례를 마친후 복직하여 승지가 되었고, 대사성을 역임한 후 부제학이 되어서는 상소를 올려 윤증을 구원하자 다시 파직을 명하였다. 이때 영의정 김수항의 도움으로 복직된 최석정은 부제학, 대사성을 거쳐 호조참판에 특별승진되었다.

1687년 숙종 13년[42세]에 노론과 소론의 분당이 심각해지자 윤증의 아버지 윤선거를 옹호한 나량좌의 견해를 지지함으로써 노론 세력의 지탄을 받았다.

1689년 숙종 15년[44세]에 외직에 있으면서 안동부사·연안부사를 역임하다가 부친상을 당해 3년상을 치뤘다. 이때 기사환국으로 남인들이 다시 집권하였다.

1694년 숙종 20년[49세]에 갑술환국으로 다시 남인 정권이 몰락하고 소론 정권이 수립된 후 한성판윤, 대사헌으로 있으면서 장희빈의 오라비 장희재 처형을 주장하였다.

1697년 숙종 23년 [52세]에 3월 우의정에 올라 왕세자 책봉을 위한 주청사로서 청나라에 다녀왔다.

> 당시 최대 현안은 청나라로부터 세자 책봉을 허가받는 것이었다. 청나라에서는 대명회전을 근거로 조선의 세자 책봉에 미온적인 입장을 보였으나, 최석정은 대명회전에 기재된 것은 중국의 예식과 관계된 것으로 중국 국경의 바깥 종주국과 번국과 법 적용에 있어서의 차이점을 제시하며 세자 책봉을 실현시키고 9월 6일 숙종에게 보고하였다.

> 이후 붕당의 폐단을 논하고, 당쟁을 완화하기 위하여, 권력에서 밀려난 남인들을 골라 쓰자고 주장하였다가, 노론의 거센 반발에 부딪혀 파직당하는 고초를 겪었다. 이때 노론들은 최석정은 경솔하고 천박하여 정승의 기국이 아니라고 전국에서 성토하였다.

1698년 숙종 24년 6월 20일 노론의 배척을 받던 최석정은 청나라 사신이 국경으로 와서 물건을 교역한 건으로 트집잡혀 문외출송되었다.

> 양사(집의 정호, 사간 이민영, 지평 이세석·헌납 유명웅, 장령 김덕기·임원성, 정언 최중태·정유점) 에서 합동하여 아뢰기를,

"군신의 대의는 지극히 엄격하고 사신의 사리와 체면 또한 중대합니다. 최석정이 왕명을 받들고 서북로로 가서 상황에 따라 주선 처리하는 방법을 크게 잃어서, 도리에 어긋나고 오만하기 짝이 없는 치욕스런 말이 그들의 서찰에서 나와 우리 임금에게 미쳤으니, 신하된 자로서 의리에 입각하여 엄중히 배척하고, 머리를 부수고 목숨을 걸고라도 다투어야 하는데도, 목숨을 걸고 다투지 못했을 뿐만 아니라, 도리어, '좋은 말을 들었다 하여 기뻐할 것도 없으며 욕된 말을 들었다 하여 노여워 할 것도 없다.'는 형편에 따라 처치하는 말을 그릇되게 인용하면서 끝내 공자와 맹자의 하인과 첩이 스스로 목숨을 끊으려 했던 의리를 저버렸습니다.

또 사적 상행위를 금지하는 것은 북쪽에서 온 문서에 명백히 있는데도, 처음부터 법에 의거하여 물리쳐 끊지 못하고, 조정의 명령을 기다리지 않은 채 경솔하게 매매를 허락할 의사를 보였다가, 저들로 하여금 노여움과 원한을 품고 낭패스럽게 돌아가게 하였습니다.
통역관을 물리치고 사적으로 특산품을 받은 일은 옛날에 없던 해괴한 처사입니다. 사람들이 처음에는 통역관을 물리쳤으나 종말에 가서는 곁에 있었고, 처음에는 사적으로 받았으나 뒤에 국고로 돌렸으니 용서할 수 있다고 하지만, 처음부터 끝까지 공과 사의 차이가 있음은 논하지 않더라도, 그가 신하로서 외교하는 뜻에 너무도 어두웠습니다.
후일의 폐단이 남아 있고 관계되는 바가 지극히 중대하므로, 그의 죄상을 논하건대 파직에 그칠 수 없습니다. 청컨대 관작을 삭탈하여 문외 출송하소서."하였다.

- 숙종실록 24년 6월 20일 -

이로 삭탈관작하고 문외출송 되었으나 9월에 다시 복직하여 판중추부사가 되었다.

1699년 숙종 25년[54세]에 좌의정이 되었고 1701년 숙종 27년 [56세]로 영의정에 올랐다. 이 때 김장생의 문묘배향 논의가 일어나자 가볍게 처리할 수 없는 문제라고 반대하였다. 8월에 인현왕후가 죽었는데 장희빈에 의한 무당을 이용한 저주의 변이 밝혀져, 처벌을 두고 논란이 일자 왕세자 보호를 위해서는 생모인 장희빈을 사사해서는 안 된다고 극력 반대하였다.

최석정은 정치의 혼탁함은 붕당 때문이라기 보다 도학이 쇠퇴하였기 때문이라며, 도학의 중흥을 주장하는 등 정적들의 비위를 거슬러는 소신을 폈다가 1701년 끝내 파직당해 충청도 진천에 은거하였다.

1703년 숙종 29년에 복직되어 판중추부사가 되었고 이듬해 다시 영의정이 되었으나 사직을 청하니, 허락하여 판중추부사가 되었다. 숙종 31년[60세] 4월 13일에 세 번째 영의정에 제수되었다.

다시 최석정을 임명하여 영의정으로 삼았다. 최석정은 인자하고 마음이 편안하며 총명하고 학식이 넓고 성품이 아담하며 지론이 또한 지나치게 혹독하지 않기 때문에 비록 당인이 원수처럼 미워하여 여러 번 끌어내림을 당하였지만, 임금의 총애는 끝내 쇠하지 아니하여 자리를 떠난 지 얼마 안되어 다시 불러서 등용하였으니, 전후로 모두 7 번에 걸쳐서 영의정에 임명되었다.
대저 신하가 궁궐 사람을 이용하여 임금의 총애를 구하는 것은 본인에게 있어서도 죄가 진실로 용납하기 어렵지만, 그것이 임금에게 누가 됨이 또한 어떠하겠는가? 세상에는 진실로 한 종류의 음흉하고 사악한 무리로서 열 손가락으로도 부끄러운 얼굴을 가리기 어려운 자들이 있기는 하지만, 그렇지 않으면 결코 같은 무리끼리 깊이 사귀고·시기하여 미워하는 사심을 가지고 어리석어 생각이 어두운 가운데 이러한 제목題目을 억지로 덮어씌워서는 안 될 것이다.

지금 최석정이 임금에게 은총을 받은 것은 오로지 문학·민첩 통달로써 저절로 임금으로부터 인정을 받게 된 것뿐이다. 임금은 어린 시절부터 최석정이 어디에 있느냐고 물었으며, 특별히 교리로 임명하고 전한으로 내어 보내도록 명하였으며, 특별한 총애는 정승에 등용되기까지 한결같았다. 어찌 조금이라도 의논하는 자의 말과 비슷하게 구실삼을 만한 점이 있겠는가? 그런데도 공연히 날조하여 남모르는 곳에서 무함하였으니, 유독 최석정한테만 그런 것이 아니었다.

무릇 모든 선비류 중에 조금이라도 은총을 받은 사람이면 번번이 이처럼 도리에 어굿난 말로써 욕보이고 모멸하였으니, 저들이 비록 사람을 무함하기에 바빠서 차마 이런 망극한 말을 하였겠지만, 다만 무함이 임금에게까지도 미친다는 것을 생각하지 않은 것인가? 이런 말을 한 사람은 사람들의 벌이 없다면 반드시 하늘의 재앙이 있을 것이다.

– 숙종실록 보궐 31년 4월 13일 –

최석정이 극력 사직서를 제출하여 8월에 면직되었다. 이듬해 1706년 1월에 네 번째 영의정에 제수되었다. 최석정은 숙종의 절대적인 신임을 받으며 국가적 현안의 구석구석에 자신의 손길을 미쳤다. 숙종 대는 성리학의 이념을 실천하고 보급하는 측면에서 서원과 사우가 대거 설치되고, 단종에 대한 복권과 추숭 작업이 완성되는 시기였다. 노론과 소론, 남인이 치열하게 대립하는 당쟁의 시대를 살았지만, 기본적으로 온건하고 합리적인 정치 노선을 추구하였기에 국가의 주요 정책을 입안하고 현안을 해결하는 관료로서 큰 역할을 했다. 10월에 영의정을 사직하고 판중추부사가 되었다.

1707년 숙종 33년 1월에 다시 영의정에 발령받았고 1708년 4월에 사직하였다가 7월에 영의정이 되었다. 1709년 예기유편을 편찬하였는데 각 지역의 유생들로부터 거센 상소를 받았다. 예기유편이 주자의 주석과 어긋난다고 하여 온 나라가 떠들썩해졌다가 불태워진 것을 보면 그의 사상이 당시 선비들의 일반적인 생각과는 차이가 있었음을 알 수 있다. 6월에 영의정 직을 사직하였고, 10월에 다시 영의정에 제수되었다.

1711년 숙종 37년[66세]에는 노론세력이 대보단大報壇을 세우면서 의리론으로 할아버지 최명길을 공격하자 이를 변호하였다.

1715년 숙종 41년[70세]에 기로소에 들었고, 그해 70세의 일기로 숨을 거두었다. 청원군 북이면 대율리에 장례를 지냈으며, 시호는 문정文貞이고, 숙종묘에 배향되었다. 지산서원에도 제향되었으며, 대율리 청원 문정영당에 최석정의 영정이 봉안되었다.

조선 후기 숙종시대는 노론과 소론, 남인이 치열하게 대립하던 당쟁의 시대였다. 최석정은 윤증, 남구만 등과 함께 소론의 영수로 활약하며 정계에서 주요한 역할을 한 인물이다. 10번 이상 정승에 올랐는데, 오랫동안 최고의 직책에 자리할 수 있었던 것은 온건하고 합리적인 정치 노선을 추구하였기에 국가의 주요 정책을 입안하고 현안을 해결하는 관료로서 큰 역할을 했다.

노론의 학파는 이율곡에서 김장생, 송시열로 이어지는 흐름을 계승하였고, 소론의 학파는 성혼의 친손과 외손을 포함하여 성혼을 앞세우는 학파의 성격이 강하다. 소론의 연원이 되는 성혼의 학풍은 탈 주자적인 학풍을 보이며 절충주의적인 경향이 강하였다.

문집으로 명곡집明谷集 36권이 있으며, 음운학에도 정통하여 경세정운도설을 편찬하였다. 편서로는 좌씨집선·운회전요·전록통고·예기유편 등이 있다.

최석정은 역학과 수학에 있어서도 매우 뛰어났으며 이는 '구수략'의 저술로 이어졌다. '구수략'은 갑·을·병·정의 4편으로 이루어졌다. 갑편은 주로 가감승제의 4칙에 관한 기본적인 설명, 을편은 기본연산을 다룬 응용문제, 병편은 개방·입방·방정 등에 관한 문제, 정편은 문산文算·주산籌算 등의 새로운 산법 및 마방진의 연구 등으로 구성되어 있다. '구수략'을 통해 주역의 괘를 바탕으로 한 상수학적 이해, 마방진 연구, 무한대와 무한소의 개념을 선보이는 등 당대의 수학을 정리하고 연구했다.

명재 윤증을 옹호하려다 파직되다

1685년[40세] 숙종 11년 2월 9일 부제학 최석정이 상소를 올려 명재 윤증을 구원하자 파직을 명하였다. 사학 유생들이 이른바 명재의서明齋 疑書가 이이李珥를 모함하여 욕했다고 비난하자, 최석정은 윤선거가 병자 호란 때 강화도의 함락으로 평민 복장으로 변복하고 탈출한 강화도 사건 이나 이율곡이 불교에 입문하기 위해 금강산 사찰에 입산한 잘못은 똑같 은 문제라고 지적하였다.

그 상소에 말하기를, "신이 엎드려 신엽의 상소에 대한 비답을 보았습니다. 지난날에 어진 유림이 조정을 떠나갔을 적에 홍문관에서 상소를 베풀어 '그에게 머물기를 청 하지 아니한 것은 대단히 잘못한 짓이다' 하셨으니, 신은 두려움을 이기지 못하겠습 니다. 전부터 어진 유림이 조정을 떠나가는 데는 대개 정세가 불안함 때문이거나, 혹 은 예우가 조금 쇠하여졌기 때문입니다. 그러기에 홍문관의 신하들이 상소를 올려 머물기를 청한 때가 있었습니다. 그런데 지난날에 송시열이 성에 들어왔을 적에는 대궐의 섬돌에 오르자 곧 돌아갈 길을 찾았기에 상소장을 베풀어 머물기를 청하고 싶어도 이미 미칠 수가 없었습니다. 그리고 주상께서 은혜로운 예우의 융성함이 일 상의 예와 달랐습니다. 그러한즉 한갓 문장만을 일삼을 필요가 없다고 여겼습니다. 그러기에 떠나지 못하게 하는 상소문을 위에 아뢰지 아니하였던 것입니다.

어제 경연에 있던 대신이 윤증의 서찰을 가지고 논하였고, 이어서 사관四館이 유생 에게 벌을 내렸던 행동에 미쳤기에 파직하라는 명이 있게 되었습니다. 그런데 조정 의 처분에는 그 일의 옳고 그른 것을 먼저 논하여 일이 진실로 글렀으면 죄를 주어 물리침은 당연하겠습니다만 일의 시비를 논하지 않고 먼저 꺾어버려서 진정시키는 방책으로 삼는 것이라면 신은 시비가 더욱 뒤섞이고 인심이 더욱 답답해져서 진 정하는 효과가 없어질까 두렵습니다.

지난날 김성대 등이 윤증의 서찰 한 구절의 말을 따가지고 선현을 무욕하였다고 일러서 죄를 성토하는 글을 돌렸습니다. 윤증은 곧 문간공 성혼의 외손자이고, 문성공 이이는 성혼과는 덕을 이웃하여서 외롭지 아니합니다. 윤증이 두 분의 선현을 높여 사모한 지 여러 해가 되었은 즉 이이를 모욕하였다는 것이 과연 이치에 가깝겠습니까? 하물며 그의 편지는 선현을 끌어다가 그의 아비의 일을 증거로 삼으려는 것에 지나지 않았으니, 어찌 한치라도 날조한 것에 가까운 말이 있었겠습니까? 남의 사사로운 편지를 끌어내어 횡으로 죄안을 더하는 것은 어진 세상에는 당연히 있을 수 없는 것입니다. 그런데 이렇게 선비들의 의논이 어그러지고 막혀서 서로 헐뜯고 알력이 있는 날을 당하여 오래 묵은 편지를 주워 모아서 별건의 죄명을 얽어 만들어서 선현을 무욕하였다는 죄과에 빠지게 한다면 이는 또한 어질지 못함이 심하다 하겠습니다.

이제 윤증으로 하여금 선현을 무욕한 죄가 있을 것 같으면 이 일은 유교에 관계되는 것이니, 사람들이 한가지로 믿게 보여 많은 선비들이 함께 분하게 여겨 꾀하지 않아도 말이 같을 것입니다. 그런데 김성대 등 몇 사람의 손에서만 나왔을 뿐이니, 그것은 사림의 공론이 아니고 함정에 빠뜨리려는 개인적 의견인 것이 분명합니다. 이렇게 선비들의 습관이 단정하지 못하니 이를 바로잡는 것은 자연히 사관四館의 직책입니다. 들으니 편지를 발송한 뒤에 알았다고 써 보낸 자가 20여 인에 이르렀다 하니 공론의 소재를 대개 알아보겠습니다. 이렇게 일을 날조하여 남을 무함하여 스스로 평안하지 않게 만드는 이는 실로 김성대 등이 한 일인데도 대신들은 도리어 먼저 부정의 단서를 야기한 것을 사관四館의 죄로 여기고 있으니, 신은 참으로 그 뜻을 알지 못하겠습니다. 이에 대하여 대관이 같이 들어와서는 한 말이라도 이를 바로잡으려는 이가 없었고, 물러가서야 도로 거두어들이라고 아뢰었다는 것이 몹시 간략하여 말이 되지를 않았으니 신이 속으로 애석하게 여깁니다. 엎드려 원하건대 임금께서 더욱 환히 살피셔서 내려진 명을 도로 거두소서." 하였다.

임금이 승정원에 전교하기를, "이 상소는 도로 내주어라." 하였다.

이어서 비망기를 내려 말하기를, "이제 부제학 최석정의 상소본을 보았다. 저쪽을 억누르고 이쪽을 드날려서 치우치게 사당私黨을 옹호하는 태도가 드러나서 이를 덮기 어려웠으니 진실로 경악함을 이길 수가 없다. 지금 조정이 평안하지 않음을 보고 선비풍습이 예같지 아니함을 내가 어찌 알지 못하랴마는 자기들 가운데의 논의를 능히 다 밝히지 못하였기에 처분이 합당치 못하였었다. 그런데 대신이 경연에서 죄목을 들추어 늘어 놓은 것은 시비를 바로잡고 좋아하고 싫어함을 밝히려는 뜻이 아닌 것이 없다. 그러니 어찌 먼저 들어온 것을 위주로 하여 나온 땀을 도로 들어가게 할수 있겠느냐?

최석정이 도리어 이로써 지나친 처치라고 하였음은 진실로 알지 못하겠다. 더구나 대신을 흔들려는 계획은 차마 바로 볼 수 없는 것이 있었다.
임금과 정승을 멸시하여 기탄없이 방자하기가 한결같이 이에 이르렀으니 진실로 몹시 마음 아프고 또한 놀랄 일이다. 최석정은 파직하고 서용하지 말라. 그리고 이 뒤에는 이와같은 상소는 받아들이지 말라." 하였다.

이에 응교 신엽과 부교리 윤덕준과 수찬 신계화 등이 만나기를 청하여 최석정을 파직시킨 명을 도로 거두어들이기를 청하고 교대로 알현하며 다시 간하여, 신엽이 '김창협은 옥천의 유생을 버릇없다고 여기었으니 아버지와 아들의 논의가 다르고 같음이 없을 것입니다. 그러므로 대신의 뜻도 또한 김성대 등을 옳다고 여기지는 않을 것을 알 수 있습니다.'라고까지 하였다.

대개 김창협은 선비들의 의논이 어긋나는 것을 민망하게 여겨서 진정하려는 말을 낸 것이니, 오늘의 시비와는 아무런 관계도 있지 아니하다. 그런데도 신엽이 이를 끌어다가 하나로 합하여 한편으로는 김수항을 빙자하여 협박하고 한편으로는 김창협을 단속하였으니, 공론 이를 매우 해괴하게 여겼다.

임금이 말하기를,
"지난날 대신이 윤증에게 크게 망발이라고 한 것은, 대개 사악한 무리에서 이를 인하여 핑계되므로써 선현을 침욕할까 염려한 것이었다. 이 말이 매우 옳은데도 그러나 최석정은 윤증을 전연 과실이 없는 곳에 두고자 하였다. 이것이 사사롭게 비호하는 것이 아니고 무엇이겠느냐?

또 대신이 윤증에게 선현을 무함하였다고 이르지 않고. 다만 망발이라고만 말하였다. 그런데 최석정은 처음부터 끝까지 구원하였다. 그가 말한 '남의 개인적 편지를 끌어내어 함부로 죄안을 만들었다.' 한 것은, 이는 이진안을 배척한 말이었으며, 그리고 '선비들의 의논이 어그러지고 막힘을 당하여서는 어우러지지 못함에 이름이 심하다.' 한 것은 현저하게 대신을 침노하여 헐뜯는 뜻이 있다. 그가 어찌 감히 이와 같은 짓을 하느냐?"하였다.

신엽 등이 또한 사관四館에서 배우는 유생에게 벌을 준 것은 과실이 없다고 여기었으며, 그리고 파직한 것은 합당하지 못하게 여기었다. 임금이 말하기를,

"사관이 몸을 바쳐서 마땅히 간섭하지 않아야 할 일을 담당하여 위로 조정에까지 미치게 되었으니 그를 어찌 죄주지 않겠느냐? 너희들의 말은 구차스러움을 면하지 못하겠다. 최석정이 파직당하는 데에 거듭 격동되고 사관이 파직된 벌을 도로 거두어들이기를 청한 데 이르러서는 더욱 미안하다." 하였다.

신엽이 또 간원의 보고서는 말을 이루지 못하였음을 아뢰었고, 이어서 승정원에서는 최석정이 죄를 입은 데 대하여 한 말도 없었음을 배척하였다.

임금이 말하기를,
"최석정은 이미 그러한 죄가 있기에 승지가 왕명을 출납하지 않았던 것이니, 그에게 과실이 있음을 내가 알지 못한다." 하였다.

- 숙종실록 11년 2월 9일 -

2월 12일 영의정 김수항이 상소를 올려 최석정의 파직을 거두고 본인을 교체하라고 하다.

영의정 김수항이 상소를 올려 말하기를,
"지난번에 신이 입궐하였을 적에 망녕되게 아뢴 것이 있었던 것은 다만 성상께서 좋아함과 싫어함의 마땅함을 얻게 하려는 것이었으며, 그리고 또 핑계대고 계속하여 일어나는 사악한 말들을 막으려는 것이었습니다. 망발 두 글자는 윤증에게 가담한 자들도 내리지 못하였으니, 뜻이 그를 사랑하고 보호하는 데 있었으므로 혹 그가 상할까 두려워한 데에 지나지 않았던 것입니다. 만일 망발이 아니라고 여기면 이는 윤증의 말을 사실로 여기어서 윤증의 허물을 무겁게 하기 때문입니다. 그러나 지금의 의논들이 대저 이와 비슷하여서 특히 최석정 한 사람만이 아니니 어찌 위협과 분노를 무겁게 하여 화평의 법칙을 잃게 하겠습니까?

신이 또 그윽이 들으니 홍문관에서 뵈었을 때에 신의 자식을 들어서 그 다음과 같음을 증거로 하였다고 합니다. 이는 비록 형옥에 관계되는 일이오나 자식으로써 아비를 증거하는 것은 윤리에 크게 상합니다. 이러한 것이 이제 유교 신의 입에서 나왔습니다.

만일 조정으로 하여금 약간이라도 체통이 있으면 이 말이 어찌 귀마게 밑에 외람되게 전하겠습니까? 신의 한마디 말을 인연하여 점점 시끄러움을 일으키었고 경악의 장이 엄한 견책을 받는 데까지 이르렀습니다. 사람들에게 중시되지 못하였을 뿐 아니라 자식을 들어서 아비를 증거하는 의논이 있기에 이르렀습니다. 청명한 조정을 부끄럽고 욕되게 하는 것이 이보다 더 심한 것은 없으니, 하루라도 구차스럽게 차지할 수가 없습니다. 그러니 최석정을 파직한다는 명을 거두시고 이어서 신의 직위를 교체하기를 윤허하여 주시기를 빕니다." 하였다.

답하기를,
"경연 앞에서 아뢴 것은 시비를 가리려는데 지나지 아니한데 최석정의 상소는 말이 매우 정당하지 못하였기에 일시에 견책하여 벌을 줌을 어찌 그만두겠느냐? 유신이 만나기를 청하여 아들을 들어 아비를 증거하게 한 데에 이르러서는 이를 듣고 크게 놀랐다. 이러한 일은 조정이 존엄하지 못한데서 생긴 것이다. 경이 어찌 반드시 책임지기를 이와 같이 하느냐? 안심하고 사퇴하지 말라." 하였다.

– 숙종실록 11년 2월 12일 –

장희빈의 주술 저주사건을 보호하다가 유배당하다

1701년[56세] 숙종 27년 8월에 인현왕후가 죽고 장희빈에 의한 무당을 이용한 저주의 변이 발각되자 최석정은 왕세자 보호를 위해서는 생모인 장희빈을 사사해서는 안 된다고 극력 반대하였다.

임금이 인정문에 나아가 친히 국문하였다. 시영이 자복하지 아니하였기 때문에 압슬형을 한 차례 행하니, 말하기를,

"영숙·숙영이 숙정의 집에 가서 각색 옷을 만들었는데, 네 살짜리 아이가 입는 옷과 같았습니다. 치마는 남사와 홍사였고, 윗옷은 녹색과 옥색이었으며, 요는 그 모양이 보통 아이들이 드러눕기에 알맞을 크기였는데, 길이가 겨우 3자 정도였습니다. 그 밖의 집물들은 능히 열어 볼 수 없었으나, 보배와 그릇 따위는 보통 제도와 같았습니다. 기도하고 축원한 말은, 대개 희빈이 전날에 원망을 품고 있었기 때문에 오로지 중전이 승하하고 다시 희빈이 중전으로 되기를 바라는 내용이었습니다. 희빈은 앉아서 축원하였고, 설향·숙영과 저도 또한 같이 축원하였습니다. 태자방이 신당에 기도할 때에 제가 일어나 춤을 추었으나 기도하고 축원한 말은 숙정이, '희빈께서 복위하시고 좌윤께서 석방되어 돌아오도록 많은 경사가 있으라.'고 한 것이었으며, 저도 또한 손을 모으고, '장씨께서 다시 중전으로 된다면 정말 다행하고 정말 다행하겠습니다.'라고 하였습니다." 하였다.

이것을 가지고 역모로 결정하고 참형에 처하였다. 그 때 숙영은 병이 심하여 형벌을 정지하고 있었는데, 이에 이르러 또 심문을 더 하였다. 채 한 차례가 끝나기도 전에 대답하기를,

"숙정과 상궁이 말을 보내어 저를 맞이하였는데, 제가 가서 보니, 숙정이 아이의 오색 의상을 만들며, '바깥채의 어린아이들에게 주려고 한다.'고 하였는데, 그 뒤 다시 듣거나 알 수가 없었습니다. 축생이 찬을 만들어 취선당에 바치면, 시영·희빈·설향과 제가 과연 같이 축원하기를, '원하옵건대, 요기와 사기를 없애주소서.'라고 하였습니다. 대개 축생이 불러서 찬을 올리고, 설향은 저에게 '원하옵건대, 우리 희빈을 해치는 사람을 없애주소서.'라고 하였고, 저도 '악인은 없애주시고 선인은 구제해 주소서.'라고 하였습니다. 대개 내신당은 과연 취선당의 서쪽 가장자리 온돌에 설치하고, 예복 1벌을 상자 가운데 넣어 검은 탁상에 두고 기도하였습니다. 이른바 악인이란 희빈이 항상 전 상궁을 싫어하였기 때문에 전 상궁을 없애고 다시 선량한 보모를 얻고자 하였던 것이며, 선인은 원래 누구라고 지적한 자 없었습니다."

하였다. 또 숙정을 심문하였는데, 두 차례 심문하자, 그제서야 대답하기를,

"3, 4년 전에 민 상궁과 숙영이 와서 말하기를, '희빈이 금단을 보내고 이것을 가지고 옷을 만들어 바치게 하였다.'고 했는데, 그 모양은 네 살 정도의 아이가 입는 옷과 같았으며, 납장의 2벌, 납의·송화색의·생초의·사의·녹사의가 각각 1벌, 홍금상·홍사

상이 각각 1벌, 사폭주고·백릉고가 각각 1벌이었으며, 그 나머지는 비록 다 기억하지 못하나 합해서 계산하면 윗옷이 15, 6벌이고 치마가 10여 벌이었습니다. 희빈이 민 상궁에게 양식을 주어 5월 그믐에서 7월 초하루까지 옷을 다 만들어서 대궐에 도로 바치게 하였는데, 제가 설향과 숙영에게 물으니, 대답하기를, '취선당의 서쪽 가장자리에 들여다 두라.'라고 하였습니다.

그리고 그 뒤 때때로 흰쌀밥과 콩깻묵 등속을 보내 주었는데, 이것은 취선당의 신당에 기도할 때 바친 물건이라고 하였습니다. 그리고 또 묻기를, '그 축원하는 바는 무슨 일인가?' 하니, 대답하기를, '취선당이 저절로 울리고, 또 병환이 있기 때문에 기도하는 것이다.'라고 하였습니다. 외신당의 신당에 기도할 때에 무녀가, '중궁전이 불길하였다. 희빈이 다시 중궁에 들어가리라.'라고 하니, 앞에 앉았던 여러 상궁들이 일제히 손을 모으며, '이와 같이 된다면 정말 다행하고 정말 다행하겠습니다.'라고 하였고, 무녀는, '중전이 만약 승하한다면, 희빈이 다시 중전이 될 것이다.'라고 하였습니다.

지난번에 오례가 '근래에 들으니, 대궐에서 주술로 저주하는 것을 찾아 파내고자 하였으나 찾지 못하였다. 또 큰 구렁이를 찾아냈다는 말도 있으니 진실로 두렵다.'라고 하였습니다. 축생이 또 와서 '방재의 설이 파다하게 퍼졌는데, 취선당의 나인 가운데 의금부에 심문 받을 자가 있을 것이라고 한다.'라고 하였습니다." 하였다.

철생을 심문하였는데, 한 차례 심문하여도 기꺼이 자복하지 아니하였다. 임금이 채 친림하기 전에 영의정 최석정이 상소를 올리기를,

"금번의 옥사는 관계되는 바가 지극히 중대하니, 국가로서는 왕법에 있어서 반역하면 반드시 죽여야 하는 죄가 되고, 세자궁으로서는 인륜의 망극한 변고가 됩니다. 그윽이 생각건대, 법을 시행하고 은혜를 저버림으로 신하들이 베어 죽이는 법을 이루게 하는 것보다 오히려 법을 어기고 은혜를 베풀어서 세자를 보호하는 방도를 다하는 것이 낫지 아니할까 합니다. 어제 입궐해 잇따라 직접 상소를 올려 주상께서 이것을 들어주시기를 바라 어리석은 신하의 의리를 다하고자 하였는데, 또 지엄하신 분부로 임금과 신하의 분수와 도리를 알지 못한다고 꾸짖으시니, 신은 모골이 송연하여 몸둘 바를 모르겠습니다.

신이 이른바 '끝까지 파헤치지 말자.' 한 것은 여러 죄수들에 대하여 끝까지 파헤치지 말자는 것이 아니라, 희빈의 가엾은 정황을 끝까지 파헤치고자 아니하였던 것일 뿐이니, 대개 비록 그 정황을 끝까지 조사하여 캐내어낸다고 하더라도 또한 법대로 다스릴 수가 없기 때문입니다. 깊이 종사를 위한 계책으로 인륜의 변고를 선처하기를 바랐던 것인데, 임금님의 귀가 아득하여 조금도 살펴 받아들이지 아니하셨으며, 지척의 앞자리에서 또 엄한 꾸지람을 받았습니다. 이러한 처지로는 감히 조정에 나가지 못하기 때문에 제집에 가만히 엎드려 성상의 견책을 기다리고 있습니다. 또 생각하건대, 당당한 제후국의 지존으로서 날마다 요사스런 무당과 천한 계집종을 데려다가 친히 스스로 심문하시니, 또한 어찌 임금의 체통이겠습니까? 원하건대, 주상께서는 다시 맑게 성찰하소서."하니,

임금이 말하기를, "금번의 요사스러운 역모는 전고에 없던 바이다. 안으로는 저주하고 밖으로는 신당을 설치해 국모를 모해하고자 한 정절이 완전히 드러났으니, 신하된 자는 마땅히 죄를 벌주기에 겨를이 없어야 할 것이다. 그런데도 영상은 날마다 상소를 올려 기필코 구원하고자 하고, 이에 내가 친국하는 것을 도리어 비난하여 임금의 체모가 아니라고 하였으니, 생각건대, 아마도 간사한 정상이 혹 드러났음에도 조금도 국모를 위하는 마음이 없는 것인가 한다. 역적을 보호자는 자는 또한 역적이다. 의리에 어둡고 막힘이 이보았다 심할 수가 없으니, 신하의 분수와 도리가 어찌 이럴 수가 있는가? 대간은 아직도 이에 대해 한마디 말도 언급하지 아니하니, 국모의 중함을 알지 못하는 것이다. 이것이 무슨 도리인가? 지극히 해괴하였다. 영상 최석정을 중도부처 하라." 하였다.

장령 윤홍리가 혐의를 피하기를, "신이 바야흐로 마음에 품은 바를 아뢸려고 하였으나, 미처 하지를 못하였습니다. 대저 천하 고금에 막중한 것은 역적의 옥사입니다. 지금 친림해 국문하시자 역적의 정상이 분명하게 드러나는 때를 당하여, 잇따라 직접 상소를 올리고 심지어 '끝까지 캐내지 말자'고까지 하였습니다. 춘추春秋의 역적을 죄목을 밝히는 대의를 생각하지 아니한 것이 비록 지극히 해괴하였다고 하겠으나, 미처 대간에서 즉시 죄목을 들추지도 아니하여 엄한 교지가 이르게 되었으니, 신들의 죄는 실로 피할 수가 없겠습니다."

좌의정 이세백이 말하기를, "이번 옥사는 곧 궁궐내의 일이므로, 외정의 신료들은 상세히 알 수가 없습니다. 세자께서 나이가 어리신데, 이처럼 망극한 변고를 당하였으

니, 아마도 몸이 상하고 마음이 아플 염려가 있을 듯합니다. 최석정의 상소는 대개 사건이 발각된 뒤에 난처한 일이 많을 것이라는 점을 말한 것이고, 그 뜻은 오로지 세자의 처지를 위하는 데서 나온 것입니다. 어찌 희빈을 고려하는 뜻이 있겠습니까? 성상께서는 오직 사리를 마땅히 밝혀서 풀어주셔야 할 따름인데, 엄한 교지를 거듭 내리시고 갑자기 견책과 벌을 더하시니, 아마도 수상을 대접하는 도리에 미진함이 있는 듯합니다." 하니,

임금이 말하기를, "이번 옥사가 비록 무녀와 노비가 간섭하여 침범한 사건이라 하더라도, 국모를 모해하였으니, 흉악하기 그지없다. 지금 친국하는 것을 '임금의 체모가 아니다.'고 하면서 나의 몸을 기롱하였으니, 분수와 도리에 있어서 어찌 이럴 수 있겠는가? 진실로 악역을 분하게 여기고 미워하는 마음이 있다면 구원하는 것이 이 지경에 이르지는 아니할 것이다. 결단코 그대로 둘 수 없다." 하였다.

우의정 신완이 말하기를, "세자께서 나이가 어린데 이처럼 망극한 변고를 당하였으니, 아마도 몹시 놀라서 몸이 상하고 마음이 아플 우려가 있을 듯합니다. 여러 신하들이 걱정하고 근심하는 마음이 최석정과 어찌 다르겠습니까? 옥사를 끝까지 파헤친다면 아마도 난처한 단서가 생길까 합니다. 그러므로 그 상소가 이와 같았던 것입니다." 하니,

임금이 말하기를, "어제 오늘 잇따라 올린 상소는 반드시 죄를 끝까지 파헤치지 못하게 하려는 것이었다. 임금과 신하의 분수와 도리가 어찌 이럴 수 있는가?" 하였다.

판의금부사 이여와 도승지 이돈과 승지 조태구가 서로 잇따라 그것이 역적을 비호하려는 데서 나온 것이 아니라고 말하자,

임금이 드디어 상소를 꺼내어 여러 신하에게 보이면서 말하기를, "오늘날 조정의 신하로서 누군들 세자를 보호하려는 마음이 없겠는가? 그러나 최석정은 역적을 구원하려고 꾀하여 반드시 다투어 이기고자 하였으니, 춘추春秋에서 역적을 꾸짖는 뜻이 과연 어디에 있는가? 내가 죄주려고 하는 바는 역적을 비호하려고 했기 때문이지 세자를 위했기 때문이 아니다. 역옥을 끝까지 다스린 뒤에 진실로 마음에 품은 바가 있어서 아뢴다면 무엇이 거리끼겠는가? 그러나 이 경우는 지성으로 죄인을 구원하고자 한 것이니, 진실로 한심스럽다. 대행 왕비의 관이 빈전에 있는

데, 옥사를 끝까지 캐내지 말라는 뜻을 가지고 시종 간쟁하고 고집하였으니, 비록 그가 '역적을 비호하지 아니하였다.'고 하더라도 나는 믿을 수가 없다." 하였다.

조태구와 이돈이 되풀이하여 아뢰었으며, 이세백과 신완도 또한 견책과 벌이 너무 지나치다고 말하였으나, 임금이 듣지 아니하였다. 또 하교하기를,
"전의 상소 가운데 '나라 사람들이 이를 가련하게 여긴다.'는 말이 있었는데, 이것이 어찌 꼭 들어맞는 말이겠는가? 건성으로 말한 것이 심하였다. 내전을 위하는 마음이 도리어 나만 못하니, 이와 같은 신하를 죄주지 아니하고 어찌하겠는가?"

하니, 이돈과 조태구와 승지 심평·이국방이 합사하여 유배하라는 명령을 도로 거두기를 청하였으나, 임금이 따르지 아니하였다.

조태구가 또 말하기를, "전지를 받자오니 죄명이 지극히 무거운지라 사람들이 듣고서 놀라고 의혹스러워 합니다. 청컨대, 재삼 생각을 더하소서."

하니, 임금이 역적을 비호한다는 두 글자를 전지에 쓰지 말라고 명하였는데, 조태구가 전지를 가져다 올리고 또 명을 도로 거두기를 청하였다.

승지 윤세기가 말하기를,
"최석정의 상소의 글은 미안한 곳이 많으나, 신은 역적을 다시 되돌릴 뜻은 없습니다. 다만 왕세자께서 이제 큰일을 당하였는데, 또 사친私親의 변고를 당하게 되니, 옛날 순임금의 아버지가 사람을 죽였다면 순임금은 몰래 아버지를 업고 도망하였을 것이라고 한 고사로 보건대, 세자의 정리를 미루어 알 만합니다. 금일 여러 신하들이 누군들 세자를 위하여 걱정하고 근심하지 아니하겠습니까? 최석정의 마음도 또한 역적을 비호하려는 것이 아니었으니, 파직하는 것이 오히려 나을 것이고, 유배하는 것은 너무 지나친 듯합니다." 하였으나,

임금이 모두 따르지 아니하고 드디어 최석정을 진천현에 부처하였다. 임금이 말하기를, "옥사의 정상이 이미 죄다 드러났으니, 반드시 친림하여 국문할 것이 없다. 내일부터 의금부에서 국문대를 설치하도록 하라." 하였다.

— 숙종실록 27년 10월 1일 —

최석정은 정치의 혼탁함은 붕당 때문이라기 보다 도학이 쇠퇴하였기 때문이라며, 도학의 중흥을 주장하는 등, 정적들의 비위를 거스르는 소신을 폈다가, 끝내 파직당해 충청도 진천에 은거하였다.

예기유편 소동

최석정이 찬집한 예기유편의 내용이 주자의 뜻과 다르다고 트집잡은 노론 일파의 강력한 집중공격이 잇따르자 그만 관직을 버리고 은거하였다. 1709년 숙종 35년 홍문관에서 이 책을 간행하기로 했으나, 승지 이관명과 성균관 유생 이병정 등으로부터 주자를 배반하였다는 비난을 받아 결국 판본이 소각되었다.

1709년[64세] 숙종 35년 5월 12일 최석정의 예기유편으로 각 지역의 유생들이 상소를 올리다.

전라도 유생 김재백 등 1천여 명이 상소하기를,
"최석정은 본시 교묘하게 글을 꾸미는 소소한 기능만 있고 학식이 없는 사람으로, 감히 경전을 파괴하고 성현을 업신여기는 짓을 하여 참람하고 망령됨이 더할 수 없이 심했는데, 도리어 말을 한 사람들을 힐책하여, 있는 것을 지적하여 없는 것으로 해 놓았고, 통문을 돌린 지방 유림과 상소를 발의한 사람을 감호소에 매어 놓고 사실을 밝히고 있어, 분서갱유의 화가 아침 저녁 사이에 박두하게 되었기에, 전국의 선비들이 눈물을 머금고서 서로들 위로하고 있습니다. 이 무슨 거동이고 이 무슨 꼴입니까? 최석정은 공자 문하의 해독이요 유가의 실패라고 해야 할 것인데, 소위 강확과 참고 될 만한 증거에 이름을 나열한 모든 사람들이 거개 모두 침묵하고서 둘러보고만 있고 감히 스스로 밝힐 생각을 하지 않고 있으니, 이 또한 권세가 있는 곳임을 알 수 있습니다." 하였는데,

상소가 보고되자, 준엄한 비답을 내려 책망하였다.

경기 유생 조경 등 70여 명이 또 상소하기를,
"최석정은 선현을 능멸하고 문장 구절을 변란하고서 스스로 생각하기를, '이 글은 하나의 찬술로서 홀로 얻은 자기의 견해를 자랑할 수 있고, 불후의 사업을 세우게 되었다.' 고 여기어, 하늘을 치솟는 기세를 믿고 온 조정이 아첨하며 빌붙어 이에 감히 전국에 간행하여 온 세상의 눈과 귀를 현혹시켰고, 또 임금이 있는 곳에서 강의하기를 청하여 고명하신 임금의 학문에 누가 되게 하였으니, 그의 죄상을 따진다면 박세당보다도 더하고, 그의 마음속에 자취를 쫓는다면 난적 윤휴와 똑같게 되었습니다.

그의 참담하고 망령된 죄는 천지 사이에도 도망갈 데가 없게 되었는데, 전하께서 죄주지 않을 뿐만 아니라, 영화롭게 총애해 주시므로, 성상의 뜻에 영합하고 권력있는 정승에게 아첨하여 붙는 저 무리들이 기회를 타 덩달아 나서게 되고 사람만 바꾸어 번갈아 나오게 되어,
성균관의 유생들이 상소를 올리게 되어서는 이사상이 고하여 저지하고, 생각하는 바가 막 관철되어서는 윤회가 붓을 놀려 못된 욕설을 했고, 지방 유생이 통문을 돌리게 되어서는 지금의 정승이 죄를 날조하여 귀양 보내기를 청했고, 성균관의 유생들에 벌칙을 내리게 되어서는 윤성준이 방을 찢어버리고서 도리어 공격하는 짓을 했습니다. (당초에 태학 유생 민홍수 등이 윤회를 먹칠해 버리고 또한 박두산 등 모든 사람을 처벌하고서, 방을 대성전 문에다 붙이었는데, 윤성준이 대사성이 되어 찢어버리도록 하였다.)

아! 이 무리들도 또한 하나의 사람인데 어찌 자신들의 마음가짐이 올바르지 못함을 알지 못하겠습니까마는, 부끄러움을 무릅쓰고 앞을 다투어 몸을 솟구치어 짖어대고 물어뜯는 짓을 하게 되는 것은 어찌 다른 까닭이 있겠습니까? 유생들에게 욕하는 말을 써 놓은 먹물이 마르지도 않는데 외람되게도 경기진영에 제수되고, 정승에게 아첨하는 상소를 올리자마자 바로 인사 부서의 차석이 되었습니다. 이런 것을 본받는 재미가 그림자나 메아리보다도 빠른 사이에 나타나고 있으니, 최석정이 자기 생각대로 하기를 이번의 일보다 더 한다 하더라도, 어느 겨를에 그의 죄를 응징하고 전하를 위하여 충성을 바칠 수 있겠습니까? 이로 본다면 최석정의 권세가 임금과 같을 뿐만이 아닙니다.

전하께서 시급하게 억제를 가하여 끓는 물에서 손을 떼고 독을 제거하듯이 한다 하더라도 구렁이가 감기듯이 한 것을 풀기 어려울 것인데, 그야말로 하는 말마다 들어주고 하는 일마다 칭찬해 주며, 은총까지 내리어 그의 기세를 키워 주고 계시니, 전하께서 간신을 위안해 주는 도리에 있어서는 지극하다 하겠습니다마는, 국가의 사세가 장차 어디에 이르게 되겠습니까?

신들이 더욱 개탄하고 애석하게 여기는 일은 전하께서 시험삼아 최석정의 전후의 짓을 보셨으면 하는 것입니다. 그에게 과연 한푼이라도 취할 만한 것이 있는 사람입니까? 그전의 법을 변경하는 것이 곧 그의 능사이고 명분과 의리에 배치되는 짓을 함은 더욱 그의 본색인데, 9번이나 황각에 올라가 오랜 행정을 했었으나 한 평생의 사업이 경전을 파괴하기만 했습니다. 그가 이번 한 부의 글(예기유편)을 가지고 전하를 보좌하여 태평을 이루려는 것이겠습니까? 신은 그윽이 비웃고 있습니다. 강확이란 대열에 이름이 들어 있는 사람들에 있어서는 비록 주객의 차이가 있기는 합니다마는, 경전을 파괴한 죄에 있어서는 똑같습니다. 저 유명한 재상과 높은 벼슬아치들이 알 수는 없습니다마는, 강확을 한 일이 있었기에 자신을 해명할 말이 없는 것이겠습니까? 아니면 혹 실지는 참여하지 않았으면서도 권세를 두려워하여 감히 변명하지 못하는 것입니까? 이를 알 수 없습니다."

하니, 임금이 답하기를,

"이번의 예기유편은 간행한 지가 거의 10년이 가까운 것인데, 경전을 파괴하고 성현을 업신여겼다는 지목이 갑자기 오늘날에야 터지게 되었다. 그 사람을 두고 죄를 찾아 내는 것임을 환히 알 수 있는 것으로서, 대신의 지극히 원통한 일이라 하겠는데, 공론이라고 핑계하지만 뜻은 이겨내려는 데에 있는 것인데다가, 이번에는 그야말로 '영상의 권세가 임금과 같을 뿐만이 아니라.'고 했으니, 어찌하여 말이 음흉하고 험악하기가 이에 이르게 된 것인가? 또한 상소 내용에 강확을 한 사람까지 아울러 들어 경전을 파괴한 죄를 가하려고 했으니, 진실로 통탄스러운 일이다." 하였다.

경기·전라도 유생 박광원 등 3천여 명이 곧 합사하여 상소하기를,

"예기유편이란 글은 화복을 만들어내는 하나의 자료가 되었습니다. 배척하다가 화를 만나게 된 사람이 얼마이고, 죄인을 구하려다가 보답을 받게 된 사람이 또한 얼마입

니까? 벼슬아치들 중에 정직한 선비가 배척하는 말을 하면 당인이라고 서로들 공격하여 함정에 떨어뜨리고서 돌을 내리어 굴렸으니, 이만성과 이관명이 모두 삭출된 것이 곧 그런 결과입니다. 대각 안의 아첨하는 무리 중에 영구하여 비호하기로 뜻을 두면 이조가 추켜 세워 주어, 새 깃을 꽂아주고 하늘에 올라가게 하였으니, 이정겸과 윤회·윤성준이 곧 좋은 관작을 얻게 된 것이 또한 그런 결과입니다. 아뢰는 글과 탄핵하는 글로 욕하는 것이 유림을 뒤엎어버리는 짓은 이전에는 없던 일인데 간사한 윤회가 창시하였고, 유배를 당하고·조사받는 일로 발문이 나오게 되는 것은 사화의 시작인데 현재의 정승이 열어 놓았습니다. 이 모두가 최석정이 멋대로 위복을 행사하는 데에서 나온 까닭입니다. 그의 글을 불태워 버리지 않고 그 사람을 내치지 않는다면 주자를 위해 재앙의 그물에 들어가기를 달갑게 여기는 사람들이 장차 꼬리를 물게 되는 수를 감당하지 못할 것입니다. 비록 형틀을 앞에다 차려놓고 솥찜질을 뒤에 늘어 놓는다 하더라도, 아마도 언변좋은 재상 하나에게 사정을 두느라 한없이 공론을 거스를 수 없으리라 싶습니다."

하고, 맨 끝에는 윤성준의 행사를 논하기를,

"성균관과 사학의 임원을 바꾸거나 빼앗기에 급급하여, 처벌을 한 방榜을 찢어버리고서 사학의 소임을 정지하기까지 하였고, 응당 장의로 임명된 사람은 모두 천거자가 삭제된 채 있는 것을 민망히 여겨야 할 것인데, 관의 서류함을 열고서 재생 하나를 불러 천거 기록을 가져다가 칼로 글자를 지워버리고서 즉각 장의를 임명했습니다. 무릇 이런 일을 꾸민 것은 진실로 최석정을 위해 유생들의 상소장을 막아버리려는 계책에서 나온 것인데, 아침에 성균관의 임원들을 갈아치우자 저녁 때에는 벼슬아치에 추천되었으니, 낯가죽이 제아무리 두껍다 하더라도 어떻게 감히 스스로 해명할 수 있겠습니까?" 하였는데,

상소를 보고하자, 임금이 도로 내주도록 명하였다.

경기· 전라도의 유생 이제송 등이 상소하여 다시 앞서의 아룀을 거듭 말했는데, 임금이 역시 도로 내주도록 명하였다. 이때에 준엄한 분부를 자주 내리므로 사림들이 원통하고 억울하게 여겨 잇달아 일어난 상소가 장차 얼마나 될 지 알 수 없었는데,

장령 안시상이 곧 상소하기를, "성균관의 유생들이 기만하는 짓을 한 사항이 이미

여지없이 드러났고, 허호許浩와 임술任述의 무리가 몰래 사주한 자취가 또한 가릴 수 없게 되었는데, 곧바로 사학四學에서 팔방에 통고하는 짓을 하자, 지방 유생 중에 1, 2의 도깨비 같은 무리로 서울에 인맥을 가진 자가 몰래 내락을 받고서 주장하고 설득하여, 더러는 군적軍籍을 면해 주겠다고 유인하고, 더러는 유생록에 넣어 준다고 꾀어 간신히 모집하여, 이것저것 수습해서 잡다하게 취합하는 짓을 하고, 더러는 향교와 서원에서 억지로 노비를 받아 내고, 더러는 각 고을에 식량을 약탈하여 미끼에 탐이 나서 길에 올라온 자가 10여 명에 지나지 않는데도, 상소장을 아뢸 때 명부를 덧붙여 놓을 적에는 으레 몇 천 몇 백으로 하여 임금님의 귀를 현혹하는 짓을 하고 있습니다. 고금 천하에 어찌 이러한 공론이 있고 이러한 선비들의 의논이 있겠습니까? 신의 생각에는 이 뒤부터는 서울 경기를 막론하고 무릇 유생들의 상소가 있으면 단지 대궐에 나온 사람의 성명만 기록하게 하여, 이렇게 거짓 확대하여 현혹하는 짓을 하는 폐단이 없어지게 해야 한다고 여겨집니다.

또 국학의 소임은 많은 선비들의 표준이 되어 통솔해 가고 유생들이 스승으로 부르는 것이기에, 일찍부터 배척하여 부르는 자가 없었습니다. 이번에 성상께서 처분내리신 것을 들어 '아무 일 없는 스승에게 노여움을 옮기어 곧 성씨를 없애고 죄상을 나열하기를 거의 노예를 꾸짖듯이 했다.'고 했습니다. 진실로 선비들의 풍습이 이처럼 심하게 이치에 어그러지고 도리에 벗어날 줄은 생각지도 않았습니다. 최유태를 사주하여 통문을 돌리게 한 자가 이미 형조의 조사에서 드러나게 되었고, 도리나 이치에 어그러진 행적과 교묘한 실정을 반은 말하고 반은 말하지 않았는데도 한 차례 진술을 받고서 풀어 주고 마침내 법대로 처단하는 조치를 내리지 않아 처분이 진실로 이미 너무 관대하게 되어버렸으니, 뒷날에 폐단이 장차 걷잡을 수 없게 될 것이기에, 신은 저으기 개탄스럽게 생각합니다."

하였다. 상소를 보고하니, 임금이 즉시 승정원에 명하여 이제부터는 유생들이 예기 유편 때문에 아뢰는 상소는 받아들이지 말도록 하고, 이어 안시상에게 비답을 내리기를,

"이 무리들의 정상을 내가 어찌 통촉하지 못하겠는가? 다만 조정의 처분은 적중하게 하는 것이 귀중한 것이고, 한때 마음에 통쾌하게 하게만 할 수는 없는 것이다. 대궐에 나온 사람의 성명만 기록하게 하자는 말은 진실로 미안스럽다." 하였다.

— 숙종실록 35년 5월 12일 —

최석정의 졸기

최석정이 소론의 입지를 지킨 정치가라는 점이 가장 잘 드러나는 부분은 숙종실록의 졸기이다. 숙종실록에는 최석정을 매우 부정적으로 평가하고 숙종 수정실록의 기록은 최석정을 매우 긍정적으로 평가하고 있다.

1715년[70세] 숙종 41년 11월 11일 판중추부사 최석정의 졸기 〈숙종실록〉

> 판중추부사 최석정이 졸하였다. 임금이 전교하기를, "지극한 슬픔으로 눈물이 흘러 옷깃을 적시었다." 하고, 이어 예식을 갖추어 장례를 치르는 등의 일을 속히 거행하라고 명하였다. 최석정은 성품이 바르지 못하고 공교하며 경솔하고 천박하였으나, 젊어서부터 글재주로 이름이 있어 여러 서책을 널리 섭렵했는데, 스스로 경술에 가장 깊다고 하면서 주자가 편집한 경서를 취하여 어지럽게 변화시켜 삭제하였으니, 이로써 더욱 선비들의 공론에 죄를 짓게 되었다.
> 그리고 여러번 삼정승에 올랐으나 일을 처리함에 있어 전도되고 망령된 일이 많았으며, 남구만을 스승으로 섬기면서 그의 언론을 서술하고 밝혀 명분과 의리를 함부로 전도시켰다. 1710년 숙종 36년에 약시중을 삼가지 않았다 하여 엄중한 명을 받았는데, 임금의 총애가 갑자기 미약해져서 그 뒤부터는 교외에 물러가 살다가 졸하니, 나이는 70세이다. 뒤에 시호를 문정文貞이라 하였다.

1715년[70세] 숙종 41년 11월 11일 판중추부사 최석정의 졸기 〈숙종실록 보궐〉

> 판중추부사 최석정이 졸했다. 최석정은 자가 여화汝和이고, 호가 명곡明谷인데, 문충공 최명길의 손자이다. 성품이 맑고 밝으며 기상이 화평하고 즐겁고 단아했으며, 총명함이 다른 사람보다 뛰어났다. 어려서 남구만과 박세채를 따라 배웠는데, 이치를 분별하여 깨달아 12세에 이미 주역에 통달하여 손으로 그려서 도면을 만

드니, 세상에서 신동이라 일컬었다. 9경과 백가를 섭렵하여 마치 자기 말을 외듯이 하였는데, 이미 지위가 고귀해지고 나이 들었으나 독서를 그치지 않으니, 경술·문장·언론과 가르침과 덕이 일대 저명인사의 종주가 되었다.

산수算數와 글자연구에 이르러서는 세밀한 것까지 모두 신묘하게 해득하여 자못 경륜가로서 기약하였다. 열 번이나 삼정승에 올라 당론을 타파하여 인재를 수습하는 데 마음을 두었으며, 경국대전을 닦고 밝히는 것을 일삼았다. 1701년 숙종 27년에 세 번 상소를 올려 미움받았는데, 이는 다른 사람들이 하기 어려워하는 것이었으니, 조태채가 점을 쳐서 대신의 풍도가 있다고 했다. 낮은 직급에 있을 때부터 임금의 총애가 특별하여 만년까지 끊이지 않자, 당파들이 이를 매우 시기하여 처음에는 경서를 훼손하고 성인을 업신여겼다고 무함하다가 마침내 병을 시중하는 데 삼가지 않았다고 죄를 꾸며되니, 하루도 조정에 편안히 있을 수 없었다.

그러나 편안히 지내면서 끝내 기미를 얼굴빛에 나타내지 않으니, 사람들이 그의 너그러운 도량에 감복하였다. 만년에는 더욱 서울 밖을 왕래하다가 황야에서 죽으니, 식자들이 한스럽게 여겼다. 그러나 글을 꾸밈이 지나치고 또 경솔하여 절실함이 깊지 못하였다. 정치를 논함에 있어서도 긴요한 듯하면서 실지로는 범연하여 남구만처럼 독실하고 자세하고 확실하지는 못했다. 시호는 문정文貞이며, 종묘에 배향되었다. 청주 대율리에 장례지냈으며, 뒤에 숙종묘에 배향되었다. 성격이 겉으로는 화평하나 안으로는 굳건했으며 염려나 불만의 기색을 밖으로 드러내지 않았다.

그는 노론·소론이 극심하게 대립, 정치적 갈등이 최고조에 달했을 때 소론의 영수로, 숱한 고초와 난관을 겪은 비운의 정치가였다. 새로운 학문으로 쇠퇴한 도학을 중흥시켜, 혼란스런 정치 판도를 바꾸어 보려했다가 결국 반대세력의 저항으로 실패한 최석정은, 겉으로는 화평하나 안으로는 강건한 외유내강의 성격으로, 마음속에 불편한 심기가 가득해도 밖으로 쉽게 드러내질 않았다. 그는 사명감이 높아 명분론에 집착하지 않았고, 백성의 어려움을 덜고 정치적 폐단을 적극적으로 고쳐 나가려 했던 행정가였으며, 당파싸움의 부작용을 최소화하려고 자신의 안위와 손익을 따지지 않았던 큰 정치가였다. 최석정의 아우 최석항은 영조때 좌의정에 올라, 형제 정승 가문을 일구었고, 최석정의 아들 최창대는 대사성·부제학 등을 지냈다 .

[승진과정]

1654년[9세] 효종 5년 시경과 서경을 암송
1657년[12세] 효종 8년 주역을 도해할 수 있는 신동으로 인정
1659년[14세] 효종 10년 5월 효종 승하, 현종즉위(19세)
1662년[17세] 현종 3년 감시監試 초시 장원
1666년[21세] 현종 7년 진사시 장원, 생원시 합격
1671년[26세] 현종 12년 정시 문과 병과 급제
1672년[27세] 현종 13년 6월 예문관 검열, 12월 시강원 설서
1674년[29세] 현종 14년 숙종이 14세의 나이로 즉위
1675년[30세] 숙종 1년 7월 홍문록 16명에 뽑혀 홍문관원이 되었다. 우수한 성적으로
            호랑이 가죽을 하사받다. 예문관 봉교
1676년[31세] 숙종 2년 1월 5도 체찰사 허적의 종사관
1677년[32세] 숙종 3년 12월 홍문관 수찬에 특별 제수
1678년[33세] 숙종 4년 1월 교리. 윤 3월 삭탈 관작
1680년[35세] 숙종 6년 경신환국, 서인 집권, 2월 칠언율시에 합격한 최석정 등에게 상
            을 내리고, 3월 부응교, 4월 응교, 5월 응교, 6월 전한, 윤 8월에 동부승
            지. 안동부사, 양부모상으로 시묘살이
1684년[39세] 숙종 10년 6월 승지, 7월 대사성, 9월 부제학

1685년[40세] 숙종 11년 2월 부제학 최석정이 상소를 올려 윤증을 구원하자 파직을
            명하다. 9월 11일 영의정 김수항이 최석정의 서용을 청하자 윤허하다. 9
            월 부제학, 10월 부제학, 10월 대사성, 11월 호조참판에 특별승진 11월
            대사성 겸직
1686년[41세] 숙종 12년 조선인이 청나라의 국경을 넘어 들어간 사건이 국제 문제로
            비화되자, 이를 해결하기 위하여 당시 호조참판으로서 연경을 다녀오기
            도 하였으며, 중국에서 천체의 운행과 위치를 관측하던 장치를 수리하는
            일에도 참여하였다.
1687년[42세] 숙종 13년 2월 부제학, 9월 도승지, 10월 대사성
1688년[43세] 숙종 14년 8월 대사성, 10월 이조참판
1689년[44세] 숙종 15년 1월 홍문관 제학, 2월 이조참판, 6월 안동부사, 부친상(3년
            상).
1694년[49세] 숙종 20년 갑술환국. 남인 정권 몰락, 소론 정권 수립, 한성판윤, 대사헌

1696년[51세] 숙종 22년 2월 이조참판, 2월 대사헌, 4월 한성판윤, 4월 이조판서, 5월 이조판서, 5월 대제학, 6월 이조판서, 서얼 출신을 호조, 형조, 공조에 등용하자는 건의를 하다.

1697년[52세] 숙종 23년 3월 우의정, 윤 3월 세자 책봉을 위한 주청사로 청나라로 가서 고명을 받고 돌아왔다. 12월 15일 좌의정 윤지선·우의정 최석정 등이 신건에게 선물 받은 일을 자수하다.

1698년[53세] 숙종 24년 6월 최석정이 청나라 사신이 국경으로 와서 물건을 사고판 건으로 문외출송되다. 9월 판중추부사. 10월 봉릉 도감 도제조

1699년[54세] 숙종 25년 3월 좌의정, 대제학 겸직, 국조보감의 속편 편찬.

1701년[56세] 숙종 27년 6월 19일 영의정, 8월 10일 영의정 면직. 10월 1일 진천에 유배

1702년[57세] 숙종 28년 1월 5일 석방. 12월 2일 판중추부사

1703년[58세] 숙종 29년 2월 11일 영의정, 6월 16일 영의정 사직. 판중추부사.

1705년[60세] 숙종 31년 4월 13일 영의정, 8월 10일 영의정 면직. 판중추부사.

1706년[61세] 숙종 32년 1월 24일 영의정, 10월 28일 영의정 사직. 판중추부사

1707년[62세] 숙종 33년 1월 12일 영의정

1708년[63세] 숙종 34년 4월 19일 영의정 사직, 판중추부사. 7월 29일 영의정

1709년[64세] 숙종 35년 6월 29일 영의정 사직. 판중추부사. 10월 24일 영의정

1710년[65세] 숙종 36년 2월 30일 영의정 사직. 판중추부사

1715년[70세] 숙종 41년 기로소에 들다. 11월 11일 판중추부사 최석정이 죽다.

106. 신완申琓
북한산성 축조를 건의한 재상

생몰년도 1646년(인조 24)~1707년(숙종 33) [62세]
영의정 재직기간 1차 (1703.8.6.~1704.6.24)
        2차 (1704.9.26~1705.2.5) (총 1년 2개월)

본관	평산平山
자	공헌公獻
호	경암絅庵
시호	문장文莊
당파	서인, 소론
저서	경암집絅庵集
기타	박세채의 문인, 윤증의 제자

증조부	신경진申景禛	– 영의정
조부	신준申埈	– 형조판서
부	신여식申汝拭	– 파주 목사
모	이기조의 딸	– 공조판서
양부	신여정申汝挺(숙부)	
처	조원기의 딸	– 황해도 관찰사
아들	신정하申靖夏	– 헌납, 신유에게 입양
아들	신성하申聖夏	– 돈녕부 도정, 평운군
손자	신방申昉	– 이조참판
손자	신경申曔	– 찬선

영의정 신경진의 증손으로 임금의 총애를 받다

신완의 자는 공헌公獻이며, 호는 경암絅菴으로 본관은 평산이다. 신완은 임진왜란 때 도순변사로 순국했던 신립 장군의 현손으로, 증조부는 영의정을 지낸 신경진이다. 조부는 형조판서를 지낸 신준이었고, 아버지는 파주목사를 지낸 신여식이었다. 신완은 숙부인 양성현감 신여정에게 입양되었다.

신완은 어머니의 친정 이기조 집에서 태어나 자랐는데, 어릴 때부터 총명하여 외조부 이기조가 매양 머리를 쓰다듬으며, "뒷날 마땅히 국가의 큰 인물이 되리라!" 하였다. 신완은 당대의 도학자 박세채와 윤증에게서 글을 배워 당파로는 서인계 소론으로 출발한 셈이다.

27세에 문과에 급제하여 벼슬을 시작하였는데 6품 정언직부터 시작하였으니 벼슬의 출발이 남들보다 앞섰다. 28세에 예조와 병조의 좌랑을 지내고 사헌부 지평이 되었으며, 29세에 언관으로서 활동하였다. 35세에 경신대출척으로 남인이 퇴출되고 서인계가 집권하였다. 영의정 허적의 서자 아들 허견의 간통 사실과 관련하여 남인 권대운, 민희, 허목 등이 죄인을 용납하려는 것을 신완은 사헌부와 사간원의 관료들과 합동하여 권대운 등을 파직하자는 글을 올렸다.

대사간 유상운 집의 최후상 정언 안후태·신완 등이 합동하여 아뢰기를, "지난해 허견이 양가집 여인을 간통한 사실은 포도청에서 증거가 이미 밝혀져 보고서가 작성된 뒤에, 당시의 좌의정 권대운과 우의정 민희 등이 사리와 체면에 관계된 일이라 핑계하여 연명으로 상소를 올렸고, 다시 아뢰어 끝내는 의금부로 이송케 함으로써, 법을 우롱하고 멋대로 심사를 드러내어 옥사를 어지럽게 하여 사람의 생사를 마음대로 하였습니다. 권대운 등은 자신이 대신의 반열에 있으면서 권력을 쥔 간신에게 아첨하여 천한 서얼을 감싸주고, 사리와 체모라는 명분을 핑계하여 안건을 뒤집었으니, 임금을 속이고 가려 동정한 죄는 뚜렷하여 감출 수가 없습니다. 청컨대 판중추부사 권대운과 지중추부사 민희를 모두 파직시키소서.

생각건대 우리 효종 대왕께서는 10년 동안 왕위에 계시면서 몸과 마음을 다해 다스리기를 꾀하였으나, 백성들이 복이 없어서 뜻을 펴지 못하셨으니, 천 년 뒤에도 풍모와 공적을 생각할 수 있을 것인데, 누가 감히 헐뜯을 수가 있겠습니까? 판중추부사 허목의 본심은 자기와 다른 자는 시기하고 계책은 당파를 엄호하기에 급급하여 전년에는 경연 석상에서 감히 효종 때의 정사가 어지러웠다는 말을 함부로 아뢰었습니다. 아! 이것이 무슨 말입니까? 허목은 본래 자기주장이 없이 한결같이 남의 권고만 들었기 때문에 모든 논의가 어긋나지 않은 것이 없는데, 이 한 마디 말은 더욱 거칠고 거만합니다. 또 이정李楨과 이연李㮒 등의 궁녀의 변에는 윤휴와 더불어 앞장서서 만나기를 청하여 법을 위반하며 변명하여 구하였으며, 실상을 캔다고 핑계대고 부원군을 불러다 묻자고 까지 하였으니, 전후의 범죄를 결단코 용서할 수가 없습니다. 청컨대 판중추부사 허목을 파직시키소서." 하니, 임금이 그대로 따랐다.

– 숙종실록 6년 5월 13일 –

신완은 남인의 거두 권대운·허목·민희 등을 공격하여 실각시키는데 큰 역할을 함으로써 당쟁의 중심 인물로 떠 올랐다.

30대 후반부터 40대 초반까지 승정원 승지로서 임금의 총애를 받아 근무하다가 도승지에까지 이르게 된다. 이후 대사간, 대사헌 등 언관의 장관을 모두 역임하였고, 부모상을 당하여 물러나 있는 사이 남인들이 기사환국으로 집권하였다.

49세에 갑술환국으로 다시 집권하여 대사간이 되었고 세자 우부빈객을 겸하여 세자를 측근에서 모시게 되었다. 이 해 겨울 청나라 사신으로 뽑혀 연경에 갔다. 1695년 숙종 21년 2월에 50세가 되어 우의정 유상운이 사신으로 나가 있는 신완을 이전의 일로 삭출할 것을 청하니 임금이 받아들였다.

우의정 유상운이 김광우가 제배와 서경을 할 때에 편지로 부탁한 일을 가지고 잡아다가 문초할 것을 청하였다. 심권·조대수 등 여러 신하들이 굳이 붙잡아다 문초할 것까지는 없다고 많이 말하니, 임금이 삭직시키라고 명하였다.
유상운이 또 이광적·신완이 심부름꾼을 보내 외방에 폐를 끼친 일을 가지고 채시재를 아울러 잡아다 심문하여 바로 본보기의 형률을 적용할 것을 청하니, 임금이 받아들였다.

신완은 왕명을 받들고 사신으로 외국에 나갔기 때문에 삭출을 명하고, 이광적은 채시재의 조사 심문을 끝마치기를 기다린 다음 잡아다가 문초할 것을 명하였다. 유상운이 또 성문 밖으로 추방한 죄인 이관징이 직첩을 되돌려 줄 것을 청하니, 임금이 허락하였다. 이관징은 일찍이 1689년 기사환국때 경상과 재상들의 상소에 참여했다가 이로 인해 죄를 입었는데, 이 때에 와서 유상운과 여러 신하들이 이관징이 연로하고 질병이 심하다고 아뢰었기 때문에 이런 명이 있었던 것이다.

– 숙종실록 21년 2월 10일 –

이해 12월에 대사헌으로 복직하였고, 이듬해 좌참찬과 대사헌을 번갈아 연임한 후 1696년 숙종 22년 52세에 예조판서가 되고 1698년 숙종 24년 7월에 이조판서가 되어 권력의 중심에 섰다. 이어 55세인 1700년 숙종 26년에 우의정이 되어 적의 침략으로부터 피신할 북한산성을 쌓아야 한다는 주장을 펼쳐 산성을 축조하게 된다.

1703년 숙종 29년 58세에 영의정에 발탁되니 당시의 사관이 다음과 같이 평하고 있다.

"신완은 공훈의 집안에서 생장하여 자기 몸을 보양함이 사치스러운 데다가 성품이 또한 유순하여 친척과 친구로부터 아래로는 왕세자를 모시는 어린 아전·종에 이르기까지 모든 부탁을 다 들어주어 자질구레한 일이 많으니 남들의 비방을 많이 들었으며, 그의 종들이 세력을 믿고 함부로 날뛰니 시정 사람들이 '삶아 죽여야 한다.'고 아우성을 쳤다. 또 기생첩이 권세를 부려 장사치와 시정의 무리들이 연줄을 대어 뇌물을 바쳤는데, 신완이 다 아는 바는 아니었다."

1706년 61세에 충청도 유생 임부가 상소를 올리기를 "아아! 전하께옵서 즉위하신 지 여러 해가 되었는데도 왕자가 없으시어 온 나라의 신민이 비는 마음 간절하옵더니, 황천이 돌보시고, 조종의 신령이 묵묵히 도우사 늦게 원자 탄생의 경사를 보시게 되어 우리 국운이 견고하게 되었으니, 신민의 큰 경사이고, 조종의 큰 복이옵니다. 어리신 나이에 세자가 되시어 어질다는 소문이 일찍부터 드러났으니 왕통을 잇는 중함은 신명과 사람이 의탁하고, 왕세자의 기대는 신하와 백성이 일치합니다.

그러나 탄생한 뒤로부터 일종의 음흉하고 간사한 무리들이 은연중 불리하게 하려는 마음을 가지고 있더니, 신사년에 이르러서 노론들이 동궁을 모해하려 한다는 말이 죄인 윤가의 진술에서 나왔는데도, 당시의 국청에서는 그 말을 빼버리고 정신없는 진술로 돌려 감추고 아뢰지 않았으니, 이것은 진실로 무슨 뜻이며 이것은 차마 할 수 있는 일입니까? 이 말이 한번 나오자 원근에 자자하였으니, 전파된 말이 혹시라도 허망되고 그릇된 것이 아니라면 세자 탄생한 처음에 모해하려고 했던 자가 마침내 흉악한 짓을 자행하지 않으리라고 어찌 장담하오며, 전에 윤가의 진술에 나온 말을 숨겼던 자가 뒤에 가서 세자를 해칠 음모를 꾸미지 않으리라고 어찌 장담하겠습니까? 인심이 매우 그들에 대하여 과거의 일을 분히 여기고 장래의 일을 위태롭게 여기며 두려워합니다. 아아! 통탄스럽습니다. 이 무슨 세상이옵니까?"

- 연려실기술 -

유생 임부의 상소로 신사년 10월 24일에 국옥에 참여한 대신 이하의 여러 신하를 파직케 하니, 그때 국옥에 참여한 자가 좌의정 이세백, 우의정 신완, 판의금부사 이여, 지의금부사 김창집 등이었다. 좌의정 이세백은 이미 죽었고, 이듬해 1월 임부도 고문 끝에 죽고, 2월에 신완도 병환이 심하여 수레로 서울로 모셨다가 자택에서 임종하니 나이가 62세였다. 부음이 알려지자 임금께서 크게 슬퍼하시어, 당파싸움으로 평생을 시달린 신완의 죽음을 애도하고 마지막 길을 위하여 다하지 않음이 없었다. 문장공文莊公으로 시호를 내리며 장례를 정중하게 치루도록 하였다.

만언소를 올리다

우의정으로 재직중 기상 재변이 자주 일어나자 임금의 언행과 정치적 근신을 요구하는 8조목의 만언소를 올리니 임금께서 아름답게 받아들이고 의정부에 내려 처리하게 하였다.

"첫 번째는 정치의 근본을 세우는 것이니, 제왕이 다스리는 도리는 군주의 마음에 근본하지 않는 것이 한 가지도 없으며, 국가의 존망과 정치의 득실도 모두 여기에 관계됩니다. 오늘날을 가지고 말한다면, 밖으로는 조정과 안으로는 궁중이 모두 전하의 한 마음에 달려 있는데, 조정의 기강이 해이해지고 여러 가지 일이 자질구레하며, 궁정의 재산증식이 임금님의 덕에 누를 끼치고 있으니, 전하께서 근본을 바로잡고 근원을 깨끗하게 하는 공력이 완전하지 못한 바가 있어 그러한 듯합니다. 마음이 정밀하고 마음을 한 곳에 모아 중용의 도를 지키는 것이 본래 전하의 집안의 규율이니, 풍기연익의 계책을 더욱 깊이 생각할 만합니다.

두 번째는 인재를 얻는 것이니, 하늘이 인재를 낼 적엔 멀고 가까운 것으로써 차별을 두지 않았습니다. 우리 조정의 학문을 하는 선비로 영남·호남에서 나온 자를 이루 손꼽아 헤아릴 수 없을 정도인데, 지금 관각에서 선발하여 조정에 사람을 천거할 때, 단지 문벌의 고하로써 뽑으니, 어찌 멀리 외방에 있는 인재를 불러올 수 있겠습니까? 백성을 다스리는 관원은 수령만한 자가 없고, 수령의 기강은 감사에게 달려 있는데, 감영이나 병영을 맡는 자를 예例에 따라 임명하고 고을 수령이 되는 자를 인사행정 때를 만나 구차스럽게 채운다면, 백성이 그 해를 입을 뿐만 아니라 혹시라도 위급한 일이 있을 경우, 국가가 어디에 의지하겠습니까? 또한 조정에서 사람을 임용할 적엔 그 직임을 오래 맡게 한 연후에야 그 성과를 요구할 수 있는데, 오늘날을 보건대, 안으로는 대성을 아침에 임명했다가 저녁에 옮기고, 밖으로는 주·군이 쉬어가는 여관처럼 되었으니, 어찌 많은 공적을 빛내고 성과를 요구할 수 있겠습니까?

세 번째는 붕당을 없애는 것이니, 불행하게도 우리 조정은 당론이 선조 초년에 일어나 돌아가면서 표방하게 되었고 이로 인하여 파벌을 이루었습니다. 오늘날에 이르러서는 한 집안에서 적국보다 심하게 싸우고, 한 당파 내에서 병기를 서로 찾고 있으니, 공경하고 협력하는 아름다움은 기대하기 어렵게 되었으며, 완전히 빠져들게 되는 어려움이 며칠 안으로 이르고야 말 것입니다. 신의 어리석은 생각으로는, 전하께서 표준을 세우고 국가를 다스리는 중용의 도를 세우시어 편벽되지 않고 치우치지 않게 하시어서, 스스로 광대하고 고명한 지경에 이르신다면, 붕당은 없어지기를 바라지 않아도 저절로 없어질 듯합니다.

네 번째는 백성들의 고통을 불쌍히 여기는 것이니, 오늘날 백성들의 생활은 극도에 달했다고 할 수 있습니다. 1695년·1696년의 기근과 1698년·1699년의 전염병은 예전에 없던 바로써, 곡식이 다 없어지도록 나누어 구휼하였으나 그래도 부족하였습니다. 다른 나라에 양곡을 팔기로 요청함은 어렵지 않았는데, 백성들의 힘이 조금 회복되기에 이르자, 침해하고 독촉하는 혹독함은 지난날보다 심하여, 군사들의 군세와 각 관청의 공물을 바침이 그치지 않고 오래되어 묵은 논밭과 거처없이 떠돌아 다니는 사람에 대해서도, 차별을 두지 않으며, 침해하고 독촉하는 근심이 이웃과 친족에게까지 미치고 있습니다.

근본이 되는 지역은 도리로 보아 마땅히 구휼해야 할 것인데, 삼사에서 법령을 어겨 난동하는 것을 금지하는 폐해와, 형조에서 구속하는 법규에 대해 임금께서 특별히 타일렀음에도 불구하고 전날과 똑같으니, 이로 명령이 시행되지 않고 백성이 더욱 곤궁함을 알 수 있습니다. 지난해에 흉년이 든 끝에 수재가 또 참혹하여 농사를 망치고 백성들의 목숨이 끊어지게 되었으니, 백성들을 살리는 계책을 충실히 강구하여야 마땅하겠습니다.

다섯 번째는 군제軍制를 정하는 것이니, 우리 태조·태종께서 난을 평정하고 나라를 처음 세워서, 고려의 제도를 혁파하고 오위영의 군대를 두었습니다. 이는 대개 한·당·송·명의 법제에서 취한 것인데, 애석하게도 이 법이 한 번 바뀌자 군제에 계통이 없어졌고, 모집하고 모으는 문을 넓게 연 것도 자수하는 길을 열어준 것이 되어, 군인수가 점차 방대해지고 문란함이 날로 심해지고 있습니다. 만약 크게 변통하려 한다면, 예전 제도를 따르고 거짓 장부를 없앨 것이며, 이를 할 수 없다면, 여러 도에 흩어져 있는 군사를 전부 바꾸어, 부근에서 부대를 만들어 징발하기에 편하도록 하며, 전국의 군사가 바치는 군세는 모두 균일하게 해서 차이를 없게 한다면, 어찌 오늘날과 같이 문란함이 있겠습니까?

여섯 번째는 군역과 부역을 고르게 하는 것이니, 군보에게 포布를 징수하는 규정은 실로 삼대와 한·당·송나라에서는 없던 것입니다. 온 나라 사람들이 모두 포를 바치는 일이 없는데, 유독 군인이라 이름하여 마치 원수처럼 여기며 침범하고 학대하여 포를 징수하되, 근심이 이웃과 친족에게 미치고 심한 경우는 백골에까지 이르게 되니, 정한 제도가 이미 잘못되었습니다. 비록 포를 징수하는 일이 있다 하더라도 바치는 바를 균등하게 해야 하는데도, 혹은 한 사람이 3필을 바치기도 하고 혹은 세 사람이 아울러 1필을 바치기도 하며, 혹은 일생동안 한가롭게 놀면서 영구히 안락하게 지내는 백성이 되기도 하니, 어찌 그 균등하지 않음이 이 지경에 이르렀습니까? 인조 때부터 일찍이 군적·호포(세금)·구전(중개료)에 대한 의논이 있었으나, 군적은 지금의 기강으로는 결코 시행할 수가 없으며, 호포도 균일하게 하기가 어렵습니다. 구전에 이르러서는 한나라 때부터 이미 시행하였는데, 지금 나라에서 1년 동안 군포軍布에 의지하는 바를 계산해서, 전국의 인구수에 균등하게 나누되, 귀천을 논하지 않고 인구를 헤아려 돈을 거두어서 겨우 잇대어 쓸 만할 정도로 그쳐 군포를 대신하게 한 연후에 양민과 천민을 논함이 없어, 장정을 잘 골라 인재를 뽑아서 충군한다면, 백성에게서 취하는 것은 매우 적은데도 나라의 쓰임새는 넉넉해지며, 군대의 사기는 왕성해질 것입니다.

일곱 번째는 성과 연못을 수축하는 것이니, 우리 나라 산천의 험준함은 천하에 으뜸인데, 1636년 병자호란에 청인들이 승리를 거둔 것은 모두 서쪽 변방을 지키지 못하고, 도성을 지키지 못하고 버린 소치에서 연유하는 것입니다. 지금 논하는 자들은 말하기를, '만약 사변이 있게 되면 마땅히 남한산성과 강화도를 돌아가 의탁할 곳으로 삼아야 한다.' 하는데, 위급할 때에 도성이 믿을 만한 곳이 아님을 알고 있는 것입니다.

신이 일찍이 보건대, 창의문 밖에 있는 탕춘대의 옛터는 사면이 험준하고 벽이 깎아지른 듯이 서 있으니, 산세를 따라 돌을 포개어 담을 덧붙여 쌓되, 창고의 곡식을 예치해 두고 먼저 무기를 쌓아 두어 서울 성과 안팎이 되어 서로 응원하게 하고 힘을 합쳐서 굳게 지킨다면, 나라에는 파천(피난)할 근심이 없고 백성은 견고한 뜻이 있게 될 것인데, 가까운 거리에 있는 천연의 험준한 곳을 지금까지 비어둔 채 버려두었으니, 그 애석함을 견딜 수 있겠습니까?

또한 옛사람들은 큰 길의 좁고 막힌 곳에서 있는 힘을 다하여 방어하였으니, 서쪽의 동선洞仙·청석靑石 및 세 개의 큰 강과 남쪽의 낙동강·조령·한강·남한강과 북쪽의 세 개의 큰 고개가 모두 미리 정한 순찰지가 아니었는데도, 험준한 곳으로 설정하여 굳게 지킨 것은 어떤 이유입니까? 오늘날 태평한 때에 이르러 싸우고 지킬 계책을 미리 강구하여, 무릇 여러 도의 좁고 막힌 요해처를 순찰지로 삼아 기필코 사수하도록 하고, 또한 서울 성의 사방 가까운 곳에 서울을 지키는 고을로 정하여, 한·당·송나라의 옛 제도와 같이 서로 앞뒤가 되어 번갈아 싸우고 지켜야 합니다. 수군에 이르러서는 또 육군의 제도와 같이, 남아 있는 보루에 군사를 합하여 큰 진영을 이루게 한다면, 준비하여 막는 방법에 거의 합당할 것입니다.

여덟 번째는 경계를 바르게 하는 것이니, 우리나라의 도량제는 처음에 매우 간단하였는데, 육등급으로 고친 후에 조금 균등하게 되었다가, 임진왜란 후 1604년 선조37년에 비로서 양서와 관동을 다시 측량하였습니다. 1634년 인조12년에 양남을 측량한 지가 이제 이미 70년이 되었고, 호서와 관동 반쯤 측량하다가 중지하였으며, 해서는 단지 네 고을만 측량한 지도 또한 40년이 되었습니다. 중간에 간사하게 속이는 폐단을 모두 막을 수 없고, 세력이 강한 자들이 이익을 독점하여 세입이 더욱 줄어들게 되니, 한 번 고쳐서 바로잡지 않을 수 없습니다. 작년 유집일의 토지의 법은 그가 호조에 올린 구정양법丘井量法과 암행어사의 보고서로 본다면, 실로 간사함을 막는 묘법이 될 것이니, 진실로 이를 팔도에 두루 시행한다면, 수백 년 동안 문란해진 구획을 정돈할 수 있을 것입니다. 오직 성상께서 뜻을 결정하여 시행하도록 하소서."
하였다.

답하기를,

"경의 상소를 살펴보고 이어서 책자를 보건대, 나라를 근심하고 백성을 사랑하는 정성이 말의 표면에 넘치므로, 내가 매우 감탄하였다. 마음에 두지 않을 수 있겠는가? 변통할 만한 일을 의정부로 하여금 충분히 강구해서 처리하도록 하겠다." 하였다.

― 숙종실록 28년 8월 11일 ―

북한산성 쌓기를 건의하다

1703년 숙종 29년 3월 15일 대신과 비국의 재신들을 인견하여, 북한산성의 축성하는 일을 논의하다.

대신과 비국(비변사)의 여러 재신들을 불러 만났다. 이조판서 김구가 아뢰기를, "나라의 보장保障은 다만 강도와 남한이 있을 뿐인데, 전일에 성상의 하교에 또한 이르기를, '남한은 외롭게 떨어져 있고 강도는 조금 멀며, 또 바다의 적을 피하는 데에 적합하지 못하다.'라고 하셨으나, 신의 염려하는 바는 다만 이것만이 아닙니다. 양도가 비록 믿을 만하더라도 군기와 군량을 서울에 저장하였으니, 만일 피란하는 일이 있으면 다만 도적에게 이용되는 자료가 될 뿐입니다. 신의 생각에는 만약 급한 때에 임하여 파천(피난)할 계책을 하려고 한다면, 미곡(곡식)은 날마다 먹는 식량이므로 비록 폐기할 수 없다고 하더라도, 병기에 이르러서는 절대로 만들지 말게 하여 한갓 재력만 허비하지 말도록 하는 것이 좋은 계략이 될 것입니다.

예전에 완풍 부원군 이서가 남한산성을 쌓을 때에 조정의 의논이 갈래가 많았는데, 이서가 홀로 자신이 담당하여 마침내 그 공사를 완성하여 1636년 · 1637년 난리에 힘을 크게 얻었습니다. 또 듣건대, 이서가 공조 판서가 되어 큰 배 10여 척을 감독해 만들었는데, 사람들이 모두 의혹스레 여기므로 함릉 부원군 이해가 그 만든 까닭을 물으니, 이서가 말하기를, '만일 사변이 있어 장차 강도로 들어가게 되면, 건너갈 배를 만들어 기다리게 하려고 한다.'라고 하였으니, 선배先輩가 나라를 위하는 깊은 생각이 대개 이와 같았습니다.

방금 국가가 안일에 빠져서 구차하게 무사한 것만 바라고 있는데, 갑자기 사변이 있으면 하나도 믿을 만한 것이 없는데도, 한 사람도 깊이 근심하고 먼 앞일을 생각하는 이가 없으니 진실로 한심스럽습니다. 신이 일찍이 북한산성이 편리하다고 여겨 다시 가서 거듭 살펴보니, 천지 만엽이 둘러 쌓여서 진실로 아주 안전하고 함락되지 아니할 형세가 있었으며, 또 깎아지른 듯한 곳이 많아서 성을 쌓을 즈음에 공역이 크게 줄어들고, 위급할 때에 힘을 얻음이 이곳보다 더 낳은 곳이 없었으니, 큰 계책을 빨리 정하지 않을 수 없습니다. 의논하는 자가 말하기를, '도성을 지켜야만 된다.'고 하지만 임금을 받들고 외로운 성을 지키는 것은 진실로 위태로운 일이니, 먼저 북한산성을 쌓아서 도성과 안팎으로 서로 의지하는 것만 같지 못합니다. 임금의 수레를 따르는 군병은 북한산성을 지키고, 도성 백성과 다른 군사는 도성을 지키면, 설령 도성이 함락된다 하더라도 족히 급함에 임하여 물러가서 지킬수 있습니다."

하니, 우의정 신완은 말하기를,

"이 일을 발단한 자는 신臣인데 조정 의논이 서로 달라서 아직 결정하지 못하였으니, 신은 저으기 개탄하고 있습니다. 국가가 편안한 지 70년에 재난이 거듭 이르고, 세상의 도道가 더욱 떨어져서 어느 때에 어떤 화변이 있을지 알지 못하니, 사전에 준비하는 계책을 어찌 늦출 수 있겠습니까? 전일에 소란이 있자, 도성 백성이 모두 북한산성을 빨리 쌓기를 원하여 재물을 내어 부역하려고까지 하였으니, 모든 일이 진실로 나라에 이로우면 백성이 비록 하고자 하지 않더라도 행할 수가 있습니다. 하물며 지금은 인정을 크게 볼 수 있으니, 지리와 인화란 이를 이르는 말입니다. 혹은 말하기를, '흉년에 백성을 부역시킬 수 없다.'고 하지만 이것도 그렇지 아니합니다. 굶주리는 백성 가운데 장정을 거두어 모아서 양식을 주어 부역하게 하면, 무슨 의심스러움이 있겠습니까?

이기하가 전번에 도성을 지키기를 청하였는데, 신도 반드시 도성을 버리려고 하는 것은 아닙니다. 북한산성은 지세가 높아서 도성 안을 눌러 내려다 보고 있으니, 사람에 비유하면 목을 조르고 등을 누르는 형세입니다. 만약 도성을 수축하여 북한산성을 작은 성으로 삼고 힘을 합하여 같이 지킨다면 진실로 좋을 것이나, 북한산성을 버린다면 도성이 아무리 튼튼하다 하더라도 결코 홀로 지킬 수 없습니다. 그런데 사람들이 모두 형편을 알지 못하고 다만 말하기를, '도성을 지켜야만 된다.'고 하니, 진실로 웃을 만한 일입니다. 대저 일을 행할 시초에는 여러 의논이 뜰에 가득한 것인데, 오직 위에 있는 사람이 때를 헤아리고 힘을 헤아려서 단연코 시행할 뿐입니다."
하였다. 김구는 말하기를,

"신의 생각에는, 쌀 1만 석·면포 1천 동과 역군 1만여 명으로 두어 달 공사를 하면 완전히 쌓을 수가 있다고 여겨집니다. 만약 통영 순검의 쌀과 베를 가져와 쓴다면, 재물이 없음을 근심하지 않을 것입니다. 만일 혹시 피난하는 일이 있으면, 비록 쌀과 베가 산처럼 쌓였다 하더라도 장차 어디에 쓰겠습니까? 이는 정자를 짓는 것에 비할 것이 아니고, 장차 종묘사직을 의탁할 곳을 만들려고 하는 것이니, 재력을 아낄 것이 아닙니다. 요즈음 형혹성이 남두성에 들어갔는데, 1590년 선조 23년과 1591년 무렵에 이런 천변이 있자, 충신 조헌이 천문에 정통하여 남에게 보낸 글과 조정에 올린 상소에, '어찌 이런 천변이 있는데 병란이 일어나지 않겠느냐?'고 한 말이 있었는데, 얼마되지 아니하여 임진·계사의 병화가 있었습니다. 앞의 일이 이미 징험되었으니, 일찍 계책을 세우지 않을 수 없습니다."

하고, 승지 홍수주는 말하기를,

"대개 민정을 들어보건대, 모두 말하기를, '진실로 이 성城에 들어가기만 하면 난리에 이르러서 처자를 보호할 수 있다.'고 하며, 모두 같은 말로 성을 쌓기를 원하는데, 이제 만약 중지하면 반드시 크게 실망할 것입니다."

하였다. 임금이 신완을 돌아보며 말하기를,

"경卿이 올린 책을 내가 이미 자세히 보았다. 대저 조용히 생각하건대, 양도의 보장保障은 믿을 수 없음이 저와 같고, 도성은 넓고 커서 또한 지킬 수 없으니 형편으로 말하자면 북한산성이 가장 좋다. 1626년 인조 4년에 비로소 남한산성을 쌓았는데, 병자년 난리에 처음에는 강도로 들어가려고 하였다가 마침내 남한산성으로 들어갔으니, 그때에 만약 남한산성이 없었다면 나랏일이 어느 지경에 이르렀을지 알지 못하겠다. 생각이 이에 이르자 마음이 떨림을 깨닫지 못하겠다. 오늘날 사변의 준비를 어찌 조금이라도 소홀히 할 수 있겠는가?"

하니, 신완이 말하기를,

"성상의 하교가 진실로 그러합니다. 옛날에 촉나라 유비가 강릉으로 달아날 적에 강한 도적이 뒤에서 추격하는데, 백성들이 어린애를 업고 서로 따르자 유비가 차마 버리고 가지 못하여 하루에 수십 리만 갔으니, 이는 이른바 신의信義가 천하에 드러난 것입니다. 이제 도성 백성이 우러러 받드는 바는 오직 국가인데, 난리에 임하여 창졸간에 버리기를 잊은 것처럼 한다면, 임금이 백성과 더불어 어려움을 함께 하는 뜻이 아니니, 백성이 어찌 윗사람을 친하고 장관을 위해 죽을 마음이 있겠습니까? 만약 이 성을 쌓아서 군기를 단련하고 식량을 저장하여 군신 상하가 한 마음으로 굳게 지키면, 종묘사직이 피난하는 욕됨이 없고 도성 백성이 흩어질 염려가 없으며, 온 성의 안팎이 문득 부자와 같아서 병졸은 죽음으로써 싸워서, 마침내 천험의 요새지를 지키게 될 것이니, 어찌 만전의 계책이 아니겠습니까?"

하였다. 형조 판서 민진후가 말하기를,

"신이 일찍이 도성을 지키기를 청하였는데, 성상께서 넓고 커서 지키기 어렵다는 것으로 하교하셨으니, 신은 진실로 병사에 어두워서 끝내 깨닫지 못하겠습니다."

하니, 임금이 말하기를,

"만일 도성을 지킬 수 있다고 하면 또한 마땅히 더 쌓아야 할 것인데, 공력이 새로 쌓는 것과 무엇이 다르겠는가?"

하였다. 김구가 말하기를,

"도성은 넘보는 산이 많이 있고, 성첩이 낮고 약하며 지세가 낮고 평탄하므로, 비록 더 쌓는다 하더라도 역시 지킬 수 없습니다."

하자, 민진후가 말하기를,

"신도 도성을 더 쌓는 것이 마땅하다고 생각합니다. 산성 중에 넘보는 산이 없는 것은 아주 적으니, 비록 넘보는 산이 있다고 하더라도 어찌 방어할 대책이 없겠습니까? 그렇지만 신은 감히 도성의 일은 다시 말하지 않겠습니다. 다만 김구의 말에는 서로 힐난하지 않을 수 없는 것이 있습니다. 만약 북성을 쌓은 뒤에 도성을 포기하여 청야의 법과 같이 한다면 혹시 될 수가 있겠지만, '우선 민병으로 성첩을 지키다가 급할 때에 다다라서 물러가 지킨다.'고 하는 것은, 이것이 무슨 말입니까? 황급히 옮겨 들어갈 즈음에 백성이 장차 짓밟혀서 모두 죽을 것이며, 북성의 백성의 마음도 또한 반드시 놀라 소란할 것인데 어찌 능히 성을 지키겠습니까? 이 일은 거의 아이의 장난과 같으므로 결코 옳지 못한 것을 알 수 있습니다. 또 전일 성상의 하교에, '청국의 비난을 근심하셨으니, 다시 마땅히 선후책을 깊이 생각하여 역사를 시작하더라도 늦지는 않을 것입니다.'

하였다. 김구가 말하기를,

"노약자와 군량을 먼저 옮겨 들이고, 임금을 모시어 성첩을 파수하면, 백성의 용기가 백 배나 더할 것이니 견고하지 못함을 근심할 것이 없으며, 인하여 남은 군사로서 도성을 아울러 지키고, 설령 도성이 함락된다 하더라도 높은 데 올라가 험한 곳에 웅거하기를 고사에 이른 바와 같게 한다면, 또한 족히 스스로 튼튼할 것이며 평지에 진영을 연한 것과는 아주 다를 것인데, 어찌하여 짓밟혀서 남는 백성이 없는 지경에 이르겠습니까? 이쪽과 저쪽 두 성이 서로 이해관계가 밀접한 형세를 이루면, 적이 감히 침범하지 못할 것입니다. 하물며 거가(가마)가 머무는 곳에는 적이 그곳에만 마음을 써서 공격할 것이니, 반드시 북한산성을 놓아 두고 도성을 공격하지는 않을 것이며, 비록 도성을 탈취한다 하더라도 백악과 인왕산 밑은 형세가 오래 머물기는 어려우니, 공격과 수비의 형세가 서로 달라서 적의 형세 또한 피폐해질 것입니다."

하자, 민진후가 말하기를,

"하나의 도성도 오히려 넓고 크다고 하면서, 새로이 성을 쌓아서 남은 힘으로 두 성을 다 지킨다고 하는 것은, 어찌 그럴 이치가 있겠습니까? 성을 지키는 자가 처음에는 비록 견고한 성지로 믿을지라도, 진영에 임하여 적과 대하면 오히려 두려움과 겁내는 마음이 있게 되는데, 하물며 반드시 지키지 못할 형세를 먼저 보이고서 급함에 임하여 옮겨 피하게 하면 군사의 마음이 이미 흉흉할 것이니, 어찌 능히 굳게 지키겠습니까? 이미 도성을 잃으면 북한산성의 사람들이 형세를 바라보고서 기운이 빠져 또한 곧 함락당하게 될 것입니다. 이는 진실로 사리가 반드시 그렇게 될 것이므로, 어린아이도 쉽사리 알 수 있는 것입니다. 보통 사람이 일을 시작하는 데에도 오히려 아주 안전하기를 생각하는데 하물며 제왕이겠으며, 일이 작은 것도 살피고 삼가야 할 것인데 하물며 군비의 일이겠습니까? 다시는 위험한 일을 행하는 데 유의하지 않으시면 매우 다행하겠습니다."
하니, 신완이 말하기를,

"북한산성은 도성 안을 눌러 내려다 보고 있어서 포와 돌이 서로 미칠 수 있으니, 우리가 북한산의 형세를 웅거하여 굽어보면서 적을 죽기 살기로 제압하면 적이 쳐다보고 공격할 수 없을 것이니, 어찌 능히 오래 머물겠습니까? 신의 어리석은 생각으로는, 먼저 북한산에 웅거하면 비록 사대문을 열어 놓을지라도 적이 감히 들어오지 못할 것이라고 여겨집니다."

하였다. 어영 대장 윤취상은 말하기를,

"두 성의 형세가 내·외성과는 다름이 있으니, 가령 도성을 지키지 못하더라도 어찌 북한산성을 보존하지 못할 이치가 있겠습니까? 오직 방어는 적임자를 얻는 데 있을 뿐입니다."

하고, 김구는 말하기를,

"지금 재난이 이와 같은데, 만일 병화가 있으면 어떻게 할 수가 없습니다. 생각이 이에 미치니 백성을 구제하는 것은 도리어 둘째 일이니, 성을 쌓는 일을 어찌 조금이라도 늦출 수 있겠습니까?"

하니, 임금이 말하기를,

"북성의 형편은 진실로 아주 안전하므로 이때에 비록 공사를 시작하지 못하더라도, 내 뜻이 이미 정해졌으니 먼저 여러 군문으로 하여금 경영관리하도록 하라."

하자, 신완이 일어나 하례하기를,

"성상의 계책을 이미 굳게 정하셨으니, 진실로 종묘사직의 다행입니다."

하였다. 임금이 말하기를,

"수령이 자주 갈려서 영접하고 전송하는 폐단이 있는데, 고을의 탕진은 진실로 이에 말미암은 것이다. 아룀은 풍문에서 나왔으니 비록 모두 믿을 수는 없지마는, 상하가 서로 버티면 한갓 체면만 손상시킬 뿐이어서 윤허하지 아니할 수 없었다. 그러나 뜬

소문으로 전하는 말은 사실과 틀리기가 쉬우며, 바꾸는 수령 또한 반드시 어질지는 못할 것이다. 이 뒤로는 사헌부와 사간원에서 마땅히 제기할 처음에 자세히 살필 것이다."

하니, 신완이 말하기를,

"예전에는 사실과 어긋남으로써 혐의를 피한 사례가 있었는데, 지금은 다시 볼 수 없게 되었습니다. 전일에 최진한은 잘 다스린다는 명성이 있었으나 탄핵을 받고 떠나가므로, 신이 연임을 청하였습니다. 그러나 그 뒤 발론한 사헌부 관리가 오히려 끝까지 스스로 옳다 하니, 진실로 그 옳음을 알지 못하겠습니다."

하였다. 홍수주는 말하기를,

"요즈음 사헌부의 아룀으로써 말하면 황해도 연안의 토지와 화폐는 거의 장물에 가까운데도 죄가 파직에만 그쳤으니, 비록 억울한 단서가 있더라도 어떻게 변명해 밝힐 수 있겠습니까? 이와 같은 것은 마땅히 잡아다 사실을 조사하면 죄가 있고 없음은 저절로 드러날 것입니다."

하고, 대사간 이건명은 말하기를,

"사헌부 사간원의 풍문은 간혹 사실과 어긋남이 있지만, 만약 이로 인해 위축되어 탄핵하는 일이 없으면 탐관 오리가 무엇을 징계하고 두려워하겠습니까? 전하께서 염려하심이 민폐에 미치시니 뜻이 매우 거룩하십니다만, 만일 사헌부의 아룀에 대해 문득 자세히 살피지 못한 것으로 의심하시면 사헌부 사간원을 가볍게 여기는 잘못이 있을 듯합니다."

하니, 임금이 말하기를,

"대각의 논의가 어찌 반드시 모두 옳겠으며, 또한 어찌 모두 그르겠는가? 탄핵이 한 번 일어나면 반드시 벼슬이 갈리고야 말게 되니, 내가 자세히 살피도록 하려는 것은 이 때문이다." 하였다.

― 숙종실록 29년 3월 15일 ―

신완의 졸기

신완에 대한 졸기도 당파를 달리했던 사람들과 같은 당인의 평가가 달리 기록되어 있다. 숙종실록과 숙종실록 보궐편에 나타난 기록을 살펴보자.

1707년[62세] 숙종 33년 2월 25일 평천군 신완의 졸기 〈숙종실록〉

평천군 신완이 졸하니, 나이 예순 둘이었다. 신완은 성품이 인자하고 마음이 즐겁고 편안하여 평소에 당황하거나 얼굴색이 변하는 일이 적었으며, 또 친족에게 화목하고 옛 친구에게 독실하였다. 젊어서 조지겸과 잘 지냈는데, 뒤에 그 마음가짐이 바르지 못함을 보고는 결국 소원하게 대하였으며, 선비들과 더불어 서로 사이가 좋아 힘써 명분과 의리를 주장하였다. 인사권을 관장하게 되자 도와주고 억제함을 공론을 따랐는데, 이 때문에 사악한 당파들이 깊이 질시하여 이세근의 탄핵이 있기까지 하였고, 또 임부와 이잠에게 무함·날조를 받아 죄를 청한 채 해를 넘겨 마침내 병상 속에서 졸하니, 세상에서 이 때문에 애석하게 여겼다.

1707년[62세] 숙종 33년 2월 25일 평천군 신완의 졸기 〈숙종실록 보궐〉

평천군 신완이 졸하였다. 신완이 외모는 비록 단아하였지만, 속은 실로 흐리멍덩하고 겁이 많았으며, 부드럽고 유약하여 특별한 절개와 지조가 없었다. 젊은 날에는 한태동과 조지겸에게 붙어 깨끗하고 공정한 언론을 주장하였는데, 1694년에 이르러 충훈부의 일 때문에 남구만에게 논박받아 파직되었으므로, 속으로 원한을 품었다. 이때 문순공 박세채가 반역 토벌을 주장하여 남구만과 약간 차이가 있었는데, 신완의 무리가 마침내 스승의 문하를 구실로 삼아 당인과 투합하였다. 뒤에 이조에서 시작하여 의정부에 올라 임금의 뜻에 순종하고 복종하여 오랫동안 권력을 차지하고, 당인을 심고 선비들을 배척해 억눌렀으므로 여러 차례 환관의 탄핵을 당하였다. 만년에는 기첩에게 마음이 홀리어 말하는 것마다 다 들어주었으며, 관직과 옥사를 매관매직하니, 사저의 문이 저자와 같아 족히 볼 것이 없었다. 그러나 그 자상하고 화목함에 대해서는 세상에서 또 칭송함이 많았다.

[승진과정]

1672년[27세] 현종 13년 별시 문과 병과에 급제, 6품 정언

1673년[28세] 현종 14년 금부도사, 예조좌랑, 병조좌랑, 12월 사헌부 지평

1674년[29세] 현종 15년 1월 정언, 3월 정언, 5월 지평, 6월 사서, 8월 정언

1674년[29세] 숙종즉위년 8월 황해 도사, 10월 정언, 이후의 4년간 기록은 찾을 수 없다. 황해도사로 근무 연장된 듯

1678년[33세] 숙종 4년 충주판관, 9월 영동지방 암행어사, 임무후 병조정랑, 지제교 겸직.

1680년[35세] 숙종 6년 경신환국, 남인 퇴출 서인 집권. 5월 홍문록 11인에 선발, 정언, 6월 부교리, 7월 헌납, 7월 교리, 윤 8월 헌납, 윤 8월 부수찬, 9월 헌납, 9월 수찬, 12월 헌납, 12월 부교리

1681년[36세] 숙종 7년 1월 이조좌랑, 6월 이조정랑, 7월 부교리, 7월 부응교, 8월 사간, 9월 사간 10월 응교를 지내고, 인현왕후의 책봉 주청사 겸 동지사의 서장관

1682년[37세] 숙종 8년 3월 응교, 4월 사간, 4월 집의, 5월 동부승지로 발탁, 9월 승지

1683년[38세] 숙종 9년 2월 승지, 3월 승지, 4월 승지, 6월 승지, 윤 6월 대사간

1684년[39세] 숙종 10년 2월 강양도(강원도) 관찰사, 11월 승지

1685년[40세] 숙종 11년 8월 승지, 10월 우승지

1686년[41세] 숙종 12년 2월 가선대부로 승진, 평천군, 병조참판 겸 부총관, 2월 도승지, 윤 4월 대사간, 7월 도승지, 10월 도승지, 12월 도승지

1687년[42세] 숙종 13년 9월 대사간, 11월 대사간, 12월 대사헌

1688년[43세] 숙종 14년 5월 대사간, 태조의 시호를 덧붙이는 것에 반대한 박태유의 상소에 편들었다 하여 삭탈관직 되었다. 10월 경기도 관찰사, 친·양가 부모상. 여묘살이

1689년[44세] 숙종 15년 기사환국, 남인 집권

1693년[48세] 숙종 19년 탈상, 홍주목사

1694년[49세] 숙종 20년 갑술옥사, 서인집권, 4월 대사간, 세자 우부빈객 겸직, 7월 한성판윤, 7월 예조판서, 경연과 춘추관 겸직

1695년[50세] 숙종 21년 2월 10일 우의정 유상운이 사신으로 나가있는 신완이 이전에 외부에 폐를 끼친 일로 삭출을 청하니 임금이 받아들였다. 12월 대사헌으로 복직

1696년[51세] 숙종 22년 1월 좌참찬, 6월 대사헌, 7월 좌참찬, 8월 대사헌, 9월 좌참찬, 9월 예조판서

1697년[52세] 숙종 23년 3월 지의금부사, 12월 예조판서
1698년[53세] 숙종 24년 5월 대사헌, 7월 한성판윤, 7월 이조판서
1699년[54세] 숙종 25년 2월 수령의 년한 문제에 대하여 아뢰다.
1700년[55세] 숙종 26년 2월 좌참찬, 3월 예조판서, 5월 우의정
1701년[56세] 숙종 27년 10월 세자에 대한 모해설이 있을 때 추국에 참여하여 사건규
              명을 잘못하였다는 인책을 하다.
1702년[57세] 숙종 28년 8월 11일 신완이 기상재변이 거듭되어 진정의 상소로 여덟
              가지 일을 들어 만언소를 올리다.
1703년[58세] 숙종 29년 8월 6일 영의정에 발탁되고, 평천군에 봉해졌다.
1704년[59세] 숙종 30년 6월 24일 병으로 영의정 면직, 9월 26일 영의정
1705년[60세] 숙종 31년 2월 5일 42차례의 사직서 제출하니 영의정 사직을 허락하였
              다. 2월 판중추부사
1706년[61세] 숙종 32년 8월 1일 충청도 유생 임부의 무함으로 파직당하다.
1707년[62세] 숙종 33년 2월 25일 평천군 신완이 죽다.

107. 이여李畬

스승을 끝까지 대변했던 송시열의 제자

생몰년도 1645년(인조 23)~1718년(숙종 44)
영의정 재직기간 (1710.3.25~1710.윤7.17) (4개월)

본관	덕수德水	
자	치보治甫, 자삼子三	
호	수곡睡谷, 포음浦陰	
시호	문경文敬	
당파	노론	
저서	수곡집	
기타	송시열의 문하생	

증조부	이안성李安性	– 찰방
조부	이식李	– 이조판서
부	이신하李紳夏	– 예빈시 정
모	신후완의 딸	
양부	이면하李冕夏	– 세자시강원 사서
아들	이태진李台鎭	– 돈녕부 도정

짓밟는 자리에 가지말라는 아버지의 처세 유훈

이여李畬의 자는 자삼 또는 치보이고, 호는 포음 또는 수곡으로 본관은 덕수이다. 중종 때 좌의정 이행의 후손으로 증조부는 찰방을 지낸 이안성이고, 조부는 인조 때 문장가로 선조실록 개찬을 주도했던 이조판서 이식이다. 아버지 이신하는 예빈시 정을 지냈고, 숙부는 이단하는 좌의정을 지냈으며, 양부 이면하는 세자시강원 사서였으며 어머니는 신후완의 딸이다.

이여는 송시열의 문하에서 배웠는데, 스승을 가장 많이 챙겨준 사람 중 한 사람이다. 송시열을 배향한 화양동 서원의 사액을 이여가 주장하여 받아 내었으며, 송시열의 증손을 벼슬길에 오르도록 천거하였다. 또한 윤증과 송시열 간의 회니논쟁에 대해 임금께 재설명하는 등 송시열의 일이라면 앞장서서 해결한 기록이 곳곳에 나타난다.

1662년 현종 3년 18세에 진사시에 합격하고 18년이 지난 1680년 숙종 6년에 춘당대 문과에 급제하여, 정9품 예문관 검열에 임명되어 벼슬을 시작하였다. 초시 합격 후 18년의 공백기간 동안 과거 준비를 한 건지는 기록이 전해지지 않아 파악할 수는 없다. 벼슬길을 늦게 시작하였지만 홍문록에 오르고 사가독서에 뽑혀 녹봉을 받아가며 학문연구를 할 수 있었다.

1683년 숙종 9년 39세에 이여를 강원도 암행어사로 명하여 파견하며 숙종 임금이 팔도에 교지를 내렸는데 당시대의 시대상과 절박함이 묻어 있다.

임금이 애통해 하는 교지를 팔도에 내리기를, "내가 덕이 없는 몸으로 역대 왕조께서 남겨 주신 백성을 받아 혜택이 미치지 못하고 정치법령이 번거롭고 까다로워서 근심과 원망이 많이 일어나게 되었다. 백성들의 마음이 이와 같기 때문에 하늘이 밝게 살펴서 거듭 흉년을 내렸다. 이로 인해 백성들이 구렁에 빠져 죽게 되었으니, 그 중 건강하고 힘센 자들은 도적이 되어 형을 받아 죽음에 빠지게 될 것이다. 이와 같이 된다면 나라가 어찌 나라 구실을 할 수 있겠는가?

아! 슬프다. 장차 어찌 하겠는가? 다만 크고 작은 관직에 있는 여러 신하들은 각기 그 마음을 다하고 각기 그 힘을 다하여서 온화하게 대하고 편안하게 보호하는 데 힘쓰기를 마치 불타는 것을 구하고 물에 빠진 것을 건지듯 하여서 나의 울부짖는 백성들을 살린다면, 하늘에 계신 역대 왕조의 영이 그 근로함을 어찌 내려다보시지 아니하겠는가? 이와 같이 하면 복록이 또한 장차 자손들에게 미치게 될 것이다. 근래에 녹봉이 매우 박하여 벼슬을 하는 자가 그 처자에게도 덕을 보일 수 없으니, 어느 여가에 백성에게까지 미치겠느냐? 그러나 사람들이 각기 먹고 마시는 것을 줄이고 의복의 사치스러움을 피하여 절약하는 것으로 마음을 먹는다면 힘을 용납할 여지가 없지도 않을 것이다. 관직을 가진 여러 신하들이 백성들을 보기를 자신의 아들 딸과 같이 보는 데 달려 있을 뿐이다.

대학에서 말하기를, '갓난아이를 보호하듯 하여서 마음에 진실로 구하면 비록 적중하지는 못하더라도 멀지는 아니하다.'고 하였다. 말을 하지 못하는 갓난아이도 이와 같이 해야 하는데, 하물며 능히 말을 하는 우리 백성들이겠느냐? 당나라 태종은 인의仁義를 빌어서 사기와 폭력을 숭상하는 군주이었으나, 연달아 흉년을 만났을 적에 부지런하게 어루만져 구호함으로써 그 백성들이 원망하지 않도록 하였는데, 하물며 우리 역대왕들의 정사를 하신 것이 한결같이 인의仁義로써 근본을 삼으셨기에 여러 신하들의 배운 것도 또한 사기와 폭력을 부끄럽게 여기고 있다. 오늘의 일은 정성스러운 마음으로써 하지 못하는 정치를 행하는 데 있을 뿐이다. 지극히 어리석으면서도 신령스러운 백성들이 어찌 또한 양심을 속이고 거짓을 꾸미는 것과 성심을 알지 못하겠는가?

아! 그대들 방백과 유수들은 감영 가운데에만 편안히 앉아 있지 말고 여러 고을을 순찰하면서 수령들과 더불어 만나서 의논하고 한편으로는 하급관리와 백성들을 만나보고 조정에서 백성들을 위로하고 염려하는 뜻과 나의 어린 세손을 애통하게 여기는 절박한 마음을 타이른다면 원한을 품고 도망하여 흩어지는 데에는 이르지 아니할 것이다. 다만 순찰할 즈음에 음식과 거마의 제공은 도리어 소요스러운 폐단을 끼칠 것이니, 모름지기 군관없이 홀로 말을 타고 한두 사람만 데리고 다닌다면 폐단은 없을 것이다.

내가 근일에 고금의 흉년에 대한 정치행정의 여러 책들을 보았다. 주자가 절동 지방의 흉년을 구휼하는 사신이 되었을 적에 그의 문인이 기록에는, '공公이 백성들의 고통을 자세히 물어서 밤낮으로 활동하여 자고 먹는 것을 잊기까지 하고, 깊은 산과 긴 골짜기에도 가지 않는 데가 없었다. 나갈 적에는 간편한 수레를 타고 수행하는 종을 물리쳤으며 몸에 필요한 것은 모두 스스로 싸가지고 다니어서 추호라도 주와 현에 폐를 끼치지 않게 하였다. 그런 까닭으로 순찰한 데가 넓지마는 관할 구역 내에서 알지 못하였다. 이로써 관리들이 밤낮으로 경계하여 항상 사신이 구역에 들이닥치는 것처럼 여겨서 스스로 물러가는 자가 있기까지 하였다. 그렇게 하여 그가 살려낸 백성들이 몇 만명인지 알지 못한다.' 고 하였다.

그 뒤에 주자가 송나라 효종을 보니, 효종이 이르기를, '절동에서 근로하였음을 짐이 아는 바이다.'라고 하였다 하니, 이것이 어찌 오늘날 본받을 것이 아니겠는가? 병사兵使·수사水使와 수령·첨사·만호와 찰방·권관·별장에 이르기까지 각기 소속의 민병·병졸이 있으니, 그들과 더불어 괴로움을 같이하여 백성이 굶주리면 같이 굶주리고, 백성이 죽으면 같이 죽겠다는 것으로써 마음을 먹는다면 어찌 서로 구제할 도리가 있지 않겠는가?

생각하건대, 오늘날 이렇게 망극함을 이룬 것은 오로지 나의 부덕에서 말미암았기에 밤중에도 탄식하고, 밥먹을 때에는 밥먹는 것도 잊게 되니, 믿는 것은 다만 관작에 있는 여러 신하들이 각기 마음과 힘을 다하는 것뿐이다. 그런 까닭으로 온 몸을 다 털어 내어 고한다. 모름지기 이 지극한 뜻을 본받아 혹시라도 태만하는 일이 없기를 여러 도의 감사와 병사·수사·유수·수령·첨사·만호·찰방·권관·별장에게 유시한다." 하였다.

또 말하기를, "내가 부덕한 이유로써 하는 일에 불선不善이 많아 하늘이 내리는 재앙을 초래하여, 수재·한재와 풍재·서리재앙이 좋은 곡식을 해치게 되니, 죄없는 백성들로 하여금 굶주림이 이 지경에 이르게 하여 혹은 구렁에 빠져서 죽게 되었다. 생각이 이에 미치니 내 마음이 칼로 베는 듯하고, 또 그대들의 위에서 내려다볼 면목이 없다. 그러나 일이 이미 이 지경에 이르렀으니, 어찌할 수가 없게 되었다. 다만 그대들에게 바라는 것은 굶주림을 참고 헐벗음을 참으면서 각각 그대들의 집을 보호하여 혹시 파산하는 일이 없도록 할 것이다. 그러면 내가 바야흐로 입을 것을 줄이고 먹을 것을 감하여 그대들을 구하여 살리는 계책을 만들 것이니, 그대들은 모름지기 나를 믿을 수 없다고 여기지 말도록 하라.

아! 그대들이 나의 백성이 아니겠느냐? 부모가 비록 가난하여 자식들을 기르지 못하더라도 어찌 그 자식이 부모를 버리고 가는 자가 있겠느냐? 생각건대, 그대들은 나의 백성이 아니라 곧 역대 왕조의 백성이니, 내가 비록 부덕하다 하여도 그대들이 어찌 차마 역대 왕조의 남겨 주신 은택을 잊은 채 나를 버리고서 도망하며 흩어지겠느냐? 하물며 도망가서 흩어진 자는 하나도 살지를 못하니, 이것도 그대들이 알지 못해서는 안될 것이다. 생각건대, 그 사이에 어찌할 수가 없어 도적이 된 자가 혹시 있지마는 이것이 어찌 그대들의 본심이겠느냐? 내가 그대들의 생업을 만들어 주지 못하였기 때문에 떳떳한 마음이 없게 했으며, 비록 죽더라도 차마 잘못을 저질러서는 안된다는 평소의 가르침이 없었기 때문에, 죽음에 몰려서 예의를 돌아보지 않고 이렇게 지극히 불선하고 지극히 위험스러운 일을 하게 되었으니, 이는 내가 밤낮으로 속을 썩이고 눈물을 흘리는 것이다.

바야흐로 조정의 신하들과 감사와 수령들과 더불어 밤낮으로 도모하고 헤아려 구휼의 계책을 구하고 있으니, 그대들은 절대로 불선한 마음을 싹트게 하여 지극히 위태로운 일을 함이 없도록 하라. 아아! 내가 그대들이 아니면 어찌 군주가 되겠으며, 그대들도 내가 아니면 또한 어느 누구를 떠받들겠는가? 하물며 그대들은 그대의 할아비와 그대의 아비로부터 그 마을을 보전하며 부모를 봉양하고 자손들을 양육하면서 생을 즐기고 일을 일으킨 것이 거의 3백 년이나 되었으니, 어찌 역대 왕조의 깊고 두터운 은덕이 아니겠는가? 지금 비록 곤란하고 급하더라도 어찌 차마 어린 나를 버리고서 불측한 죄에 빠지겠는가? 나의 이 말은 실로 성심에서 나온 것이니, 더욱 생각하도록 하라.

또한 따로 향리에 사는 사대부에게 고한다. 그대들은 대대로 나라의 은혜를 받았으니, 충의의 마음이 자연히 평범한 백성들과는 같지 않을 것이다. 이 칙명이 그치게 될 날을 당하여 그대 사대부들이 어찌 백성들을 근심하는 마음이 없겠느냐? 각기 향리를 권유하여 재산을 잃게 함이 없게 하고, 절도하지 말게 하도록 하라. 그대 사대부들이 자급하는 연후에 한 되나 한 홉이라도 서로 도울 기회가 있으면, 사소한 것이라도 나누어 가지도록 하여 혹시나 혼자만 살려는 계획은 하지 말도록 하라. 내가 일찍이 송나라 유학자 장횡거의 서명西銘을 보았는데, 거기에 이르기를, '백성은 나의 동포이고 만물은 나와 한편이 되는 것이다.'라고 하였다.

어진 사람의 마음은 만물에 대해서도 서로 사랑하는 도리가 있는데, 하물며 동포인 백성이겠느냐? 아! 하늘이 나를 명하여 군주가 되게 하였고, 역대 왕조께서 나에게 왕위를 주신 것은 모두 백성들을 위함이었다. 내가 스스로 우리 백성들을 보전하지 못하였기에 이렇게 애통하는 말을 내었으니, 마땅히 나를 애닯게 여기어 생각을 움직이기를 바란다. 아! 그대 방백과 유수들은 이 특별한 명을 사대부와 크고 작은 군민에게 포고하여서 그들로 하여금 덕이 부족하고 사리에 어두워 마음이 상하고 가없게 여기어 슬퍼하는 뜻을 알게 하라." 하였다.

판부사 김수흥이 어사를 나누어 보내서 여러 도에 선포하여 유시할 것을 청하였다. 또 경연의 신하들이 아뢴 바대로 감사와 병사 이하에게 유시하는 것은 감영에 전해 주어 각처에 나누어 포고하게 하고, 군이나 백성 등에게 유시하는 것은 어사로 하여금 도회관에 각 고을의 수령들을 모아 타이르게 하였다. 좌상 민정중이 함경도·평안도·강원도 삼도의 도회관에 소속되는 고을은 너무나 멀며, 충청도는 고을이 약하고 백성들이 피폐하니, 전라도·경상도·황해도 삼도만 도회관에 모아서 타이르도록 하였다. 이어 어사에게 명하여 백성들의 폐단이 되는 것을 수집하여 보고하게 하였고, 경기는 어사를 내보내지 않았으며, 개성부는 황해도 어사로 하여금 순찰하면서 타이르게 하였다. 이상진이 또 충청도도 호남과 영남의 예에 의거하여 도회에 모아서 타이르기를 청하였다. 그래서 임금의 측근에서 모시는 사람을 어사로 임명하였으니, 이동욱을 전라도에, 김재현을 경상도에, 안식을 충청도에, 유명일을 황해도에 권지를 평안도에, 이여를 강원도에 나누어 보냈다.

- 숙종실록 9년 1월 18일 -

1685년 숙종 11년 41세에 승지로 발탁되어 왕의 측근에서 근무하며 조정 붕당의 폐해에 대하여 상소를 하였다. 이 상소문에서 나라에 대한 근심과 관료로서의 사명감을 읽을 수 있다.

동부승지 이여가 교지에 응하여 상소하기를, "지금 나라의 형세가 날로 위태하고 어지러운 지경으로 달려가는 근심은, 정치의 방법이 확립되지 못한 것보다 더 깊은 것이 없을 것이요, 조정의 의논들이 조용하지 못한 것보다 더 급한 것은 없을 것입니다. 생각건대, 우리나라는 학문과 법령으로 세상을 다스려 중국 하·은·주의 주나라나 후대의 송나라와 같습니다. 그런데 그것이 오래되면 폐단이 생겨서 허위가 날로 증가되어 사물의 외모로 전례를 삼고, 전해 내려오는 폐해를 가르침으로 삼았습니다.

의정부는 전하께서 함께 나라의 일을 도모해야 하는데 나아가 뵙는 데 일정한 날이 있고 불러서 만나는 데 이루어진 예가 있습니다. 그런데 좌우에 이들을 두어 정치를 깊이 연구하는 실상이 있음을 보지 못하겠습니다.

경연은 전하께서 함께 의리義理를 밝히는 곳인데도 다만 글의 뜻에 응하여 인원을 채우는 것뿐이어서 마음속을 열어 주고받으며 미묘하고 심오함을 토론하는 실상이 있음을 보지 못하겠습니다.

대각은 전하의 귀와 눈을 붙이는 곳인데도 낡은 말로써 베껴서 아뢰거나 의례적인 말로써 보고하고 끝낼 뿐 궁궐에 서서 가부를 되풀이해 논하는 실상이 있음을 보지 못하겠고,

고관들은 위에서 하는 일 없이 세월만 보낼 뿐 깊고 먼 장래를 염려하여 나라를 자기 집처럼 근심하는 실상이 있음을 보지 못하겠으며, 하급 관리들은 아래에서 그럭저럭 되는 대로 지낼 뿐 마음을 다하여 직무에 종사하고 부지런히 하여 게을리하지 않는 실상이 있음을 보지 못하겠습니다.

온갖 법도가 폐해지고 해이해져서 다시는 기강이 없어져서 국가의 큰 혜택은 간사한 서리들의 주머니에 돌아갑니다. 그런데도 전하께서는 깊은 궁중에 거처하고 높은 곳에서 팔짱만 끼고 있으면서 문득 규범만을 따르고 차츰차츰 쇠잔하고 미약해지는 근원에 이르러서는 일체를 정리하지 않으십니다. 그 사이에 혹시 일상 규범에 조금이라도 벗어나는 것이 있으면 여러 신하들이 또 의견을 내어 의심하고 놀라게 됩니다.

신의 어리석은 소견으로는 지금의 폐단을 구하는 데 있어서 형식적으로 미봉하는 것을 없애버리지 않고서는 그 실상에 나아갈 수가 없을 것이요 자질구레한 것을 덜어버리지 않고서는 그 간편함을 얻을 수 없을 것입니다.

신이 원하건대, 전하께서 날마다 편전에 납시어서 승정원의 신하들로 하여금 좌우에 출입하면서 일이 생기는 대로 아뢰게 하고 항상 두세 대신들과 더불어 조용하고 편안하게 앉아서 시무를 강론하게 하며, 유신들은 아침·저녁으로 가까이 있으면서 경서의 뜻을 이야기하게 하고, 대신들은 날마다 궁궐에 올라와서 반복하여 의견을 논하게 해서 처음부터 끝까지 살펴 연구하고 명분과 실상을 종합하여 자세히 밝혀야 하니, 요컨대 실사로 실효를 책임지워야 하고 전하께서도 지성으로 몸을 가져 힘써 행하고 이를 인도하면 3공 9경의 보필과 좌우의 시종신들이 어찌 감히 당장만 편하려고 게을리 하는 습관으로 전하를 받들겠습니까? 대저 그런 뒤에야 전해 내려온 폐해도 조금은 변할 수 있으며 정치의 방법도 조금은 확립될 수가 있을 것입니다.

우리나라에서 말의 뜻을 중하게 여기기에 조정에 선 자는 의로운 태도로 일을 논하여 악인을 제거하고 선인을 일어나게 하는 것을 자기의 임무로 삼지 아니하는 자가 없습니다. 처음 나라를 세운 제도와 본뜻이 어찌 아름답지 않았겠습니까? 그러나 그 전해 내려온 폐해는 쓸데없는 말이 성행하게 되고 실행하는 것은 없어지게 되어서 의논만 성하고 정치상의 공적은 무너지는 데에 이르렀습니다. 선정신 이이가 이른바 '정치는 떠도는 의논에서 어지러워진다' 한 것이 이것입니다. 이 폐단이 이미 극도에 이르게 되자 동인과 서인의 당파가 나누어져서 온 세상이 수습할 수 없는 지경에 이르러 임진왜란의 패전을 이르게 하였였고 광해조에 이르러서는 그 화가 이미 극도에 이르게 되었습니다. 지금의 견식이 있는 선비들이 옛부터 내려오던 명목을 타파함으로써 함께 대도大道로 가기를 말하고 있으니, 마땅히 지나온 행동자취를 조금은 징계할 것 같기도 하지마는 돌아본다면 지금 번거롭고 바쁜 형세는 동인과 서인 때보다 도리어 심합니다. 처음에는 의견의 차이로 인하여 각각 이기기를 힘써서 서로가 틀어지고 막혀서 미세한 것으로 인하여 나타나게 되고 작은 것이 쌓여서 큰 것을 이루어 표방하는 조목에 완전한 사람이 없는 형편입니다.

신이 지난 겨울에 김환의 일로 인하여 절충하는 의논을 감히 올렸었습니다. 그런데 근자에 또 윤증의 서찰 사건으로 인하여 시끄러운 단서가 층층으로 생겨서 유생에서 시작하여 마침내는 조정의 분란을 이루고 있습니다. 그 편지를 밝혀보면 바로 뜻없이 망발한 것이었으니, 선현을 무욕한 죄를 더하는 것이 진실로 잘못입니다. 그런데 그 어구가 잘못된 것은 숨길 수 없는데도 이를 해결하려는 자들이 과실이 없는 곳에 두고자 하여 '이이가 참으로 과실이 있었다'고 한 것은 실언이 아니라고 여겼습니다. 아! 이것이 무슨 말입니까?

선현이 초년에 유교와 불교에 출입하였던 것은 반드시 '참된 지식'을 구하려고 한 것이었습니다. 그러기에 산에 들어가 고요하게 앉았다가 그것이 허위임을 환하게 알고 난 뒤에 우리 유학에서 도로 구하였으니 그 일은 더욱 특별히 뛰어난 일입니다. 이를 일러 '참으로 산에 들어간 과실이 있다'고 하여야 하겠습니까? 이러한 말을 한 자가 어찌 선현을 침노하고 모욕하려는 뜻이 있었겠습니까? 다만 뜻이 가려져서 이에까지 이를 줄은 깨닫지 못하였으니, 이를 일러 '사슴을 쫓다가 큰 산을 보지 못한다' 한 것이니 어찌 한탄스러움을 견디겠습니까? 그 밖의 크고 작은 의논들은 다 서로 과격한 데서 나온 것이어서 나라의 계책과 백성들의 근심을 서로 잊어버리기까지 하였습니다.

신의 어리석은 뜻으로는 지금의 폐단을 구제하는 데에는 믿을 수 없는 의논을 억눌러 줄이지 않고서는 조정을 화합할 수가 없다고 여깁니다. 이는 다만 전하께서 표준을 세워서 다스리는 것에 있을 뿐입니다. 신은 원하건대 전하께서 갑과 을 저쪽과 이쪽을 가슴에 두지 말고 다만 인재의 우열을 보아서 취할 것은 취하고 버릴 것은 버리시며, 돈독하고 수수함을 숭상하고 경망 조급을 억누르시며 꾸밈없이 수수하고 정직을 취하고 그릇된 직을 물리쳐서 등용하고 않는 것이 이미 분명하고 형별과 상이 정당하면 한두 사람을 쫓아내고 벌주는 데에 지나지 않아도 사람들의 마음이 징계하는 것을 알게 될 것입니다."

하니, 답하기를, "경의 나라를 근심하고 백성을 사랑하며 경계하는 가르침이 진실로 매우 절실하니 이를 깊이 생각하지 않겠는가?" 하였다.

– 숙종실록 11년 8월 6일 –

1685년에 부제학이 되었고 1688년 숙종 14년 44세에 대사간을 지냈다. 늦게 벼슬을 시작하였지만 44세까지 학식과 문벌이 높은 인물에게 부여하는 중요한 청요직을 두루 역임하였다.

1689년 45세에 기사환국이 일어나 남인이 집권하자 스승 송시열이 죽음을 당하는 등, 정치적 파쟁이 벌어져 서인들이 몰락하자 이여도 함께 휩쓸려 자리를 빼앗기고 말았다.

1694년 숙종 20년 50세에 인현왕후 복위와 갑술환국에 적극 가담하여, 남인 세력을 몰아내고 형조 참판에 발탁 되었다. 중궁복위 교명문을 지은 공으로 제술관에 오르고 다시 대사간이 되었다. 1695년 숙종 21년 51세에 도승지가 되었는데, 벼슬을 그만두고 어머니를 봉양하기를 원하니 임금이 허락하였다. 이때 사관은 이여에 대해 '재기와 도량이 단정하고 깨끗하며 문사가 풍부하고 우아하였다. 말이 구차하지 않고 조행이 확고하여 당시의 명망이 김창협 다음 갔는데, 매번 아버지의 유훈 가르침과 어머니의 병환을 이유로 몇 달도 조정에 있지 않았다.'고 하고 있다. 그 이유를 묻는 사람이 있으면 답하기를,

"나는 세속을 떠나서 몸을 깨끗이 하는 선비가 아니니, 조정에 있어서 조금이라도 보탬이 된다면 어찌 벼슬하려고 하지 않겠는가? 하지만 현재 조정의 처분하는 바와 의정부의 계획하는 바가 모두 하늘의 이치에 위배되고 인정에 어긋나니, 한 마디 말로 구제하려 한다면, 여러 사람들의 분노를 격발시켜 더욱 무너지고 갈라질 뿐이고, 말을 하지 않고서 따라가기만 한다면 이는 부친이 적극적으로 나아가 이룩하라는 데 대한 훈계를 범하는 것이니, 내가 차마 할 수 없다. 잠깐 나아갔다가 잠깐 물러났다가 하면서 신하의 도리나 폐하지 않아야 할 뿐이다." 하였다.

　　　　　　　　　　　　　　　　　　　　　　　－ 숙종실록 21년 4월 25일 －

숙종 21년 6월에 이조참판에 제수되었으나 인사 부서 직책이란 이유로 시골에 머물러 있었다. 8월 이조참판 이여가 시골에 있으면서 빈발한 재해로 농민들이 흉작에 시달리자, 수습책을 강구 할 것을 임금에게 상소하였다.

이조참판 이여가 시골에 있으면서 상소하기를, "금년 5월의 가뭄과 6월의 비가 번갈아 농사를 해치고 7월에 지루한 장마가 걷히자 몹쓸 바람이 연거푸 불었으며, 이어 서늘한 날씨가 서리 뒤의 기상과 같아서 가을 절기를 이루었으니, 들판에 있는 백곡이 싹만 자라다가 그치고 혹은 이삭이 나오는 데 그쳐서 눈에 보이는 것이 쓸쓸하기

가 모두 이와 같습니다. 아! 1671년의 기근을 어찌 다시 말하겠습니까?

팔도의 백성이 거의 사망하여 길 위에 굶어 죽은 시체가 즐비하였고, 황폐한 촌락이 텅 비어서 전란의 화보다도 심함이 있었습니다. 오직 현종께서 지성으로 은혜를 베풀어서 창고의 저축과 반찬의 제공에서부터 백관의 봉록과 군문의 군량미에 이르기까지 조금도 아끼지 않으심이 없어서 억만의 목숨을 건졌지만, 그렇지 않았다면 백성이 한 사람도 살아남지 못하였을 것입니다. 작년에 경기와 호남의 농사가 크게 흉년 들지도 않았는데도 도적이 성행하여 도로가 거의 통행되지 못하였고, 굶주림이 심하면 늙은이는 구렁텅이에 쓰러지고 젊은 사람은 도둑질하는 것이 필연의 형세인데 장차 누가 이를 금하겠습니까? 이것이 도적이 일어나는 바이니, 신의 생각이 이에 이르매 가슴이 서늘함을 깨닫지 못합니다.

모름지기 군신 상하가 경계하고 두려워하기를 마치 재앙과 난리로 혼란하고 어수선할 때에 있는 것과 같이 하여, 임금께 물품 공납으로부터 궁실과 대소의 일체의 씀씀이를 일상 규칙에 구애받지 말고 절제를 더하여서 1년 물품의 수를 줄이고, 또 각 아문의 전곡 남아있는 것을 계산하여 경비에 보충하고 조세의 수입을 대신케 하소서. 한 자의 베와 한 말의 곡식도 재해를 입은 백성에게서 나옴이 없게 하고, 호위병의 입대, 군병의 조련과 대비과의 무사선발과 연례의 선정 등 무릇 백성의 노역과 지출을 가져오는 것은 가볍고 무거움을 논할 것 없이 한결같이 모두 정지하며, 전국에 밝게 알려 어루만지고 화목하게 하여 고향을 떠나가지 말게 하고, 곡식을 거두어 모으는 대책과 이를 운반하는 정책을 강구하여 봄의 구휼 자료로 삼으며, 토착민의 농사짓는 무리에게는 마른 곡식을 주어 본업을 잃지 않게 한다면, 비록 힘이 넉넉치 못하여 백성이 굶주림을 면치 못한다 하더라도 국가에서 불쌍히 여기어 근심하는 덕의를 알게 하면 서로 이끌어 원망하고 배반하여 난동하기에 이르지 않을 것입니다.

예로부터 재난의 일어남이 이미 다스려지거나 이미 어지러워진 뒤에 있지 않고, 항상 장차 다스려지거나 어지러워지려 할 때에 보였으니, 재난이 있어서 능히 두려워하면 재난이 변하여 좋은 기운이 되고, 재난이 있어도 두려워할 줄 모르면 어지러운 난이 이에 따르는 것입니다. 임금은 한 마음으로써 하늘에 응하여야 하니, 현명함과 사악함, 나아가고 물러남의 판단과 옳고 그름, 주는 것과 빼앗음의 분별이 한 생각에 근원하지 않음이 없습니다. 하늘의 이치와 사람의 욕심과 공과 사를 분변하는 기미의 움직임은 지극히 은미하나 감응의 나타남이 매우 밝아 영향이 서로 따라서 상서와 재앙이 이로써 이루어지니, 만약 난망에 이른다면 곧 하늘로 더불어 서로 끊어진 것입니다. 옛날 성왕 때 옆으로 쓰러져 있던 벼가 일어남과 태무 때 요사스런 나무가 덕을 베풀자 말라 죽는 일은 그 가릴 수 없음이 이와 같습니다. 다시 원하건대, 전하께서는 더욱 살피소서."

하니, 임금이 답하기를, "나라를 근심하고 백성을 사랑하여 아뢰는 말이 매우 절실하니, 내가 가상히 여긴다. 깊이 생각하지 않을 수 있겠는가? 무릇 국가예산 감축·흉년에 백성을 도와주는 일 등 일에 대한 것은 이미 의정부로 하여금 급히 강구케 하였다." 하였다.

– 숙종실록 21년 8월 19일 –

이때 경상도 등지에 지진이 발생하여 소동이 일었고, 함경도 일대에 큰 수해가 덮쳐 농사를 망쳤다. 서울 도성 안에는 떼를 지은 강도들이 민가에 자주 출몰하니 민심이 극도로 흉흉하였고, 경상도 현풍에서는 곡식 창고에 원인 모를 화재가 발생하여, 곡식 200여석이 불타버렸다. 조정에서는 전국의 재난 상황을 세밀하게 조사하여 기록하도록 각 지방 감영에 명령하였다.

1696년 숙종 22년 2월 52세에 영의정 남구만이 대신과 비변사의 제신들과 흉년의 구휼책에 대하여 논의하며 청하기를, "이여의 이조의 직임을 해면하여 빨리 조정에 나오게 하고, 또 그 형이 충청에서 현령로 있으니, 경기의 고을로 옮겨서 이여가 나오는 데 편하게 하소서." 하니, 윤허하였다. 3월에 공조참판 겸 대사성으로 발령을 내니 이여가 돌아와서 진휼하는 일로 상소를 올렸다.

대사성 이여가 상소하기를, "나라의 운수가 불행하여 재앙을 거듭 당하였는데도, 이제 미곡·전포가 민간에 있는 것은 명색이 많아졌으니, 감면하는 데에 인색하지 말아서 국가의 덕을 알게 하고서야, 사람들의 마음이 결속될 수 있고 나라의 명맥이 연장될 수 있을 것입니다. 구휼을 겪은 수령은 가볍게 교체하지 말고, 임기를 채웠더라도 올 겨울까지 그대로 두어서 끝까지 맡게 하면, 백성에게나 나라에나 성취되는 것이 있을 것입니다. 지난달에 각도에서 나누어 준 구휼전을 가을이 되어 도로 바치게 하는 것은 농민을 병들에 함을 알 수 있으니, 곡식 값의 높낮이를 보아 그 수를 줄여 정하여, 돈 대신 곡식을 바치게 하면, 백성은 돈으로 바꾸는 허비가 없고 나라에는 곡식을 모으는 보탬이 있을 것입니다.

예전에는 3년을 경작하면 1년의 양식이 남고, 9년을 경작하면 3년의 양식이 남았으며, 나라에 3년의 저축이 없으면 나라가 나라답지 못하다 하였는데, 이제 조석거리가 없어도 이제까지 유지할 수 있었으니, 또한 다행입니다. 지난 왕조 신해년에 신의 작은 아버지 이단하가 정성스럽게 저축을 말하였는데, 이제 위험하고 망할 조짐이 눈앞에 닥쳤으니, 조금이라도 차질이 있으면 뉘우쳐도 소용이 없을 것입니다. 성상께서 국가의 급한 일이 바로 여기에 있다는 것을 아신다면, 모든 낭비와 음식을 절약하여야 할 것이 한 가지가 아니나, 요체는 한 해의 용도에 늘 여유가 있게 하여 순자의 왕제王制의 뜻을 본뜨신다면, 수년 뒤에는 나라의 회계가 절로 넉넉하여질 것입니다."

하였는데, 임금이 가상하게 여긴다는 비답을 내리고, 의정부로 하여금 여쭈어서 처리하게 하였다.

－숙종실록 22년 6월 14일 －

숙종 22년 7월에 특별 승급하여 한성판윤이 되었다. 이여가 고요하고 단정하며 바르고 공평하여 한때 선한 선비들로부터 추대를 받았는데, 임금께 발탁 받게 되니 모두 만족해하였다. 그해 동지사가 되어 청주 화양동 서원에 사액을 청하였다.

동지사 이여가 말하기를, "송시열이 청주 화양동의 천석을 매우 사랑하여 그 가운데에 집을 짓고 선비들과 도를 강의하였는데, 실로 주자의 무이武夷와 같으므로, 여러 선비가 서원을 베풀어 제향하니, 특별히 사액을 명하심이 마땅합니다." 하니, 임금이 말하기를, "봉조하 송시열은 다른 유학 현인과 같지 않고, 화양은 또 다른 곳에 견줄 것이 아니니, 특별히 사액하라." 하였다.

- 숙종실록 22년 9월 6일 -

1697년 53세에 이조판서와 대제학에 발령 되었는데 인사 부서라 출근하지 않자 대사헌, 예조판서로 바꾸었다가 1700년 숙종 26년[56세]에 다시 이조판서로 발령을 내렸다.

12월에 이조판서 이여가 일찍이 이조의 참판과 참의를 맡았을 때에 경계하는 뜻을 아뢰고 힘껏 사양했는데, 이때에 의약청을 다시 설치한다는 말을 듣고 향리로부터 올라와서 먼저 청했던 것을 거듭 말하고, 일찍이 대제학을 지낸 사람은 다시 제학으로 제수하지 않은 예를 말하며 제학의 겸임을 갈아 줄 것을 청했으나, 임금이 모두 듣지 아니하였다.

- 숙종실록 26년 12월 2일 -

숙종 26년 12월 14일 이조판서 이여가 거듭 면직을 청하니 출근토록 하였다.

이조판서 이여가 임금이 부르는 명패로도 나오지 않고 금오문 밖에서 명을 기다리다가, 이내 상소하여 돌아가신 아버지의 유훈 훈계가 있기 때문에 결단코 이조판서 직의 명을 받들 수 없다는 뜻을 거듭 말하고 아뢰기를, "고 판서 신정도 또한 아비의 경계 때문에 이조의 직을 힘써 사양하였더니, 성상께서 특별히 그 사양하는 바를 허가하셨으므로, 사대부들이 전하여 아름다운 이야기로 삼았습니다. 신의 슬프고 괴로운 심정이 신정과 어떻게 다름이 있겠습니까?" 하니, 임금이 또 우악한 비답을 내리어 나올 것을 권하였다.

- 숙종실록 26년 12월 14일 -

12월 16일 이여가 홍문관 제학에 제수받고 이조판서직을 사퇴하다.

이여가 홍문관 제학에 제수받고 이조판서직을 사퇴하였다. 이때 이조판서 이여가 여러 번 특별한 명을 받고도 출근하지 않는데, 임금이 유생들에게 감귤을 나누어 주고 선비를 시험하려고 하다가 마침 이여가 홍문관 제학의 직책을 겸하고 있었으므로, 승지에게 명패를 지니고 보이게 하여 불렀다. 이여가 마침내 명을 받들었으나, 즉시 이조판서직을 사퇴하였다.

- 숙종실록 26년 12월 16일 -

12월 22일 이조판서 이여가 면직을 청하자 출근하여 직무를 행하도록 명한 교서

이조판서 이여가 글을 올려 면직을 청하니, 임금이 답하기를,
"옛날 짓밟는 자리에 오르지 말라는 아버지의 유훈이 있다고 하더라도, 신하로서 군주를 섬기는 데에 있어서는 몸도 제 것이 아니다. 전후로 내린 간절한 나의 뜻을 본받고 군신의 대의를 생각하여 나와 벼슬에 이바지하는 것이 옳지 못한 줄을 알지 못하겠다. 또 한 가지 할말이 있으니, 이조에 임명되는 것이 만일 경의 아비가 살아 있던 날에 있었고 임금의 요청이 이와 같이 누누하였다면, 경의 아비도 반드시 처음의 뜻을 굳게 고집할 리가 없었을 것이다. 경이 오늘날 명에 응하는 것이 어찌 한 오라기라도 떳떳한 도리의 중함을 돌아보지 않는 데에 가깝다 할 수 있겠는가? 그리고 뒷날 돌아가서 고하더라도 또한 변명할 말이 있을 것이다. 지금 나는 남김이 없이 다 말하였으니, 경은 깊이 헤아려 즉시 나와서 공무를 집행하여 마음의 뜻을 막고 직무를 오랫동안 비워두지 말게 하라." 하니, 다음날 이여가 비로소 명에 응하였다.

- 숙종실록 26년 12월 22일 -

1701년 숙종 27년 57세에 이조판서 이여가 관리 임용에 대하여 상소

이조판서 이여가 상소하기를, "잡기雜歧로 벼슬자리를 옮기는 자로서 이문학관吏文學官·제술관·능마아 낭청·치종 교수·관상감 교수 등과 같은 것들은 모두 60삭을 기준으로 하여 이조로 옮기는 것을 허락하고, 또한 모두 문·무관직의 예에 의해 반드시 고과 평가한 후에 6품에 오르는 것을 허락하며, 지방의 장관이나 호위청의 군관에 이르러서는 모두 병조에서 등용하고, 이조로 섞어 옮기는 것은 허락하지 말며, 그 나머지 일체의 잡직 벼슬로 역대 왕조의 옛 제도에 어긋나는 것은 모두 정지하고 혁

파하여 벼슬길을 맑게 하지 않을 수 없습니다. 삼가 바라건대 의정부에 자문하여 결정하소서. 또 진주목사는 요즈음 자주 교체됨으로 말미암아 수습할 수 없으니, 전 목사 박두세는 파직하지 마시고 복구의 책임을 지우소서."

하니, 답하기를, "상소의 말은 의정부로 하여금 품의하여 처리하게 하며, 박두세는 파직하지 말고 그대로 위임하여 심문하는 벌을 실시하게 하라." 하였다.

- 숙종실록 27년 1월 23일 -

숙종 27년 6월 이여가 송시열의 증손을 등용하기를 건의하였다.

이여가 말하기를, "선정신 송시열에게 아들은 한 사람 있는데 늙고 병들어 벼슬하지 못하였고, 그 손자는 일찍 죽었습니다. 그 증손이 벼슬할 나이가 되었으니 녹용의 은전을 베푸는 것이 마땅하겠습니다." 하니, 임금이 그대로 따랐다.

- 숙종실록 27년 6월 1일 -

숙종 27년 6월 이조판서 이여의 면직 상소를 허락하였다가 다시 유임시키다.

이조판서 이여와 병조판서 김구가 여러 번 상소하여, 면직할 것을 청하니, 임금이 모두 허락하여 주었다. 그러나 그 후임을 천거하지 못하도록 하고, 이제 와서 전직을 맡기면서 말하기를,
"내가 임무를 맡겨 책임을 지우는 의도를 보여 주기 위함이다." 하였다.

- 숙종실록 27년 6월 29일 -

숙종 28년 윤 6월 4일 이조판서 이여가 사직을 청하니, 체직을 허락하고 떠나도록 유시하다.

이조판서 이여가 향리에서 지방 관아를 통해 상소하여 사직하니, 억지로 공무를 수행하게 하는 것은 신하를 예로써 대우하는 도리에 어긋난다고 답하면서, 마침내 교

체를 허락하고 그 날로 길을 떠나도록 명하였다.

– 숙종실록 28년 윤 6월 4일 –

숙종 29년 59세에 우의정 신완이 대신들이 사직하는 폐단에 대해 우려스러움을 아뢰다.

우의정 신완이 임금에게 아뢰기를, "재난은 거듭 일어나고 조정은 해이한데, 수상을 오랫동안 뽑지 못하고 좌상은 병이 있어 신이 홀로 기무를 담당하고 있으니 무슨 일을 할 수 있겠습니까? 또 인재를 거두어 모은 뒤에라야 나랏일을 할 수 있는데, 지금 초야에 있는 신하로 윤증·권상하 같은 이는 여러 번 불러도 올라오지 아니하니, 불러서 오도록 하면 임금을 도우는 바가 많을 것입니다.
이여는 문학과 명망이 그와 견줄 이가 드문데, 불행히 한때 터무니없는 사실을 꾸며서 헐뜯는 말을 만나서 오랫동안 시골집에 있으니, 군신의 대의로써 특별히 꾸짖어 나와서 벼슬하게 하면, 어찌 감히 오지 않겠습니까? 조정에서 신하를 부리는 도리가 결단코 이와 같을 수는 없으니, 이런 길이 한 번 열리면 후일의 폐단을 막기 어렵습니다."

– 숙종실록 29년 2월 3일 –

1703년 숙종 29년 8월에 좌의정이 되었다. 이여는 젊어서부터 중후한 명망이 있었고 문학과 아름다운 태도와 행실도 같은 조정 관료가 따르지 못하였지만, 이조를 맡은 후로는 차츰 중망을 잃어 향리로 물러나 조정에 나설 뜻이 없었다. 그런데 정승에 임명되니, 선비들이 의지하여 위신으로 삼았다. 12월 좌의정 이여의 사직서가 44차에 이르렀는데, 승지를 보내어 타이르니, 얼마 후 출근하였다.

1710년 숙종 36년 3월 66세에 영의정에 제수받았다. 이듬해 도성수축과 과거제 문란 등을 둘러싸고, 반대파인 최석문 등과 대립하다가, 그들 세력에 밀려 윤 7월 17일 판중추부사로 밀려났다.

1711년 숙종 37년 9월 15일 판부사 이여가 고향에 돌아가 상소하여 벌을 청하니, 임금이 사관을 보내어 우악한 비답을 내리고 돌아올 것을 재촉하였다. 1713년 숙종 39년 1월 여주에 머물러 있는 판부사 이여에게 속히 돌아오도록 비망기를 내리다.

> "경이 서울을 떠난 지 어느덧 3년이 되었다. 서운한 생각이 어찌 조금이라도 풀리겠는가. 지난 1711년에 경이 입성하였을 때 속으로 아주 기쁘게 생각하였는데 얼마 안 가서 곧바로 다시 돌아갔으니, 이는 모두 나의 마음과 의지가 신뢰를 받지 못한 소치였다. 경은 속히 함께 올라오도록 하라." 하고, 사관을 보내어 가서 위로하게 하였다.

- 숙종실록 39년 1월 2일 -

미련없이 관직을 버리고 여주에 은거하는데, 왕이 수차례에 걸쳐 승지를 보내 나오기를 권했으나 마음을 비워버린 채 나가질 않았다. 이여는 행 판중추부사라는 직위를 띄고 세상을 등지니 향년 74세였다.

스승과 제자인 송시열과 윤증의 관계를 상소하다

1716년[72세] 숙종 42년 2월 28일 송시열의 문하생이던 이여는 송시열과 윤증이 사제간의 정을 끊은 일에 대한 시말을 아뢰었다.

판중추부사 이여가 상소를 올렸다. 대략 이르기를,
"가만히 생각건대 스승은 사람마다 다 있는 것이 아니고 또 가볍고 무거움·깊고 얕음의 구별이 없지 않으므로 옛 성인이 오륜五倫으로 논하였습니다. 그래서 스승과 제자가 함께 하지 않았으나 이미 스승과 제자로 정하여지고 또 도의로써 서로 전하였다면 그 은혜와 그 의리는 나를 생육한 것과 같으니, 이것이 세 사람에게서 생육

되어 한결같이 섬긴다는 가르침이 있는 까닭입니다. 그 가운데에서, 아버지·아들 사이와 스승·제자 사이에 경중의 구분이 있다는 것은 신도 그렇지 않다고 생각하지 않으나, 아버지와 아들 사이야 본디 중하거니와 스승과 제자 사이도 어찌 가볍게 끊을 수 있겠습니까? 혹 불행히 아버지·아들과 스승·제자 사이에 둘 다 보전할 수 없는 일이 있다면 당연히 아버지와 아들 사이를 앞세우고 스승과 제자 사이를 미루어야 하겠으나, 그 처치하는 방법에도 도리가 있습니다. 스승에게 참으로 과실이 있다고 핑계하여 창을 들고 반격할 수 없는 것은 분명한데, 그 과실이 스승에게 있지도 않은 것이겠습니까? 옛 군자는 절교하면서 나쁜 말을 내지 않았으니, 벗 사이에서도 그러하거늘 하물며 스승과 제자 사이이겠습니까? 이 의리는 명백하여 알기 어렵지 않은데, 이제 성상께서는 고 상신 윤증의 의를 지킴에는 조금도 흠이 없는 듯이 여기시니, 이것이 인심이 승복하지 않는 까닭입니다.

아! 스승과 제자가 끊는 일은 예전에는 없었으며, 혹 서로 끊게 되더라도 이는 피눈물을 머금고 명백히 스스로 하여야 할 것이고, 이미 끊은 뒤에는 다시는 나쁜 말을 서로 하지 않고 종신토록 몹시 슬퍼하는 뜻을 잃지 않는다면 군자가 용서할 만한 도리가 있겠으나, 지금은 그렇지 않습니다. 조금만 유감이 있어도 혐의를 만들어 겉으로는 스승과 제자의 모양을 지키고 속으로는 원망과 시기하는 마음을 품으며 겉으로는 존경하는 체하고 속으로는 서로 해치니, 이것이 범연히 교제하는 사이에서 행하여진다 하더라도 성인은 오히려 부끄러운 것이라 하겠거니와, 일생 동안 아버지처럼 섬긴 처지라 하면서 이렇게 할 수 있겠습니까?
송시열이 윤증에게서 원망받은 까닭은 그 아비 윤선거의 묘비문 때문이었습니다. 묘비문이 아직 지어지기 전에는 윤증이 송시열을 섬기는 것이 70 제자가 공자를 따르던 것과 조금도 다름이 없었는데, 그 묘비문을 짓게 되어서는 제 뜻에 차지 않자 송시열을 헐뜯기를 여지가 없을 정도로 하였습니다. 만약에 송시열이 윤증의 뜻대로 따라서 애초에 넘치는 말을 아끼지 않았더라면 윤증이 송시열을 섬기는 것이 처음부터 끝까지 변함이 없었을 것입니다. 스승과 제자의 의리가 과연 이렇게 하고 말아야 마땅하겠습니까?

학문을 논한다는 핑계로 본원本源의 심술心術을 곧바로 공격하였는데, 학문을 논한다 하는 것은 공정한 도의고 불평하는 것은 사사로운 뜻입니다. 수십 년 동안 스승의 자리에서 강론한 것이 무슨 일인지 신은 모르겠습니다만, 일찍이 이 일을 언급하지 않다가 어찌하여 인정과 의리가 이미 어그러진 뒤에야 이런 말을 하는 것입니까?

스스로 공의라 하더라도 그것을 누가 믿겠습니까? 윤선거도 한 세상의 현명한 선비이었으므로 송시열이 일찍이 친하게 사귀었는데, 그 강화도의 일은 스스로 인책하였고, 또 친한 벗으로서 서로 권면하는 말에 대하여서는 받아들여서 허물로 여기고 스스로 숨기지 않았습니다. 여기에서 윤선거의 심사를 알 수 있으니, 숨길 만한 것이 없었습니다.

그런데 그는 윤휴를 대유현으로 알아 너무 지나치게 받들고 송시열이 엄하게 배척하는 것을 허물로 삼았으며, 윤휴가 화禍를 일으키려는 마음이 죄다 드러난 것을 보고서도 옛정을 끝내 끊지 않았으므로, 송시열이 늘 이 때문에 슬프고 안타깝게 여겨 마지않았습니다. 윤휴를 제사하고 고하는 글이 나오게 되어서는 그 당일을 기술한 말에 더욱이 송시열의 의심을 가져올 만한 것이 있었기 때문에 그 묘비문에 아름다움을 기리어 칭송한 말이 지극하지 않은 것은 아니되 오히려 죄다 윤증의 뜻만 같지는 못하였습니다.

윤증이 이 때문에 불평한 마음을 품어 문호門戶를 분열시키고 혈전하여 이기려 하여서는 마침내 인심이 어지러워지고 세상의 도의가 무너지게 하였습니다. 윤휴의 무리가 뜻한대로 이루어 그 영화스러움과 욕됨과 화와 복이 눈앞에 분명하게 되었으니, 이러하여도 윤증이 마음에 편안할 수 있었겠습니까? 송시열의 문인이 그 일을 눈으로 보고 마음에서 통탄하였으니, 윤증을 보는 것이 어떠하겠습니까? 옛사람은 작은 기술에 종사하는 사람에게도 '차마 공자의 도로 부자를 해칠 수 없다.' 하였는데, 하물며 선비이겠습니까? 이는 비록 어버이를 위하는 데에서 말미암았다 하더라도, 과연 이렇게 하고서야 효도가 되겠습니까? 임금님의 학문이 고명하여 뭇 사리를 다 통촉하시므로, 백성의 변치 않는 마음이 달려 있는 바와 세상의 도가 근본하는 바도 통촉하지 못하시는 것이 없을 것인데, 이것을 국시國是로 정하려고 하시니, 신은 국론이 오히려 정하여지기 어렵고 스승과 제자의 윤리가 이로부터 해이하여질까 염려됩니다. 이것이 어찌 한때 세상의 도를 해치고 말 뿐이겠습니까?" 하였는데,

임금이 답하기를, "경의 나라를 근심하는 정성이 늙어갈수록 더욱 도타워져서 혹 처분이 한편에 치우칠까 염려하여 조용히 개진하였는데, 의리가 명백하여 내가 매우 감탄하니, 유의하지 않겠는가?" 하였다.
사관은 말한다. "이때 임금의 뜻이 바야흐로 선비들을 꺼리므로 말하는 것이 있으면 으레 물리쳤으나, 유독 이여의 상소에 대하여서만은 특별히 아름답게 여겨 감탄하는

뜻을 보인 것은 무슨 까닭인가? 어찌 그 말이 완곡하고 그 사리가 정밀하여 임금이 듣기에 거슬리지 않을 만하였기 때문이 아니겠는가? 그러나 임금이 알고도 끝내 기쁘게 생각하는 실제적인 효과가 없었다. 이는 실로 세상의 도에 관계되므로 사람의 힘으로 중재할 수 있는 것이 아니니, 무어라 말하겠는가?"

– 숙종실록 42년 2월 28일 –

이여의 졸기

이여의 졸기는 숙종실록에만 전한다. 졸기의 내용도 비교적 온화하고 칭찬 일변도의 글로 구성되어 있다. 이는 청빈한 삶을 살았거니와 아버지의 유훈에 따라 남을 짓밟는 자리에 가지말라는 뜻을 잘 실천했기 때문일 것으로 보인다.

1718년[74세] 숙종 44년 1월 22일 행 판중추부사 이여의 졸기

행 판중추부사 이여가 졸하였는데, 나이 74세였다. 이여는 판서 이식의 손자였는데, 약관에 이미 문명을 떨쳤다. 처음 벼슬하여 예문관에 천거되어 들어갔으며 이어 옥당에 선임되어 호당에서 사가독서를 하였다. 화려한 직을 두루 거쳐 여러 번 이조의 자리에 들어갔는데, 부친의 유훈 경계를 인용하여 힘써 사양하였으나 교체 되지 않았다. 의정부에 올라와서 더욱 경계하고 조심하여 마음을 편하게 가지지 아니하고 항상 나라 정세를 진작시키고 조정을 화합시키는 것을 자기의 임무로 삼았다.
언제나 당론이 나라의 화가 될 것을 걱정하여 일찍이 과격하거나 각박한 의논을 한 적이 없었다. 전후 상소하여 아뢴 것이 명백하고도 적절하여 간략하게 설득하는 뜻을 깊이 체득했다. 유교문화의 큰 시비를 당하여서는 의연하게 의논을 정립하여 조금도 흔들리거나 의혹되지 아니하니, 사람들이 그 학문 능력을 증험하게 되었다. 지위가 공경·재상에 올랐으나 몸가짐은 한결같이 벼슬없는 선비처럼 하였으며, 거주하는 집이 좁고 누추하였으나 거처하는 데에 여유가 있었다. 임종할 즈음에는 온화하여 마치 편안히 잠자는 것 같았는데, 다음날에 이르러서도 얼굴색이 조금도 변하지 아니하니, 사람들이 모두 기이하게 여겼다.

1723년[사후] 경종 3년에 영의정 김창집이 이여가 청빈하게 지낸 까닭에 자손들이 3년상을 마치고 나니 생활이 너무 어려워 고생하는 것을 알고 자손들을 등용해 줄 것을 요청하자 임금이 그대로 따랐다.

[승진과정]

1662년[18세] 현종 3년 진사시 합격

1680년[36세] 숙종 6년 춘당대 문과 병과 급제, 이듬해부터 벼슬길을 시작하였다.

1681년[37세] 숙종 7년 4월 정9품 예문관 검열, 9월 홍문록에 선발, 10월 홍문관 정자

1682년[38세] 숙종 8년 5월 독서당에 선발, 사가독서로 학문 연마. 6월 홍문관 박사, 7월 정자, 10월 수찬, 11월 정언, 11월 부수찬

1683년[39세] 숙종 9년 1월 강원도 암행어사, 2월 부수찬, 5월 헌납, 6월 헌납, 6월 이조좌랑, 7월 헌납, 7월 이조좌랑, 9월 이조좌랑

1684년[40세] 숙종 10년 2월 이조정랑, 7월 부응교 8월 집의, 8월 헌납, 9월 사간, 11월 집의, 12월 사인

1685년[41세] 숙종 11년 1월 부응교, 4월 부응교, 7월 집의, 7월 승지로 승진, 9월 이조참의, 10월 승지, 11월 부제학, 12월 이조참의

1686년[42세] 숙종 12년 4월 대사성, 12월 부제학

1687년[43세] 숙종 13년 3월 이조참의, 9월 부제학, 9월 부제학

1688년[44세] 숙종 14년 2월 대사간, 4월 대사간, 5월 이조참의, 8월 대사간, 10월 부제학, 11월 대사간

1689년[45세] 숙종 15년 1월 이조참의, 기사환국, 남인집권

1690년[46세] 부친상, 3년간 시묘살이. 상례 후 대사성, 이조참의, 대사간

1694년[50세] 숙종 20년 4월 인현왕후 복위, 갑술환국, 남인축출, 형조참판에 발탁, 윤5월 대사간. 6월 홍문관 제학, 11월 대사성

1695년[51세] 숙종 21년 3월 부제학, 4월 도승지. 4월 25일 도승지 이여가 벼슬을 그만두고 어머니를 봉양하기를 원하니 임금이 허락하였다. 6월 이조참판

1696년[52세] 숙종 22년 3월 공조참판, 5월 대사성, 6월 14일 대사성, 7월 한성판윤으로 특별 승급. 8월 예조판서, 9월 동지사

1697년[53세] 숙종 23년 1월 대사헌, 2월 경기관찰사, 8월 이조판서, 10월 겸 예문관 제학, 11월 겸 좌참찬, 11월 겸 홍문관 제학, 12월 대제학

1698년[54세] 숙종 24년 5월 대사헌, 6월 예조판서

1700년[56세] 숙종 26년 9월 예조판서, 11월 이조판서, 12월 겸 홍문관 제학

1701년[57세] 숙종 27년 5월 판의금 부사 겸직, 7월 대제학 겸직

1702년[58세] 숙종 28년 1월 이조 판서 이여가 다섯 차례나 물러가겠다는 뜻을 상소하고 본직과 겸임한 여러 직임을 사양하니, 우악한 비답으로 허락하지 않았다. 윤 6월 4일 이조 판서 이여가 사직을 청하니, 체직을 허락하다. 윤

6월 좌참찬

1703년[59세] 숙종 29년 8월 좌의정.

1704년[60세] 숙종 30년 8월 노산군일기를 단종대왕 실록으로 개명하는 것을 의논하다. 12월 4일 좌의정 이여의 사직서가 44차에 이르렀는데, 승지를 보내어 타이르니, 얼마 후 출근하였다.

1705년[61세] 숙종 31년 10월 5일 좌의정 이여가 상소하고 사직하니 위로하고 교체를 허락하다.

1710년[66세] 숙종 36년 3월 25일 영의정

1711년[67세] 숙종 37년 윤 7월 17일 판중추부사

1713년[69세] 숙종 39년 1월 2일 여주에 머물러 있는 판부사 이여에게 속히 돌아오도록 비망기를 내리다.

1714년[70세] 숙종 40년 9월 21일 판부사 이여가 상소를 올려 노령을 칭탁하여 고향으로 돌아가 선영을 성묘하고 따뜻한 데로 가서 조섭할 것을 청하니, 임금이 사관을 보내어 위로하고 천천히 봄날씨가 따뜻해지기를 기다려 그 지극한 정을 펴도록 하라 하였다.

1716년[72세] 숙종 42년 8월 17일 판중추부사 이여가 사직하는 상소를 두고 시골로 돌아가다.

1718년[74세] 행판중추부사라는 직위를 띠고 세상을 등지니 향년 74였다.

108. 서종태徐宗泰

당파를 초월하려 했던 대제학 출신

생몰년도 1652(효종 3~1719(숙종 45) [68세]
영의정 재직기간 1차 (1711.4.19~1712.1.20)
　　　　　　　 2차 (1712.4.19~1712.9.26)
　　　　　　　 3차 (1714.9.27~1716.8.5) (총 3년)

본관	대구
자	노망魯望
호	만정晩靜, 서곡瑞谷, 송애松厓
시호	문효文孝
당파	노론의 핵심 인물
묘소	경기도 파주시 장단 도라산 전망대 근처
저서	만정당집

고조부	서성徐渻	– 6조 판서 역임
증조부	서경주徐景䨱	– 달성위, 도총관, 선조의 사위
조부	서정리徐貞履	– 남원부사
조모	이시발의 딸	
부	서문상徐文尚	– 병조참의
처	이헌의 딸	
숙부	서문중徐文重	– 영의정
장남	서명윤徐命倫	
차남	서명균徐命均	– 좌의정
자부	김구의 딸	
손자	서지수徐志修	– 영의정
삼남	서명빈徐命彬	– 한성판윤, 좌참찬

심지가 굳고 청렴 단아했던 인물로 서문중의 조카

서종태의 자는 노망魯望이고 호는 만정晩靜 또는 서곡瑞谷으로 본관
은 대구이다. 증조부는 선조 임금의 사위였던 달성위 서경주이고, 조부
는 부사를 지낸 서정리이며, 아버지는 병조참의를 지낸 서문상이다. 숙
부 서문중이 영의정을 지내서, 그의 가문은 왕실의 인척에 재상을 배출
한 빼어난 호족 출신이다. 왕의 부마로 달성위에 봉해진 증조부 서경주는
그의 후손들을 튼튼한 반석 위에 올려놓은 인물로 도총관을 지냈다.

서종태는 1675년 숙종 1년 24세에 생원시에 장원으로 합격하고 29세
에 별시 문과에 급제하여 예문관 검열로 벼슬길을 시작하였다. 1681년
숙종 7년 30세에 홍문록에 선발되었고 31세에 독서당에 뽑혀 사가독서
로 학문에 더욱 심취할 수 있었다. 32세부터 35세까지는 주로 홍문관과
사헌부, 이조에서 벼슬을 지냈으며, 1686년 숙종 12년 35세에는 임금께
올리는 9조목의 상소문을 조리있게 아뢰니 임금이 총애하였다. 그해 7월
에 특별승진하여 임금의 측근 승지로 발탁되었고, 대사간에 오르게 된
다.

1689년 숙종 15년 38세에 기사환국으로 남인이 집권하자 관직에서 쫓
겨나 한창의 나이에 당파로 인해 5년의 세월을 저술활동을 하며 보냈다.

1694년 숙종 20년 43세에 갑술환국으로 서인이 집권하자 대사간으로
복직하여 이조참의, 대사성, 대사간이 되어 과거시험 초시 감독관이 되
었는데 감독을 소홀히 하여 책임을 지고 사직하였다.

이때 별시의 초시初試를 보이는데 과거 응시자들이 시간 내에 답안지를 바치지 못하는 경우가 많아 밤이 이미 깊었다. 시험관이 물러가도록 하자, 응시자들이 화를 내어 돌을 던지며 욕을 하였는데, 하급관원과 관노비 중에는 얼굴을 맞아 피를 흘린 사람도 있었다. 대사간 서종태가 시험 과정을 감독하다가 일의 실상을 조사하려고 하니, 응시자들이 문을 젖히고 빠져나갔고, 나가지 않은 자는 20여 명뿐이었다. 이들 모두에게 과거정거의 벌을 내렸는데, 시험을 미처 끝마치기 전에 서종태가 시험관들과 의논하기를, "정거된 사람들이 실지로 난동죄를 범한 것은 아니다." 하니, 그대로 놓아주었다. 이에 영의정 남구만이 깊이 다스리지 않은 것을 지적하니, 서종태가 책임을 지고 직임을 떠났다.

– 숙종실록 20년 9월 11일 –

9월에 대사성으로 복직하여, 부제학, 승지, 이조참의 등을 역임하고 1698년 숙종 24년 47세에는 학자로서 최고의 선망 직위인 대제학에 오르니 그의 학문적 능력을 대외적으로 인정받은 셈이다.

1699년 숙종 25년 48세에 예조판서, 50세에 호조판서, 공조판서, 한성판윤, 좌참찬을 지내니 벼슬길이 순탄하였다. 1702년 숙종 28년에 대사헌이 되어 서종태는 대사헌으로 사간원과 합동 아룀을 구차히 할 수 없다고 사양하고 물러가니, 홍문관에서간하여 교체되었다.

1703년 숙종 29년 52세 1월에 한성판윤, 8월에 공조판서를 거쳐 8월에 동지사로 제수 되었는데 사양하니 서종태를 무거운 죄로 조사토록 명하였다.

서종태가 상소하여 동지사의 소임을 사양하니, 임금이 상소를 물리친 일이 있었는데, 이때에 와서 하교하기를, "신하가 비록 편안하지 못한 일의 형편이 있다 하더라도 사신으로 가는 것은 싸움터에 나가는 것과 같으므로, 의리상 감히 사양할 수가 없는 것이다. 서종태는 일찍이 함경도의 시험관을 간절히 사양하다가 강제한 뒤에야 가더니, 이제 또 사신의 명을 사양하여 피하니, 이는 실로 전에 없던 일이다. 무거운 죄로 조사하라." 하였다.

- 숙종실록 29년 8월 14일 -

10월 결국 서종태는 동지사가 되어 청나라 정조사로 갔다. 다녀와서 형조판서가 되었는데 이때 사관의 평은 다음과 같았다.

서종태를 형조판서로 삼았다. 사관은 말한다. "서종태는 벼슬자리에 있으면서 녹봉을 받지 않은 지 몇 해가 되었는데, 우의정 이유가 옳지 못하다고 하여 경연에서 조사하기를 청하였으나 그래도 받지 않으니, 벼슬하는 것이 그의 뜻하던 바가 아니어서 그랬던 것인가, 아니면 한나라 장안세를 본받으려고 그랬던 것인가? 본인이 분명히 말하기를 싫어하니 다른 사람이 그의 심중을 헤아리기도 어렵지만, 구차스럽게 녹만 타먹는 벼슬아치에 비하여 훨씬 훌륭하였다."고 하였다.

- 숙종실록 보권 29년 12월 23일 -

1703년 숙종 30년 53세에 모든 벼슬아치들이 원하는 이조판서직에 발령이 났으나 "근래 인사발령이 공평하지 못하여 나아기기 어렵다"며 출근하지 않으니 임금이 극력 권해도 출근하지 않자 공조판서로 교체시켜 주었다. 54세에 다시 이조판서 직에 제수되었다가 3개월 후 공조판서로 옮겨졌고, 우참찬을 거쳐 11월에 특별 명령으로 우의정에 발령하니 서종태는 다시 사직 상소문을 올렸다.

"정승의 벼슬을 가려서 두는 것은 그 방도가 하나뿐이 아니니, 선비의 우아함이 있거나, 재주가 있고 계획적이거나, 원로이거나, 위엄이 높거나 인데, 신은 명성과 행실이 서지 못하여 세상에서 가볍게 여기고 있으며, 어리석고 둔하여 일을 당하면 마음이 산란해집니다. 중요 관청을 맡지도 못하였거니와 지방직도 지내지 못하였고, 여러 부서를 시험삼아 근무해 보았지만 공적이 없었으니, 한낱 가난하고 병든 사람일 뿐입니다.
지금 유학 현인과 원로는 여망이 쏠리는 바이고 의정부의 천거도 갖추어져 있습니

400 영의정 실록 제6권

다. 신을 절차도 거치지 않고 특별히 발탁하여 조정의 공론을 거치지 않았으니, 즉위하신 이래로 여러 번 의정 선발이 있었으나 오늘과 같이 신처럼 미미한 자는 없었습니다.

대신이 과실이 있다 하여 망설인 것은 신중히 생각한 것이고, 승지가 신중하게 가려야 한다고 경계를 아뢴 것은 넌지시 가리킨 것이니, 세상 여론이 어디에 있는지 환히 알 수 있습니다. 바라건대, 신중히 살피시어 새로운 명을 도로 거두소서." 하였다.

- 숙종실록 31년 12월 9일 -

12월 서종태가 다섯 번째 상소를 올려 자신의 관직을 개정하기를 청하다.

우의정 서종태가 다섯 번째 상소를 올리기를, "허물이 이미 중하므로 높은 자리에 두기에 합당하지 않습니다. 이는 공정한 여론에서 나왔고, 또한 명분과 의리의 중대함에 관계됩니다. 해당 관청의 지위는 법도가 분명하고 사직의 뜻이 엄절한데, 절차를 거치지 않고 특별히 명하시는 것은 일상 격식을 어기고 의정부 회의에도 어그러지는 것입니다. 바라건대, 바르게 고쳐 견고한 절조의 법도를 세우소서."

하니, 임금이 비답하기를,

"끝내 견주어 선발하지 않은 것은 의견이 편협하여 뽑고 내보내는 것이 공정하지 않았던 것에 지나지 않는다. 이것을 어찌 공론이라 할 수 있겠는가?" 하고, 이어서 사관을 보내어 함께 오게 하였다.

- 숙종실록 31년 12월 19일 -

1706년 숙종 32년 1월에 열한 번째 사직상소를 올렸으나 임금이 교지를 내려 출근을 권하였다.

"경의 맑은 지조와 겸손한 덕망, 넓은 학식과 너그러운 도량은 일찍이 삼공의 물망을 지니고 있으므로, 이제 세 정승에 임명할 것을 특별히 명하니, 내 한 사람의 사적인 뜻만은 아니다. 원임 대신의 상소문 내용으로써 살펴보더라도 공론이 있는 것을 환하게 볼 수가 있는데, 경에게 조금이라도 편하기 어려운 단서가 있기에 잇따라 상소하고 여러 번 문서를 올려 한결같이 끌고만 있는가? 이는 나의 뜻을 믿지 못한 소치가 아닐 수 없으니, 어찌 부끄러움을 견디겠는가? 더구나 질병이 일어난 것도 강촌의 황폐함에 연유된 것이니, 염려가 더욱 깊다. 의정부는 오래 비어 있고 정책회의가 오래 폐지되었으니, 나랏일을 생각하면 밤중에도 잠이 들지 않는다. 이에 손 편지로써 지극한 뜻을 거듭 알리는 것이니, 이러한 때에 경에게 바라는 마음이 어찌 가뭄에 구름이나 무지개 일기를 바라는 것뿐일 따름이겠는가? 경이 깊이 헤아려 곧 일어나 나와서 국사를 보살펴, 조금이나마 내가 그리워하고 답답해 하는 심회를 풀어 주도록 하라."

– 숙종실록 32년 1월 10일 –

결국 서종태가 대궐에 나와 사은 숙배하니, 임금이 만나서 위로하여 유시하는 데 극진함을 갖추었다. 1706년 숙종 32년 2월에 좌의정에 제수하니 56세부터 60세까지 두 번의 우의정과 세 번의 좌의정직에서 사직과 발령을 거듭하는 과정을 거쳐 1711년 숙종 37년 60세에 영의정에 올랐다. 61세에 영의정 사직하였다가 다시 영의정에 제수되고 63세에 세 번째 영의정에 올랐다가 65세에 판중추부사로 교체되었다. 판중추부사로 재직하던 중 숨을 거두니 68세였다.

시정폐단 상소문

1686년[35세] 숙종 12년 2월 서종태가 궁궐단속, 정치기강, 용도 절약, 소신정치, 공정성 있는 대우, 언로의 확대, 품계에 맞는 인사전형, 탐관오리 숙청, 직무수행평가 등 시정폐단 9개 조항을 작성하여 상소하였다.

교리 서종태가 상소하여 시정폐단 9조를 열거하기를,
"1. 궁궐내 내치를 엄숙히 하여 궁궐을 단속하는 일입니다. 듣건대, 항간의 말이 궁중에 흘러들지 않은 것이 없다 하니, 바깥에서 한 말이 들어갔다면 안에서 한 말이 어떻게 전파되지 않을 수 있겠습니까? 일찍이 보건대, 측근 신하·총애받는 신하들이 받들어 인도할 즈음에 엄숙하고도 공경하는 태도가 손실되어 있고, 전하의 너그러운 표정 또한 너무 관용하시는 듯합니다. 은총의 길을 열어 업신여김을 당하는 조짐은 깊이 막지 않을 수 없습니다.

1. 정치체제를 세워서 기강을 밝히는 일입니다. 오늘날 궁중과 조정의 안팎이 판연하게 두 길로 갈라져서 미세한 것까지도 임금님이 듣게하고 관청을 경유하지 않는 것이 없습니다. 보필하는 정승이 문서와 의전 전례에만 힘쓰는 사이에 치밀한 곳은 너무 치밀하고 소홀한 곳은 너무 소홀하게 됩니다. 원하건대, 먼저 그 체통을 세워서 임무를 맡기고 그 성과를 다지소서.

1. 은혜와 혜택을 아껴서 재물의 용도를 절약하는 일입니다. 가만히 보건대, 측근의 집에 하사를 하시는 것이 너무 지나쳐서 왕실 외척과 부마의 장례품이 지나치게 중첩되는데도 법전대로 하지않는 것이 허다하고, 제사 물품의 하사도 너무 어지러우며, 내의를 보내라는 명이 공주의 어린 손자에게까지 미치는가 하면, 약물의 급여가 종전의 갑절이나 됩니다. 원하건대, 일체 정지하고 시행하지 말게 하소서.

1. 소신을 굳게 하여 강건한 덕을 세우는 일입니다. 보건대 정무와 계획에 있어서 입궐한 여러 신하가 어떤 일을 가지고 그것이 적당하다고 말하여 시행하기를 청하면 전하께서 윤허하셨다가, 그 뒤에 그것이 적당하지 못하다고 말하여 고치기를 청하면 전하께서 또 윤허하십니다. 어찌하여 그 이익과 병폐와 편안함과 편안치 않음을 당초에 잘 헤아리지 못하고 일정한 주관을 굳게 잡지 않으셔서, 그 정치명령을 백성들이 믿지 않게 하십니까?

1. 좋아하고 싫어함을 공정히 하여 조정 분위기를 화목하게 하는 일입니다. 오늘날 조정의 논의가 결렬된 것은 연로한 원로와 연소한 선비들이 주장하는 의논이 각기 다름으로 인해 감정과 의사가 서로 막히게 되자 갈수록 격화되어 이 지경에 이르게 된 것입니다. 임금의 좋아하고 싫어함이 치우치고 의심과 분노가 앞서므로, 조회를 하는 자리에서 혹은 남의 흠을 지적하여 문득 주상께 아뢰게 되어 주상의 윤허하시려는 길을 막고 공론의 불쾌한 사단을 일으킵니다. 신은 참으로 이를 개탄하는 바입니다.

1. 언로를 넓혀서 곧게 뻗는 기를 기르는 일입니다. 오늘날의 사헌부가 임금의 잘못은 말하기 쉬워하면서도 재상의 과실을 논하기는 어려워하니, 임금의 잘못을 말한 죄는 가벼워서, 임금의 덕의 결함을 논할 것 같으면 전하께서는 일찍이 간하는 말에 따르지도 않았습니다만 또한 중벌을 가하지도 않으시나, 그 말이 한번 재상에게 미칠 것 같으면 그 죄가 매우 무거워서 오래도록 서용되지도 않고 벼슬길 또한 막혀버립니다. 예컨대 근일 박태유·박태보·김석·최석항 등이 바로 그것입니다. 사기가 떨어져서 매번 뒤돌아보고 두려워하니, 늘 포상을 권장하여도 오히려 말하기 어려운 것인데, 더구나 꺾고 저지함이 이와 같으니 누가 다시 허리를 펴고 목을 들어서 전하를 위하여 할 말을 다 하겠습니까?

1. 관리가 지켜야 할 법규를 신중히 하여 국가 기관을 소중히 하는 일입니다. 근래 사람을 선발해 쓰는 것이 순서가 없고 관청이 맑지 않아서 수십 년 전과 비교할 때 그 규범이 크게 어그러지고 있습니다. 관의 품계가 통정이면 승정원과 병사나 수사를 역임하지 않는 자가 없으니, 이는 선발을 신중히 하는 뜻이 황폐된 것이며, 시험을 거쳐야 하던 길이 끊어진 것입니다. 근래의 일을 말하더라도 지신사는 그 직임이 긴요하여 선발을 신중히 해야 하는데도 관의 품계는 가당하나 명성이 걸맞지 않은 자를 서둘러 천거 명단에 넣었고(이유를 가리킴), 대사간은 더욱 높은 선임으로 불리는데도 부패하고 노쇠한 자를 뽑았으며(황윤을 가리킴), 각 갈래로 등용하는 것이 해마다 더해지고 달마다 불어나서, 내외 각 군영의 오래 근무한 자와 의료·역술·방술·잡술의 무리들까지도 6품에 오르지 않는 자가 없어서, 다 같이 벼슬길이 트였으나 이들은 군현의 수령으로도 나갈 수도 없고, 또 옮길 만한 다른 길도 없어서 여기에서 임기가 차면 저기로 서로 바꾸니, 각 관사마다 쌓이고 넘쳐온 것이 벌써 여러 해입니다. 해당 조정으로 하여금 일체 아울러 사정하도록 하소서.

1. 탐관오리를 바로잡아서 백성이 곤경에 빠진 것을 푸는 일입니다. 근래 안으로는 경상과 재상의 반열에서 뇌물을 주고 청탁하는 일이 공공연히 행해져서 뇌물 보따리가 낭자하게 오가고, 밖으로는 관찰사와 수령이 오로지 사욕만을 일삼아서 짐바리가 이어지는가 하면, 병사와 수사 및 각 아문의 주둔부대 대장 무리까지도 더욱 방종하여 군과 백성에게서 박탈하여 크게는 집을 일으키고 작게는 재산을 늘리며, 또 한가한 틈을 타 권세가의 집에 몰려가서 영화롭게 진급할 계책을 하니, 이는 다 민생을 짜낸 기름과 피입니다. 백성이 어떻게 곤핍하지 않을 수 있겠습니까? 지금 국가가 극형의 솥을 설치하지 않아서 간혹 적발이 되어도 가벼운 귀양에 그치고, 만

백성이 다 같이 아는 자일지라도 맑은 직위에 발탁되면, 저촉되었다 하여도 누로 여기지 않으니 무슨 방법으로 징계하고 두려워하게 하겠습니까? 바라건대 장물죄를 거듭 엄중히 하고, 또 청백리를 뽑도록 명하시어 이를 격려하고 권장하는 방도를 다하게 하소서.

1. 직무를 괴을리 함을 경계하여 공적을 일으키는 일입니다. 우리나라 선비의 기풍이 본래 겉보기는 화려한데 실속이 없는 면이 많은 데 근일에 이르러 그 폐단이 더욱 심해져서 높은 관리나 하급관리나 모두 세월만 허비하며, 잠시의 회합으로 문서나 조금 정리하고는 물러가 처자들을 상대로 느긋하게 일신의 편의를 취한 채 나라일은 생각에 두지 않으며, 놀이와 잔치를 다투어 숭상하고 사치가 풍조를 이루어 토목의 공사를 수없이 일으켜서 높은 저택에다 깊은 못을 파곤 합니다. 이것이 비록 뭇 신하들의 죄이기는 하나, 신은 밝으신 임금님의 노력에 부족함이 있어서 위에서 경계하지 못함이 있지 않은가 합니다. 가만히 들으니 근일 정사에 근면하심이 점점 처음과 같지 않아서 공무를 돌려서 내리실 때마다 지연된다고 합니다. 바라건대 전하께서는 조금도 게을리 함이 없도록 뭇 신하들을 타일러 경계하여 그럭저럭 세월만 보내는 풍습을 통렬히 개혁토록 하소서."

하니, 답하기를,

"간곡한 경계와 가르침이 절실하고 지극한 논의가 아닌 것이 없다. 나라를 걱정하고 임금을 아끼는 그 성의가 매우 가상한지라 어찌 깊이 생각하지 않겠느냐? 상소 가운데에서 지적한 각 갈래의 외람되고 잡스런 것들을 혁파하라는 한 조항은 해당 조정으로 하여금 명령을 받아 처리케 하겠다." 하였다.
이조에서 그 일이 행정조직을 변통하는 데 관계된다 하여 의정부와 의논하기를 청하니, 의정부에서 검토하여 청하기를,

"이제부터 서울 각 관사의 당하관으로서 임기가 찬 자는 임기가 찬 수령의 규례에 의거하여 파직하고, 녹사·산원·율관의 무리는 그 재능과 기예를 내세울 만한 자를 가려서 등용하여 추겨서 권장할 수 있는 바탕으로 할 것이며, 내의원·전의감·혜민서의 잡직은 본 관청의 6품 이상의 관직을 지낸 자에게 동서반의 직무가 있는 관직을 제수하되, 이때에 모두 처음 벼슬길에 오른 예에 따라 일일이 임금의 교명에 따라 시행케 하고, 또 그 가운데 품계에 따라 벼슬자리를 옮기는 자는 옛 규정에 따라

시행할 것이며, 각 군문에서 오래 근무하여 자리를 옮겨야 할 자는 도목정을 임시로 행하여 시험 재주나 강독 시험을 시행하여 그 가운데 인품이 어리석고 천하거나 문벌이 비천한 자는 해당 관아로 하여금 자세히 살펴서 취하거나 버리도록 하게 하소서." 하니, 임금이 옳게 여겼다.

– 숙종실록 12년 2월 29일 –

대제학의 선발과 이순신의 조카 이완의 정려문 설립

1704년 7월 임금이 대신과 비국의 신하를 불러 대제학의 선발·이순신의 조카 이완의 정려문 등을 의논하다.

대신과 비변사의 여러 신하들을 불러 만났다. 임금이 말하기를, "대제학의 직임이 오랫동안 비어 있어 매월 시험 등 일이 여러 해 쌓여 방치되었다. 작년 회의에서 후보자 중에서 투표하도록 했었는데, 서종태를 세 번 명패를 보내 불렀으나, 나오지 않아서 파하기에 이르렀다. 서종태는 파직하였으나, 그 후에 다시 천거하지 않게 하는 바가 아니지만, 또다시 그렇게 되면 사리와 체면만 손상되기 때문에 지금까지 하지 못하였다."

하였는데, 좌의정 이여가 말하기를,

"문형은 관계된 바가 매우 중하니, 오랫동안 비어둘 수가 없습니다. 신이 향리에 있을 때에 서종태가 임금이 명패로 부르는 명을 어김으로 인하여 별도로 신에게 명하시어 올라와 천거하도록 하셨는데, 신이 혹심하게 더러운 모함을 입고 있어서 감히 전임이라 자처하지 못하여 명을 받들지 못하였습니다. 신의 조부 판서 이식이 병이 중하여 향리에 있을 때 문형을 추천하여 뽑는 것으로 부름을 받고 사면한 상소가 있는데, 거기에 말하기를, '전임이 유고하면 대신이 공론에 따라 천거하는 것이 전례이다.'라고 하였으니, 이는 근거한 바가 있을 것이므로 신이 죄를 청하는 글에서 또한 이런 뜻을 아뢰었습니다. 이제 삼정승이 의논하여 천거하는 법규를 써서, 동료 정승이 출근하기를 기다려 옛 예에 의해 의논해 천거한다면, 신 또한 그 자리에 있으니

감히 피할 수가 없습니다." 하자,

임금이 말하기를, "그런 가까운 전례가 있는가?" 하므로,

이여가 말하기를, "신이 할아비의 아룀은 인조 때의 일이었습니다." 하니, 임금이 내일 대신으로 하여금 의논하여 천거하도록 명하였다.

이여가 말하기를, "충무공 이순신의 조카 이완은 나이 겨우 20에 이순신을 따라 군영에 있었는데, 이순신이 재주와 기예를 중히 여겼습니다. 이순신이 탄환을 맞아 죽음에 이르러 이완에게 말하기를 '나는 지금 죽게 되었으니, 너는 내 죽음을 숨기고 제군을 독려하여 힘껏 싸워 적을 물리치라.' 하였습니다. 이순신이 죽자, 이완은 그 말대로 싸움을 독려하여 끝내 큰 승리를 거두었습니다.

1623년 인조반정 후에 충청 병사로서 의주 부윤에 천거되었는데, 임기가 끝나 교체하게 되자, 인조께서, '서쪽 관문은 이 사람이 아니면 안된다.'라고 하시며 특별히 연임시켰습니다. 정묘호란을 당하여 적들이 방비가 없음을 틈타 암문으로 몰래 들어와 문지기를 때려죽이니 성이 마침내 함락되기에 이르렀습니다. 이완은 급히 군사를 모아 밤새도록 힘껏 싸웠는데, 강홍립이 글을 보내 만나기를 요구하자, 이완이 노하여 꾸짖기를, '나는 이미 죽기로 결심하였는데, 어찌 오랑캐의 얼굴을 보겠는가?' 하고 싸움을 더욱 독려하였으나, 중과부적으로 연달아 적을 쏘아 엄지손가락이 상해 끊어지게 되니, 이완이 탄식하기를, '하늘이 나를 죽이는구나!' 하고 마침내 죽었습니다. 감사 김기종이 그 일을 조정에 보고하자, 인조께서 병조 판서를 추증하고 제를 올리기를 명하였으나, 아직껏 정려하는 은전이 지체되고 있으니, 특별히 정려문을 세워 표창함을 명하시면 격려하는 도리가 될 것입니다. 하니, 임금이 모두 그대로 따랐다.

– 숙종실록 30년 7월 25일 –

서종태의 졸기

서종태 사후에 대한 왕조실록의 졸기는 숙종실록과 숙종실록보궐에 걸쳐 두 번 기록되어 있으나 평가내용이 상반된 것이 아닌 보궐에는 좀더 상세한 기록을 보완하고 있다.

1719년[68세] 숙종 45년 2월 21일 행 판중추부사 서종태의 졸기 〈숙종실록〉

행 판중추부사 서종태가 졸하였는데, 나이는 68세이다. 서종태는 사람됨이 겸손하고 공손하며 고상하면서 격식에 맞고 정돈되었으니, 문학으로 지위가 삼정승에 이르렀다. 정승으로서 일컬을 만한 업적은 없었으나 지론이 과격하지 않았고, 자신을 단속하여 청렴하고 검소하였으므로 문하에 번다한 객이 없었으니, 사람들이 이로써 칭찬하였다.

1719년[68세] 숙종 45년 2월 21일 행 판중추부사 서종태의 졸기 〈숙종실록보궐〉

행 판중추부사 서종태가 졸하였는데, 나이는 68세이다. 부고를 알리니, 세자가 명하기를,
"한 번 병들어 심해졌다가 부고가 갑자기 이르니, 성상께서 마음속으로 매우 애통해하심과 내 마음의 놀란 슬픔을 어디에 비유할 수 있겠는가?"하고, 부의와 호상을 전례와 같이 보내도록 명하였다.
서종태는 자가 노망魯望이고, 호가 만정晩靜인데, 천성이 도道를 가까이 하여 단정단아하고 조심스러웠으며, 행동이 겸손하여 종일 삼가고 공경하였으므로, 다른 사람들이 거만하거나 빨리 말하는 것을 보지 못하였다. 자신을 단속하기를 청렴하고 엄정하게 하여 으레 하는 선물·부의·증여도 조금 많으면 이를 물리쳤다. 당쟁이 나라를 해침을 미워하여 공평한 의론을 지키며 치우친 마음이 없었다. 큰 시비를 당하면

거리낌 없이 할 말을 다하였으며, 벼슬에서 물러나 쉴 것을 마음먹고 여러 가지 일을 담당하지는 않았으나 융숭한 대우에 얽매여 뜻을 이루지 못하였으니, 이른바 옥을 차고서도 마음은 고목과 같다는 것이다. 장례를 치르는데, 온 도성의 백성들이 상엿줄을 잡고 보내었으니, 이는 옛날에도 드물게 있던 일이었다. 무릇 선비류는 졸卒이란 글자를 쓰는데, 첫 기록에는 한 가지도 공정한 역사기록이 없었다. 서종태는 반대 당인에 대해 미워하지 않았으므로, 물리치거나 거짓을 꾸며서 모함당하는 일이 유독 없었다. 그러나 능력을 발휘한 것이 상세하지 못한 것이 있었으므로, 이에 거듭 상세히 기술하여 이를 보충한다.

[승진과정]

1675년[24세] 숙종 1년 생원시 장원급제
1680년[29세] 숙종 6년 별시 문과 급제하여 이듬해부터 벼슬길에 올랐다.
1681년[30세] 숙종 7년 7월 예문관 검열, 9월 15인의 홍문록에 선발되다.
1682년[31세] 숙종 8년 3월 홍문관 정자, 5월 독서당 6인에 선발되어 사가독서에 오
              르다. 7월 홍문관저작
1683년[32세] 숙종 9년 2월 저작, 3월 홍문관 박사, 5월 수찬, 6월 헌납, 7월 헌납, 7
              월 교리, 7월 헌납, 7월 교리, 7월 이조좌랑, 8월 수찬, 10월 지평, 11월
              이조좌랑, 12월 부교리
1684년[33세] 숙종 10년 1월 헌납, 1월 부교리, 2월 이조좌랑, 2월 수찬, 3월 헌납, 4
              월 수찬, 4월 수찬, 7월 부교리
1685년[34세] 숙종 11년 1월 헌납, 6월 교리, 8월 수찬
1686년[35세] 숙종 12년 1월 부응교, 1월 집의, 2월 교리, 3월 집의, 3월 사간, 3월
              부응교, 3월 응교, 3월 집의, 4월 부응교, 윤 4월 응교, 7월 특별승진하
              여 승지, 10월 승지

1687년[36세] 숙종 13년 11월 대사간
1688년[37세] 숙종 14년 5월 승지
1689년[38세] 숙종 15년 기사환국, 남인집권
1694년[43세] 숙종 20년 갑술환국, 인현왕후 복위, 남인정권 붕괴, 서인계 소론 집권,
              윤 5월 대사간, 윤 5월 승지, 6월 이조참의, 7월 대사성, 8월 대사간, 9
              월 과거시험 초시 감독소홀 사직, 9월 13일 대사성으로 복직, 11월 부
              제학, 11월 승지, 12월 이조참의
1695년[44세] 숙종 21년 한성우윤, 3월 대사성, 8월 개성유수
1696년[45세] 숙종 22년 2월 대사성, 2월 대사헌, 2월 부제학, 4월 이조참판, 6월 이
              조참판, 7월 홍문제학, 8월 예조참판, 10월 판결사, 11월 대사헌, 11월
              부제학
1697년[46세] 숙종 23년 2월 부제학, 4월 부제학, 4월 이조참판, 8월 부제학, 9월 대
              사성, 11월 공조참판, 11월 이조참판
1698년[47세] 숙종 24년 6월 부제학, 8월 대제학, 9월 대사헌, 10월 호조참판, 11월
              좌참찬
1699년[48세] 숙종 25년 3월 예조판서

1701년[50세] 숙종 27년 5월 우참찬, 6월 예문관 제학, 7월 호조판서, 8월 공조판서, 8월 예조판서, 9월 한성판윤, 12월 좌참찬

1702년[51세] 숙종 28년 2월 예문관 제학, 4월 대사헌, 5월 서종태가 대사헌으로 사간원과 합동 아룀을 구차히 할 수 없다고 사양하고 물러가다. 5월 13일 파직시키다.

1703년[52세] 숙종 29년 1월 한성판윤, 6월 홍문관 제학, 8월 공조판서, 8월 동지사로 제수되었는데 사양하다. 10월 동지사가 되어 청나라 정조사로 가다. 다녀와서 형조판서가 되다.

1704년[53세] 숙종 30년 4월 한성판윤, 7월 이조판서, 7월 공조판서 겸 홍문관 제학, 12월 형조판서

1705년[54세] 숙종 31년 1월 이조판서, 2월 겸 판의금부사, 윤 4월 이조판서 사직, 윤 4월 공조판서, 6월 우참찬, 7월 한성판윤, 11월 판의금부사, 11월 우의정에 특별 제수되다.

1706년[55세] 숙종 32년 2월에 좌의정에 제수되다. 5월 좌의정 서종태가 22차례에 걸쳐 사직서를 제출하다. 10월 사직허락 10월 판중추부사

1707년[56세] 숙종 33년 10월 두 번째 우의정

1708년[57세] 숙종 34년 5월 당파간의 알력으로 영의정 최석정과 함께 물러났다.

1709년[58세] 숙종 35년 4월 두 번째 좌의정

1710년[59세] 숙종 36년 6월 좌의정 면직, 6월 판중추부사, 9월 세 번째 좌의정

1711년[60세] 숙종 37년 4월 19일 영의정

1712년[61세] 숙종 38년 1월 행 판중추부사, 4월 19일 영의정, 9월 26일 네 번째 좌의정, 11월 40번째 사직서 제출후 면직되어, 판중추부사

1714년[63세] 숙종 40년 9월 27일 세 번째 영의정

1716년[65세] 숙종 42년 8월 5일 영의정 사직, 8월 판중추부사

1719년[68세] 숙종 45년 2월 68세 일기로 숨을 거두다.

109. 이유李濡
광평대군의 후손, 북한산성을 수축하다

생몰년도 1645년(인조 23)~1721년(경종 1) [77세]
영의정 재직기간 (1712.9.26~1713.7.16) (9개월)

본관	전주全州
자	자우子雨
호	녹천鹿川
시호	혜정惠定
저서	녹천집鹿川集
배향	경종 묘정에 배향
신도비	서울 종로구 신문로 경희궁 터 내
당파	노론
기타	송시열의 문인
	세종의 다섯째 아들 광평대군 이여李璵의 후손

증조부	이후재李厚載	– 첨지 중추부사
조부	이형李逈	– 장령
부	이중휘李重輝	– 금산군수
모	김씨	– 김광찬의 딸
부인	함종 어씨	– 어진익의 딸
장남	이현승李顯崇	– 서윤
자부	홍씨	– 홍수헌의 딸
손자	이존중李存中	– 대사간, 예조참의
차남	이현응李顯應	– 현감
자부	홍씨	– 홍중기의 딸
손자	이최중李最中	– 형조판서, 우참찬

세종대왕의 다섯째 아들 광평대군의 후손

이유의 자는 자우子雨이고, 호는 녹천鹿川으로 본관은 전주이다. 세종의 다섯째 아들인 광평대군 이여의 후손으로, 증조부는 첨지중추부사를 지낸 이후재이며, 조부는 장령을 지낸 이형이다. 아버지는 이중휘로 금산군수를 지냈으며, 어머니는 김광찬의 딸이다.

이유는 어려서부터 침착하고 원대하였으며 총명하기가 남보다 뛰어났다. 13세에 모친상을 당하였고, 34세에 부친상을 당하여 일찍 부모를 여의었다. 자라면서 공부에 힘써 학문과 재주가 조숙하여 24세에 과거에 올라 세자시강원 설서로 벼슬길을 시작하였다. 특별한 걸림돌이 없이 사간원 정언, 사헌부 헌납, 지평, 홍문관 수찬, 교리, 응교 등 청요직을 두루 거쳤다.

1680년 숙종 6년[36세]에 경신환국으로 서인들이 집권시 승지가 되어 임금의 측근에서 보필하였고, 1683년 숙종 9년 39세에 청나라 사신으로 가서 조선 국내 성을 쌓는 문제에 대한 답변을 철저히 준비하여 무난하게 답변하므로서 국내외적으로 인정을 받았다.

당시에 청나라 황제가 일본의 동태와 관련하여 조선을 의심하고 있자 이유가 문답이 있을 것을 예측하고 응대할 말을 준비하고 떠났다. 연경에 도착하니 청나라 황제가 과연 이 문제를 물었으므로, 이유가 즉시 사실대로 대답하였다. 그들은 이미 보고를 통하여 내용을 알고 있으면서도 시험삼아 물어 본 것이었는데, 이유의 대답이 분명하게 나오자 의심이 풀렸고 그들도 이유가 잘 응대한 것을 칭찬하였다. 이 일을 의논할 때 너무 지나친 염려라고 하였으나 사명을 마치고 돌아오자, "앞일을 내다보는 그 깊은 통찰력은 우리들이 당할 수 없다."고 하였다.

－국역국조인물고. 이유－

40대 초반에는 승지와 경상도 관찰사, 강원도 관찰사, 전라도 관찰사를 역임하며 구휼에 힘쓰니 고을 백성들이 그 은덕을 칭송하였다. 1689년 숙종 15년 45세에 기사환국으로 남인이 집권하자 교외에서 물러나 지냈으며 1694년 숙종 20년[50세]에 갑술환국으로 다시 등용되어 대사간, 평안도 관찰사, 도승지 등을 역임하였다.

1697년 숙종 23년[53세]에 한성판윤이 되었으며 54세에 호조판서, 형조판서, 병조판서를 역임하였다. 특히 양역良役 업무에 남달리 밝다는 평판이 높아 문란했던 양역 업무를 획기적으로 정비하여, 이정청을 설치하여 그 일을 주관하고, 백성들 간에 원성이 높았던 백골징포의 폐해가 사라지게 하였다. 양역이란 평민들이 국가를 위해 의무적으로 부담하던 노동력을 말하는데, 주로 군역軍役에 동원되어 군사력의 구성요소가 되었다.

1703년 숙종 29년[59세]에 이조판서 겸 수어사로 임명되었는데 사관의 평가는 다음과 같았다.

이유는 젊어서부터 세속에 따라 행동하면서 명성과 절조가 없으므로 선비들의 의논이 가볍게 여겼는데, 만년에 재주와 기량으로서 조정에 쓰이게 되었으나 인사행정을 하는 데에 번거롭고 까다로웠으며, 이조판서에 임명되자 여론이 못마땅해 하였다. 이조판서 겸 수어사에 재직 중에는 양역良役 변통책을 내놓았고, 당파를 규제하자는 주장을 하고 조정의 여론을 화평으로 이끌 것을 주장하였다.

─숙종실록 29년 6월 23일 ─

이유는 평소 성격이 온후하여 과격한 것을 좋아하지 않았으며 인사행정에 임하여 인물을 추천할 때는 한결같이 공평하고 성실한 사람을 택하니, 논의하는 사람들 중에 불평하는 자가 많았다. 정언 김만근이 상소하여 이유를 탄핵하였는데 지난 일을 끌어대며 논조가 매우 심각하였으므로 이유가 즉시 물러나 교외 강가로 나가니, 임금이 김만근을 고성현령으로 좌천시켜 버렸다. 이어 비망기를 내리기를, "이조판서는 첫째로 공평하고, 둘째로 국가를 위한다. 그 크나큰 정성은 옛 사람에게도 부끄러움이 없다." 하며 이유에게 조정으로 돌아오도록 명하였다.

1704년 숙종 30년[60세]에 국정개혁의 공을 인정받아 7월에 우의정에 임용되었다. 이유가 황공하여 감히 명을 받들지 못하고 열 번이나 글을 올려 사직하려 하였으나 허락하지 않고 그때마다 도타운 하명으로 불러들였다. 마침 임금이 원릉에 거둥하므로 이유가 길가에 나아가 엎드리니 주정소에 와서 기다리라 하였는데, 이유가 "이것은 특별한 은전이기는 하지만 거취를 가볍게 해서는 안된다."고 생각하여 병을 핑계로 나아가지 않으니, 사람들이 예법에 맞는 일이라고 하였다. 임금이 승지를 보내어 함께 오게 한 뒤에야 부득이 입궐하여 사은하니, 주상께 맨 먼저 내 보낸 신하들을 풀어주기를 청하였다.

> 이유는 늦게 재능과 지혜로 서용되었는데, 병조 판서가 되어 제법 명예를 얻었다. 비록 강직한 풍도는 없었으나, 두루 상밀하고 신중하여 삼가니, 드디어 베풂을 입어 정승에까지 이른 것이다.
>
> – 숙종실록 30년 7월 8일 –

임금이 명나라의 국운이 끝났다 하여 후원에 단을 쌓고 의종황제를 제사하고, 이어서 신종 황제의 은혜에 보답할 수 있는 방도를 강구 중이었다. 이때에 이유가 매우 높은 예를 택하여 사단의 예에 따라 제사 그릇과 음악을 사용하고 희생을 바칠 것을 청하니 임금께서 받아들였다.

1709년 숙종 35년[63세]에 좌의정 겸 내의원 도제조에 임명되었다. 앞서서 신완이 북한산에 축성할 것을 건의하였는데 임금이 이유에게 명하여 북한산을 조사하여 보고하라 일렀다. 비변사에서 북한산에 산성을 수축하자는 주장을 다시 발의하고 왕의 허락을 받아 공사감독의 책임을 졌다.

1712년 숙종 40년[68세] 9월에 영의정에 임명되었는데 장령 서명우가 이유를 무고하는 상소를 올려 서울을 떠났다. 74세에 영중추부사가 되어 기로소에 들어갔는데 북한산성 축성 문제에 대해 대관 성진령과 유복명 등이 잇달아 가며 이유를 공격하였다. 76세에 숙종이 승하하자 이유는 애통한 나머지 식음을 전폐하니 병세가 더욱 악화되어 1721년[77세] 7월 29일에 작고하였다.

북한산성 수축과정과 탄핵

1707년 숙종 33년 좌의정으로 재직시 북한산성 수축 책임자가 되었다. 앞서 신완의 북한산성 축성 건의에 임금이 이유에게 조사후 보고하라 일렀는데, 이유는 명을 받들어 북한산에 가서 편리 여부를 조사하고 상소를 올렸다.

"효종께서 일찍이 북한산의 조지서 입구에 성을 쌓아, 난리를 당해 급할 때 피난할 곳으로 삼으려 하였습니다. 그렇게 되면 안팎으로 중성을 이루어 철통처럼 안전하게 되어 남한산성에 비해 더 나을 뿐만이 아니니 국가를 위한 계책이 이보다 나은 것이 어디 있겠습니까. 이제 북한산으로 내성을 삼아 종묘사직을 옮겨 모시고 탕춘성을 쌓아 모든 부녀자들을 이주시키고 공사간의 비축된 식량을 모아 모두 이곳으로 옮기게 하면 적병들의 숫자가 비록 많다 하더라도 어쩔 수 없을 것입니다. 험준한 북한산에 의지하여 군사를 나누어 도성을 지킨다면 형세가 절로 강해지고 근본도 더욱 굳게 되어 반드시 서울이 먼저 무너지는 염려가 없을 것입니다" 라고 하였다.

- 국역국조인물고. 이유 -

임금의 비답에, "경은 원로대신으로서 나라 일을 염려하는 것이 참으로 깊도다. 품은 생각을 상소를 올려 아룀에 감탄을 금할 길이 없다."라고 하였다.

1709년 비변사에서 북한산에 산성을 수축하자는 주장을 다시 발의하고 왕의 허락을 받아 공사감독의 책임을 졌다. 이후 북한산성 축성은 조정 신료들의 반대의견이 있었고, 1719년 숙종 45년에는 내성과 외성으로 축성한다는 비판이 거세어 당사자인 이유가 스스로 탄핵하기도 하였다.

처음에 북한산에 축성하자는 논의가 나왔을 때 의논하는 자들은 모두들 도성을 포기해서는 안 된다는 의견이 많았음에도 성을 수축하기로 하였는데 얼마 지나지 않아서 이의에 부닥쳤다.

그 후 북쪽에서 자문이 오자 또다시 북한산에 성을 쌓기로 하고 어제시를 종친들에게 내려 주상의 뜻이 확고함을 보이고 특명을 내려 이유를 주관하게 하였다.

이유는 명령을 받은 이후로 마음과 지혜를 다하여 순서에 따라 일을 수행하여 국가 방위의 중책을 다 하였지만 뭇 사람들의 불평은 끊이지 않았다. 경리청이라는 재정 마련의 특별기구까지 설치해 가면서 일부 관료의 반대를 무릅쓰고 북한산성의 수축 공사를 밀어붙였다.

68세 9월에 영의정에 임명되었다가 장령 서명우가 이유를 무고하는 상소를 올렸으므로 서울에서 떠났다. 임금은 누차 사관과 승지를 보내어 유시를 전하고 속히 서울로 돌아오기를 재촉하였으나 이유는 그럴수록 더욱 간절하게 아뢰었으므로 임금은 마침내 사직을 허락하였다.

69세에 책자를 올려 북한산에 성을 쌓는 것의 편리함을 논하여 21가지 사항을 조목별로 적어서 아뢰었다. 74세에 영중추부사가 되어 기로소에 들어갔는데 북한산성 축성 문제에 대해 대관 성진령과 유복명 등이 잇달아 가며 공격하였다.

민진후가 다시 글을 올려 탕춘대를 축성하는 계획을 강력하게 반대하였으므로, 마침내 주상은 조정에 명하여 의논케 한 결과 축성하는 일을 정지하게 되었다. 이에 이유는 사실을 밝히기를,

> "신의 상소를 의정부에 내려보내어 재상들에게 돌려 보였을 때에 모두들 이의가 없었습니다. 그리하여 이 일이 실행에 옮겨졌고, 신이 온갖 노력을 쏟아서 공사가 이미 끝나가는 참인데 이제와서 이를 정지 시키려 하니, 중신들이 일찍이 의정부에서 의논할 때에 한 사람이라도 반대하는 이가 있었더라면 어찌 공사 간에 일을 그르치는 일이 있었겠습니까. 신이 늙어서 일의 기미를 잘 살피지 못한 때문에 끝내는 이런 잘못을 저지르게 되었으니 이는 신의 죄입니다."라 하고는 서울을 떠났다.
>
> — 국역국조인물고, 이유 —

이유의 졸기

이유에 대한 졸기의 평은 경종실록과 경종 수정실록에 각기 다르게 두 개로 전하고 있다. 경종실록에는 비하 일변도로 평하고 있고 경종수정실록에는 기록 중심으로 담담하게 평하여 전해지고 있다.

1721년[77세] 경종 1년 7월 29일 영중추부사 이유의 졸기 〈경종실록〉

영중추부사 이유가 졸卒하였다. 나이는 77세요, 시호는 혜정惠定이었다. 임금이 하교

하기를,

"새로 또 원로를 잃었으니, 슬픔을 어떻게 견딜 수 있겠는가?"

하고, 녹봉을 3년을 기한하고 그대로 지급하며, 관곽 한 벌을 해당 조정으로 하여금 골라 보내라고 명하였다. 이유는 마음씨가 온화하여 각박하게 의논하는 것을 기뻐하지 않았다. 젊은 나이에 조정에 나와 큰 도道를 역임하였지만 명성과 치적이 없다가 영의정의 자리에 올라서야 곧 일의 공적이 있는 것으로 자처하면서 북한산에 성을 쌓을 것을 강력히 주장하였으니, 나라를 위하는 원대한 계획에서 나온 것이라 말하였지만 재주나 나라를 다스리는 계책이 본디 짧았으며, 식견과 사려도 어두워 일 처리에 실수가 많았고, 임용이 정당하지 못한 사람이 많았으니, 나라를 좀먹고 백성을 병들게 하여 해를 끼친 것이 한정이 없었다. 그가 덕을 기리는 칭호 올리기를 청한 것도 자신을 잘 보이기 위한 것으로 사대부의 기풍과 절의를 여지없이 무너뜨린 것이니, 이로써 그의 평생을 단정할 수가 있다. 주상께서 자리를 전위함에 있어서 일찍이 3정승의 소임을 받지 못했으니 업적은 진실로 논할 것이 없지마는, 어진 신하가 의로운 임금을 만난 것도 말할 만한 것이 없었는데 다만 당파들의 사적 선호 때문에 묘정에 배향까지 하였으니, 공론이 해괴하게 여겼다.

1721년[77세] 경종 1년 7월 29일 판부사 이유의 졸기 〈경종수정실록〉

판부사 이유가 졸하였다. 이유의 자는 자우子雨이니, 세종대왕의 후손이다. 젊어서 과거에 합격하였는데, 강개하여 시정 주요업무를 말하기를 좋아하였다. 이조 좌랑으로 있으면서 연경에 사신으로 나갔는데, 이 때에 왜구가 트집잡아 일을 꾸미려하므로 숙종이 성城을 수축하여 왜구를 대비하였다. 청나라 군주가 과연 성을 수축한 일을 묻자 이유가 상세히 사실대로 대답하니, 연경의 사람들이 그가 잘 대답한 것을 치하하였다. 영의정 이단하가 천거하여 비변사 부제조로 삼았고, 평안도 관찰사로 발탁되었으며, 중앙직으로 들어와 호조 판서가 되었다가 이조로 옮긴 뒤 북한산성을 경영관리하여 우의정에 발탁되었으며, 영의정에 이르러 기로소에 들어갔다. 병으로 졸하니, 나이가 77세였다. 시호를 혜정이라 하였다.

노원구 녹천마을

조선 숙종 때 영의정을 지낸 이유가 자신이 하사받은 땅에 세운 동네가 바로 지금의 녹천마을이며 '녹천鹿川'이라는 이름은 이유의 호에서 딴 것이다. 녹천은 세종의 다섯째 아들인 광평대군 이여의 후손이며 우의정, 좌의정 그리고 영의정의 삼정승을 역임한 인물이다. 그가 호를 녹천으로 삼은 사유는 바로 마을 이름인 녹천에서 비롯된다. 녹천 이전 지명은 송계松溪였다. 이유가 녹천에 자리를 잡자 동 시대를 풍미했던 그의 고종 사촌들인 김창협, 김창업, 김창흡 등 역시 그곳에 터전을 마련하여 수많은 제자를 양성하였다. 어유봉 역시 뒤질세라 고모부 이유를 찾아 드나들기를 반복하면서 여러 작품을 남기게 된다.

녹천은 노원구 월계동 녹천마을에서 살았고, 후세 사람들은 그를 가리켜 녹천대감이라 불렀다. 그는 나라로부터 많은 땅을 하사받아 마을 사람들에게 농사를 짓도록 했으며 마을 사람들은 녹천대감의 은혜에 감사하는 마음을 담아 해마다 세 차례씩 "녹천대감 치성제"를 드렸다.

― 네이버 블로그 ―

[승진과정]

1668년[24세] 현종 9년 별시 문과 병과 급제, 세자시강원 정7품 설서에 등용되어 관직을 시작 하였다. 천거를 받아 한원(예문관)에 들어가 검열이 되었으나 친분으로 공정하지 못하다는 혐의로 시강원 설서로 전임되었다가 사서로 옮겼다. 이후 정언, 헌납, 지평, 수찬, 교리, 응교 등 청요직을 두루 거쳤다.

1674년[30세] 숙종 즉위년 9월 헌납
1675년[31세] 숙종 1년 3월 헌납, 3월 이조좌랑, 3월 부교리, 5월 수찬
1676년[32세] 숙종 2년 6월 이조정랑, 8월 응교, 11월 집의
1677년[33세] 숙종 3년 9월 승지
1678년[34세] 숙종 4년 부친상, 3년간 여묘살이, 상례 후 성천부사, 응교에 임명
1680년[36세] 숙종 6년 경신대출척, 서인집권, 6월 승지로 발탁, 8월 부응교
1681년[37세] 숙종 7년 1월 사간, 4월 부응교, 사복시 정, 5월 승지, 6월 부응교,
　　　　　　　　7월 승지
1682년[38세] 숙종 8년 양주목사
1683년[39세] 숙종 9년 예조참의, 호조참의 12월 명성대비(현종비)의 승하로
　　　　　　　　부고를 알리는 사신으로 선발되어 청나라에 파견되었다.
1684년[40세] 숙종 10년 7월 승지
1685년[41세] 숙종 11년 2월 승지, 7월 승지, 8월 승지, 7월 경상도 관찰사,
　　　　　　　　비변사 부제조 겸 진휼 당상, 9월 강원도 관찰사
1686년[42세] 숙종 12년 11월 승지
1687년[43세] 숙종 13년 1월 전라도 관찰사
1688년[44세] 숙종 14년 10월 대사간
1689년[45세] 숙종 15년 1월 승지, 1월 대사간, 기사환국, 남인집권, 파직
1694년[50세] 숙종 20년 갑술환국, 서인집권, 병조참의 4월 평안도 관찰사
1696년[52세] 숙종 22년 평안도 관찰사 재직중 사소한 문제로 파직되었다가
　　　　　　　　5월 도승지에 임명되었는데 조정의 의논들이 이유가 다스린 실적이 있다
　　　　　　　　하여 특명에 따라 맥추까지 그대로 재임토록 하였다. 5월 대사간,
　　　　　　　　10월 도승지, 11월 대사헌
1697년[53세] 숙종 23년 예조참판, 5월 특별히 한성부 판윤에 임명, 7월 호조판서,
　　　　　　　　8월 대사헌
1698년[54세] 숙종 24년 형조판서, 단종 부묘도감 제조, 11월 병조판서, 지경연사 겸직
1699년[55세] 숙종 25년 단종 부묘도감에서 수고한 공로로 정헌대부로 승진,

지의금부사 및 동지 성균관사 겸직, 10월 조모상.
1702년[58세] 숙종 28년 1월 상례후 대사헌. 4월 병조판서, 6월 판의금 부사로 승진,
8월 특별히 이유를 보국숭록대부로 승진, 판돈녕 부사에 임명,
9월에 청나라 정사로 내정
1703년[59세] 숙종 29년 6월 이조판서 겸 수어사, 9월 겸 수어사, 9월 겸 승문원 제조
1704년[60세] 숙종 30년 7월에 우의정
1705년[61세] 숙종 31년 중추부 판사
1707년[63세] 숙종 33년 10월 좌의정 겸 내의원 도제조
1709년[63세] 숙종 35년 비변사에서 험지인 북한산에 산성을 수축하자는 주장을
다시 발의하고 왕의 허락을 받아 공사감독의 책임을 졌다.
1712년[68세] 숙종 40년 9월 26일 영의정
1713년[69세] 숙종 41년 7월 16일 판중추부사. 금위영의 도제조 겸직
1717년[73세] 숙종 45년 2월 겸 유도대신. 임금이 온천에 거동하면서 이유에게
특명을 내려 서울을 지키게 하였다.
1718년[74세] 숙종 46년 11월 영중추부사, 기로소에 들어갔다.
1620년[76세] 숙종 48년 숙종승하, 경종즉위.
1620년[76세] 숙종 48년 6월에 임금께서 승하하니 이유는 애통한 나머지
식음을 전폐하여 병세가 더욱 악화되다.
1721년[77세] 경종 1년 7월 29일 영중추부사 이유가 죽다 .

110. 김창집金昌集
영의정 김수항의 아들, 영조추대 1등공신

생몰년도 1648년(인조 26)~1722년(경종 2) [75세]
영의정 재직기간 1차 (1717.5.12~ 1718. 8. 8)
　　　　　　　　 2차 (1719.1.4~ 1721.12. 9) (총 4년 2개월)

본관　　　안동安東
자　　　　여성汝成
호　　　　몽와夢窩
시호　　　충헌忠獻
당파　　　노론의 영수
묘소　　　경기 여주시 대신면 초현2리
배향　　　영조 묘정에 배향
저서　　　국조자경편國朝自警編, 몽와집夢窩集
기타　　　아버지, 본인, 아들이 모두 사약을 받다

증조부　　김상헌金尙憲 ‒ 좌의정
조부　　　김광찬金光燦 ‒ 동지중추부사
부　　　　김수항金壽恒 ‒ 영의정
모　　　　나성두의 딸 ‒ 호조좌랑
숙부　　　김수흥金壽興 ‒ 영의정
동생　　　김창협金昌協 ‒ 예조판서
동생　　　김창흡金昌翕 ‒ 집의
장남　　　김제겸金濟謙 ‒ 우부승지
4대손　　 김조순金祖淳 ‒ 순조 장인, 안동김씨 문벌정치의 시작

청음 김상헌의 후손, 영조 추대 일등공신

김창집의 자는 여성汝成이고 호는 몽와夢窩이며 본관은 안동이다. 좌의정 청음 김상헌의 증손으로, 조부는 동지중추부사를 지낸 김광찬이다. 아버지는 영의정을 지낸 김수항이며, 어머니는 현감 나성두의 딸이다.

당파로는 서인이었다가 노론과 소론으로 분당 후에는 이이명·이건명·조태채와 함께 노론 4대신으로 불리었고, 노론의 영수가 되었는데 소론인 조문명의 처삼촌이기도 하였다. 예조판서 김창협, 이조판서 김창흡, 화가 김창업의 맏형으로 명문가 집안에서 1648년 인조 26년 10월 한성부에서 출생하였다. 훗날 순조의 장인 김조순은 그의 4대손이고, 숙부 김수흥도 영의정을 지냈으니 조선 8대 명문가에서 성장하였다.

김창집은 1672년 현종 13년 26세에 사마시에 합격하여 진사가 되었는데, 1675년 아버지 김수항이 2차 예송 논쟁으로 화를 입어 영암에 유배되자 과거 응시를 미루었다. 1680년 숙종 6년 경신대출척으로 부친이 유배에서 풀려 나자 이듬해 특별히 내시교관에 발령되어 관직에 진출하였다. 이후 여러 관직을 전직하였는데 37세가 되던 1684년에 공조좌랑으로 근무하면서 정시 문과에 응시하여 급제함으로써 문과 출신자로 벼슬길을 다시 시작하였다. 그해 11월 도당에서 뽑은 홍문록 15인에 뽑혀 학문적 실력을 과시하기도 하였다.

1689년[42세] 윤 3월 21일 기사환국으로 남인들이 집권하여, 부친 김수항이 진도로 유배되어 사사되자, 김창집은 장례를 치른 뒤 벼슬을 버리고 귀향하여 형제들과 함께 포천 백운산으로 들어가 산중에 은거하며 지냈다. 이때 아버지는 자식들의 미래를 걱정하며 유훈을 남긴다.

'내가 본래 재주와 덕이 없는 몸으로 조상의 유덕을 빙자해 나라의 은덕을 후하게 입었고, 지위를 탐내 분수에 넘쳤다가 스스로 재앙을 불렀다. 오늘의 일은 모두가 융성한 시류를 타고 그칠줄 모르고 물러나기를 요구하다 이 지경에 이른 것이니, 후회해 본들 무슨 소용이 있겠느냐? 나의 모든 자손들은 마땅히 나를 경계를 삼아 항상 겸손하게 사상하는 미덕의 뜻을 간직하여 가정에 있을 때는 공손함과 검소함을 실천하고 벼슬을 할 때는 높은 관직과 요직을 멀리 피하여 몸을 복되게 하고 가정을 보존해 준다면 매우 다행이겠다.

– 숙종실록 20년 윤 5월 29일 –

김창집은 현직에 근무하는 동안 아버지의 유훈을 지키기 위하여 수도 없이 사직서를 제출하며 관직생활을 했으나, 최고위직인 영의정에 오른 후부터는 자만하였는지 유훈을 잊고 지내다가 아버지와 같은 길을 걷고 만다.

1694년 숙종 20년 44세에 갑술옥사가 일어나 서인이 다시 집권하니 아버지 김수항의 관작은 복구되었으나 목숨은 잃어버린 후였다. 김창집은 병조참의에 임명되었으나 사양하며 출근하지 않았다. 후에 철원부사로 발령되니 아버지의 유훈과는 벗어난 자리라 핑곗거리가 없어, 명을 받고 나아가 치적을 올리니 주민들의 칭송이 자자하였다. 이어 강화유수·예조참판·개성유수 등을 역임한 뒤에는 중앙 요직인 대사헌·호조판서를 거치며 유훈을 잊고 지냈다. 1703년 이조판서에 제수되었는데, 선친의 유훈 훈계를 핑계로 수없이 사직상소를 올렸으나 관철되지 않자 고심하다가 6월에 모친이 세상을 떠나자 관작을 사퇴하고 여묘살이를 마쳤다.

1705년 숙종 31년[58세] 돈령부 지사로 복직하였다가 다음 해 한성판윤을 지내고 우의정에 제수받으니 십여차례 사직 상소를 올리고 등청하지 않았다. 숙종이 여러 차례 사관과 승지를 보내어 타이르다가 특별 명을 내려 판중추부사로 임명하였다. 2년후 1707년 숙종 33년[60세]에 좌의정으로 임명하니 사직을 청하여 다시 판중추부사로 옮겼다. 이후 우의정과 좌의정을 번갈아 가며 좌의정만 다섯 번을 발령받게 된다. 이때 유독 정승 발령에서 사직서 제출 횟수가 눈에 띄게 많이 기록되어 있다. 부친 김수항의 유훈에서 현관 요직을 탐하지 말라던 경계문을 지키고 실천하느라 애쓴 흔적일 것이다.

1712년[65세]에 과거시험 감독관이 되었을 때 시험 부정사건이 일어났는데 4년이 지난 후 1716년 3월에 이 일로 대간들의 탄핵을 입어 파직을 당하였다. 김창집은 그해 7월에 복직하여 그때의 일을 변명하니 임금은 정확하지 않은 근거로 정승을 욕보인 죄로 탄핵하였던 대관들을 파직시켜 버렸다. 사직서를 하도 자주 제출하고 출근하지 않으니 김창집을 위로하기 위하여 대간까지 파직시킨 것이다. 그해 9월에 다섯 번째 좌의정에 제수되었다. 두 번씩이나 부름을 받고도 출근하지 않으니 다시 명을 내려 불렀다. 이러한 김창집의 처세에 유생들이 탄핵을 하니, 김창집은 유생에게 배척받았다 하여 상소문을 제출하고 성 밖으로 나갔는데, 임금은 도승지를 보내 돌아오도록 명하였다. 이 때에 사헌부에서 김창집을 헐뜯은 이세면의 관작을 삭탈할 것을 청하니 임금이 따랐다.

10월에도 좌의정 김창집은 여러번 면직을 청하였으나 윤허하지 않았고, 1717년 숙종 45년 70세에 영의정에 올랐다. 1718년 숙종 46년 김창집이 이명의의 상소로 면직되기를 원하고 또 병을 핑계 대 사직하기를 38차례에 이르렀으나, 임금과 세자가 잇따라 승지와 사관을 보내어 위로하고 권면하기를 지극히 하였으나 끝내 나오지 아니하였다. 이 때에 세자가 더 이상 강요할 수 없다 하여 위로하고 사직도록 허락하였다. 전례대로 행 판중추부사에 임명하고, 사관을 보내어 함께 오도록 하였다.

1719년 숙종 47년 1월에 다시 영의정에 오르고, 1720년 6월 숙종이 승하하고 경종이 즉위하자 원상으로 정무를 돌보게 되었다.

1721년 경종 1년 8월 경종은 몸이 허약하고 후계자가 없었으므로, 김 창집은 노론의 대신들과 의논하여 경종의 아우 연잉군을 세제로 책봉하기를 상소하여 한 밤중인 새벽 2시에 이를 성사시켜, 영조가 왕위에 오를 수 있는 기틀을 마련하였다.

그해 10월 영의정 김창집은 숙종 때부터 오랫동안 권력을 잡아 권세가 전국에 미쳤는데, 경종이 즉위하여 국사를 듣고 결정하는데 권태를 느끼니, 국사의 크고 작은 일이 모두 김창집에 의해 결정되었다. 김창집이 소속된 노론을 따르는 자가 날로 많아지고 인심이 갈수록 분개하고 미워하는 자가 많아지니, 김창집은 하루아침에 지위를 잃고 화가 미칠 것을 염려하여 항상 두려워하였다.

그런데 왕세제를 세운 뒤로는 스스로, '큰 공을 세웠으니 부귀를 길이 보존할 수 있다.'고 생각하여 사직하는 글을 올려 물러갈 뜻을 보였다. 실제로는 물러갈 뜻이 없었는데, 상소가 들어가자 임금이 갑자기 그 상소를 받아들이니, 노론들이 크게 놀라고 두려워하였다.

좌의정 이건명·판부사 조태채·간관 어유룡 등이 각각 상소를 올려 사직의 명을 도로 거두기를 청하였으나, 임금은 들어주지 않았다. 다음날 10월 12일 김창집의 상소를 도로 들이라고 명하여 사직을 승락한 답변을 고쳐서 내리고, 청한 바를 윤허하지 아니하였다.

10월 13일에 경종이 현임·원임 대신 등을 불러 왕세제로 하여금 정사를 대행하게 할 것을 명하니 노론들은 만류하는 척하며 대리청정할 물목을 작성하였다. 그러나 경종을 지키고 보호하던 소론파 조태구 등의 반대로 노론 측의 의도는 허사로 돌아가고 말았다. 이때부터 소론들은 노론 측의 행동이 역모라 규정하고 정치적 공세를 펼쳤다. 소론 측의 공격 대상이 되었던 노론의 대표적인 인물은 김창집·이이명·이건명·조태채로 이른바 '노론 4대신'이었다. 결국 대리청정을 주장했던 노론들은 축출되고 권력은 소론에게로 돌아갔다.

12월 김창집 등을 귀양보낼 것을 청하니 영의정 김창집·좌의정 이건명을 면직시켰고, 12월 12일에 김창집은 거제에, 이이명은 남해에, 조태채는 진도에 유배하였다. 이건명은 10월에 청나라 사신으로 연잉군의 세제 책봉을 청하러 갔기 때문에 그가 돌아온 1722년 경종 2년에 흥양현의 나로도에 역시 안치하였다.

12월 25일 양사에서 김창집 등을 처단할 것을 청하였고, 곧 이어 소론의 김일경, 목호룡 등이 노론의 역모 도모를 주장하여 12월에 신임환국이 일어났다. 목호룡의 역모고변으로 임인옥사가 일어나 김창집의 손자 김성행이 주동자의 한사람으로 지목되었고, 김창집은 거제도로 위리안치 되었다가 1722년 1월에 경상도 성주로 이배된 후 4월 29일 사사되었다. 사약을 받기 이틀 전에 아들 김제겸金濟謙에게 유언서를 보냈는데 다음과 같다.

천리 밖에 끌려와 온갖 욕을 다 받았으니, 한번 죽어 통쾌함만 같지 않구나. 바로 성산에 도착해서야 비로소 사약을 내리는 명이 있음을 들었다. 금오랑이 이르면 바로 목숨을 거두어 갈 것이다. 굽어보고 우러러 보매 부끄러움이 없으니, 웃음을 머금고

지하에 들어갈 것이다. 다만 너의 얼굴도 못본 채, 게다가 너의 생사조차 알지 못하니, 이 한스러움만은 다함이 없구나. 네가 심문에 잘 대답하여서 살아 옥문을 나오기만 바랄 뿐이다. 거제도에 있을 적에 영결을 고하는 편지를 보냈으니, 이번엔 자세한 말을 되풀이 하지 않는다.

사약을 받고 죽었으니 실록에 기록되지 않았고 졸기도 없이 떠났다. 아버지 김수항과 똑 같은 길을 걷게 된 셈이다. 아들 김제겸도 손자 김성행이 역모에 가담되어 함께 사사되었으니 당대 최고의 벼슬을 누리고도 참으로 비참한 말로를 맞았다. 아버지 김수항의 유훈을 지키기 위해 그렇게도 사직서를 많이 썼지만 지존의 자리에서는 한가지 생각 밖에 나지 않았던 모양이다. 결국 영조를 왕세제로 책봉시키고 하루라도 빨리 왕위에 오르게 하려던 생각이 본인에게는 비수가 되어 되돌아 온 셈이다.

1724년 영조가 즉위하자 관작이 복구되었고 영조를 직접 모신 적은 없었지만 영조가 왕위에 오르게 한 공로가 인정되어 영조의 묘정에 배향되었고, 과천의 사충서원, 거제의 반곡서원에 제향되었다. 저서에 국조자경편 오륜전비언해 등이 있고, 문집에 몽와집이 있다.

"높은 관직과 요직을 멀리하라는 아버지의 훈계"

1694년 숙종 20년[47세] 5월에 김창집은 갑술환국으로 병조참의로 복직되어 아버지 김수항의 무죄를 주장하는 상소를 올렸다. 상소문에 이르기를

"저번에 여러 소인들이 선친을 무함함에 있어 그들이 가지고 죄안으로 삼은 것은 대개 세 가지가 있습니다. 하나는 궁중과 내통하였다는 것이고, 다음은 1680년 숙종

6년의 옥사를 처리한 것입니다. 그리고 또 한 가지는 바로 오시수에 관한 일입니다. 이른바 궁중과 내통했다는 것에 대해서는 그런 일이 있었는지 없었는지 그것이 허위인지 사실인지는 성상께서 더 깊이 아실 터이니 여기서 굳이 변명하지 않겠습니다. 그리고 1680년의 옥안에 있어서는 그 안건이 워낙 커서 조정에서도 거론하지 않고 있으므로 신이 감히 성급하게 변명할 수 없는 일입니다. 오직 오시수에 관한 한 가지 일만은 성상께서 이미 말씀을 하셨으니 한 차례 변론하지 않을 수 없습니다. 신이 듣건대 오시수가 국문을 당할 때 끌어다 댄 증인이 매우 많았는데, 조사를 해 본 결과 죄다 사실이 아니었고 최후에는 또 민희를 끌어다 댔었는데 민희는 그때 귀양살이 중이었습니다. 그런데 김덕원이 의금부에 있으며 아뢰기를, '이것은 옥사를 지연시키려고 먼 곳에 있는 사람을 끌어다 대는 것입니다. 그런 사실이 없다는 것을 확실히 알 수 있으니 곧바로 처단하는 것만 같지 못합니다.' 하였고, 선친 역시 물어볼 것도 없다는 것을 알았지만 단지 그 당시 비원대신備員大臣으로서 상세하게 하지 않을 수 없기 때문에 결국 민희를 조사하기에 이르렀습니다. 민희가 도착하자 그 말이 또 서로 어긋나게 되니, 김덕원이 말하기를, '나는 이미 그럴 줄 알았다. 그 자가 비록 만 번 죽더라도 다시 무슨 할 말이 있겠는가?' 하였으며, 이에 드디어 마지막의 처지에 있었는데 어전에서 물어 볼 때에 김덕원이 아무런 이의가 없었고 물러나온 뒤 여러 대신들이 김덕원에게 묻자 김덕원은 말하기를, '지당하고 지당한 일이라.'고 하였다 합니다.

김덕원은 교활하고 음흉한 사람으로서 오시수와는 결합하여 죽기를 각오한 당파였는데도 일찍이 일언반구도 서로 지원하는 내용의 발언을 하지 않았으니, 그 당시 죄를 조사하여 다스리고 의논한 것이 털끝만큼도 미진한 점이 없다는 것을 여기서 알 수가 있는 것입니다. 그런데 10년이 지난 이후에 김덕원이 시대의 변화에 편승하여 공공연히 기만과 무함을 자행하였습니다. 그의 말에 '가령 오시수가 송시열을 해치려고 했다면 죄명이 얼마든지 있으니 바로 사형에 처하거나 귀양을 가한다 하더라도 어찌 핑계가 없을 것을 염려하겠는가? 그런데 하필이면 저 사람들의 말을 빙자해서 주상을 무함하는 대역죄에 빠지겠는가?'하였으나, 대저 「신강」이라는 말이 어찌 다만 송시열을 모함하기 위한 것일 뿐이었겠습니까? 장차 전체 선비들을 일망타진하려는 데 있어 이것이 좋은 제목이 되었던 것입니다. 그리고 전부터 여러 소인들이 송시열을 모함할 때는 '멀리서 조정 권한을 잡고 있다.'고 하지 않으면 반드시 '위복을 멋대로 부린다.' 하였으니, 이것은 모두 '신강' 두 글자의 주석인 것입니다. 그러나 자신들로부터 무함을 하는 것은 오히려 타국의 말을 빌려 무함하는 것만큼의 힘있고 설득력이 있지가 못하였던 것입니다. 그들의 마음 씀과 계획이 이에 이르렀으니 어찌 임금이 보는 것을 도피할 수가 있겠습니까? 그리고 또 저들은 번번이 말하기를, '통역 무리가 눈치를 보아가며 말을 변경하여 오시수를 죽음에 몰아 넣었다.'고 합니다.

과연 통역 무리가 그런 것이 사실이라고 한다면 1689년 숙종 15년의 옥사는 죄안을 꾸며 극도에 달하였으니, 목칼을 씌운 고초 밑에 무엇을 구한들 얻지 못하겠습니까? 그런데 끝내 하나도 자백한 사람이 없고 시종 말이 한결같아 죽음에 이르러도 변하지 않았던 것은 또 무엇 때문이겠습니까? 신은 듣건대, 오상유가 길가에서 꾕과리를 쳐 임금의 행차를 세워 상소를 할 적에 김덕원이 극력 저지했는데도 되지 않았다고 합니다. 그것은 김덕원이 간사하고 교활하여 이 옥사의 처음과 끝을 깊이 알고서 다시 번복할 수 없다는 것을 짐작했기 때문입니다."

하니, 임금이 답하기를, "김덕원의 반복된 음흉한 태도에 어찌 가슴 아파하지 않겠는가?" 하였다.

– 숙종실록 20년 5월 19일 –

윤 5월 29일 동생 부제학 김창협이 부친 김수항의 유훈 훈계를 들어 사직소를 올리다.

부제학 김창협이 상소하여 아뢰기를, "신의 부친이 운명하던 날에 유훈 훈계 한 장을 손수 써서 신의 형제에게 주었는데 그 내용은 다음과 같습니다. '내가 본래 재주와 덕이 없는 몸으로 조상의 유덕을 빙자해 나라의 은덕을 후하게 입었고, 지위를 탐내 분수에 넘쳤다가 스스로 재앙을 불렀다. 오늘의 일은 모두가 융성한 시류를 타고 그칠줄 모르고 물러나기를 요구하다 이 지경에 이른 것이니, 후회해 본들 무슨 소용이 있겠느냐? 나의 모든 자손들은 마땅히 나를 경계를 삼아 항상 겸손하게 사양하는 미덕의 뜻을 간직하여 가정에 있을 때는 공손함과 검소함을 실천하고 벼슬을 할 때는 높은 관직과 요직을 멀리 피하여 몸을 복되게 하고 가정을 보존해 준다면 매우 다행이겠다.' 신의 형제는 울면서 이것을 받아 간직하여 감히 잃어버리지 않았습니다.

신의 아비의 생각에는 가득찬 것은 하늘의 도道가 줄이는 바고 권세와 지위는 사람의 감정이 시기하는 바라고 여겼던 것입니다. 더구나 지위가 요직이면 행동하기 어려워 원망이 모이게 되고, 책임이 무거우면 수행하기가 어려워 재앙이 생기게 되며 명망이 높으면 그것을 감당하기 어려워 훼방이 돌아오게 되니, 이것은 예로부터 길이 우려가 되어 오던 것인데 부친이 불행하게도 직접 그런 경우를 당하였으므로 후손들로 하여금 또 다시 이런 위기를 겪게 하는 것을 원하지 않았던 것입니다. 그래서 간절한 경계가 특별히 이 점에 있었던 것이니. 후손된 사람은 마땅히 마음에 간직하고 뼈에 새겨서 영원히 준수해야 할 것입니다. 하물며 신 자신의 경우야 말해 무엇하겠습니까?

지금 삼사의 직책이 어느 것인들 현관요직顯官要職이 아니겠습니까만 경연의 장長은 더욱 정밀하게 뽑은 자리가 됩니다. 만일 신이 한갓 녹봉을 많이 주는 고마움과 위엄있는 명령의 두려운 것만 알고서 우둔하게 함부로 나아가 좋은 자리에서 의기양양하게 지낸다면, 이것은 선친이 돌아가실 때 하신 말씀을 아무 쓸데없는 것으로 만드는 것이 되니, 신이 어찌 이런 짓을 차마 할 수 있겠습니까?"

하니, 답하기를,

"비록 부친의 유훈 훈계가 있었다고 하나 조정에서 환히 알고 남김없이 깨끗이 신원 회복하였으니, 나와서 벼슬에 봉직하는 것이 무슨 미안할 이치가 있겠는가?" 하였다.
김창협은 선친이 화를 당한 것으로 인해서 스스로 벼슬을 포기하고 다시 나오지 않았다. 그 아우 김창흡·김창업·김창즙은 본래 과거와 벼슬을 좋아하지 않았는데, 기사년의 일을 겪고 나서는 모두 벼슬하지 않고 선비로 세상을 마치니 사람들이 다 칭찬하였다.

– 숙종실록 윤 5월 29일 –

연잉군의 왕세제 책정을 두고 찬반으로 나뉜 노론과 소론

1721년[74세] 경종 1년 8월 20일 정언 이정소가 국가정세의 위태로움으로 인심이 흩어진다며 후계자를 세워 바로잡을 것을 상소하자, 임금이 대신들에게 여쭈어 결정하라고 명하였다. 이에 영의정 김창집· 좌의정 이건명· 판중추 부사 조태채가 주관이 되어 밤중에 대신들을 소집시켜 새벽 2시에 임금께 청하여 연잉군을 왕세제로 삼았다.

정언 이정소가 상소하기를, "지금 우리 전하께서는 춘추가 한창이신데도 아직껏 후계자가 없으시니 온나라 백성들이 근심스럽게 걱정하고 탄식할 뿐만이 아닙니다. 생각건대 우리 대비께서는 큰 상중이신데도 더 걱정을 하실 것이요, 하늘에 계신 선왕의 혼령께서도 돌아보시고 답답해 하실 것입니다. 우리 역대 왕조께서 이미 행하신 아름다운 법도가 있으니, 어찌 오늘날 따를 바가 아니겠습니까? 국가정세는 위태롭고 인심은 흩어져 있으니, 나라의 근본을 생각하고 종묘사직의 최상의 계략을 꾀해야 할 것인데도 대신들은 아직껏 세자를 세울 것을 청하는 일이 없으니, 신은 이를 개탄하는 바입니다. 원컨대 전하께서는 빨리 이 일을 대비전에 아뢰시고 대신들에게 의논케 하시는 것이 바로 사직의 대책을 정하는 것이며, 억조 신민의 큰 소망을 붙잡아 두는 일이 될 것입니다."

하니, 임금이 대신에게 의논하여 여쭈어 하라 명하였다.

영의정 김창집과 좌의정 이건명이 빈청에 나가 원임 대신·육경·의정부 좌우참찬 · 판윤·삼사 장관을 불러 논의하여 정할 것을 청하였는데, 행 판중추부사 김우항, 예조판서 송상기, 이조판서 최석항은 부르는 명을 어기고 나오지 않았다. 밤 2경에 김창집·이건명이 판중추부사 조태채, 호조판서 민진원, 판윤 이홍술, 공조판서 이관명, 병조판서 이만성, 우참찬 임방, 형조판서 이의현, 대사헌 홍계적, 대사간 홍석보, 좌부승지 조영복, 부교리 신방이 함께 임금을 만나기를 청하니, 임금이 시민당에서 만났다.

김창집이 말하기를, "성상께서 춘추가 한창 젊으신데도 아직껏 후사가 없으시니, 신은 부끄럽게도 대신으로 있으면서 주야로 걱정이 됩니다. 다만 사리와 체모가 지중하기 때문에 감히 엎드려 청하지 못하였습니다. 지금 대신의 말이 지당하니 누가 감히 이의가 있겠습니까?"

하니, 조태채가 말하기를,

"송나라 인종이 두 황태자를 잃으니 춘추는 비록 늦지 않았지만 간신 범진이 태자를 세울 것을 소청하고 대신 문언박 등이 힘써 찬성하여 대책을 정한 바 있습니다. 이제 대신의 말이 이미 나왔으니 오래 끌 수는 없습니다. 청컨대 빨리 처분을 내리소서."

하였고, 이건명은 말하기를,

"대비의 명에 이르시기를, '국사가 걱정이 되어 억지로 미음을 든다.' 하셨으니, 비록 상중이라도 종묘사직을 위한 염려가 깊으신 것입니다. 이 일은 일각이라도 늦출 수가 없으므로 신 등이 감히 깊은 밤중에 만나기를 청한 것이니, 원컨대 전하의 생각을 더하시어 빨리 큰 계책을 정하소서." 하였다.
여러 신하들도 차례로 청하고 진정이 끝나자, 김창집·이건명·조태채가 다시 청하여 마주 앉았다.

승지 조영복이 말하기를, "대신들과 여러 신하들의 말은 모두 종묘사직의 대계를 위한 것이니, 청컨대 속히 윤허하소서." 하니,

임금이 이르기를, "윤허한다." 하자,

여러 신하들이 모두 말하기를, "이는 종사의 무강한 복입니다." 하였다.

김창집과 이건명이 말하기를, "대신이 말한 바 역대 왕조의 아름다운 법도란 정종대왕 때의 일을 가리킨 듯합니다. 성상께서는 위로 대비전을 모시고 계시니, 대비전

께 들어가 사뢰어 손수 쓴 글씨를 받은 연후에야 받들 수 있을 것입니다. 신 등은 합
문 밖에 나가서 기다릴 것을 청합니다."

하니, 임금이 윤허하고 대궐내로 들어갔는데 오래도록 나오지 않자, 김창집 등이 승
전 내관을 불러 말로 아뢰어 임금을 재촉하여 직접 대면을 허가하도록 하였다. 새벽
종루가 친 뒤에야 임금이 낙선당에서 면대할 것을 명하였다.

김창집이 말하기를, "벌써 대비께 아뢰었습니까?"

하니, 임금은 그렇다고 대답하였다.

이건명이 말하기를, "꼭 대비전의 손수 쓴 글씨가 있어야만 거행할 수 있습니다."

하자, 임금이 책상 위를 가리키면서 이르기를, "봉함 글이 여기 있다."

하니, 김창집이 받아서 뜯었다. 피봉 안에는 종이 두 장이 들었는데, 한 장에는 해서
楷書로 '연잉군'이란 세 글자가 써 있었고 한 장은 언문 교서였는데, 이르기를,

"효종 대왕의 혈맥과 선대왕의 골육으로는 다만 주상과 연잉군 뿐이니, 어찌 딴 뜻
이 있겠오? 나의 뜻은 이러하니 대신들에게 명하심이 옳을 것이오." 하였다.

여러 신하들이 모두 읽어 보고는 울었다. 이건명이 사관으로 하여금 해자楷字로 언
문 교서를 번역해서 승정원에 내리게 하고 승지로 하여금 임금의 명을 쓰게 할 것을
청하니, 임금이 그렇게 하라 하였다. 조영복이 어전에서 명을 썼는데, 명에 이르기를,

"연잉군을 저사로 삼는다."

하였다. 이어 예조 당상관을 불러 거행할 것을 청하고, 여러 신하들은 물러갔다. 임
금은 평소에 병이 많아 후사를 두기가 어렵게 되었으니, 국가정세는 위태하기가 금
방 떨어질 것 같았다. 효종·현종·숙종의 혈맥으로는 다만 주상과 아우 한 분이 있
으니 하늘의 명과 인심이 스스로 귀착되는 바가 연잉군이 아니고 누구이겠는가? 이
제 종묘사직의 큰 계획이 이미 정해졌으니 임금의 명이 한 번 내려지자 온 나라 사
람이 기뻐하지 않는 이가 없었다. 그러나 당일 대신들은 조정에 모여 의논을 꺼내려

하지 않았고, 또 교외에 있는 동료 대신에게도 알리지 않았으며, 다만 4, 5인의 조정 동료와 함께 깊은 밤중에 청하여 광명정대한 일을, 뒤 바뀌고 약탈한 것처럼 하게 하였으며, 심지어 임금의 뜻은 물어보지도 않고서 대비전의 손 글씨를 얻은 후에라야 봉행하겠다고 말한 것이 어찌 경연석에서 임금께 아뢰는 체통이라 하겠는가? 이 때에 임금은 오래도록 숙종 신전의 제사에 제를 올리지 않았고, 대상 후에도 산릉에 참배하지도 못했으므로 군신들이 여러 번 말을 하였었는데, 이날은 갑자기 숙종과 인현왕후 능을 참배하겠다는 명을 내렸었다. 이것은 마땅히 여러 사람의 마음에 함께 기뻐하여야 할 일인데도 김창집은 몸과 마음의 안정에 지장이 있다는 이유로써 어전에서 중지할 것을 청하였으니, 사람들이 이 일로써 더욱 그를 의심하였다.

- 경종실록 1년 8월 20일 -

영조의 왕권후계자 탄생은 노론들의 기습적인 전략에 의해 새벽 2시에 이루어졌다. 세조의 왕위 찬탈 과정과 중종반정 과정, 인조반정 과정이 밤에 이루어진 것처럼 경쟁 구도가 없었는데도 경종이 집권한 지 1년이 지난 시점에서 급박하게 이루어졌다. 노론과 소론의 권력 다툼 속에서 후대 임금에게 노론이 세자를 세웠음을 각인시키기 위해 하룻밤 사이에 연잉군(영조)이 왕세제로 책봉된 것이다. 먼 미래를 보장받기 위해 밤을 세워가며 거사를 벌였던 노론 4대신 김창집, 조태채, 이건명, 이이명은 향후 역사를 노론의 손에 안겼지만 그들의 목숨은 명보다는 훨씬 빨리 바쳐야 했다.

8월 23일 왕세제의 책정이 사리에 합당하지 않음을 아뢰는 행 사직 유봉휘의 상소

행 사직 유봉휘가 상소하기를,
"나라에서 저사를 세우는 일이 얼마나 중대한 일인데, 현임 대신으로 한강 밖에 있었던 사람마저 까마득히 알지 못하였고 원임 경상과 재상으로 처음에 불러서 나가지 않은 사람은 재차 부르지도 않고서 졸급하고 바쁘게 굴면서 조금도 국가 체모를

생각하는 마음이 없었으니, 신은 이것이 무슨 조치인지 알지 못하겠습니다. 생각건 대 우리 전하께서는 중전을 재차 맞이하고 약을 드시며 걱정하시고 계속 상중에 계 시니 후사의 있고 없음을 아직 논할 수도 없는 것이고, 전하의 나이가 한창 젊으시 고 중전께서도 나이 겨우 15세를 넘으셨으니, 앞으로 자손이 많이 태어나기만을 온 나라 신민들은 크게 바라고 있는 중입니다. 혹자는 왕과 왕비께서 병환이 있어 낳아 기르는데 지장이 있다고 말합니다만, 그렇다면 보위하는 자리에 있어서는 마땅히 의 료와 약에 정성을 다하여 최대한 힘을 쓰지 않을 수 없는데도 이에 생각이 미친 자 가 있다는 것을 듣지 못하였으며, 즉위하신 원년에 갑자기 이러한 조치가 있게 되었 으니 이것이 어찌된 까닭입니까?

백성들은 바야흐로 눈을 닦고 새로운 교화를 바라고 있는데 대간들은 '국가정세가 위태롭고 인심은 흩어졌다.'고 말하고 있으니, 무슨 근거로 이러한 말들을 꺼내고 있 는지 알지 못하겠습니다. 대신으로는 마땅히 조정의 의사를 널리 물어서 조용하게 사리어 전국으로 하여금 명백히 무슨 사연 무슨 까닭이란 것을 알게끔 하여야 할 것인데도, 이정소 같은 어리석고 못나고 무식한 자로 하여금 분주하게 소청하여 시 험보는 것처럼 하다가, 여쭈어 처리하겠다는 전교를 얻고서는 밤이 깊어진 뒤에 만 나기를 힘껏 청하여 기필코 따르게 하고서야 그만두었으니, 이정소와 화답하고 응한 정상이 분명하여 숨길 수가 없게 되었습니다. 만약 일을 대비께 여쭙지 않을 수 없 는 것에 있었다면 마땅히 여쭈어 결정해야 한다는 뜻으로 전하에게 아뢰고서 물러 나 하교를 기다리는 것이 사리에 당연한 것인데도, 아뢰어 놓고 바로 나와서 공포하 기를 청한 것이 마치 명령하듯 독촉하듯 하였으니, 이는 신하로서의 예의가 없었던 것입니다.

일찍이 1688년에 전하께서 탄생하셨을 때에 인현왕후께서는 오래도록 후사가 없었 습니다. 그때에도 왕세자가 급하지 않은 바가 아니었건만 임금님 앞에서 질문하실 즈음에 여러 신하들은 우선 수년만 더 기다려 보자고 하면서 정비에서 득남의 경사 가 없다 하더라도 왕자가 나이 장성하면 담당 관청에서 마땅히 세자를 세울 것을 청 해야 한다고 하였으니, 대개 왕세자를 소중히 여기고 국가체모를 존중하기 때문입니 다. 신하가 군주를 섬기는 도리는 마땅히 이와 같아야 할 것인데도 이번에는 급하게 서둘러 마치 한 시각도 넘겨서는 안되는 것처럼 하면서 한밤중의 근엄히 해야 할 상 주의 막사에서 한 번 청하고 두 번 청하여 이보다 중대하게 여기지 않을 수 없는 일 을 끝내 거칠고 엉성한 결과로 만들고 말았으니, 인심의 의혹은 오래 되어도 안정이 되지 않습니다. 신은 참으로 어쩌다가 일이 이 지경에 이르렀는지를 알지 못하겠습니다.

비록 그 명은 이미 내려졌으므로 다시 논의할 수는 없을지라도 대신이나 여러 신하들의 우롱하고 협박한 죄는 밝히지 않을 수가 없습니다. 삼가 원하건대 성상께서는 이제부터라도 모든 일을 전하의 의사대로 결단하여 행하시어 벌과 복을 베푸는 권력을 아랫사람에게 넘겨주는 일이 없도록 하시기 바랍니다. 그리고 대신 이하의 죄과를 바로잡아 온 나라 사람에게 사과하시기 바랍니다."

하였다. 상소가 승정원에 이르자 승지 한중희가 임금님을 만나기를 청하여 상소를 가지고 진수당으로 들어갔다. 임금이 한중희에게 유봉휘의 상소를 읽으라 하였다. 읽기를 마치고 한중희가 말하기를,

"명이 이미 내려졌고 세자가 이미 정해졌으니, 신하된 자가 감히 용이하게 말할 일이 못되는데도 유봉휘의 이러한 상소가 있으니 주상께서는 준례에 따라 비답을 내릴 수는 없습니다. 마땅히 대신과 삼사의 관원을 불러 물어보고 처분을 내려야 할 것입니다."

하니, 임금이 대비에게 아뢰고서 처분하겠다고 명하고 한중희에게 상소를 두고 나가라 하였다. 한중희가 대신 이하의 관원을 부르기를 굳이 청하자 임금이 윤허하였다. 대신들과 삼사의 관원들이 합문 밖에 들어왔으나 오래도록 입궐시키지 않다가 밤이 되어서야 비로소 비망기를 내리기를,

"선대왕께서는 일월같은 밝으심으로 나의 후사가 없음을 매우 염려하셨다. 이제와서는 나의 병이 점점 더하여 득남할 희망이 없으니 삼가 부탁의 중함을 받들고자 밤낮으로 근심하고 두려워하여 편안히 지낼 겨를이 없었다. 엊그제 대간의 상소는 종묘사직을 위하여 국본을 정하려 한 것이니, 선왕의 염려와 나의 근심하여 탄식하는 마음에 바로 일치한 것이기에 대비전에 아뢴즉 '효종의 혈맥과 선왕의 골육은 다만 주상과 연잉군 뿐이다.' 하셨으니, 대비전의 명이 지극히 간절하였으므로, 나도 몰래 눈물을 흘렸다. 내게 조금이라도 대를 이을 희망이 있다면 어찌 이러한 명이 있었겠는가? 이미 저사를 정했으니, 이는 실로 종묘사직의 무궁한 복이요, 또 내가 크게 바라던 바였다.

유봉휘의 상소가 천만 뜻밖에 나와 말이 광망하기까지 하였으니, 이는 어떤 사람이 기에 어찌 이와 같을 수가 있는 것인가? 이를 내버려 둘 수가 없으니 경 등이 의논하여 글로 아뢰어라."

하였다. 영의정 김창집·좌의정 이건명·대사헌 홍계적·대사간 유숭·사간 신절·장령 송도함·부교리 신방·정언 이성룡 등이 아뢰기를,

"전하의 후계의 근심은 다만 전하께서만 이를 근심하신게 아니었습니다. 이제 임금님의 뜻을 받들고 보니 선왕께서도 깊이 염려하신 바였고, 대비께서도 명하신 바이니, 오늘날 사헌부 상소로 건의해서 청함과 여러 신하들의 힘써 도움은 오히려 늦었다 할 것입니다. 무슨 급히 서두른 잘못이 있기에 유봉휘의 말이 이 지경에 이르렀겠습니까? 하물며 그의 '우롱하고 협박하였다.'는 등의 말은 다분히 여러 신하들을 성토할 계책에서 나온 것으로 군주의 존엄으로써 군하의 우롱과 협박을 받았다 한다면 과연 어떻게 되겠습니까? 명호와 지위가 이미 결정이 되고 신과 사람이 의탁하는 바인데도 우롱하고 협박하여 이 왕세제가 되었다고 말한다면 세제의 마음은 과연 편안하겠습니까? 편안하지 않겠습니까?

임금님의 명을 한 번 내리자 수많은 백성들이 목을 길게 빼고 몹시 기다리고 기뻐하면서 온 나라에서 생기를 가지고 있는 무리들이 좋아하고 손뼉치지 않는 이가 없었는데, 저 유봉휘는 무슨 심장으로 혼자만이 놀라서 두려워하고 근심하고 슬퍼하며 내심에 불만을 품고 현저히 국본을 흔들어 보려는 뜻을 지니고 있으니, 그의 군주를 무시하고 도리에 어긋난 죄를 엄중하게 징계하여 다스리지 않는다면 난신 적자가 반드시 잇따라 일어날 것이니, 청컨대 국청을 설치하여 엄중히 신문하여 왕법을 바로 잡으소서."

하니, 임금이 윤허하였다.

삼가 살펴보건대 세자를 세우는 일이란 임금의 질환이 끝내 후사를 둘 수 없다면 차례대로 계승하게 되는 것은 다만 빠르고 늦음이 있을 뿐이고, 지금 미리 세운 것은 더욱 국가정세를 공고히 하자는 것인데도 유봉휘의 상소는 명호가 이미 정해진 뒤에 나왔으니, 그 말이 매우 망령되다 하겠다. 그의 뜻은 비록 김창집의 무리가 경종에게 무례하였음을 분하게 여기고 밉게 본 데서 나왔고, 스스로 경종을 위하여 한

번 죽으려고 마음을 먹은 것이지마는 대체로 이것도 당론이 가려진 때문에 이루어
진 일이니, 통탄을 금할 수 있겠는가?

– 경종실록 1년 8월 23일 –

8월 25일 영의정 김창집이 우의정 조태구의 상소에 대한 비답의 일로
아뢰기를, "유봉휘는 국본을 동요코자 하였으니 죄가 중죄에 해당되는
데, 조태구의 상소에는 혹은 '그 마음이 나라를 위하는 충성심에서 나왔
으니 성실하여 딴 마음이 없다.' 하였는데, 신은 나라에 충성을 했다 한
것이 과연 무슨 말인지를 알지 못하겠습니다만, 국본을 뒤흔든 자를 충
성이라 할 수가 있겠습니까? 신 등은 유봉휘를 역逆이라 지목하고 기어
코 그 부도함을 성토하려고 하는데, 대신은 유봉휘 더러 충성이라 하고
딴 마음이 없다고 추장을 하니, 피차의 의견 차이가 하늘과 땅일 뿐만이
아닙니다. 국청을 설치하고 엄중히 신문하는 것은 흉한 역도를 다스리려
는 것인데, 그것마저 언관을 박살하려 한다고 돌리니 사리와 체모와 의
리가 과연 어찌 되겠습니까?

삼가 원하건대 임금께서는 혹시라도 비호하는 말에 꺾이지 마시고 국
본이 튼튼해지고 왕법이 행해지게 하소서."

하니, 임금이 '유봉휘의 말은 다만 미친 사람처럼 정상을 벗어났을 뿐
이니 당초부터 국문할 일은 없었고 동궁도 불안한 일이 있을 것이니 먼
곳으로 귀양보내어 인심을 안정시킴이 좋을 것이므로 전일의 판결에 의
하여 시행하라.'는 뜻으로 답하였다.

노론의 왕세제 대리청정 소청과 소론의 반대

두달 뒤인 1721년[74세] 경종 1년 10월 10일 집의 조성복이 경종의 병

세를 걱정하며 왕세제에게 대리청정을 시킬 것을 상소하니, 경종은 정무를 왕세제에게 맡길 것을 허락하였는데, 좌참찬 최석항 등이 왕세제에게 대행하게 한 명을 거둘 것을 청하다.

집의 조성복이 상소하기를,

"전하께서 종묘사직의 큰 계책을 생각하시고 형제간의 우애의 지극한 사랑을 미루어, 위로는 선왕의 뜻을 체득하고 안으로는 대비전의 뜻을 이뤄이어시어 국본을 빨리 정하여 능히 세자를 맡기셨으니 전하의 이러한 조치는 진실로 백왕보다 탁월하시며 역사기록에서도 보기 드문 바입니다. 다만 서연(세자의 경연)의 강연이 진실로 오늘날 급무이니, 마땅히 세제를 근면장려하여 서연의 배우고 익힘을 혹시라도 정지하지 말고, 비록 재계하는 날을 당할지라도 곧 관원을 불러 사서와 역사를 토론하여 학구열이 끊어지는 근심이 없게 하소서.

일찍이 1697년 숙종 23년 무렵에 조정 신하가, '신하를 만나는 즈음에 전하로 하여금 곁에서 모시고 참여해 듣게 하여 나라 일을 가르치고 익히도록 하라.'는 뜻으로 글을 올려 청한 적이 있었는데, 신은 이 말을 한 사람이 세자를 교도하는 법을 진실로 알았다고 생각합니다. 전하께서는 그때 아직 나이가 어렸으나 오히려 이렇게 말하였는데, 오늘날 동궁은 장성한 나이가 전하의 당년보다 갑절이 될 뿐만 아니니, 백성을 위한 정사를 밝게 익히는 것이 더욱 마땅히 힘써야 할 급한 일이 아니겠습니까? 전하께서 신하를 만나실 즈음이나 정치 명령을 결재하는 사이에 언제나 왕세제를 불러 곁에 모시고 참여해 듣게 하고, 가부를 서로 의논하여 정하며 일에 따라 가르쳐 익히게 한다면, 반드시 서무에 밝고 익숙하여 나랏일에 도움되는 바가 있을 것입니다. 엎드려 원하건대 전하께서는 임금의 뜻을 깊이 두시고 우러러 인자한 뜻을 품하여 나아가고 물러 서소서."

하니, 답하기를, "아린한 바가 좋으니 유의하지 않을 수 있겠는가?" 하였다.

해가 질 무렵에 곧 비망기를 내리기를,

"내가 이상한 병이 있어 십여 년 이래로 조금도 회복될 기약이 없으니, 곧 선왕의 근심하시는 바였고, 모든 업무를 수행하기가 진실로 어렵다. 지난 1717년 숙종 43년에 대리청정의 명이 있었던 것은 조용히 몸을 보살피시는 중에 그 보살핌의 편리를 위한 것이었기 때문에, 내 몸에 이르러서는 다른 것을 돌아볼 겨를이 없었다. 그러나 등극하고 나서부터는 밤낮 근심하고 두려워하여 요즘은 증세가 더욱 쌓이고, 정치를 응하는 것이 또한 어려워서 정사가 정체됨이 많다. 이제 왕세제는 젊고 영명하므로, 대리청정하게 하면 나라 일을 의탁할 수 있고, 내가 마음을 편히 하여 몸을 조섭할 수가 있을 것이니, 크고 작은 국사를 모두 세제로 하여금 처리토록 하라." 하였다.

승지 이기익·남도규, 응교 신절, 교리 이중협이 즉시 만나기를 청하니, 임금이 불러 만났다. 이기익 등이 함께 말하기를,

"선왕께서 돌아가신 지 40여 년에 여러 해 동안 편찮으셨고 또 안질이 있었으므로, 마침내 대리의 명을 내리셨던 것이니, 진실로 부득이한 데서 나왔던 것입니다. 지금 전하께서는 즉위하신 지 겨우 1년이고 춘추가 한창이며, 또 병환이 없고 국가기무가 정체되지 아니하였는데, 어찌하여 갑자기 이런 하교를 하십니까? 신 등은 비록 죽을지라도 감히 받들지 못하겠습니다. 청컨대 명을 도로 거두소서."

하니, 임금이 묻는 말에 대답은 없고 단지 '번거롭게 하지 말라.'고만 하였다. 이기익·남도규·신절·이중협이 다시 나아가서 번갈아 간하기를 그치지 아니하니, 임금이 문득 말하기를, "번거롭게 하지 말라." 하였다.

이중협과 남도규가 서로 잇따라 힘껏 청하니, 임금이 그대로 따랐다.

이때 김창집·이건명 등이 주상으로 하여금 정무를 놓게 만들려고 조성복을 사주하여 상소를 올리고 속마음을 넌지시 떠 보았는데, 그 당파로서 논의에 참여하지 아니한 자가 혹 크게 놀라기도 하여 이조 판서 권상유는 큰 소리로 승정원에서 조성복의 상소를 배척하며 죄주는 것이 옳다고 하였다. 상소에 대한 비답이 내려지고 비망기가 그 뒤를 잇자 승지와 홍문관에서 드디어 만나기를 청하여 힘껏 다투었으나, 김창집 등은 예사로이 여겨 움직이지 아니하였고, 즉시 입궐하지도 않았다. 좌참찬 최석항이 소식을 듣자 눈물을 흘리며 홀로 궐문 밖으로 와서 대궐문 닫는 시간을 연기시키고 만나기를 청하였다. 승정원에서 아뢰니 임금이 대궐문 닫는 것을 연기시키고 최석항에게 들어오라고 명하고 만나니, 승지와 홍문관도 최석항을 따라 입궐하였다.

최석항이 말하기를, "예로부터 제왕이 이와 같은 처분을 한 경우가 있었으나, 모두 임금의 춘추가 아주 많거나 혹은 재위한 지 오래 되어 피로가 병이 되었거나 혹은 몸에 중한 병이 있어 여러 해 쌓인 나머지 만부득이해서 한 것입니다. 하지만 지금 전하께서는 춘추가 겨우 30이시고 재위하신 지 1년이 안되었습니다. 만약 병환 때 문이라면 신이 약원에 있어서 매양 문안에 대한 임금께서 내리는 답을 보건대, '무사 하다.'고 명하셨고, 이른바 편찮으신 증세라는 것은 담으로 해서 나는 열로 인해 자 꾸 물을 켜는 병으로 소변이 잦은 것에 불과한데, 이것이 어찌 오래토록 쌓인 병이 겠습니까?

이 세 가지의 일이 없는데도 즉위 원년에 갑자기 이런 하교를 내리심은 무엇 때문입 니까? 선왕께서 전하로 하여금 대리청정하게 하여 무궁하며 아름답고 어려운 왕업 을 부탁하신 것은 국사에 삼가고 힘써서 지극한 정치를 이루고자 하신 것인데, 이제 전하께서 즉위하신 초기에 세제에게 부탁하시니, 어찌 선왕의 뜻에 어긋남이 있지 아니하겠습니까? 전하께서 질병이 선왕과 같으시고 춘추가 선왕과 같으시다면, 오 늘날의 일이 진실로 괴이할 것이 없겠지만, 한창인 나이에 드러난 병환이 없으신데 도 이런 일을 하시니, 신 등이 근심하고 황급하여 망극해 하는 것입니다. 청컨대 세 번 생각을 더하시어 빨리 명을 거두소서."
하고, 이기익·남도규·신절·이중협이 다시 각각 간청하였다. 최석항이 말하기를,

"일찍이 1705년 숙종 31년 겨울에 선왕께서 선위하시는 명을 내리시자, 그때 백관이 함께 모여서 뜰에서 간절히 다툰 것이 여러 날이었습니다. 신이 대간으로서 입 궐하여 합동하여 이리어 쟁집함으로써 마침내 임금의 뜻을 돌이키기에 이르렀으니, 선왕의 받아들 이시는 아름다운 덕은 지금까지 칭송이 그치지 아니합니다. 이것이 어찌 오늘날의 마땅히 본받을 바가 아니겠습니까? 한 번 뜻을 돌이키는 사이에 만 사가 이치에 순조롭게 될 것인데, 전하께서는 어찌하여 이를 생각하지 아니하십니 까?" 하니, 임금이 말하기를, "내가 마땅히 생각하겠다." 하였다.
최석항이 말하기를, "이 일은 다시 생각하실 것이 없으니, 쾌히 따르심이 마땅합니 다."

하고, 이중협도 말하기를, "이는 생각할 만한 일이 아닙니다. 전하께서 보위를 새로 이으셨으니, 오로지 정신을 가다듬어 다스리기를 도모하셔야 마땅할 것이며, 세제는 강학에 힘쓰시는 것이 옳습니다. 전하께서 비록 짐을 벗고 한가로운 데로 나아가려

고 하시더라도 어찌 마음대로 하실 수 있겠습니까?" 하였다.

최석항이 말하기를, "이중협의 말이 진실로 간절하고 지성스럽습니다. 전하께서 비록 한가로운 데로 나아가고 싶으시더라도 홀로 선대왕께서 부탁하신 뜻을 생각하지 아니하시겠습니까? 일에는 혹은 한 번 생각하여 결정할 것도 있고 혹은 두 번 세 번 생각한 뒤에 결정할 것도 있는데, 이 일은 한 번 생각으로 결정할 수 있으니, 어찌 세 번 생각하기를 기다리겠습니까?"

하였으나, 임금이 그대로 따르지 아니하였다. 최석항이 말하기를,

"신이 선왕의 망극하신 은혜를 입어 지위가 이에 이르렀으니, '선왕을 추모하여 폐하께 보답하는 의義'는 오직 전하에게 있는데, 늙어서 죽지 아니하고 다시 이런 일을 보게 되어 다만 아직 한 번 죽음을 더디하여 저승에서 돌아가신 임금께 봉사를 못하는 것이 한스럽습니다. 예로부터 성왕은 큰 처분을 할 때에는 반드시 신중하게 하였으니, 홍범에 이르기를, '네 마음에 물어보고 점괘에 물어보고 공경과 사대부에 물어보고 서인에 물어본다.'라고 하였습니다. 신중히 하는 도리가 이와 같음이 있는데, 이제 보잘것없는 조성복의 말 때문에 막중하고도 막대한 일을 가볍게 거행하시니, 오늘날 나라의 일은 다시 믿을 만한 것이 없습니다."

하니, 임금이 말하기를, "중신이 누누이 아뢰니, 그대로 시행하라."

하였다. 최석항이 또 말하기를, "조성복은 죄가 중하니 파직에만 그칠 수 없습니다. 청컨대 먼 곳으로 물리쳐 보내는 법을 베푸소서."

하였으나, 임금이 따르지 아니하였다. 왕세제가 교서가 내린 것을 처음 듣고 울면서 세자 시강원 관료들에게 이르기를,

"내가 본래 분수를 지키는 데 편안하며 주나라 태백·중옹의 일을 또한 어찌 알지 못하겠는가만, 대비의 하명 가운데 있는, '효종의 혈맥이며 선왕의 골육이다.'라는 말씀 때문에 차마 거역하지 못하고 억지로 명을 받들어 이 자리를 맡고 있는데, 또 이런 너무나도 뜻밖의 하교를 받았으니 비록 죽는다 하더라도 선왕의 면전에 절할 수가 없다." 하고, 상소하여 힘써 사양하려고 하였는데, 최석항이 입궐하여 명을 정지하자 그만두었다.

– 경종실록 1년 10월 10일 –

10월 13일 시임·원임 대신 등을 불러 세제로 하여금 정사를 대행하게 할 것을 명하다.

현임 대신·원임 대신과 2품 이상, 삼사를 불러 빈청에 모이라고 명하고, 임금이 비망기를 내리기를, "나의 병이 날로 점점 더하여 나을 기약이 없으니, 일찍 후계자를 정한 것은 실로 대리를 행하게 하려고 한 것이었으며, 이를 대비께 아뢴 지 오래 되었으나, 세제 책봉례를 이제 막 거쳤기 때문에 실행하지 못하였다. 여러 신하들이 나의 본의를 알지 못하고 대간의 상소때문에 대리청정이 나온 것처럼 여겨서 다툼이 분분하기 때문에 우선 환수하여 나의 뜻을 보이고, 조성복의 망령되고 경솔한 죄를 다스린 것이다. 공무는 적체되고 요구에 응대함이 절박하니, 그저께의 비망기에 의해 거행하여 몸을 보살피고 병을 다스리는 방도를 온전하게 하라." 하였다.

승정원 및 대신 2품 이상과 삼사의 여러 신하가 아울러 만나기를 청하였으나, 임금이 허락하지 아니하고 소회를 글로 써서, 올리도록 명하였다. 대신 이하가 다시 거듭 청한 것이 세 번이었으나, 임금이 끝내 들어주지 아니하였다.

영의정 김창집 등이 아뢰기를, "전하께서 새로 보위에 오르셨고 춘추가 한창이시니, 밤낮 부지런히 정신을 가다듬어 다스리기를 도모하심이 바로 전하께서 오늘날 힘쓸 바인데, 어찌하여 하루아침에 갑자기 이 한가로이 수양하시겠다는 하교를 내리십니까? 전하께서는 비록 병환이 오래 되어 요구에 응대함이 어렵다고 하교하시지만, 전하의 뛰어나고 지혜로우심으로 되풀이하여 익히고 헤아려 처리하시는 즈음에 어찌 어려운 일이 있겠습니까? 만약 정신과 기운이 조금 피로할 때를 당하면 줄곧 근로하실 필요는 없을 것입니다. 혹 편리한 대로 편하게 쉬시어 수양하는 방법으로 삼으신다면, 조금도 방해될 바가 없습니다. 전하께서는 어찌하여 이렇게 하지 않으시고 예사롭지 않은 조치를 하시어 적장자의 책임을 스스로 가볍게 여기시며, 수많은 청을 억지로 거스른 채 돌아보지 않으십니까? 1717년 숙종 43년의 일은 지금과 아주 다릅니다. 선왕의 옥체가 위중하고 오래 되어 비록 부득이한 조치가 있었으나, 이것이 어찌 오늘날 비교할 바이겠습니까? 죽음이 있을 뿐이며 결단코 봉행할 수 없습니다. 내리신 비망기를 삼가 돌려보냅니다." 하였으나,

임금이 답하기를, "내 병은 전후의 비답에 이미 자세히 말하였다. 만약 지금 치료하지 아니한다면 진실로 말하기 어려운 근심이 있을 것이며, 또 대리는 바로 역대왕조

의 유서 깊은 관례인데 어찌하여 이 지경에 이르는가? 경 등은 나를 괴롭히지 말고 다시 번거롭게 아뢰지 말라." 하였다.

삼사에서 아뢰기를, "전하께서는 춘추가 한창이시고 정신과 기운이 왕성하십니다. 비록 병환 때문이라고 하교하시지만, 이미 드러난 증세가 없으니 마땅히 더욱 기운을 내어서 열심히 더하고 지극한 다스림에 이르기를 기약하시어 선왕의 부탁하신 뜻에 저버림이 없어야 할 것입니다. 그런데 단지 편리하고 적당한 방법만을 위하여 정무를 놓을 생각을 가지시니, 신 등은 전대의 역사기록에서 일찍이 이런 일이 있었음을 실로 알지 못합니다. 엎드려 바라건대 마음을 빨리 돌이켜 비망기를 도로 거두소서." 하였다.

여러 승지들 또한 두 차례 비망기를 도로 거둘 것은 아뢰었으나, 임금이 모두 '정신廷臣의 비답에 이미 유시하였다.'고 답하였다. 삼사와 승정원에서 재차 아뢰었으나 역시 윤허하지 아니하였다. 대신 이하가 재차 아뢰었는데, 대략 이르기를,

"성상의 비답 가운데 역대왕조의 고사라는 것은 세종조의 일을 가리키는 듯한데, 그때는 세종께서 임어하신 지 여러 해였고, 또 오래 된 병환이 있었으니, 문종께서 세자로서 서무를 참결하신 것은 진실로 이에 말미암은 것입니다. 이것이 어찌 오늘의 일과 조금이라도 근사한 바가 있습니까?" 하니,

임금이 답하기를, "병의 뿌리가 내장을 손상시키고 가슴에 불기운이 점점 불어나 열기가 오르내리는 즈음에 정신이 아득하고 어두워 깨닫고 살피지 못하여 권태가 이와 같으니, 어찌 안타깝지 아니한가? 지금 국본은 이미 정해졌고 나의 화열은 점점 치료하기 어려운 지경에 이르렀으니, 억지로 행하면 반드시 후회가 있을 것이며, 조섭하고 치료하는 데 뜻을 전적으로 기울이면 공무에 방해됨이 있을 것이다. 이 지경에 이르렀으니 세제로 하여금 근심을 나누게 하는 것 외에 다시 다른 도리가 없다. 이는 내 한 몸을 아끼는 것만이 아니라, 바로 국가를 위하는 것이다. 경 등은 나를 사랑하여 생각해 보라."

- 경종실록 1년 10월 13일 -

10월 14일 영의정 김창집 등이 세제에게 정사를 대행하게 한 명을 거

둘 것을 청하였고 10월 16일 대신 김창집·이건명 등이 정청을 정지하자는 의견을 내었다.

영의정 김창집 등이 형식적으로는 세제에게 정사를 대행하게 한 명을 거둘 것을 청하면서 한편으로는 세제가 대행할 절목을 제정하여 올렸다.

10월 17일 영의정 김창집 등이 대리 절목에 관한 상소를 올리고 임금이 조태구의 간언에 따라 세제 대행의 명을 회수하였다.

영의정 김창집·영중추부사 이이명·판중추부사 조태채·좌의정 이건명이 이미 여러 재상으로 하여금 아침이 되기를 기다려 와서 모이도록 하고, 밤에 비변사에서 자며 대리代理하는 일을 함께 의논하여 드디어 연명으로 상소를 올리기를, "요즈음 갑자기 비상한 조치가 있어 대궐 앞에서 엎드려 상소한 지 나흘이 되었으나 윤허를 내리지 않으셨을 뿐 아니라, 만나줄 것을 청하기를 예닐곱 차례 하였으나 굳게 거절하심이 갈수록 심해져 한 번도 임금의 얼굴을 뵙지 못하였으며, 단지 성의가 천박하여 천심을 감회하지 못함을 한스러워할 뿐이니, 신 등의 죄는 만 번 죽어도 오히려 가벼울 것입니다. 지난밤 내린 비답의 뜻은 더욱 신하로서 차마 들을 수 없는 바이니, 받들어 반도 읽기 전에 심장과 담이 함께 떨어져 놀랍고 떨린 나머지 우러러 대답할 바를 알지 못하였습니다. 엎드려 생각하건대 당초의 비망기 가운데 있는, '크고 작은 나랏일을 아울러 재단하게 하라.'는 하교는 진실로 조선 건국 이래로 있지 아니한 일이니, 신 등은 만 번 죽음을 당할지라도 결단코 감히 받들지 못하겠습니다.

그런데 1717년 숙종45년의 일에 이르러서는 본시 전임금의 옳고 그름을 따져 결정하신 바이며, 또 조항의 구별이 있었으니, '아울러 재단하게 하라.'는 명에 비하면 차이가 있을 뿐만이 아닙니다. 더욱이 이번의 임금님의 가르침은 지성으로 슬퍼하는 데서 나왔으니, 전하의 신하가 된 자로서 또한 어찌 감히 가볍고 갑작스럽다는 데 구애되어 일체 모두 거역하여 우리 전하의 마음을 상하게 하겠습니까? 엎드려 바라건대 빨리 담당에게 명하여 단지 정유년의 절목에 의하여 여쭈어 거행하도록 하소서."하였다.

상소가 들어가고 대리청정을 드디어 그만두니, 전국의 인심이 놀라고 분통해 하였다. 좌참찬 최석항이 약방의 문안 때문에 입궐하여 상소하기를,

"지난밤에 삼가 임금님의 비답을 받들자, 여러 대신이 2품 이상과 삼사의 합동 모임을 청하고 여쭈었습니다. 신이 '이 일은 비록 달을 넘기고 해를 지날지라도 받들어 순종할 리가 만무하다.'고 누누이 다투어 고집하였더니, 여러 대신이, '우선 상소를 아뢰어 엎드려 죄를 기다리고 이어 입궐을 청하여 아뢰겠다.'고 하였습니다. 그런데 삼가 듣건대 대신이 상소에서, '정유년의 순서에 의하여 시행할 것을 청한다.'고 하였다 합니다. 아! 밤 사이에 갑자기 소견을 바꾸어 같이 일한 신하와 논의하지도 않고 이처럼 전에 없던 놀라운 조치를 하였으니, 신은 진실로 그 까닭을 알지 못하겠습니다. 전후의 임금님의 가르침은 간하는 말을 거절한 비답에 불과한데, 자신이 대신이 되어 힘을 다해 잘못된 것을 바로잡는 도리는 생각하지 아니하고, 받들어 행하기에 급급하여 마치 미치지 못할까 두려워하는 듯하니, 그 마음이 있는 바는 길 가는 사람도 알고 있습니다. 임금을 잊고 나라를 저버린 죄를 이루 다 죽일 수 있겠습니까? 신은 저으기 통분합니다. 엎드려 바라건대 명을 빨리 거두어서 하늘과 사람의 소망을 위로하소서."

하였는데, 승지 홍계적이 물리치고 기꺼이 위에 보고하려고 하지 않았다. 이광좌·이태좌·이조·김연 등이 조방(조회시간을 기다리며 쉬던 방)에 있으면서 만나기를 청하여 다시 간쟁할 것을 함께 의논하고, 혹은 말하기를, '우의정 조태구는 비록 사헌부와 사간원의 탄핵을 만났다고는 하나, 이 때를 당하여 보통 법에 구애될 수 없으니 대궐에 나아가 만나기를 청하여 죽음으로 힘써 다투는 것이 마땅하다.'고 하니, 조태구가 드디어 성 밖에서 대궐 아래에 이르렀다.

이때 임금이 창경궁에 있었으므로, 여러 신하 가운데 나아가 뵙고자 하는 자는 모두 창덕궁에서 건양문을 지나 합문 밖에 나아갔다. 그런데 조태구는 병이 심하여 걸을 수가 없어서 간단한 가마로 큰 거리를 따라 창경궁 궐문 밖에 이르러 선인문(창경궁의 협문)으로 들어가 사약방에 앉아서 사람을 승정원에 보내어 만나기를 청하였다. 이광좌 등은 금호문(창덕궁 서쪽문)으로 들어가 또한 각각 만나기를 청하였는데, 승지 홍계적 등이, '조태구는 사헌부의 탄핵을 입었는데 어찌 감히 만나기를 청하느냐?'며 물리치고 위로 전달하지 않으니, 갔다왔다 하는 것이 그치지 않았다. 양사의 관원이 바야흐로 사헌부와 사간원에 나아갔다가 조태구가 입궐한 것을 듣자 먼저 멀리 귀양 보내기를 청하였는데, 보고서가 미처 위에 전달되지 아니하여 임금의 명을 전달하는 사알이 합문에서 승정원으로 내달려와서 조태구를 만나겠다는 전교를 전하고, 또 임금이 이미 대전에 나왔음을 말하니, 승지들이 당황하고 놀라 합문 밖으로 나아갔다. 이때 대궐 안팎이 물 끓듯 진동하였다. 김창집 등은 이미 상소를 올렸고, 조태채는 병을 핑계로 집으로 돌아갔는데, 김창집이 이명·이건명과 더불어 비변사에서 예관을 모아 바야흐로 절목을 강론하여 결정하다가, 조태구가 장차 입궐하려 한다는 것을 듣고서는 크게 놀라고 당황하여 지름길로 내달려 대궐에 올랐다. 이윽고 2품 이상과 삼사의 여러 신하가 잇따라 도착하여 아울러 만나기를 청하니, 임금이 진수당에 나아가서 만났다.

영의정 김창집, 영부사 이이명, 좌의정 이건명, 우의정 조태구, 행 호조 판서 민진원, 판돈녕 송상기, 행 좌참찬 최석항, 공조 판서 이관명, 이조 판서 권상유, 병조 판서 이만성, 예조 판서 이의현, 행 사직 이광좌, 청은군 한배하, 형조 참판 이조, 강원 감사 김연, 예조 참판 이집, 강화 유수 이태좌, 병조 참판 김재로, 이조 참판 이병상, 행 사직 이정신, 승지 홍계적·한중희·안중필·유숭·조영복, 사간 어유룡, 응교 신절, 장령 박치원, 교리 이중협, 지평 유복명, 정언 신무일·황재 등이 입궐하였는데,

김창집이 말하기를,
"천만 뜻밖에도 갑자기 예사롭지 않은 명을 받들었으므로, 신 등이 백관을 거느리고 논쟁하였으나 임금님의 귀를 감동시키지 못하였는데, 어젯밤에 차마 듣지 못할 명을 받들었습니다. 줄곧 버티며 떠드는 것도 감히 할 수 없는 바가 있어서 아침에 상소를 올려 의견을 여쭌 바가 있었는데, 이제 우의정의 입궐로 인하여 같이 들어올 수 있었으니, 신 등이 힘써 간언하지 못한 죄는 만 번 죽어도 애석할 것이 없습니다."

하고, 조태구는 말하기를,

"오늘 임금님의 용안을 뵐 수 있으니, 죽어도 한이 없습니다. 신은 비망기를 갑자기 내리셔서 전국이 놀라고 당황한다는 것을 듣고는 감히 제 자신이 대간의 탄핵을 입었다 하여 시골 집에 물러가 있을 수 없었으므로, 성 밖에 와 엎드려 여러 차례 상소로 아뢰고 호소하였으나, 임금님의 대답을 얻지 못하였습니다. 그런데 오늘 갑자기 대신이 대리정청을 이미 정지했다는 것을 듣자 신이 하늘이 무너지는 듯한 놀라움을 견디지 못하여, 목숨을 걸어 반드시 간언하고자 감히 와서 만나기를 청하여 임금님의 뜻을 돌이키기를 바란 것입니다. 이는 신 한 사람의 말이 아니라 곧 온 나라 사람의 말입니다. 전하께서는 비록 열이 오르내림 때문에 국가의 주요 업무를 사양하려고 하시지만, 열이 오를 때는 잠시 결재를 정지하시고 열이 내려 마음이 안정되고

뜻이 평탄해지기를 기다리신다면, 저절로 연기처럼 사라지고 안개처럼 흩어져 뜻과 생각이 맑고 밝을 것입니다. 이와 같을 때 일이 닥치는 대로 순조롭게 응하신다면 사무에 적체됨이 없어 병을 다스리고 나라를 다스리는 두 가지 일이 어긋나지 않을 것입니다.

전하께서는 어찌하여 생각이 이에 미치지 아니하십니까? 국가는 전하의 국가가 아니라 곧 역대왕조의 국가입니다. 선왕께서 전하께 부탁하신 것이 어떠하며, 하늘이 전하에게 의탁하는 것이 어떠합니까? 왕위의 자리는 임금이 스스로 사사로이 하는 곳이 아닙니다. 이전 역사를 두루 상고해 보아도 임금이 한갓 한 몸의 사사로움을 따라 경솔하게 행한 것이 전하의 오늘날 하시는 바와 같은 것은 있지 아니합니다. 흰 머리의 늙은 신하가 왕이 죽는 날 죽지 못하고 오늘날 이 일을 보게 되었으니, 신이 이것을 잘못된 것을 바로잡지 못하면 다만 전하를 저버릴 뿐만 아니라, 또한 선왕을 저버리는 것입니다. 신이 살아서 무엇을 하겠습니까? 만일 내리신 명을 돌이키는 명을 얻지 못하면 죽음이 있을 뿐이며, 청을 허락받지 못하면 감히 물러가지 못하겠습니다."

하고, 이어 눈물이 흘러내려 옷깃을 적셨다. 여러 신하가 각각 차례차례 반복해서 사정을 간청하고 이광좌·유복명이 더욱 힘써 다투었다. 김창집이 또 말하기를,

"어제의 비답의 뜻은 차마 듣지 못할 것이 있었으나, 밤이 깊어진 뒤라 글로 다시 아뢰기 어려웠고, 또 절차가 복잡하여 말하기 어려운 지경에 이를까 두려워 감히 절목을 거행할 뜻을 상소로 아뢰었으니, 실로 부득이했기 때문이었습니다. 이제 여러 신하가 명을 도로 거두기를 청하니, 도로 거두게 하려는 뜻이 신 또한 어찌 여러 신하와 다르겠습니까? 전의 명을 도로 거두신다면, 신이 비록 만 번 죽을지라도 어찌 감히 마다 하겠습니까?" 하고,

이건명은 말하기를, "날마다 연달아 만나기를 청하였으나 끝내 허락받지 못하였고, 마음의 회포를 아뢴 것이 아침에 들어가 저녁에 비로소 내려졌으니, 이와 같은데 어찌 감히 임금의 마음을 감동하기를 바라겠습니까? 어젯밤의 내리신 명은 예전에 듣지 못한 일이므로, 곧장 땅을 뚫고 들어가려 해도 할 수가 없었습니다. 2품 이상을 모아서 물었으나 말한 바가 각각 같지 아니하므로, 신 등이 반복해 생각했지만 어쩔 줄을 알지 못하였습니다. 일찍이 듣건대 1705년 숙종31년에 선대왕께서 비망기를 내렸을 적에 고 상신 윤지완이 여러 대신에게 글을 보내어 말하기를, '많은 신하

가 힘써 다투었으나 만약 혹시 난처한 지경에 이른다면 우선 순종하여 사무를 참여하여 결단하기를 청하는 것이 낫다.'고 하였습니다. 그래서 신이 여러 대신들과 의논하여 상소한 것인데, 이제 만약 성상께서 여러 신하의 청을 굽어 따르시어 빨리 명을 도로 거두신다면 어찌 큰 다행이 아니겠습니까?" 하였다.

최석항과 김연은 말하기를, "선왕조 을유년의 선위는 또한 여러 신하의 힘써 다투는 것을 거스르기 어려워서 곧 도로 정지하였는데, 전하께서는 어찌하여 계승하는 도리를 생각하지 않으십니까?" 하자,

김창집이 말하기를, "오늘의 일은 곧 대리代理하는 것입니다. 그런데 최석항과 김연은 곧 을유년의 일에 견주니, 인심이 놀라고 의혹하지 않겠습니까? 신이 비록 버릇없기는 하지만 비망기를 환수하기를 청하는 성심이야 어찌 여러 사람보다 못하겠습니까?" 하였다.

여러 신하가 다시 서로 잇따라 힘써 다투며 회답을 내리기를 청하였으나, 임금이 끝내 답하지 아니하였다.

김창집이 말하기를, "크게 떠드는 것이 지극히 황공한 줄 압니다만, 먼저 신의 힘써 다투지 못한 죄를 다스린 후에 명을 도로 거두는 것이 마땅합니다."

하고, 이이명은 말하기를,

"신 등이 어찌 죄가 없겠습니까? 여러 번 입궐을 청하였으나 한 번도 허락하지 아니하셨으니, 이는 모두 신 등의 성의가 천박한 죄입니다." 하였다.

김창집이 또 말하기를, "전후의 비망기를 도로 거둘 것을 쾌히 허락하신 뒤에야 온 나라의 물결처럼 흔들리는 마음을 진정시킬 수 있습니다."

하니, 임금이 말하기를, "그렇게 하라."
하였다. 김창집이 아뢰어 사관을 보내어 전후의 비망기를 가지고 들어오게 하여 받아서 임금 앞에 놓았다.

조태구가 말하기를, "이제 대신의 말로 인하여 이처럼 도로 거두게 되었으니, 인심이 이제부터 안정될 것입니다. 신이 비록 물러가 언덕과 골짜기에서 죽을지라도 무슨 유감이 있겠습니까?"
하였다.

김창집·이이명·조태구가 이어서 자주 의원의 진찰을 허락하고 증세에 대해 투약하도록 청하고, 민진원도 자주 신하들을 접견하여 옳고 그름을 서로 의논하기를 청하였으나, 임금이 모두 답하지 아니하였다. 여러 신하는 물러가고 승지와 삼사는 남아서 일을 아뢰었다.

홍석보 등이 나아가 아뢰기를, "사간원에서 바야흐로 우의정이 탄핵을 무릅쓰고 들어와 만나기를 청한 잘못을 배척하여 글로 아뢰기를 허락하지 아니하였는데, 만나자는 명이 갑자기 내렸습니다. 전하께서는 어디로부터 우의정이 들어오는 것을 알 수 있으셨는지요? 임금이 나라를 다스리는 방법에 어찌 안팎을 막음이 없으며 사사로운 길을 열어 둘 수가 있겠습니까? 들어와서 고한 사람을 명백하게 적발하여 영원히 후일의 폐단을 막고 여러 사람의 마음의 의혹을 풀지 않을 수 없습니다." 하고,

어유룡·박치원·신무일·황재 등이 아뢰기를,
"조태구는 사헌부에서 죄를 성토하는 날 감히 마음대로 궐문으로 들어와 조금도 돌아보거나 꺼림이 없었으니, 오늘날 나라의 기강이 비록 여지가 없다 할지라도 하루라도 나라가 있다면 그 방자한 행동을 일체 그대로 둘 수가 없습니다. 청컨대 먼저 멀리 귀양보내소서." 하였으나,

임금이 윤허하지 아니하였다. 또 아뢰기를,
"조태구가 선인문으로 들어와서 만나기를 청하자, 승정원에서 사헌부의 보고가 한창이라고 하여 여쭘을 허락하지 아니하였는데, 왕명을 전달하는 사알이 입궐하라고 명하였습니다. 무릇 신하의 접견은 승정원을 경유하는 것이 3백 년의 바른 규례인데, 지금 대신은 어떤 사사로운 길로 몰래 들어와 아뢰었는지 알지 못하겠습니다. 이 길이 한 번 열리면, 비록 북문의 변이 있을지라도 막을 수가 없을 것입니다. 청컨대 승전색사알을 잡아다가 심문하여 엄하게 조사하게 하소서." 하니, 임금이 윤허하였다.

박치원이 아뢰기를, "최석항이 경연중에서 아뢰어 오늘날 대리代理의 명을 1705년 선위의 일로 지적함으로써 인심을 놀라게 하고 의혹하게 하는 계책으로 삼았으니, 그 마음에 있는 바를 참으로 헤아릴 수가 없습니다. 또 당초에 비망기는 깊은 밤에 내려졌는데, 최석항은 혹시라도 다른 사람이 같이 들어갈까 두려워하여, 대신이 바야흐로 나아가는데 앞질러 들어가서 혼자 독대하여 여러 신하가 힘써 다투는 길을 거꾸로 막고 자기가 혼자 일을 처리한 자취를 자랑하려고 하였으니, 그 정황과 태도가 차마 바로 볼 수 없는 바가 있습니다. 청컨대 관작을 삭탈하여 문외 출송하소서." 하였으나, 임금이 윤허하지 아니하였다.

삼가 살펴보건대 예로부터 나라 임금에게 질병이 있을 경우 태자가 대리정치를 하고 선위받았던 것은 당나라에는 순종이 있고, 송나라에는 광종이 있었다. 순종은 중풍으로 말을 못하여 조회를 보지 못하였고, 광종은 마음의 뜻을 잃어서 부모에게 문안을 폐하고 상례를 주관하지 못하므로, 두황상과 조여우의 일이 있었던 것이다. 임금이 비록 조회에 임하여 침묵하고 듣고 결단함에 권태로움을 느낄지라도 살아가는 모든 동작이 떳떳한 도리가 있고 제사를 폐한 적이 없으며, 비록 혹시 화기가 올라 헛소리를 함이 있을지라도 여러 신하가 아뢰는 일에 대한 답변이 어긋나지 아니하여 순종·광종 두 임금처럼 말을 못하거나 상례를 치르지 못하는 것이 아니었으니, 대신으로서 비록 충성스러움이 두황상·조여우와 같은 자가 있을지라도 정무를 놓는 일을 즉위 원년에 갑자기 의논하는 것은 진실로 어려운 일이다.

돌아보건대 이이명과 김창집은 죄와 허물이 쌓이고 쌓여 항상 스스로 위태로워하는 마음을 품고 감히 이런 일을 하였던 것이다. 더욱이 그 자제와 문객의 흉측한 계획과 사악한 모의가 또 반역 기록문서에 낭자한 경우이겠는가? 정무를 놓는 명이 있었는데도 정청(대리청정)을 또 거두니, 전국의 인심이 슬퍼하고 분하고 대소 백성은 분주하여 허둥지둥하였다. 성균관 유생 중에는 대궐을 지키면서 울부짖는 자까지 있었는데, 조태구가 대궐에 나아가 입궐하자 명령을 취소하는 명이 있음을 듣고서는 모두 기뻐하여 뛰어 마지 않았으니, 경종의 거룩한 덕이야말로 경전에 이른바, '슬퍼함을 백성에게 베풀지 아니하여도 백성이 슬퍼하고 공경함을 백성에게 베풀지 아니하여도 백성이 공경한다.'는 것이 어찌 아니겠는가?
사관은 말한다. "성상께서 즉위하신 이래 마음의 병이 갑절이나 심해져 군신을 대할 때는 말이 혹 뒤바뀌는 경우가 있고 나랏일에 임할 때는 살피지 못함이 많았으니, 진실도 두려워할 만한 종묘사직의 근심이 있었으니, 이는 조성복의 상소와 네 대신의 상소에서 빙자해 말한 바이다. 청정은 선대왕으로부터 이미 이루어진 법이 있고 왕세제의 지혜롭고 총명함은 족히 큰 임무를 맡아 감당할 만하니, 성상께서 정무를 놓고 한가로운 데 나아가 몸조리에 전심하되 1분의 차도가 있다면 어찌 종묘사직과 백성의 다행이 아니겠는가? 이것이 바로 두황상·조여우의 일이니, 어찌 곧장 반대로만 논할 수 있으랴? 그러나 이윤·곽광·두황상·조여우는 공적인 것이었고, 왕망·동탁·사마의·환온은 사적인 것이었다. 오늘날 이 무리들의 충忠이 되고 역逆이 되는 것은 또한 오직 마음의 공公과 사私가 어떠한가에 있을 뿐이다. 마음을 속에 감추었으니, 그 공과 사를 어떻게 분변해 낼 것인가? 그 하는 일을 추적하면 그 마음을 알 수 있다. 대저 나라 임금에게 질병이 있어 세자가 수고로움을 대신하는 것은 바로 나라의 큰 정사이니, 또한 숨기고 덮어서 비밀로 할 만한 것이 아니니, 대신이 애초에 바로 청하지 아니하고 다른 사람의 입을 빌어 은밀하게 말을 낸 것은 무엇 때문인가? 3일 동안 정청하여 힘써 다투고 고집한 것은 무엇 때문인가? 이미 절목을 올렸는데 또 도로 거두기를 청한 것은 무엇 때문인가? 대신의 변하지 아니하는 충성된 마음으로 종묘사직을 위해 큰 의논을 세우는 것이 또한 이와 같은가? 그 몰래 손과 다리를 놀려 힘써 덮으려고 한 것은 그 마음에 협잡한 바가 있어 속으로 부족한 바가 있었기 때문이다. 대저 이른바 협잡이라는 것은 이 무리가 성상을 등의 까끄라기처럼 보아 30년 이래 두려워하며 도마 위의 고기로 자처하고, 동궁에게는 또 스스로 왕세제로 세우는 공이 있다고 생각하여, 이 일의 거행은 바로 까끄라기를 없애고 도마를 벗어나며 공적을 요구하고 보답을 바라는 계책을 도모하려 한 것이다. 비록 착함이 이윤과 같고 어질고도 충성스러움이 곽광·두황상·조여우와 같은 이가 이 처지에서 이 일을 행한다 하더라도 그 마음을 스스로 드러낼 수 없는데, 하물며 벼슬을 얻기 전에는 얻지 못할까 근심하고 얻은 뒤에는 잃을까 근심하는 비루한 짓을 하고 종기와 치질을 입으로 빨아주는 탐욕스럽고 비루함이 이 무리와 같은 경우이겠는가? 아! 임금과 신하 사이는 분수에 맞는 도리가 엄중하니, 만약 한 몸의 사사로운 이익과 해로움으로 그 사이에 참여한다면, 맹자가 이른바 '이윤의 뜻이 있으면 가하다.'고 한 데에 크게 어긋남이 있지 않겠는가? 이것이 바로 송나라 장경부가 이른바 '일신의 이해를 위하여 꾀하는 자는 죽여야지 용서할 수 없다.'라는 것이다. 그러나 경전에 이르기를, '그 큰 괴수를 죽인다.'라고 하였으니, 어찌 주동자와 추종자의 구분이 없겠는가? 더욱이 애초에 옥안獄案에 관련되지 아니한 자는 더욱 구별하는 것이 마땅한데, 이제 한꺼번에 네 대신을 함께 죽였으니 그 또한 참혹하다."

– 경종실록 1년 10월 17일 –

결국 경종을 지지하는 소론 조태구 등의 반대로 노론 측의 의도는 허사로 돌아갔다. 이때부터 소론 세력은 앞선 노론 측의 행동이 역모라 규정하여 정치적 공세를 폈다. 소론 측의 공격 대상이 되었던 노론의 대표적인 인물들이 김창집·이이명·이건명·조태채 등 이른바 '노론 4대신'이었다. 이에 김창집은 영의정을 사직하고자 하였으나 윤허되지 않았고, 12월에 소론 조태구의 간언에 따라 왕세제 대리청정의 명을 거두었고, 대리청정을 주장했던 노론들은 축출되고 주도권은 소론에게로 돌아갔다.

12월 7일 지평 박필몽·헌납 이명의 등이 김창집 등을 귀양보낼 것을 청하였다.

저 대신이라는 자는 몰래 역적 조성복을 부추겨 흉악한 상소를 올리게 하고, 심지어 임금으로 하여금 그 자리에 편안하지 못하게 하였습니다. 예사롭지 않은 하교를 막 거두었다가 돌아서서 곧 내리시자, 온 나라가 솥에 물이 끓어 오르는 듯하고 인심이 물결처럼 흔들렸는데, 저들은 유독 무슨 마음을 가졌는지 태연하게 낯빛을 바꾸지 않았고, 대충대충 대리정청한 지 사흘 만에 곧 그만두었으며, 연명으로 올린 상소로 절목을 행하기를 청하였습니다. 처음 길을 연 자는 역적 조성복이고 계속한 자는 사흉이나, 계획을 꾸민 것을 일조일석의 일이 아니었습니다. 김창집은 임금을 위협하여 제압하고 임금의 권한을 마음대로 농락하였으며, 일찍이 1717년 숙종43년에는 고묘告廟의 의논을 힘써 저지하였습니다. 청컨대 김창집·이이명은 절도에 위리 안치하고, 이건명은 돌아오기를 기다려 아울러 가시울타리를 베풀며, 조태채는 극변에 멀리 귀양보내소서."

– 경종실록 1년 12월 7일 –

12월 9일 영의정 김창집·좌의정 이건명을 면직시켰다. 12월 10일 지평 윤성시가 김창집, 조성복 등의 죄를 논하고 이들을 벌할 것을 청하였고, 12월 12일 김창집은 거제부에, 이이명은 남해현에, 조태채는 진도군에 유배하였다. 이건명의 경우는 10월 청국에 연잉군의 세제 책봉을 청하러

갔기 때문에 그가 돌아온 1722년 경종 2년에 홍양현의 나로도에 역시 안치하였다.

12월 25일 양사에서 김창집 등을 법을 적용해 처단할 것과 조성복을 배소로 돌려보내라는 명을 거둘 것을 청하였고, 곧 이어 소론의 김일경, 목호룡 등이 노론의 반역 도모를 주장하여 12월에 신임환국이 발생했다. 이때 목호룡의 고변에 의한 임인옥사 때 김창집은 그의 손자 김성행이 주동자의 한사람으로 지목되면서 거제도에 위리안치 되었다가 1722년 1월에 경상도 성주로 이배되었다.

임인옥사(신임사화)

숙종 말년에 소론은 세자인 균을 지지했으며, 노론은 연잉군을 지지하였다. 경종은 세자 때에 생모 장희빈이 죽은 후부터 이상스러운 병 증세가 나타나 숙종은 이를 매우 걱정하였다. 1716년 숙종 42년 노론이 소론을 배척한 병신처분으로 노론이 실권을 잡은 이듬해 숙종은 이이명을 불러 세자 교체 문제를 독대를 통해 논의하였다.

이때부터 소론은 경종 보호의 명분을 확고히 하였고, 노론은 연잉군 추대의 의리로 맞서 노론과 소론 간의 치열한 논쟁이 벌어졌다. 그러다가 숙종이 승하하고 왕위를 계승한 경종은 후손이 없고 병이 많았다. 왕위에 오른 지 1년도 지나지 않아 후계자를 정할 것을 건의한 정언 이정소의 상소를 계기로, 노론 4대신인 영의정 김창집, 좌의정 이건명, 영중추부사 이이명, 판중추부사 조태채 등이 후계자 지명을 다급히 서둘렀다.

1721년 8월 하루 밤중에 후계자 선정이 결정되어 연잉군을 왕세제로 책봉하게 되었다. 그러자 소론의 유봉휘는 임금의 나이가 아직 30세이고, 왕비의 나이가 불과 15세밖에 되지 않았음을 들어 후계자 책봉은 시기상조로 그 부당함을 상소하였고, 우의정 조태구도 유봉휘를 비호하였으나 이미 세제 책봉이 확정된 이후라 뜻을 이루지 못하였다. 이어 노론 측에서는 왕세제를 정한 지 두 달 뒤인 10월에 집의 조성복의 상소로 주상의 병약함을 들어 정무가 밀려 쌓여가고 있다며 왕세제의 정무 참여를 요구하였다. 이에 경종은 왕세제의 대리청정을 명했다가 환수하기를 반복하였고, 그에 따라 노론과 소론간의 갈등도 치열하였다.

1721년 12월 경종을 보호하던 소론은 과격파 김일경을 비롯한 7인이, 세제 대리청정을 요구한 조성복과 청정명령을 받들어 절목을 만든 노론 4대신을 지목하여 '왕권교체를 기도한 역모'라고 주장하며 상소를 올렸다. 이 상소가 받아들여져 1716년도에 병신처분으로 구축된 노론의 권력 기반은 무너지고, 소론 정권이 들어서는 신임환국이 단행되었다.

이로 노론 4대신은 파직되어 위리안치되었고 그 밖에 여러 노론들도 삭직되어 문외출송 되거나 유배되었다.

이로 조정은 영의정에 조태구, 좌의정에 최규서, 우의정에 최석항이 임명됨으로써 소론 정권의 기반을 굳혔다. 소론 내에서도 김일경의 인물됨을 경계해 노론 숙청에 온건적 입장을 취한 조태구·최석항 일파를 완소라 하고, 강경론자인 김일경 일파를 준소라 하였다.

1722년 3월 강경론자들이 노론의 처형을 요구하고 있을 때에 목호룡이란 자가 나타나 노론이 경종을 시해하고자 모의했다는 삼급수설을 들어 역모를 고변하였다. 음모의 관련자들은 정인중·김용택·이기지·이희지·심상길·홍의인·김민택·백망·김성행 등 이었다. 이들은 모두 노론 4

대신의 자제와 조카들과 그들의 문인들이었다.

목호룡은 남인의 서얼 출신으로서 정치에 뜻을 품고, 풍수술을 이용해 노론에 접근하였으나 정세가 변화됨에 그 또한 참혹하다."란 풍설에 따라 역모를 고함으로써 노론에 타격을 준 일대 사건이었다.

이 고변으로 국청이 설치되고 역모에 관련된 자들이 잡혀서 처단되는 대옥사가 일어났다. 이 옥사에 노론 4대신도 연루되어 유배지에서 사사되었다. 국청에서 처단된 자 중에 사형에 처한 자가 20여 명이고 장형으로 맞아 죽은 자가 30여 명이었으며, 가족으로 체포되어 교살된 자가 13명, 유배된 자가 114명, 스스로 목숨을 끊은 부녀자가 9명, 연좌된 자가 연인원 173명에 달하였다.

신임사화로 권력을 잡은 소론파는 윤선거와 윤증을 복관시키고, 남구만·박세채·윤지완·최석정 등을 숙종묘에 배향하였다. 목호룡에게는 동지중추부사의 직이 제수되었고, 동성군의 훈작이 수여되었다.

그러나 경종은 재위 4년 만에 죽고 영조가 즉위하자, 옥사에 대한 책임을 물어 김일경과 목호룡은 처단되었고, 옥안은 안건이 뒤집어 지게 되었다.

신임사화는 노론과 소론 간에 경종 보호와 영조 추대의 대의명분을 내세워 대결한 옥사이다. 결과적으로 노론과 소론의 당파들이 정권을 획득해 부와 권력을 누리고자 국왕을 선택하고, 음모로써 반대당을 축출해 자당의 세력 기반을 확보하자는데 목적이 있었다.

영조의 탕평책도 신임사화의 참상을 몸소 겪은 데서 비롯되었으나 노론의 강력한 지지로 왕위에 오른 한계 때문에 당쟁은 근절되지 못한 채 노론의 기반만 확고히 굳혀져 갔다. 1722년[74세] 경종 2년 3월 27일 임인옥사 역모에 연루된 사람 명단은 다음과 같다.

옥사에 들어간 사람 가운데 정인중은 바로 고 충신인 정발의 손자이고, 김용택은 곧 김만중의 손자이자, 이이의 사위이다. 이천기는 곧 이사영의 아들로 김춘택의 처제이고, 심상길은 곧 심진의 조카이고, 이희지는 곧 이사명의 아들이다. 홍의인은 곧 홍언도의 아들이고, 이기지는 곧 이이명의 아들이다. 서덕수는 곧 서종제의 손자이고, 김성행은 곧 김창집의 손자이다. 이만성·홍계적·김운택·김민택·조성복·김제겸·홍석보는 문신들로서 고위직에 오른 사람들이고, 이홍술·윤각·이우항·이상집·백시구·유취장·심진·이헌·김시태는 무신들 가운데 벼슬이 높은 사람들이고, 유성추·양익표·이명좌·조흡·유후장은 무인들이다.

이정식·이만성은 서얼 출신인데, 이건명과는 내외 형제이다. 김창도는 곧 김창집의 서얼 4촌이고, 조송은 곧 조영복의 서얼 숙부이고, 김성은 곧 김성적의 서얼 아우이며, 이세복은 곧 조송의 생질이다. 그리고 이상건·김수천·이삼석·김극복·우홍채·전인좌·현덕명·김진석·형의빈·홍순택은 곧 통역이다. 백망은 곧 사저에 있을 때의 시중드는 사람이고, 정우관·김일관이 있으며, 업봉은 여인이다. 이영은 백망의 처이고, 업이는 곧 이영의 어미이다. 백열은 곧 궁인으로 백망의 족속인 자이고, 묵세는 곧 이영의 족속으로 궁인이 되었는데 나이 겨우 14세였다. 일정은 곧 장세상의 노비인 일업이고, 장세상은 곧 사저에 있을 때의 집안 하인이다. 김덕기는 곧 장세상의 양자이다. 또 최홍등이 있는데 모두 60여 인이 전후 체포되었다. 그러나 생존자는 10인도 못되었다.

- 경종실록 2년 3월 27일 -

4월 10일 국청에서 김성행을 잡아 가두었는데, 김창집의 손자이고 김제겸의 아들이다. 4월 17일 대사간 이사상 등이 김창집을 벌주기를 청하였다.

대사간 이사상·헌납 윤회·장령 이경열·지평 박필몽이 임금을 만나기를 청하여 입궐하였다. 이사상이 상소문을 읽고, 합동하여 아뢰기를,

"사흉四凶의 죄가 꾸짖는 벌로 감당할 수 있겠습니까? 몰래 적賊 조성복을 사주하여 시험해 보는 상소를 불쑥 올렸고, 갑자기 조정에서 호소하던 일을 중지하여 겸해 협박하고 위협하는 글을 올렸으니, 흉악한 모의와 반역이 남김없이 죄다 드러났습니다. 고발 서류를 성상께서 듣기에 이르러서는 흉악한 괴수의 자제가 얼키설키 관련

되었으며, 혹은 칼로써 혹은 독약으로써 한다는 계획이 이미 이루어져 있었습니다. 유비劉備의 유무有無는 문답할 즈음에 뜻을 붙인 것이고, 손바닥에 글자를 쓴 것은 은밀한 곳에서 약속을 맺은 것이었는데, 적賊 백망이 쓴 '양養'자는 곧 이이명의 자였으니, 몰래 추대하려는 뜻을 보인 것입니다. 이것이 이천기가 깨닫고서 웃음을 터뜨리고 정인중이 감히 사형 문서에다 실토하지 않을 수 없었던 까닭이었습니다. 이 적賊은 이사명의 아우로 나라에 대한 원한이 골수에 사무쳤던 것이니, 도리를 거슬러 일을 행하는 것은 곧 그가 평소에 쌓아온 바로서, 30년 동안 빚어온 화기를 가지고 오늘날 찬탈하려는 계책을 삼았던 것입니다. 어찌 한 시각이나 드러누워 숨을 쉬게 하여 종묘사직에 헤아릴 수 없는 화를 끼치게 할 수 있겠습니까? 청컨대 이이명을 참형에 처하소서." 하였으나, 임금이 따르지 않았다.

박필몽·윤회·이경열 등이 허락하지 않을 수 없다는 뜻을 잇따라 아뢰었으나, 임금이 모두 답하지 않았다. 이사상이 또 상주문을 읽고 말하기를,

"김창집은 본래 매우 간특한 사람으로서 무릇 세자를 동요시키고 종묘사직을 위태롭게 하는 데 관계된 계책에 힘을 다하여 주장하지 않은 바가 없었습니다. 이번 역적의 범죄 진술에서 긴요하게 나오는 자들은 자손이 아니면 곧 인척이나 문하생이었으니, 음흉한 가엾은 정황이 저절로 서로 관통하고 있습니다. 더욱이 그 아들 김제겸은 목호룡이 고변할까 미리 염려하여 이홍술을 몰래 사주해서 목호룡을 타살하여 입을 다물게 할 계책을 삼기에 이르렀으니, 그들이 반란을 도모한 정상은 비록 가리어 숨기려 할지라도 할 수가 없을 것입니다.

또 정인중이 어떠한 흉악한 역도입니까? 그런데도 임명 결정을 아끼시던 날 억지로 승진시킬 것을 청하였으니, 그들이 역모의 정절을 같이하고 뜻을 다하여 추천한 정상은 많은 사람이 가리키는 바이니, 속일 수가 있겠습니까? 만약 이 적賊이 법을 어긴 것을 논하건대 종묘에 고함을 힘껏 저지하고 상소로 절목을 청한 것 외에도 일마다 용서하기 어려운 악역이 아닌 것이 없으니, 하루라도 살아 숨쉬는 것을 용납한다면, 반드시 하루나마 종묘사직에 근심을 끼치게 될 것입니다. 청컨대 김창집을 정형正刑하소서." 하였다.

여러 신하들이 결코 용서할 수 없다는 뜻을 잇따라 아뢰었으나, 임금이 따르지 않았다. 이경열이 상소문을 읽고 말하기를,

"이건명은 이이명과 이사명의 종형제로서 김창집과 피를 나눈 당파인데, 항상 원한을 품고 딴마음을 몰래 쌓아 왔으며, 삼흉과 마음을 같이하여 정황이 치밀하였습니다. 지난 겨울의 예사롭지 않은 임금님의 명은 오늘날 신하된 자라면 누군들 피를

뿌리고 울음을 삼키며 구제하여 바로잡을 것을 생각하지 않겠습니까? 그런데 이건명은 유독 어떤 심장을 가졌는지 임금의 명을 거두기를 청한 데 대한 원한을 품고는 예봉을 옮겨 급히 공격하고, 여러 재신들의 임금께 아뢰며 분노하여 제멋대로 꾸짖어 욕하였으며, 상소를 올려 절목을 청하여 임금을 협박하였습니다. 지난번 주청사가 되었을 즈음에는 '양잉兩勝'이란 말을 지어내어 아무 혐의 없이 무고롤 욕을 당함이 임금님의 옥체에 미쳤으니, 임금을 속인 부도한 죄는 진실로 용서하기 어렵습니다. 그런데 친족과 혼척이 이번에 또 역모에 긴요하게 나왔습니다.

더욱이 모해하여 폐출을 주장한 적賊은 가까이 아들과 조카에게서 나왔고, 손바닥에 글자를 써서 추대하려는 계책은 사촌 형제를 넘지 아니하였으니, 역모와 찬탈은 자연히 그 한 가문 내의 일이었습니다. 이와 같은데도 그가 감히 '홀로 범한 바가 없다.'고 할 수 있겠습니까? 그 전후의 죄를 논하건대 진실로 천지간에 용납될 수 없는 역적입니다. 조태채는 마음이 음흉하고 흉악하고 교활함이 넘치며 권세를 탐하여 즐기는데, 지난해 삼흉과 틈이 벌어짐을 조금 보였으나, 맑은 길·높은 벼슬로써 그 아들 조관빈을 유혹하니, 마침내 삼흉과 한편이 되어 치밀하게 서로 맞추고는 도리어 임금을 버렸습니다.

지난번에 역적 조성복의 상소로 갑자기 비상한 하명이 있게 되자, 모든 벼슬 아치들과 하인이 달려가 울부짖으며 임금의 명을 취소하기를 바랐는데, 조태채는 임시변통으로 하는 말로 자주 농간을 부려 여러 재신들을 눈앞에서 속여서 조정에서 호소하는 것을 준엄하게 막았습니다. 그리고는 밤을 틈타 상소를 올려 절목을 정할 것을 청하였으니, 음흉한 실정과 반역의 정상을 삼흉에다 비교해 보건대 하나이면서 둘이고 둘이면서 하나인 자입니다. 더욱이 이번 흉악한 반역의 변괴가 이미 한몸에서 나와 관련된 무리들이 생사를 같이하는 무리가 아님이 없으니, 조태채만 홀로 어찌 하루라도 살릴 수 있겠습니까? 청컨대 이건명·조태채를 죄를 조사하여 다스려 처단하소서." 하였으나, 임금이 따르지 아니하였다.

여러 신하들이 또 허락해야 한다는 뜻을 아뢰었으나, 임금이 답하지 아니하였다. 이 사상이 다시 읽고 합동으로 아뢰고 여러 신하들이 각각 아뢴 바가 있었으나, 임금이 여전히 '번거롭게 하지 말라.'고 답하였다.

박필몽이 말하기를,

"지금 위망이 조석에 박두해 있는데, 신 등이 여러 세대를 중요한 지위에 있으면서 나라와 운명을 같이하는 신하로서 나라가 망한 뒤 어찌 차마 구차하게 살겠습니까? 오늘은 죽기를 기약하였으니, 비록 꼬박 밤을 새워서라도 윤허를 얻지 못하면 물러가지 않겠습니다." 하고, 여러 신하들이 서로 잇따라 힘써 다투었으나 임금이 모두 답하지 않았다. 이경열이 전에 아뢰던 것을 계속 아뢰며 홍우전을 선비 명부에서 삭제할 것을 청하였으나, 임금이 따르지 아니하였다.

새로운 아룀에 대략 이르기를,
"김용택과 이천기는 이미 모두 승복하였으니, 역모의 법률을 시행함은 왕법에 있어서 당연하므로, 대신들이 상의하면서 논할 만한 것이 없다고 하였습니다. 다만 역적 백망은 미처 승복하지 아니하였으므로, 두 가지 조항의 의논이 있었습니다. 그러나 세 역적에게 무겁고 가벼움이 있다고 한 것은 아니었고, 성상의 처분도 이에 윗 조항으로 시행하라고 하교하셨으니, 세 시신을 모두 사지를 찢어 죽이는 형벌에 처해야 함을 다시 의심할 만한 것이 없습니다. 그러나 백망만 홀로 사형하고, 김용택·이천기는 도리어 시신을 다시 자르지 아니하여 왕법이 편벽되게 폐지되었으므로, 여론이 모두 격분해 하고 있습니다. 청컨대 김용택과 이천기를 아울러 곧 시신을 자르게 하소서." 하였으나, 임금이 따르지 아니하였다.

박희진이 말하기를,
"그때 윗 조항에 의거하여 시행하라는 하교가 명백할 뿐만이 아니었는데, 국청의 여러 신하들이 상세히 살피지 못하여 지금까지 거행하지 못한 채 시신을 그대로 내버려 두고 있습니다. 백망의 예에 의하여 시신을 자르는 것이 마땅합니다." 하니, 임금이 또 말하기를, "번거롭게 하지 말라." 하였다.

또 아뢰기를,
"이홍술이 술사 육현을 타살한 정황이 죄다 드러났습니다. 지금 목호룡의 진술로 보건대 여러 적무리들이 반역을 모의한 절차를 목호룡이 참여해 아는 것이 많았으므로, 이홍술이 그가 고변할 것을 의심하고, 여러 적들과 서로 의논하여 매질로 죽여서 입을 막을 것을 기필하였으나, 이천기가 힘써 주선함으로 인하여 계획이 마침내 정지되었던 것입니다. 만약 이홍술이 애초에 역모에 간섭하지 않았다면, 목호룡의 고변을 자기가 무슨 절실하게 염려할 바가 있다고 흉악한 역도와 마음을 같이하여 반드시 베어서 제거함으로써 그 입을 열 길을 끊으려 하였겠습니까? 그가 병권을 잡고 흉악한 무리와 맺어 음흉한 모의와 비밀스런 계책을 관통하지 아니함이 없었으니, 지난날 비망기 중에 '몰래 불측함을 품었다.'는 하명이 이에 이르러 더욱 징험되었습니다. 이와 같은 악역을 저지른 무리는 결코 의금부에 맡겨 등한하게 다스릴 수 없으니, 청컨대 이홍술을 국청으로 옮기고 여러 적들과 함께 일체로 엄중하게 국문하여 사정을 캐내도록 하소서." 하니, 임금이 그대로 따랐다.

또 아뢰기를,
"홍철인의 이름이 고변서에 나온 날 금오랑이 즉시 그 집에 달려갔더니, 홍언도가 감히 은닉할 계책을 내어 바야흐로 홍의인의 유배지에 갔다고 일컬으면서 방자하게 기만하고 왕명을 거역하였습니다. 그래서 금오랑이 명천明川까지 가기에 이르렀었는데, 홍철인은 그 집에 몰래 숨어 있으면서 낮에는 숨고 밤에는 나와 흉당과 소통하며 선명하게 모의하였습니다. 시일이 오래 된 뒤에야 비로소 자수하였으니, 그 정상이 절절이 흉악하고 어긋납니다. 도망에 관한 한 조항을 질문 항목 가운데 첨가해 넣고, 엄중하게 형틀로 심문하여 정상을 캐낼 것이며, 그 아비 홍언도 또한 해당 관청으로 하여금 붙잡아 심문하여 엄하게 조사하게 하소서." 하니, 임금이 그대로 따랐다.

또 아뢰기를,
"여러 적들이 승복한 뒤 미처 형을 집행하기도 전에 일시에 죽었으니, 이는 실로 전에는 있지 아니한 일입니다. 지난번 백망이 담을 넘은 것과 현덕명이 스스로 목을 찌른 것은 모두 경비병이 너그럽게 베푼 소치입니다. 이것을 이미 엄하게 다스리지 못하였으므로, 맡아 지키는 무리들이 징계되어 두려워 하는 바가 없는 것이며, 이번에 세 죄수가 같은 날 죽은 것도 의심을 부른 단서가 없지 아니합니다. 이처럼 국문이 한창 베풀어지고 죄수가 감옥에 가득한 날을 당하여 별도로 엄하게 막고 징계하는 방도가 없을 수 없습니다. 청컨대 그 당시의 의료를 돕는 관리 및 해당되는 군졸을 가두어 깊이 조사하게 하소서." 하니, 임금이 그대로 따랐다.

잇따라 전에 아뢴 바를 거듭 아뢰었으나, 임금이 모두 따르지 아니하였다. 또 아뢰기를,
"정인중이 승복한 뒤 다만 실정법만 쓰고 연좌죄의 법을 쓰지 아니하였으니, 신은 적이 의아하게 생각합니다. 대저 실정을 안다는 것은 그 모의에 참여하지 아니하고 다만 그 실정만을 아는 것을 이르는 것입니다. 그러나 정인중은 역모가 낭자하여 손바닥에 글자를 쓰고 독약을 쓰기로 한 정황이 일맥상통한데도 지금 곧 억지로 실정

을 아는 죄과에만 두었으니, 실형이 이보다 클 수가 없습니다. 능히 논쟁하지 못한 여러 대간이 이미 모두 혐의를 피하여 교체되었으니, 공론의 엄격함을 대개 볼 수 있습니다. 처자를 연좌시켜 처벌하고 재산을 몰수하는 것을 결코 그만둘 수 없으니, 청컨대 역모죄인 정인중을 한결같이 이천기·김용택 등의 예에 의거하여 흔쾌하게 법 조항을 적용해서 왕법을 바로잡게 하소서." 하니, 임금이 그대로 따랐다.

또 아뢰기를,
"김제겸·김민택·이기지는 모두 흉악한 서얼의 집안 자손으로서 가족당과 서로 연결하여 권세의 기세가 대단해서 생살의 권한을 잡고 있는데, 그 무리들의 모역한 정황을 목호룡이 참여해 많이 알고 있었으므로, 그가 고변할 것을 염려하여 이홍술과 모의하고는 타살하여 입을 막고자 하였습니다. 비록 이천기가 이헌에게 보냄으로 인하여 일이 정지될 수 있었지만, 흉악한 일을 행한 정황은 이에 이르러 숨기기가 어렵게 되었습니다. 더욱이 김민택이 은을 모으고 모의에 참여했다는 말이 이미 옥안에 드러났고, '말마다 반드시 치중을 일컬었고, 일마다 반드시 치중에게 물었다.'는 말이 목호룡의 진술에 낭자한데, 치중은 김민택의 아들입니다. 그 정실과 범죄를 논하건대 실로 그 무리의 괴수가 됩니다. 이기지는 이미 잡아다 가두었으니, 청컨대 김제겸·김민택을 잡아와서 이기지와 일체로 엄하게 국문하도록 하소서." 하니, 임금이 그대로 따랐다.
또 아뢰기를,
"적賊 조성복의 한 상소가 진실로 연대 상소의 시작이 되어 안팎에서 화답하고 응하여 임금의 자리를 동요시켰으니, 큰 죄가 차고 넘쳐 종묘사직에 관계되었습니다. 지금 대역죄를 엄하게 꾸짖는 날을 당하여 그 정황이 관련된 자가 저절로 드러날 수 있고, 흉악한 모의를 몰래 사주한 자 또한 캐낼 수 있으니, 국문하는 일을 조금도 늦출 수 없습니다. 단지 큰 옥사가 완결되지 아니한데 구애받아 임금의 명이 아직도 지체되어 간인의 소굴이 깨어지지 아니하니, 여론이 더욱 격분하고 있습니다. 청컨대 죄인 조성복을 빨리 국청에 명하시어 자세히 조사하여 법질서를 바르게 하소서." 하니, 임금이 그대로 따랐다.

이사상이 말하기를,
"다른 아룀을 모두 윤허하셨으나, 김용택·이천기의 일을 윤허하신 뒤에라야 왕법이 펴질 수 있고, 옥제가 완전해질 것입니다." 하고, 박필몽 등이 또한 진달한 바가 있었는데, 임금이 그대로 따랐다.

이사상이 다시 사흉에 대한 보고를 아뢰고, 박필몽이 말하기를,

"백망 등은 사흉에 비한다면 가지에 해당 됩니다. 지금 근본을 버려두고 가지를 다스리니, 왕법이 어찌 전도된 것이 아니겠습니까? 장차 국가의 끝없는 화가 될 것인데 성상께서 어찌 지체하실 수가 있겠습니까? 하니, 윤회·이경열이 서로 잇따라 진달하였으나, 임금이 답하지 아니하였다.

여러 신하들이 물러나오려고 하자, 박필몽이 성난 목소리로 크게 말하기를, "오늘은 비록 밤을 지새더라도 윤허를 받지 못하면 물러갈 수 없습니다." 하고, 인하여 또 번갈아 말하면서 힘써 간쟁하니, 임금이 말하기를, "그대로 하라." 하였다.

박희진이 말하기를, "사흉을 이르시는 것입니까? 김창집과 이이명만을 이르시는 것입니까?" 하니, 임금이 말하기를, "그렇다." 하였다.

박필몽이 말하기를,

"이이명·김창집의 일은 이미 윤허 받았으나, 이건명·조태채의 일은 어떻게 해야 하겠습니까?" 하고,

이사명 등이 다시 일체로 윤허해야 한다는 뜻을 아뢰었으나, 임금이 답하지 아니하였다.

박필몽이 말하기를, "이이명이란 대역죄인을 잡아올 때 단지 금오랑만을 보낸다면 지극히 위태로울 것입니다. 신의 생각으로는 선전관을 아울러 보내되, 명패를 가지고 길을 따라 군사를 동원시켜 호송해 와야 마땅할 듯합니다." 하니,

이사상이 말하기를,

"바깥의 의논이 모두 말하기를, '이 적臟은 체포에 응할지 기필할 수 없으니, 선전관을 아울러 보내지 않을 수 없다.'고 합니다. 이괄의 변을 경계로 삼을 만합니다." 하였다.

박필몽이 말하기를,

"어찌하여 신하가 되어 떠받드는 지경에 이를 수 있겠습니까? 평상시 아무런 일이 없을 때에도 도리어 찬탈하려는 마음을 가졌는데, 지금은 도마 위의 고기가 되었으니, 무슨 일인들 하지 못하겠습니까? 환란을 막는 도리를 생각하지 아니할 수 없습니다. 선전관에게 표신을 주어 내려보낸 뒤에라야 군사를 동원시켜 호송할 수가 있을 것입니다."

하니, 임금이 말하기를, "그렇다." 하였다.

여러 신하들이 드디어 파하고 나왔는데, 오후 5시 초에 입궐하여 물러나오자, 밤이 거의 밤 12시가 되었다.

사관은 논한다. "이이명은 곧 고 명재상 이경여의 손자이다. 문학에 뛰어난 데다가 또 재주와 지혜가 있었으므로 젊어서 중망을 지고 검은 머리에 태사가 되었다. 그러나 사람됨이 교활함이 넘치고 음밀하여 겉으로는 남을 웃기는 듯하였지만, 속으로는 실로 흉악하고 남을 기만하였다. 그 형 이사명이 죄로 죽은 뒤에 한쪽 사람들이 문득 나라를 원망하여 불온한 마음을 가지고 있다 하여 평소 위태하게 여기는 마음을 가지고 있었다. 1717년 숙종 43년 가을 독대한 뒤 사람들이 말이 더욱 왁자해지며 부도한 것으로 지목하였으나, 주상께서 대리代理하여 드디어 즉위하셨을 때까지 나라에 일이 없었다.

이때에 이르러 목호룡이 역모를 고변하여, 이희지 등 여러 역적들이 모두 이이명의 아들과 조카와 문하생들로부터 나오고, 흉악한 모의와 역적 범죄가 낭자하여 죄다 드러나자, 온 나라의 여론이 모두 분개함을 품었다. 다만 이이명이 역적 범죄에 직접 참여한 자취가 미처 드러나지 아니하였으므로, 모두 목을 베는 것은 너무 급작스럽다고 여겼으나, 대신이 사사를 청하였다. 그 후 여러 적들의 진술이 더욱 다시 흉악하고 참혹하여, 주장하고 지휘한 것이 대부분 그의 집에서 나왔으니, 삼척의 법으로 결정한다면 사사도 또 실형이 될 것이다.

김창집은 고 상신 김수항의 아들이고, 선정신 김상헌의 증손인데, 사람됨이 거칠고 사나우며 어리석고 경솔했으며 학식이 전혀 없었다. 김수항이 죄도 없이 1689년에 죽은 뒤로 유언이 있다고 일컬으면서 고위관직을 두루 거치며 권세를 탐하고, 말소리와 얼굴빛으로 호사를 누리며 조금도 화를 입은 집 자제로 자처함이 없이 제멋대로 하여 꺼림이 없었다. 게다가 그 아들 김제겸은 이익을 좋아하며 교만하고 도리나 이치에 어긋난 것 때문에 세상 사람들이 모두 조만간에 실패를 당할 것을 알았지만, 그는 바야흐로 태연스레 있으며 깨닫지 못하였다. 정유년에 대리한 뒤 사람들이 종묘에 고하기를 청하자 김창집이 저지하였는데, 이때에 이르러 목호룡이 고변하자 그 손자 김성행 또한 고발한 가운데 있었고, 장세상과 사귄 정상이 밝게 드러나 숨길 수가 없었다.

양사에서 드디어 사형에 처할 것을 청하였으나, 대신의 말로 참작하여 사사하였다. 대저 양흉兩凶은 관계됨이 지극히 무거워 죄를 용서할 수 없었으나, 다만 조정의 처분이 능히 공명정대하지 못하였음이 한스러웠다. 처음에 양흉의 이름이 역적의 진술에 나왔으니, 오로지 잡아다 국문하되, 그 증거가 모두 밝혀지기를 기다렸다가 법에 의거하여 죄인을 처형하여 시체를 걸어두게 하여 여러 사람과 함께 버리는 것이 마땅한 것이다. 공정한 마음으로 선처하여 결코 사사로운 뜻을 뒤섞어서는 안 되는데, 지금 이에 국청에서 잡아 오기를 청하여 역적 범죄의 정상이 죄다 드러나기를 기다리지도 아니하고, 두세 대관이 밤을 틈타 만나기를 청하여 두려워하고 협박함으로써 곧장 극한 형벌을 베풀었으니, 이미 법의 뜻을 잃은 것이다. 대신이 청한 바 사사도 또한 역적을 다스리는 마땅한 법이 아니므로, 사리와 체모가 전도되고 조치가 조급하고 어지러워 성급하게 발본색원했다는 비난을 면하지 못하게 되었으니, 통탄함을 금할 수 있겠는가?"

– 경종실록 2년 4월 17일 –

4월 18일 영의정 조태구, 좌의정 최석항이 김창집은 원로 대신이므로 정형에 처하지 말고 국문을 하자고 청하여 경종이 이를 받아들였다.

4월 23일 임금이 특교를 내리기를, "두 대신의 상소문이 참으로 좋으니 전에 하교한 바에 의하여 거행하도록 하라. 법을 바르게 한다는 일은 환수하라." 하였다.

4월 25일 김창집·이이명을 사형을 감하여 위리안치하게 하다.

임금이 특교를 내리기를,
"선왕의 옛 신하를 한꺼번에 사사하는 것은 마음에 차마 하지 못할 바가 있다. 며칠 전의 명을 환수하니, 사형을 감하여 위리안치하도록 하라." 하였다. 승지 김시환·남취명·김치룡·조경명·황이장·박희진 등이 뜻을 받들 수 없다는 뜻을 아뢰고 힘써 명을 취소하기를 청하였으나.
임금이 말하기를, "번거롭게 하지 말라." 하였다.

이보다 앞서 임금이 이미 사한부의 아룀을 따라 비로소 목을 베는 처참處斬과 사형에 처하는 정형正刑을 명했다가, 즉시 대신의 상소로 인하여 사사하라는 명을 내렸었는데, 이때에 와서 또 갑자기 사형을 감하라는 명이 있어서 처분이 바뀌었으므로, 인심이 의혹해 하며 감히 우러러 헤아리지 못하였다.

– 경종실록 2년 4월 25일 –

4월 25일 대사간 이사상 등이 위리안치의 명을 거둘 것을 청하였다.

대사간 이사상, 사간 이제, 장령 신유익·이경열, 헌납 윤회 등이 임금의 가마 앞에서 만나기를 청하고 합동하여 아뢰었는데, 대략 이르기를,

"삼가 듣건대 죄인 이이명과 김창집을 사형을 감하라는 명이 있었다 하니, 신 등은 지극한 놀라움과 의혹을 금할 수가 없습니다. 두 흉적의 역적 범죄 기록 문서가 낭자한 것은 임금께서 이미 살피셨습니다. 당초에 사사하라는 것도 더할 수 없이 큰 형벌의 원칙을 잃은 것이었는데, 이번에 예사롭지 않은 명을 천만뜻밖에 내리셨으니, 신 등은 실로 임금의 뜻을 이해하지 못하겠습니다. 만약 선임금의 옛 신이라 하여 용서하는 바가 있다면, 지금부터 이후로 비록 왕망·동탁과 같은 역적이 있다고 하더라도 장차 옛 신이라 하여 법을 바르게 하지 않는다는 것입니까? 이 두 적을 만약 왕법으로 통쾌히 바로잡지 않는다면, 흉악한 역도의 무리는 더욱 징계되어 두려워하는 바가 없을 것이고 종묘사직이 망하는 것은 순식간에 닥칠 것입니다. 청컨대 이이명·김창집의 사형을 감하라는 명을 거두어 정지하시고, 법에 의하여 처단하게 하소서."

하였으나, 임금이 따르지 아니하였다. 승지가 대간의 아룀이 있어 사형을 감하라는 임금의 명을 받아들일 수 없다는 뜻을 아뢰니, 임금이 말하기를, "알았다." 하였다.

– 경종실록 2년 4월 25일 –

김창집은 4월 29일 경상도 울주군 요도蓼島에서 사사되었다. 김창집은 사사되기 전 후손들에게 남기는 편지를 작성하고 사약을 받았는데, 사약을 들고 온 금부도사 조문보는 그에게 사약을 어서 마시라고 독촉이 심

했다. 김창집은 그를 보며, "어찌 네 선조를 생각지 않느냐!"며 호통을 친 뒤, 시 한수를 읊고 도성을 향해 배를 올린 뒤 사약을 마셨다. 당시 그의 나이 75세였다. 5월 2일 금부도사가 죄인 김창집이 지난 달 29일 성주에 도착하여 사사된 일을 보고하였다. 5월 9일 이이명·김창집의 가산을 몰수하고 노비로 좌천시키라는 명을 도로 거둬 들이라고 명하였다. 승정원에서 임금의 명이 그르다고 판단하여 접수를 거부하고 명을 임금께 되돌려 드리고, 삼사에서 만나기를 청하여 힘써 다투었으나 허락하지 않았다.

8월 7일 고 유신 윤선거·윤증의 관작과 시호를 회복하였다. 10월 27일 목호룡의 죄를 다스린데 대한 보고를 올렸다.

목호룡의 죄를 다스리자, 예문관 제학 유봉휘가 주본을 올리기를,
목호룡의 진술에 의하면, '칼로써 한다'고 한 것은 용사를 시켜 비수를 가지고 궁중에 들어가 화장실에 숨었다가 살해하는 것을 말하는데, 역적들은 이를 자기들끼리 대급수라고 호칭한다고 합니다.
약으로 한다는 것은 독약을 궁녀에게 주어서 음식 속에다 타는 것을 말하는데, 이를 소급수라고 호칭한다고 합니다.
이른바 폐출한다는 것은 금金을 가지고 측근 신하들과 체결하여 죄목을 얽어 만들어 방출시키기 위한 계책인데, 이를 평지수라고 호칭한다고 합니다.
정인중·이기지·이희지·김용택·이천기·심상길·조흡 등이 주도 면밀하게 모의하였는데, 김용택이 백망에게 보검을 주어 국상 일에 담장을 넘어 궁궐에 들어가서 대급수를 행하도록 하였습니다. 그리고 정인중·김용택·이천기·이기지·이희지·홍의인·홍철인 등이 백망을 시켜 궁인 이영을 통하여 사촌인 궁녀에게 은을 바쳐 약을 쓰는 일을 성공시키려 했습니다. 그리고 이희지가 언문으로 가사를 지어 궁중으로 유입시켜 주상을 꾸며서 비방하려 도모하였고, 또 어긋난 명령을 지어 환관 장세상을 시켜 국상 때 내리게 하였는데, 그 명령의 내용에 세자를 폐하여 덕양군으로 삼는다는 등의 말이 있었습니다. 김민택·조흡·심상길·홍의인·이희지 등은 차등 있게 은을 내어 놓았다.' 고 했습니다. 이런 진술에 의거하여 즉시 피고인들을 잡아다가 차례대로 문초하였습니다.

지금 이 삼수의 역모는 하룻밤 사이에 이루어진 일이 아닙니다. 선왕의 병환이 위중

한 때를 당하여 음모가 이미 이루어졌고, 주상이 계승한 뒤에 이르러서는 흉악한 계획이 더욱 급박하여 역모의 정절이 헤아릴 수 없는 지경이었습니다. 흉도를 붙좇는 무리가 매우 많아서 혹은 장형을 모질게 참으면서 죽은 자도 있고, 또한 그런 내용이 있다고 승복한 자도 있습니다. 그 지류는 생략하고 우선 그 본원만을 뽑아서 아뢰겠습니다. 삼가 조사하건대 영의정 김창집·영중추 이이명·좌의정 이건명·판중추 조태채 등을 모두 선조의 대신으로서 국정을 오랫동안 독점하여 왔기 때문에 부귀에 현혹되어 재화를 탐하여 제택을 지극히 크고 사치하게 했으며, 토지가 주·현에 두루 널려 있었습니다. 그리고 어진이를 죽이고 올바른 이를 해쳤으며, 나라를 좀먹고 백성을 해쳤습니다. 권세를 즐기고 탐하여 의義를 뒤로 하고 이利를 앞세웠는데, 이런 본성에 어긋난 사특한 행동은 자질구레한 일이었습니다.

처음에는 벼슬을 얻기 전에는 얻을 것을 근심하고 얻고 나서는 혹시라도 잃게 될까 걱정하였으며, 끝내는 빼앗지 않고는 만족하지 않는 지경에 이르게 되었습니다. 가만히 왕의 권위와 복록을 농락하고 권력을 거꾸로 쥐고서 임금을 무시하는 마음과 신하 노릇하지 않겠다는 뜻을 품고서 먼저 조정에 당파를 심어놓고 은밀히 백성의 무뢰배를 양성하였습니다. 그리고 아들·조카·손자와 문인 서얼의 족속들로 하여금 역적인 환시들과 체결하게 하였으며, 은화를 모아 사사로운 청탁을 뚫어 내간에서 독약을 쓰는 일을 주장하여 탐문하였고, 별장을 바꾸어 놓을 즈음에는 여러 사람이 한자리에 앉아서 가르쳤습니다.

이천기는 이희지·이기지의 혈당으로서 백망이 손바닥에 쓴 글자의 뜻을 헤아리고서 추대할 사람을 이미 결정하였으며, 유취장은 이이명의 은밀한 지시를 받들어 이홍술의 호위병을 도와서 폐출시키려는 계모를 행하려 했는데, 이건명도 함께 그를 위하였고, 조태채는 위협에 의해 따른 것이었습니다. 예로부터 난신적자가 대로 나오기는 했지만, 이처럼 극도로 흉악한 경우는 있지 않았습니다. 이에 의거하여 역적 괴수 김창집·이이명 등을 잡아다가 법으로 다스려 죄를 심리하여 형벌에 처하였는데, 그 나머지 역모에 동참한 사람과 아직 법에 의거하여 처단하지 않은 죄인 및 연좌된 족속을 경중에 따라 일의 시비곡직을 가려 의논하여 단죄한 이외에는 이에 의거하여 전말을 임금님께 주문하는 것이 진실로 온편하겠기에 인하여 아뢰는 것입니다.

삼가 살펴보건대 신은 직을 맡은 지 오래지 않았는데, 나라를 지킴에 있어 삼가지 않았던 탓으로 대역 부도의 흉변이 재상의 반열에서 나왔으니, 이는 모두 환란을 예방하는 데에 어둡고 사람을 임용하는 것을 잘못한 데에서 온 결과인 것입니다. 자신을 반성하여 자책해도 그 마음을 달랠 길이 없습니다. 진실로 작은 변고를 가지고 우러러 대조정을 번독스럽게 하는 것은 불손함이 된다는 것을 알고는 있습니다만, 신의 부덕함으로 능히 흉한 서얼을 제거하여 다행히 뒤짚힘을 면하게 된 것은 실로 황상의 성덕이 미친 결과이므로, 감히 이렇게 사정을 아룁니다." 하였다.

-경종수정실록 2년 10월 27일 -

경종 연간 소론들에 의해 사흉으로 지목되기도 하였던, 노론사대신은 영조가 즉위하면서 신원될 수 있는 기회가 마련되었다.

1725년 영조 1년 을사환국을 단행하여 소론 세력을 축출하고 노론들을 불러들였다. 집권하게 된 노론들은 김창집 등을 사대신으로 명명하며 이들의 신원 회복에 주력하여 3월에 사대신 모두 관작을 회복시키고 관원을 보내 제를 올리도록 하였다. 4월에는 이건명에게 충민忠愍, 조태채에게 충익忠翼, 이이명에게 충문忠文, 김창집에게 충헌忠獻이라는 시호를 내렸다.

관작이 회복되고 시호가 내려지자, 8월에는 경기도와 충청도의 유생들이 경기도 과천에 이들을 기리는 사우祠宇의 건립을 건의하였고, 1726년 영조 2년에 건립되어 '사충四忠'이라 사액을 내렸다. 이후 정치적 상황에 따라 이들에 대한 포장과 환수 등이 반복되었다.

1727년 영조 3년 정미 환국이 단행되어, 소론 세력이 다시 진출하면서 노론 사대신에게 내렸던 시호가 환수되고 관작이 추탈되었으며, 서원도 훼철되었다.

1728년 영조 4년 영조는 본격적으로 탕평책을 추진하기 위한 세력 기반의 구축에 주력하였다. 1729년 영조 5년 기유처분을 발표하면서 4대 신 중 이건명과 조태채의 관작을 복구하였다. 김창집과 이이명은 제외되었는데, 이들 후손들이 목호룡의 고변 내용에 포함되었기 때문이다. 기유처분은 양시양비론에 의한 처분으로, 1721년 경종 1년에 있었던 세제 책봉과 대리청정은 노론의 충忠으로, 1722년에 있었던 목호룡의 고변과 임인옥사는 소론의 충으로 판정한 처분이다. 결과적으로 노론과 소론의 온건론자를 끌어들여 탕평책을 구축하기 위한 의도로 시행된 것이었다.

이후 노론 측에서 관작 복구가 제외된 김창집과 이이명에 대한 신원을 끊임없이 요구하였고, 1740년 영조 16년 경신처분이 이루어지면서 제외되었던 이들의 관직이 회복되었다.

1741년 영조 17년 9월에는 시호도 회복되었고, 1756년 영조 32년 사우가 복설되었다. 1778년 정조 2년 김창집은 영조의 묘정에 배향되었다.

[승진과정]

1672년[25세] 현종 13년 진사시에 합격
1675년[28세] 숙종 1년 아버지 김수항이 예송 논쟁으로 화를 입어 영암에 유배되자
　　　　　　　과거응시를 미루었다.
1681년[34세] 숙종 7년 음서로 내시교관 제수
1684년[37세] 숙종 10년 공조좌랑으로 재직중 정시 문과 을과에 급제하여
　　　　　　　과거합격자로 벼슬을 시작하다.
1685년[38세] 숙종 11년 5월 정언, 7월 정언, 8월 지평, 8월 홍문록 16인에 들다
1686년[39세] 숙종 12년 3월 부수찬, 7월 헌납, 7월 교리, 9월 헌납, 10월 교리,
　　　　　　　11월 헌납, 11월 교리, 12월 이조좌랑
1687년[40세] 숙종 13년 12월 수찬
1688년[41세] 숙종 14년 2월 검상, 3월 응교, 5월 부응교, 8월 응교, 12월 부응교
1689년[42세] 숙종 15년 기사환국, 남인 집권, 부친상
1694년[47세] 숙종 20년 갑술환국, 서인집권, 5월 병조참의, 윤 5월 승지,
　　　　　　　8월 대사간, 철원부사
1695년[48세] 숙종 21년 4월 대사간.
1697년[50세] 숙종 23년 2월 대사간, 6월 승지
1698년[51세] 숙종 24년 11월 강화유수
1700년[53세] 숙종 26년 4월 대사헌
1701년[54세] 숙종 27년 3월 개성유수, 7월 호조판서, 겸 지경연사, 겸 관상감 제조,
　　　　　　　겸 진휼청 제조
1703년[56세] 숙종 29년 5월 이조판서. 6월 모친상, 3년간 시묘살이
1705년[58세] 숙종 31년 8월 지돈녕 부사, 9월 형조판서
1706년[59세] 숙종 32년 1월 한성판윤, 2월 우의정
1707년[60세] 숙종 33년 1월 좌의정. 5월 판중추부사
1710년[63세] 숙종 36년 3월 다시 우의정
1711년[64세] 숙종 37년 4월 좌의정에 임명되었으나 사직상소를 18번 올렸고
　　　　　　　임금은 윤허하지 않는 비답을 계속 내렸다.
1712년[65세] 숙종 38년 1월 좌의정 사직서가 열 아홉 번째 올라와, 임금이 사직을
　　　　　　　허락하고, 행 판중추부사. 4월 세 번째 좌의정, 9월 우의정, 10월 판중
　　　　　　　추부사, 11월 동지사 겸 사은사로 청나라에 갔다가 이듬해 3월에 귀국
1713년[66세] 숙종 39년 8월 네 번째 좌의정
1714년[67세] 숙종 40년 10월에 사직상소를 올리고 그 후 열 번이 넘게 사직을

원했으나 사관과 승지를 보내 위로하였다.

1716년[69세] 숙종 42년 3월 행 판중추부사, 윤 3월 12일 양사에서 김창집의 파직을
　　　　　　　거듭 청하니 그대로 따르다. 7월 6일 행 판중추부사, 7월 좌의정

1717년[70세] 숙종 43년 3월 행 판중추부사, 5월 12일 영의정 1718년[71세]
　　　　　　　숙종 44년 4월 겸 복위 선시 도감 도제조, 8월 8일 행 판중추부사

1719년[72세] 숙종 45년 1월 4일 다시 영의정

1720년[73세] 숙종 46년 6월 8일 숙종 승하, 원상, 6월 13일 경종이 즉위하자
　　　　　　　원상으로 정무를 돌보게 되었다.

1721년[74세] 경종 1년 8월 20일 영의정 김창집·좌의정 이건명·판중추 부사 조태채가
　　　　　　　주관이 되어 밤중에 대신들을 소집시켜 새벽 2시에 임금께 청하여
　　　　　　　연잉군을 왕세제로 삼다.

1722년[74세] 경종 2년 4월 10일 국청에서 김성행을 잡아 가두었는데, 김창집의
　　　　　　　손자이고 김제겸의 아들이다.
　　　　　　　4월18일 김창집은 원로대신이므로 정형에 취하지 말고 국문하자고 하다.
　　　　　　　4월23일 이이명과 김창집에게 사사를 명하다.
　　　　　　　4월25일 김창집과 이이명에게 사형을 면하고 위리안치하게하다.
　　　　　　　4월29일 김창집이 경상도 울주군 요도에서 사사되었다.

1725년 영조 1년[사후] 을사환국, 소론축출하, 노론등용

1726년 영조 2년[사후] '사충四忠'이라 사액을 내렸다.
　　　　　　　이후 정치적 상황에 따라 포장과 환수 등이 반복되었다.

1740년 영조 16년[사후] 경신처분, 관직 회복

1741년 영조 17년[사후] 시호 회복

1756년 영조 32년[사후] 사우 복설

1778년 정조 2년[사후] 영조 묘정에 배향